ANNA
FUNDER

喬治・歐威爾之妻的隱形人生

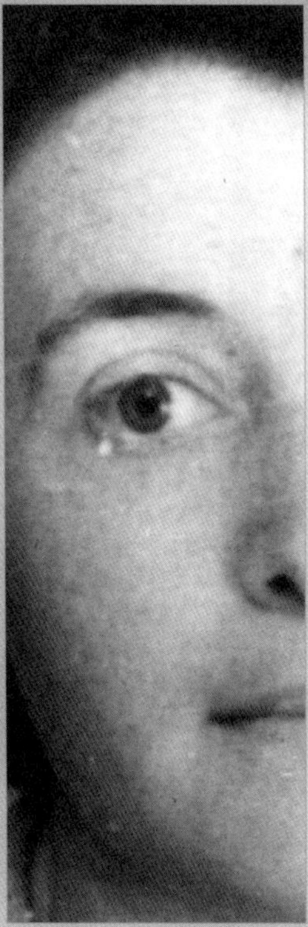

安娜・方德 著 —— 徐立妍 譯

Mrs. Orwell's Invisible Life

WIFEDOM

獻給克雷格

也獻給伊莫珍、波莉和麥克斯

愛，……有性或無性，都很辛苦。[1]

——喬治・歐威爾

我們都會編造出自己所愛的人。[2]

——菲莉絲・羅斯（Phyllis Rose）

男人和女人閱讀……書本，是為了更愛生命。[3]

——薇薇安・戈尼克（Vivian Gornick）

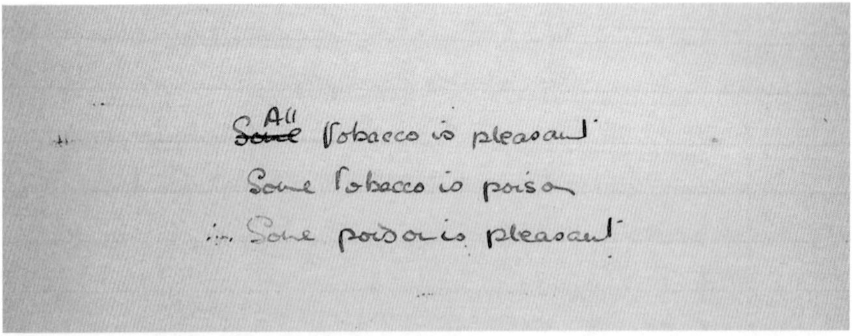

艾琳·歐肖內西在牛津大學時的筆記本，約一九二四年。（圖片提供：Orwell Archive, UCL Library Services, Special Collections）

二〇〇五年發現了六封書信，是喬治・歐威爾的第一任妻子艾琳・歐肖內西（Eileen O'Shaughnessy）與好友諾菈・塞姆斯・邁爾斯（Norah Symes Myles）之間的通信，時間落在艾琳與歐威爾結婚之後的一九三六年至一九四五年。艾琳的信件在這本書中會以楷體印刷。

各界讚譽

「完全是一本傑作。這一次，安娜．方德不僅重塑了傳記寫作的藝術，更讓一名女性完美重生，而且在敘事中深深吸引住讀者，揭露出二十世紀幾次在歷史上及文化上影響最為深遠的時刻。」

——潔若汀．布魯克斯（Geraldine Brooks），普立茲獎作家

「一本了不起的書……我完全愛上了它，並在我的書架上留下一本被我劃滿註記、折角的版本，供下一代閱讀。」

——湯姆．漢克斯（Tom Hanks）

「振奮人心……形式與內容都十分大膽，方德這本書是一本細膩而純熟的文學成就。」

——《柯克斯評論》（*Kirkus Reviews*）

「充滿敏銳的心理見解及流暢的文筆，書頁中散發光芒。」

——《出版人週刊》（*Publishers Weekly*）

「方德以歷史學家般的確切拼湊起瑣碎的細節，重新建構起一段人生，然後以小說家的想像力，運用清楚標記出的特殊時刻推測那樣的人生會是如何……無論在學術上或純粹的情感上都是傑出的成就。」

——潔西卡・費瑞（Jessica Ferri），《洛杉磯時報》（*Los Angeles Times*）

「近來最令人驚異的人生寫作探究之一（包括艾琳、歐威爾及方德的人生）……《喬治・歐威爾之妻的隱形人生》這本翻轉類型的傑作讓一位隱形的女性起死回生，重新檢驗那位她稱為『艾瑞克』的男性在世人眼中的聖人形象……以動人而精細的手法重新建構起一段人生。」

——羅伯特・麥可朗姆（Robert McCrum），《獨立報》（*The Independent*）

「此一領域的精湛之作，加上個人的回憶錄，兼具以虛構來重新建構敘事，並有耀眼的使命感。」

——莎拉・貝克韋爾（Sarah Bakewell），《紐約時報》（*New York Times*）

「《喬治・歐威爾之妻的隱形人生》這本作品既出色又富有創意，綜合了人生寫作、具爭議性的女性主義論述以及文學評論，顛覆了我們閱讀的方式。」

——蘇珊・溫德姆（Susan Wyndham），《衛報》（*The Guardian*）

「令人震撼不已……結合了不同的文學類型，透過艾琳自己的文字以及其他仍記得她的人來提供證言，能夠稍微恢復艾琳的樣貌，同時藉由虛構的段落來重新塑造，填補紀錄中的缺失……《喬治．歐威爾之妻的隱形人生》即使稱不上完整，卻也栩栩如生描繪出一名女性，而她未能問世的作品對於幾本成為二十世紀文學基礎的書籍創作更有舉足輕重的影響。」

——史黛芬妮．梅瑞特（Stephanie Merritt），《觀察家報》（*The Observer*）

「方德是一位勇於打破界線、敢於冒險的作家，過去的著作中結合了回憶錄、事實與想像，引發熱烈迴響……方德竭盡所能要讓人知道，極度的同理心（並不等同於原諒）會讓人一次次在婚姻與傳記寫作中越來越理解對方。」

——唐娜．瑞夫肯德（Donna Rifkind），《華爾街日報》（*Wall Street Journal*）

「安娜．方德是第一流的作家，可以用流暢華麗的文筆將虛構、報導、評論與回憶錄結合在一起，她的語句就像捧在手上的寶藏，讓你不斷琢磨回味，讚嘆著那優美的外型與精緻的工藝。」

——瑪琳娜．班傑明（Marina Benjamin），《旁觀者報》（*The Spectator*）

「從頭到尾都太棒了，令人驚喜而振奮。」

——安東妮雅．弗雷瑟（Antonia Fraser）

「《喬治・歐威爾之妻的隱形人生》這本書具有不可動搖的地位也令人無法抗拒，既是目標也是動力……書中針對壓迫與隱忍的敘事同樣傑出而重要。」

——麥可・赫夫曼（Michael Hofmann），《澳大利亞書評》（*Australian Book Review*）

「安娜・方德為艾琳寫出一本引人入勝、情緒激昂又富有原創性的傳記，讓我們更加深入歐威爾的世界，由她來撰寫本書簡直無與倫比……在《喬治・歐威爾之妻的隱形人生》中，她融合了虛構、傳記與自傳體裁，讓艾琳的人生再次活靈活現。」

——愛麗絲・歐基弗（Alice O'Keefe），《泰晤士報》（*The Times*）

「備受期待也相當必要的一本書，讓一位有天賦、有活力、複雜而極度聰明的女性重見天日，只因她為了丈夫的前途而放棄了自己的目標。」

——喬迪・威廉森（Geordie Williamson），《澳洲人報週末版》（*Weekend Australian*）

「實在太棒的一本傳記……安娜・方德又描寫了一位傑出之人的生平。」

——克萊兒・托馬林（Claire Tomalin）

「這段令人膽顫心驚又備受吸引的修正主義歷史，講述的是二十世紀最偉大的作家之一，而若是沒有如此靈活又大膽的想像力，就不可能存在。」

——蘿倫・勒布朗（Lauren LeBlanc），《波士頓全球報》（*Boston Globe*）

「這本引人入勝的傳記不僅讓讀者重新認識了艾琳，描繪出一段不斷變動的歷史場景，同時也向讀者提問，究竟我們如何評價藝術。」

——《書籍與出版》（*Books & Publishing*）

「在這本文筆敏銳驚人的書中，安娜・方德著手揭開『邪惡的魔術手法』，這套手法讓艾琳・歐肖內西・布萊爾不得不消失隱匿……讀者絕對會大感驚異，同時深受撼動，為了書中熱烈辯護的文學補償之舉而感動。」

——凱瑟琳・休斯（Kathryn Hughes），《星期日泰晤士報》（*Sunday Times*）

「一場基於女性間的姊妹情誼的復活行動……《喬治・歐威爾之妻的隱形人生》描述了一段失調的婚姻，既富想像、扣人心弦，有時又讓人憤怒不已。」

——蘿絲瑪莉・戈林（Rosemary Goring），《蘇格蘭先驅報》（*The Herald*〔Scotland〕）

「方德是最適合整理撰寫歐威爾傳世精神的作家，而她也奉上自己的寫作生涯，專注描寫仍留存至今的專制暴虐。」

——《對話》（*The Conversation*）

「出人意料的原創研究，讓人能夠以新的角度審視歐威爾。見解深刻，同時也為世界各地知名男性背後遭遺忘的妻子發聲。」

——茱莉亞・博伊德（Julia Boyd）

「顛覆性的見解，這位創意作家的想像觀點也十分突出……方德喚出了艾琳的短暫人生，糾結著讀者的想像力，成功引人著迷。」

——傑森・哈汀（Jason Harding），《金融時報》（*Financial Times*）

「優雅而富有想像力地（復活了）艾琳。」

——《經濟學人》（*The Economist*）

「令人震驚……《喬治・歐威爾之妻的隱形人生》可以說是從男性本位思考的歷史中那刻意遭遺忘的片段，拯救出一位了不起的女性。」

——凱洛琳・克里亞多—培瑞茲（Caroline Criado-Perez）

目次

推薦序

自由即奴役，父權是好的權力

房慧真（作家）

我坐下來寫書的時候，不會對自己說：「我要寫出曠世巨作。」我寫作是因為我想要揭發某個謊言，想讓人們注意到某項事實……

——喬治．歐威爾〈我為何寫作〉

一九三六年初夏，一位受過高等教育的女性嫁給（當時仍籍籍無名的）喬治．歐威爾，要克服的第一道關卡，是將雙腳踩在糞水中，徒手清理滿溢出來的排泄物。

簡陋小木屋的戶外廁所時不時就會塞住倒流，一百九十公分高的歐威爾總是說他無能為力，他所有的力氣都用在稿紙上。「艾琳——艾琳——」糞坑中的妻子聽見丈夫在呼喚她，她從汙濁中探頭出去，將沾滿糞便的手舉在兩側好不碰觸到自己的身體。「該喝下午茶了，妳覺得呢？」歐威爾從二樓窗戶輕輕拋下一句話，隔著一段距離，臭味留在女人這裡。準備下午茶的當然不是那一雙乾淨的、創作之神親吻的手，而是這雙骯髒的勞動之手，將髒汙徹底沖淨後煮熱水、丟茶葉，附上一小盤餅乾送上二樓。將門輕輕掩上，她寫信跟好友說：「絕對不能打斷他的工作。」妻子和女傭的差別是，這雙手除了打掃、煮飯、種菜、養雞、搭公車到五公里外採買，還時常要做「文藝」之事：幫歐威爾的書稿打字、校對、編輯，和歐威爾的經紀人、出版社通信。

新婚期的歐威爾寫作進度飛快，用半年的時間寫完《通往維根碼頭之路》（艾琳負責打字），還讀完三十二本書，交出十二篇評論。婚後歐威爾一天的時間膨脹成四十八小時，多出來的那一半由妻子艾琳．歐肖內西無酬奉獻出來，除了勞力還有才智方能勝任。結婚前兩年，一九三四年艾琳正在攻讀倫敦大學心理學碩士，更往前幾年，艾琳在牛津大學主修英國文學。而艾琳在牛津讀誦喬叟、華茲沃斯詩歌的同時，她未來的丈夫喬治．歐威爾於伊頓公學畢業後沒繼續升學，正在殖民地緬甸擔任警察。一九二七年艾琳從牛津畢業，歐威爾在同一年回到倫敦，流浪於各種底層勞動現場做臥底觀察。兩人看似毫無交集，其實都有著對公平正義左翼思想的堅持。我們已經很熟悉歐威爾，那麼艾琳呢？艾琳畢業的一九二〇年代，女性狹窄的求職道路終點通常是婚姻，艾琳仍然做了許多工作，最具代表性的是她在打字行曾經集結基層員工，起而反抗資方的壓迫。

兩人交會於一九三五年，歐威爾白天在書店打工，晚上徹夜寫作，他合租的室友是艾琳的好友。這一年艾琳將滿三十歲，歐威爾三十二歲，他瘦得像根竹竿，衣著邋遢，或許是他一雙澄澈的藍眼睛，又或許是他流浪底層的經歷吸引了她，他向她求婚，把她從格林威治公園對面的氣派豪宅帶到倫敦北邊偏鄉瓦靈頓的小木屋裡。他專心寫書，她除了操持家務，歐威爾主張她還要開一間雜貨店，「他幾乎養不起自己，但是即將有另一個人會為他勞動一輩子，免費。」她的心理學、英國文學專業，事業、前途、健康、自尊，一夕之間崩塌。她隱身巨大的作家光環之後，讓她消失的不只歐威爾，還有環繞著歐威爾的傳記作家，清一色毫無例外都是男性。

《喬治・歐威爾之妻的隱形人生》的作者是一位女性，安娜・方德除了是作家，也是妻子以及三個小孩的母親。原文書名「Wifedom」可譯成「為妻之道」，作者要探問的是，在牛津、倫敦大學深造過的艾琳，成了妻子以後，「她如何走到了這一步？」下一章節開頭的第一句話彷彿鏡像，方德自問「我如何走到了這一步？」方德始終是歐威爾的讀者，「我要閱讀歐威爾所描述的獨裁暴政……我要借助他來脫離我所受的暴政。」妻子所遭遇的暴政是負擔絕大部分的家事、教養子女、修繕房屋、接待友人、照料親人……，社會學家亞莉・霍奇查爾德（Arlie Hochschild）提出「第二輪班」（Second Shift）的概念，雙薪家庭中妻子往往會花更多時間做家務以及育兒、照顧老人，白天上班，晚上還要負擔無償的勞動。方德的丈夫是建築師，她不因為自己是知名作家而能倖免於家事勞動，她十分羨慕男性作家的寫作環境，「這些男人中有太多得益於某種社會境況……讓女性無酬提供隱形的勞力服務，讓他們有時間、有空間（而且是整潔、溫暖又鋪滿了柔軟抱枕的舒適空間）去創作」，方德甚至這樣說：「妻子就是沒有薪水的性工作者兼家務勞動者。我應該有所警覺。」方德一分為二，妻子的身分讓她能同理艾琳，創作一本書是全身心的付出，作家的身分讓她羨慕起歐威爾的創作後盾，「我也想要一個像艾琳的妻子，我想著，然後才發現，所謂以作家的角度思考便是以男人的角度思考。」

寫這本書之前，歐威爾報導西班牙內戰的《向加泰隆尼亞致敬》，方德反覆閱讀了好幾遍，在她的閱讀印象裡僅存在一個孤身上戰場的男性作家。直到透過艾琳以及其他人的視角去重讀，方德才驚覺全書原來出現過「我的妻子」三十七次，都是不會讓人留下深刻印象的浮光掠影，例如「我妻子到了巴塞隆納之後，還會寄給我茶葉與巧克力，甚至有雪茄，只要能找到這類物資都會寄來。」妻子看似是一個深情的守護者，然而歐威爾卻沒有多加解釋，為什麼妻子會來到巴塞隆納，她在這場西班牙內戰中，究竟有沒有擔任過什麼角色？

如同遊戲「威利在哪裡？」，要在一大片馬賽克拼貼、眼花撩亂、人山人海的圖案中找出戴著眼鏡、平凡無奇的威利，威利總是藏身在隱蔽之處；在《向加泰隆尼亞致敬》中尋找「我的妻子」艾琳，艾琳這個名字從沒出現在書中，歐威爾連名字都不給她，方德說：「沒有名字，角色就無法活過來，但如果是妻子這樣的職業描述，什麼都可以偷走。」

還原「妻子」在西班牙內戰裡的角色，將艾琳身上的虛線描成實線，再塗上顏色，給予喜怒哀樂表情，是《喬治．歐威爾之妻的隱形人生》整本書最精彩也最具顛覆之處。艾琳是左翼思想的捍衛者，一開始她也像全世界的左派、安那其、無政府主義者一樣滿懷理想，急著想要起身奔赴西班牙，和工人一起對抗保皇派的獨裁者。歐威爾卻說，我一個人去就好，妳必須留下來顧雜貨店，照顧牲畜和菜園，幫忙校稿還有聯絡編輯。離別之前，艾琳還幫忙典當家傳的銀器，幫歐威爾籌措旅費。其後，艾琳透過親戚幫忙，前往巴塞隆納擔任英國獨立勞工黨（ILP）的秘書，ILP和西班牙當地的馬克思主義統一工人黨（POUM）關係密切。艾琳身處於ILP與POUM的行動核心，還不曉得山雨欲來，巴塞隆納從大後方成了前線，POUM成了史達林除之而後快的眼中釘，史達林透過秘密警察與間諜深入西班牙內戰，埋伏在艾琳工作的辦公室，報告一舉一動。

艾琳在歐威爾書中的角色，是連配角都不如的路人甲。然而，當歐威爾在前線受傷，子彈穿過脖子，艾琳行動力十足，在四十八小時內馬上趕到，並向在倫敦行醫的哥哥求助，歐威爾在書中花費了兩千五百字的篇幅寫受傷，艾琳卻被隱身了。「我的妻子」像一抹蒼白的幽靈若隱若現，是個奇怪的存在，歐威爾絕口不提艾琳在巴塞隆納有工作，而且是極具危險性的政治工作。「有時候，略而不談會讓事情變得很奇怪，因為他在字裡行間拚命遮掩她的存在。」

一九三七年六月，史達林遙控下的鎮壓，由西班牙警方執行的大抓捕即將開始，POUM的成員陸續被拘捕、刑求，甚至被殺害。同事勸艾琳趕快離開，艾琳卻害怕若歐威爾從前線休假回來將自投羅網，她決定留下，每天像座雕像一樣坐在飯店大廳視野最清楚的地方，從白天到黑夜，她望眼欲穿，唯恐歐威爾將會在飯店前方下車，從鍍金浮雕的大門走進來，連眼皮都還沒眨一下就被逮捕。她沒有意識到自身比歐威爾更危險，但艾琳無疑比歐威爾重要多了，她連繫核心人員、保管護照、經手所有的物資彈藥補給，而歐威爾只是前線的一介民兵。可到了書裡，艾琳無足輕重，「我的妻子」僅僅只是史達林的黨羽要引歐威爾出來的誘餌。

西班牙內戰中的「左派內部鬥爭」，讓歐威爾的書有了新鮮且鋒利的切入角度，讓他成為二十世紀最重要的作家之一，影響至今。然而「左派內部鬥爭」都是陷在漩渦中的艾琳一一轉述給他的，「被抓的人是她的同事，而四處傳播的謠言，還有俄國間諜在腰帶上掛著炸彈裝飾在會客室裡昂首闊步，這些事都是她告訴他的。她自己也含糊成了『我的妻子』，她的所作所為、所知的一切似乎都任由他擷取。」一九三八年新年元旦，歐威爾夫婦已逃出西班牙，平安回到瓦靈頓的家。艾琳幫忙打字，彷彿又在「文本」裡被殺死了一次，「她確實在這個故事裡，卻永遠不會有人看見，就像鷹架或骨架一樣，消失在最終的結果裡，或者遭到覆蓋。」

歐威爾在婚後完成的《向加泰隆尼亞致敬》、《動物農莊》、《一九八四》，這三本書證明歐威爾的洞燭先機，提前預知史達林的邪惡，當時整個文明世界都把目光瞄準納粹黨希特勒的崛起，只有歐威爾從「巴塞隆納大清洗」看到極權主義的起源。前兩本書寫於艾琳還在世時，有她的經歷與深度參與討論，艾琳在一九四五年因為幫歐威爾省錢而選擇非倫敦的醫院開刀，不幸身亡。妻子過世後，歐威爾開始動手寫《一九八四》，書名之所以叫「一九八四」，以往常見的解釋是一九四八年倒過來成為一九八四，這都無法解釋書的初稿完成於一九四七年，出版於一九四九年，和一九四八年沒有明顯關係。後來我們才得知，艾琳在一九三四年就發表了一首反烏托邦的詩〈世紀之末，一九八四〉（End of the Century, 1984）。這或許是歐威爾懷念艾琳的方式，但不代表他的愛堅定如一。艾琳在世時，歐威爾反覆外遇劈腿，艾琳過世後短短一年間，歐威爾至少撲倒四位女性並向她們求婚。他發覺請一個女傭遠遠不夠，「他根本不太認識她們，但是他有書要寫，於是就有了職缺。」

艾琳和歐威爾曾經討論過一個議題：若是莎士比亞在明日重返人間，人們卻發現他最喜歡的消遣是在火車車廂裡強暴小女孩，人們要選擇犧牲小女孩還是下一部天才巨作？歐威爾站在偉大作品那邊，而艾琳惦記著小女孩。除了莎士比亞，還有會性虐待妻子的達利，比起達利驚世駭俗的程度，歐威爾的情節僅是頻繁劈腿和冷落無視、在作品中取消妻子，有那麼嚴重嗎？有需要到「取消文化」的程度嗎？這也是安娜·方德要問的：如果知道自己喜歡很久的作家其實是王八蛋，那怎麼辦？方德不覺得要到一筆勾銷的地步，她只是想用歐威爾的「雙重思考」去回問——歐威爾在《一九八四》裡說：「雙重思考是指一個人心裡可以同時抱持著兩種矛盾的信念，且兩者都接受……必須清楚意識到這個過程，否則思考後的結論就會不夠準確，但是又不能意識到這個過程，否則會覺得自己在造假，就會有罪惡感。」一個深入探討殖民地、極權國家行使權力方式的作家，為什麼可以同時接受父權徹底輾壓女性？歐威爾在小說裡這樣說：「這套欺瞞心智的系統非常龐大複雜。」「戰爭即和平，自由即奴役，無知即力量」是《一九八四》裡著名的「新語」，或許可再加上一句「父權是好的權力」。

方德發覺整個文壇成為共謀，男性作家越偉大越重要，他們身後輪轉的十個太陽就會把任何陰性空間都吞噬殆盡。從上一代開始，歐威爾的母親、阿姨都是非常活躍的婦權運動者。歐威爾對於公平正義的重視無疑來自母系的影響，「要如何強行消失一名女性？歐威爾的傳記作家先從基本的抹除開始，例如他傳承自母親那邊的文化及知識才能」。方德進一步提到，「傳記作家之所以忽略那些女性，是因為歐威爾自己也抹除、模糊了他生命中的女人。」傳記作家強作解人的還有，歐威爾夫婦從西班牙內戰回來後，到北非放鬆身心，歐威爾自述，他在馬拉喀什找了一個十幾歲的阿拉伯雛妓。該怎麼解釋作家的嫖妓行為？傳記作家提出三種解套的方式：一、那是歐威爾口頭吹噓，非事實。二、時間安排上根本不可能，沒發生過這件事。三、有發生過這件事，但那是艾琳同意的。為了替歐威爾開脫，傳記作家還說，艾琳在巴塞隆納曾和別人有一腿，進而推衍夫妻同意開放式關係。

正如方德在書中所說的「父權魔術」，「首先是要讓她所做的事情消失（這樣看起來全部都是他獨力完成的），再來就是讓他對女人所做的事情消失（這樣他就是無辜的）。這套魔術就是父權體制中那顆黑暗的、雙重思考的核心。」

WIFEDOM, A COUNTERFICTION

I

為人妻子，反虛構故事

Mrs. Orwell's Invisible Life

WIFEDOM

薩福克郡，一九三六年十一月

●婚禮過後已經六個月了，她轉開鋼筆筆蓋。[i]

薩福克郡索斯沃爾德大街三十八號

星期二

然後呢？

她起身撥了撥壁爐的火又坐下，全身銀白、向來很有自己的主見的貓兒，跳上她的大腿。她點燃火柴，放在菸灰缸裡任其燃盡，然後又點了一根。

「妳要寫信給誰？」喬治坐在扶手椅上問道，手上緊緊捏著報紙，讓她知道他正煩躁著。很公平，她一直都覺得煩躁。

「諾菈。」

「啊，大名鼎鼎的諾菈啊。」這是在開玩笑，他從來沒見過她。「有這麼難嗎？」他的雙眼湛藍，眼裡藏著笑意。

她揚起微笑，「應該不難的，對吧？」

他站起來，「我就不吵妳了。」

新婚後她搬進公婆家裡，房子位於無甚朝氣的索斯沃爾德。她正在客廳的書桌前寫信。有人在廚房裡清理午餐用過的碗盤；自從他們搬到這裡，每天都是她清洗碗盤，所以這次她算是逃過一劫，喬治的母親和妹妹愛芮兒（Avril）會負責洗碗。他姊姊瑪喬麗（Marjorie）已經結婚搬出去了，這樣剛好，因為這個地方實在容不下再多一個人了。

她用小小的捲菸器捲了一根香菸，舔了舔捲菸紙後包好。很難決定到底該如何從頭解釋自婚禮那天起發生了什麼。她和諾菈通信時很少在信上寫「親愛的諾菈」或者「親愛的艾琳」，她們從大學開始便養成如此親密的習慣，彷彿兩人的通信就是一場沒有中斷的對話。她點燃捲菸，吸吐了兩口便放在菸灰缸上。貓兒一跳離開了她的大腿。

我很早以前就寫好了住址[i]，然後開始跟三隻貓玩、捲了根菸（我現在會捲菸了，但不是徒手捲的）、撥過了火，還快把艾瑞克逼瘋了（就是喬治），這一切都是因為我實在不太知道要說什麼。在我剛結婚的那幾週，我沒辦法保持定期通信的習慣，因為我們老是爭執不休，而且吵得很凶，所以我想乾脆省點工夫，等到我們動手殺了對方或者分開了，只要寫一封信給大家就結了。

i 編註：本書分成「非虛構」和「夾雜虛構想像」的情節，其中帶有虛構的段落，前後將有「●」的符號標示。

諾菈看了會笑，但她也能讀出字裡行間的意思。

她把香菸叼在嘴角，喬治在後面敲打著，不知在釘什麼東西，現在誰撞上去誰倒楣。她不如就說了吧——

艾瑞克已經宣布，絕對不能打斷他的工作，總是愁眉苦臉抱怨著我們才結婚一個星期，這七天裡他就只好好工作了兩天。

從面前的窗戶望出去可以直接看見大街上的景色，不到三公尺遠的地方有一位戴著黃帽子的女人經過，手裡牽著個小男孩，兩人的鼻頭都凍紅了。這座城鎮濱海，她期待著能下雪，她從來沒見過海灘上的雪景。

然後艾瑞克的阿姨過來暫住，實在太糟糕了（她住了兩個月），我們停止了爭吵，就只是抱怨著，她離開之後，我們所有的麻煩都結束了。

她很喜歡這裡，她寫道，「不過我還是十分驚訝，尤其是因為我發現這棟房子實在很小，而且居然幾乎到處都擺著祖先的畫像。」

那些全都是艾瑞克父親那邊的祖先，不過他的母親艾達（Ida）實在有趣多了。她為人風趣，耳上戴著垂掛的緬甸銀耳環看來十分迷人，總拿著長長的香菸菸嘴。艾達身上有種無拘無束的氣質，再加上她帶著好像麻雀一樣、混著法國人的魅力，同時支持費邊主義的務實政治思想以及婦女參政權。艾瑞克的父親是位古板的老好人，胸前總戴著一朵乾癟的康乃馨，而艾達對待他就如同對待家中那些繼承而來的家具一樣。昨晚的晚餐桌上，他拿出假牙放在盤子旁邊，似乎要專心咀嚼食物而不說話，艾達只對他說了一句話，是在布丁上桌時說：「木薯布丁，你最愛的。」[2]然後又繼續聊著過來修排水管的「那些壞蛋」[3]（顯然她都這麼稱呼男人）。真是好笑——不過希望艾琳自己的婚姻不會變成這樣。

她現在可以聽到她們在整理碗盤。幸好不是住在小木屋那裡，否則所有家務都要她做。她不會跟諾菈說這個，也不會告訴她小木屋那裡沒有沖水馬桶、沒有暖氣也沒有電，當然不能提到慘烈的廁所事件，更不用說性事，實在不必多談。有些念頭可以（幾乎）不讓自己想起，結果才發現你不願告訴最好的朋友這一些事，最後會讓你什麼都說不出口。她就這樣刻意忍著不說出那些話，為了他的事業，她必須賭上失去一切的風險，包括她在牛津受過的教育、應當擁有的「天賦」，如此實在太過極端。

她自然不會提到他要去西班牙打仗了，下星期就走。她鼓勵他去的，但是很難解釋原因，畢竟他們才新婚不久，感情基礎尚淺。或許下封信再說，眼下她就先聊聊自己的新家人。

布萊爾家族的先祖是來自低地的蘇格蘭人，出身平凡，不過其中一人靠著奴隸生意賺了許多錢。誰也想不到，他的兒子湯瑪斯卻是個性情軟弱溫順的人，娶了衛斯莫蘭公爵（我從未聽說過此人的存在）的女兒，過上了極其豪奢的日子，結果花光了家產，又因為奴隸制度已經廢止而不能繼續賺錢，於是他的兒子加入軍隊，退伍之後進入教會服務，娶了一名十五歲的女子。她十分厭惡他，兩人生了十個孩子，其中唯一活下來的就是艾瑞克如今八十歲的父親，而他們都可以說是一貧如洗，但是如喬治所言，他們依然努力維持著上流社會的教養。

他們都叫他艾瑞克，不過對她來說，他就是喬治，這是他寫作時選擇的筆名。他的雙重身分代表了家庭生活隨時可能變成一場誤會鬧出的喜劇，而且家人們確實很好笑。母親刻意為之，愛芮兒則是無意間造成，同時她們似乎會跟她並肩一起對抗艾瑞克／喬治。

儘管如此，整體說來這個家很有趣，我想他們對我的態度也相當不一般，因為他們都非常愛護艾瑞克，覺得要跟他一起生活實在難如登天——其實在婚禮當天，布萊爾太太搖了搖頭說，如果我知道自己要面對什麼，實在是很勇敢；而妹妹愛芮兒則說，我當然不知道要面對什麼，不然就不會在這裡了。我想她們並不明白，我的脾氣跟艾瑞克非常相像，只要接受了這個事實就相當寶貴。

這時，愛芮兒從門口探頭進來，露出她尚分辨不出男女的長臉，留著一頭蘑菇頭，眼珠的顏色和喬治的一樣淺。要不要跟他們一起去碼頭上散步呢？

「現在？」她沒有放下筆。

「對，現在。」

她折起信紙想晚點再寫完，把菸灰缸當成紙鎮壓著信紙，然後她又想起一件該說的事，於是將紙抽了出來。

我有想過要去探望妳，兩次有機會的時候都決定要走了，但是艾瑞克注意到我要離家時總會出點什麼事，而若是他沒有注意到（我哥哥艾瑞克曾經兩度過來帶我離開），我走了之後他也會出點什麼事，結果我又得回家來。

她當然知道他的肺病，卻不知道他會如何利用這點，她完全預料不到。

她如何走到了這一步？

●

現在，此時

我如何走到了這一步？

二〇一七年夏末，我發現自己處在工作過載的巔峰：要為正值青少年的女兒安排不同的新學校（包括制服、書本和幾十封電子郵件往來）、牙齒矯正、租借上低音號、我兒子的暑假課程（要為紮染活動多準備衣服！）、接送一位憂鬱的法國交換學生去觀光、聯絡一群不守規矩又踱個二五八萬的工人，在他們方便的三個小時空檔來修繕我的老房子、釐清某個親戚的住院照護，還要在極度哀傷的時刻接待來自各州的親近家人。而我每天醒來，截稿期限便一分一秒過去，這一切的責任讓我離工作越來越遠。於是，我又一次在令人消沉的當地購物中心採買生活用品；又一次，我跟著出口標誌開下一樓接一樓的斜坡時擦傷了車子，明白所謂的出口只是虛妄的承諾：我絕對、無法、離開。貪吃的停車場柵欄機器吞掉我的票卡時，我便知道：購物中心吸走了我養尊處優的、處於圍停經期的靈魂，我必須將她找回來。

因此我沒有回家，而是在二手書店莎孚（Sappho）的轉角停車。後車廂裡的冰淇淋或許會融化、肉也大概會在有毒的塑膠包裝裡解凍吧。莎孚二手書店是從我母親解放的一九七〇年代便留下來的老地方，這棟破舊而擁擠的雙層公寓沒有翻修過，從書架上凸出手寫的標示牌，庭院擠著一間搖搖欲墜而引人一探究竟的咖啡店，擺放著盆栽棕櫚。踏著吱嘎作響的木階梯走到非小說區，就像回到一個比較溫柔、數位產品出現之前的年代，那裡有老舊的扶手椅，還能有意外的發現。每十年都會出版大量令人讀過就忘的書籍，而其中能夠歷久彌新的書，就會收藏在這處寶庫中，這裡有你錯過的或者從來沒看過的書，有你甚至不知道自己需要的書。莎孚和購物中心恰恰相反，沒有人想要賣什麼給你，甚至你在這裡買了一本書的時候，那位坐在收銀機前、身上有刺青的女人還會發出懊悔的嘆息，彷彿金錢根本無法彌補他們的損失。這個地方完全就是靈魂所需。

在樓上後面的房間裡，我發現一套一九六八年的初版歐威爾《散文、報導及書信選集》（*Collected Essays, Journalism and Letters*），總共四卷。我一直都很喜愛歐威爾，包括他自貶式的幽默、對於權力如何運作以及受其擺布的人們又有精準的觀察。我坐進一張柔軟的扶手椅，書頁的顏色深沉而脆弱，散發出彷若過往的味道。我翻開到〈獵象記〉（Shooting an Elephant）這篇文章，開頭寫道：

> 在下緬甸的摩棉有許多人憎恨我，我得是多麼重要的人物才有此待遇，人生中也就只有這段時光了。我是鎮上的分駐警官……[4]

這語調！我將採買的東西載回家，帶著歐威爾以及法國交換學生到了港口邊的黎明弗雷澤泳池（Dawn Fraser Baths），交換學生可以游泳，心情或許會比較好，而我可以坐在有一百四十年歷史、有簷頂的看台上讀歐威爾，讀過一篇再接著短篇，感受他如何發展起自己的寫作人格。

一日將盡時，我讀到了那篇大名鼎鼎的〈我為何寫作〉（Why I Write），「我知道，」歐威爾寫道，

「我能夠運用文字，也有能力面對令人不快的事實，我覺得如此創造出某種私人的世界，在這裡我可以為自己日常生活中的失誤討回顏面。」

我舉目望向鸚鵡島方向的粼粼海面，思索著今天的日常失誤：有毒塑膠、停車場裡的靈魂謀殺、可憐的法國交換學生游了一圈又悲傷地游了一圈，更不要提未完成的工作，如今已經在我的收件匣裡累積成了引人焦慮、標上紅色旗幟的訊息。我必須面對「令人不快的事實」，雖然我和克雷格以為我們可以平均切分生活與愛的責任，這個世界卻密謀著推翻我們最大的善意。我在家庭中一直都承擔著更多責任，但時間一長我們竟也不再注意這點。對於一個以觀察事物維生的人來說，借用我們九歲兒子的話，這件事似乎是一次「大翻車」。

我將目光放回書頁上。

「大約三十歲之後，」歐威爾寫道，大多數人會「放棄個人的抱負，事實上在許多例子中，他們幾乎是完全放棄了做為個人的感覺，只為了他人而生，或者就只是在苦悶的日子中窒息」。[5]

「安娜？」我抬頭看著貝努瓦濕淋淋的身影，拿出我的信用卡——用冰淇淋買點時間。

「不過也有，」歐威爾繼續說，「少數那些有天賦而恣意而為的人，決心要為自己活到底，而作家就屬於這種人。」

我想著，如果我還看不清楚自己的憤怒而無法割除之，至少我可以為怒火找到同伴。接著：

> 我總是從某種黨派性的感覺出發，那是一種不公義的感受。我坐下來寫書的時候，不會對自己說：「我要寫出曠世巨作。」我寫作是因為我想要揭發某個謊言，想讓人們注意到某項事

實……

我闔上書，心裡有了打算。我的三個孩子，其中兩個是青少年，一個則還不算少年，如果他們就快要脫離童年而看到真正的我，我也必須能夠看見自己。我身上負載著因妻子身分而來的母職，必須在這底下尋找，看看還剩下了誰。我要閱讀歐威爾所描述的獨裁暴政，也就是他那個時代「臭不可聞的小小正統」，我要借助他來脫離我所受的暴政。

夏去秋來之際，我讀了在一九七〇年代及二〇〇三年之間出版，六本重要的歐威爾傳記。[6]作者分別是彼得．史坦斯基（Peter Stansky）和威廉．亞伯拉罕斯（William Abrahams）（於一九七二年及一九七九年出版）、伯納德．克里克（Bernard Crick）（一九八〇年出版）、麥可．薛爾登（Michael Shelden）（一九九一年出版）、傑佛瑞．梅爾斯（Jefrey Meyers）（二〇〇一年出版）、D．J．泰勒（D. J. Taylor）（二〇〇三年出版）以及葛登．鮑克（Gordon Bowker）（同樣是二〇〇三年出版）。我一直都非常喜愛歐威爾的文字，所以很高興他被形容為是「二十世紀最偉大的作家之一」[7]、「道德的力量、在黑暗中閃爍的光線、穿透濃霧的出路」[8]。我讀到歐威爾在一九一〇年代的童年、他在伊頓公學的時光，然後年輕時去了緬甸做警察；我讀到他在一九三六年與艾琳．歐肖內西結婚、在西班牙內戰中對抗法西斯分子，然後住在倫敦時忍受著法西斯的轟炸，寫下傑出的《動物農莊》（*Animal Farm*），後來還有反烏托邦的驚世鉅作《一九八四》（*Nineteen Eighty-Four*）。

接著，冬日氣氛漸濃，我讀到了這段，那是歐威爾在他最後纏綿病榻時寫的，那時他的婚姻已經結束。他在私人的文學筆記中以第三人稱角度寫道，似乎是想跟這種很難承認的感受保持距離。

關於女人有兩大事實……只有結婚了才會知道，並且直接牴觸了女人想盡辦法在全世界面前呈現的自我形象。其一是她們實在難以矯正的髒亂習慣，其二則是她們可怕而強烈的性欲……在任何婚姻或常見的愛情關係中，他認為女人才是執著於性事的一方，在他的經驗裡，女人總是難以滿足，而且不管做愛做了多少，似乎永不疲倦……在所有超過一、兩年仍未結束的婚姻中，會認為性事是一種責任，是男人必須提供給女人的服務，而且他猜想，每樁婚姻中都會有相同的掙扎：男人努力想要逃避性事，只有自己想要時才做（或者與其他女人做），而女人則要求得越來越多、越來越多，同時也更加意識到自己討厭丈夫的缺乏男子氣概。

歐威爾只和一任妻子一起生活過，所以這些評論說的是艾琳。

我在傳記中翻閱尋找，有幾本也收錄了這段文字的一部分，是否有助於釐清發生了什麼事？其中一本在後面加上以下觀察：「後來歐威爾提起一名在愛德華時代惡名昭彰的殺人凶手，寫著『人人都對這位謀殺妻子的男人感到同情』，顯然歐威爾懷抱著厭女思想（即使出乎意料，但確實如此），他一般都會努力掩蓋或壓抑這種情緒。」[9]這段話實在令人困惑，也沒什麼幫助。另一位傳記作家則暗示說這段話純屬虛構，可能是「為了某本其他小說或短篇故事所寫的段落，是一篇有些施虐傾向的性幻想故事」，但是，或許又擔心歐威爾此舉是坦承自己「缺乏男子氣概」，他便試圖怪罪到女人頭上，說這些評論「反映出有種類型的女人對性事的需求過高」[10]。更加沒用。第三位傳記作家寫道：「（歐威爾）認為，妻子會用性事來控制丈夫。」[11]這是一種厭女的說法，認為女人「控制」男人，但事實上她只是掌控了自己身體的自主權，所以，也是一點幫助也沒有，尤其是歐威爾還說了他並不渴望妻子的身體。這些傳記作家似乎都無法處理這部分反女性、反妻子、反性事的抱怨，只能將之排除在外，同情他有這樣的衝動，將之弱化為一種「心情」，否認這種評論而稱之為「虛構」，或者怪罪女人自己。

歐威爾的想法讀起來很是痛苦，女人討厭他，他也討厭自己；他抱持著偏執的妄想，覺得自己掉入了政治性事的陰謀中而受騙，都是下流的女人塑造出虛假的「自我形象」，並「強加」給全世界。他眼中的女人，做為妻子，是以她們為他做了什麼或者「要求」他什麼來評斷——打掃得不夠、性事做太多；那麼，對她而言又是如何？我最初的猜測是：打掃得太多，性事做太少，或者不夠好。

於是我從研究作品轉向人生，焦點從丈夫轉向了妻子。

以蠟砌屋

早上過了一半，我離開工作室從後門走進家裡想多煮點咖啡，我十六歲的女兒正在廚房裡給吐司抹醬。

「妳在忙什麼？」她問，她從沒問過這樣大人的問題。

「在忙……一位妻子的故事，還有婚姻。」我說，「歐威爾的，很難。」我補了一句。我以前也不會這樣回答，好像大人對大人一樣展現出自己的弱點。

「為什麼很難？」她問。我感覺到我們的角色在改變，家庭中的結構板塊漸漸移動開來，通常我才是表達同情的教練，不斷鼓勵對方到惹人嫌。

「因為，」我關上冰箱門說，「很難知道該怎麼想，尤其是如果知道自己喜愛很久的作家其實是……」

「王八蛋？」她舔掉抹刀上的花生醬。

「大概吧。」我用磨豆機發出很多噪音。

隨著#MeToo事件不斷揭露爆發，我的女兒也成長了不少：到處都是「王八蛋」。這個年代充滿了說不出口的真相，之所以說不出口，因為實在太常見到，根本不必多說，但要是說出口了，又是說不出口的糟糕：晚間新聞上淚流滿面的女人以及暴跳如雷的男人、抓出獨自犯案或者有機構包庇的連續性侵犯、揭發哈維・溫斯坦（Harvey Weinstein）與傑佛瑞・艾普斯坦（Jeffrey Epstein）的罪行、教堂和學校中層出不窮的虐待案、白宮與澳洲的國會大廈都傳出性侵指控，還有針對律政部長[ii]這位國內法界最高層人士的指控。假如你和我一樣，在成長期間都感覺到那股無所不在、說不出口的東西，像是牧師有事找你，或者教授關上了辦公室的門，又或者是律師事務所的合夥人要你留下來加班到很晚，看見這一切都會感到鬆了一口氣，就像抓出惡鬼一樣。但是，為了不讓女兒窺見我們這個世界腐敗至此的基底，我什麼都願意做，不要讓她一下子就跳到得用「王八蛋」來罵人的悲傷世界。

「很難知道該做何感想，」我說，「這整個世界以前的規則就是容許男人苛待女人，然後還認為自己是正直的人。」

「以前？」

我做了個深呼吸，做母親有一部分的責任似乎就是要過濾這個世界，達到可容許的狀態，就像樹木一樣吸入毒素再吐出氧氣。

「一切都在改變，以演員為例，利用權勢性侵的慣犯、戀童癖和變態馬上就會從螢幕上消失，不過我們在知道他們做過什麼事情之前，欣賞他們的作品都覺得沒問題。」

「像那個盆栽男嗎？」

ii 譯註：二〇二一年二月，澳洲媒體報導時任澳洲律政部長的克里斯蒂安・波特（Christian Porter）涉嫌在一九八八年性侵一名十六歲少女，波特本人否認指控，案件也因缺乏直接證據而未起訴。

那位知名的喜劇演員，如今全世界才發現可悲的真相，原來他喜歡在年輕女性面前自慰，然後據說會射精到盆栽裡。這個世界充滿了我們不想知道的事情。

「對，歐威爾也擔心過這件事，不是對自己，而是其他對妻子不好的作家，這一切都讓我很糾結。」

「因為妳還是很喜歡他的書。」

「對。」

「而且因為妳是妻子。」

我笑了，「這也是一個原因。」

我女兒放下抹刀，從抽屜裡拿出一根湯匙往花生醬罐子裡挖。「在某種程度上，歐威爾絕對知道自己是個王八蛋，」她說，「所以他才對這個問題有興趣。」她直直盯著我看，亮晶晶的嘴唇稍稍彎起一抹試探的微笑，「媽，為什麼妳會對這件事有興趣呢？」

我又笑了，想不到她對歐威爾、對我有這樣的見解，「或許我是個王八蛋？」我說，我以前從來沒有對她說過這樣的話。

她毫不猶豫接著回答：「每個人不都是嗎？」

回到工作室後，我坐在那個擺放著書桌的凸窗前。黃蜂正在百葉窗上築巢，挺著細窄的腰身在那裡嗡嗡盤旋，好像在休息，不過牠們一直在六角蜂巢附近徘徊，很難分辨是在工作或過日子。我既是驕傲又感到心碎，這大概就是教養青少年最主要的情緒狀況，我們耗費了十五年時光試圖保護自己的孩子而未果，只能看著他們漸漸發現這個世界的真相，而其中當然也包括了我們。

我們需要一個新字詞來形容這種情感，一個能結合兩種心情的詞：一方面是對他們智慧的驕傲，因為他們衝破了我們那脆弱得如同蠟砌的屋子一樣的保護；另一方面是看著他們走出童年，踏入那個人類本性的現實世界的無奈與痛楚——那裡充斥著獠牙利爪，還有各種王八蛋。

索斯沃爾德，仍在公婆家

●

他們剛用過下午茶，老布萊爾先生坐在高背安樂椅上打著呼，她則溜到書桌後。外頭的太陽漸漸下山，餘光照耀著街道對面的樓房，其中一棟覆滿了常春藤，油亮的葉片相互爭搶著一絲光線。

海灘上沒有雪。

「艾琳，為什麼海灘上會有雪？」她們沿著碼頭散步的時候，愛芮兒這樣說。愛芮兒這個人有辦法讓說出來的每句話好像大都帶著「白癡」二字，卻又不說出口。她稱自己工作的茶館是高級場所，好像那地方只接待某種特定的品茶客，大概是那些會遵守非明文規定的人。艾琳懷疑愛芮兒整個人只認規矩行事，這也怕、那也怕。

但是今天的天空遼闊無邊又湛藍一片，從碼頭一端看過去，海灘就像一抹金黃的微笑，她覺得自己可以這樣一直走下去。

她要給諾菈的信才寫了一半，她將信從菸灰缸底下抽出來時聽見艾達關上烤箱的門。在她和喬治婚後生活的小木屋裡，那裡的烤箱很難搞。她拿起筆。「我沒辦法用那個烤箱做什麼菜，而水煮蛋（艾瑞克幾乎只靠這個維生）又讓我吃到想吐。現在我已經可以用那個烤箱做出相當多料理，他則是寫作飛快。」

還提什麼基本家務，更不用提什麼奇蹟了。喬治還病了。「我忘了說他七月時『支氣管炎』發作，病了三個禮拜。」然後下雨下了六個禮拜，「整個雨天裡廚房都在淹水，所有食物幾小時內都發霉了。」她點了根香菸又繼續寫，「好像已經是很久以前的事，不過當時感覺彷彿永遠都會是如此。」

他突然出現在她身後，撥開她的頭髮親吻後頸，眼睛落在信紙上。

「『支氣管炎』需要用引號標起來嗎？」他輕聲說。

「除非你去看醫生，不然就要。」她微笑著。

「嗯，反正我現在比較好了。」他轉身面對她，背靠著書桌。「我想要出門去買香菸，妳需要什麼嗎？」

他的雙眼藍到不可思議，手指很長，還有兩片湯匙形的嘴脣。他的真實模樣有一股彆扭、一種貼心，她看得出來，不過他們兩人永遠不會知道該如何形容這種眼神。兩人之間橫亙著一條鴻溝，而他看著她，想要靠近卻又不確定，如果他踏出那一步是否會掉下去。

「不用，」她說，「還是謝了。」

在他身後，愛芮兒雙手抬著一只空的洗衣籃匆匆走過走廊。

「這樣吧，我一起去。」她說完折起信紙，塞進自己長褲的口袋。

●

布萊爾先生在椅子上稍微翻動身子，繼續睡。

黑箱子

穿著厚重黑色西裝的男人站在舞台上，下巴卡在白色領口上腫了一圈，右手拿著魔杖。他身後是一口黑箱子，就像是棺材直立著，帶有一道門；他身前的椅凳上擺著他的禮帽。箱子的一邊站著一名穿著黑色緊身衣、黑絲襪和黑色高跟鞋的女人，不知為何微笑著。男人彎腰鞠躬，寬闊額頭上冒出的汗水閃閃發亮。

他已經決定今天不會把她鋸成兩半，做了個手勢示意她走進箱子，關上門後又走到椅凳前。他聳聳肩。

「天靈靈地靈靈？」他說，彷彿我們都懂這個笑話，看著他伸手進禮帽裡摸索著，然後拉出——一條手帕。

我們大笑。

「這可不是魔術！」他說完，坐在椅凳上擦掉眉毛上的汗。「我跟各位說，人生的魔術，」他說，「就是不要期望太多。」

觀眾席間傳來緊張的笑聲，一陣偌長的沉默後，觀眾又尷尬笑了幾聲，他回頭看著箱子嘆了口氣。

「該做的還是得做。」他說完便走回到箱子前，「記住，」他伸手握著門把說，「不要期望太多。」

他打開門——什麼都沒有，觀眾都樂了。

「喔糟糕，我做了什麼？」他大叫起來，伸出雙手、雙臂在箱子裡上下摸來摸去，裡面什麼也沒有。他回到椅凳前查看禮帽內，但裡頭空空如也，於是他戴起帽子，回到依然敞開的箱子前。

「我想只能這樣了，最好把箱子關上。」他關上門時，觀眾一片驚呼。

因為她就在門後，站在箱子外面。

女人一句話也沒說，只是微笑，舉起手朝他揮了揮。

無論是誰都能取代她的角色。

他彎腰鞠躬，這是他的魔術，但問題是：她剛剛在哪裡？

她其實並沒有出現在傳記裡。為歐威爾作傳的作家是七名男性，研究著一名男性，他們個個都很出色，每一位講述的故事都稍有不同，有時偏向英雄主義和諒解，有時則朝向某種無可言喻的複雜所形成的「暗黑深淵」，但是他們都很少提及歐威爾生命中的女性有多麼重要。到頭來，這些傳記漸漸就像是有所缺漏的虛構故事。

於是，我追溯到源頭，找到了其他事實和其他人物，是那些遭到遺忘的人物。艾琳便漸漸活靈活現起來，一位曾在政府單位與她共事的人認為，她比起那裡的其他人都「更加優秀」[12]，從來沒有傳記作家引述這句細節。另一位同事兼友人說她的「性格羞怯而謙遜」，不過「總是默默保持正直的氣度，我從未見她動搖過」。我發現了一位女性，她能見人所未見，言人所未言。艾琳對歐威爾的愛「相當深切，不過也抱持著一種體貼而能理解的興趣」[13]，她注意到他「超乎尋常的政治天真」[14]，這點似乎讓一位傳記作家很煩惱，於是改寫了她的話，反而讓歐威爾具有「超乎尋常的政治同情心」[15]。而且她反對有人因為歐威爾的雙頰凹陷、貌似基督的臉就稱他為「聖喬治」，她說，這只是因為他缺了一、兩顆牙。[16]

艾琳逗得我大笑，我決定走進黑箱子將她拉出來。

站在箱子外面，從在乎的人眼中看起來彷彿什麼都沒有發生，一只棺材大小的黑箱子在搖晃，傳出微弱的哼唧聲，有時是煙霧，偶爾也能聽見喊叫聲。那裡一片黑暗。下筆如神的日子裡（並不多），我覺得自己就像到冥府中尋找尤麗蒂絲（Eurydice）的奧菲斯（Orpheus），特別是在那一片幽暗中，遇見了仇敵的化身：一隻凶猛的三頭犬。這隻擋住去路的塞伯拉斯（Cerberus），名為「遺漏—瑣碎—默許」。而最驚人的是，這頭猛獸也是我的老朋友，我想著，如果我能看清它的真面目，或許就能通過這場考驗，找到艾琳。

我確實找到她了，卻是在支離破碎的事實裡，像是咬在口中的玩具一樣被撕碎——一顆藍色的眼睛、包覆在西裝外套下的一角肩胛骨。一位曾經獲得牛津大學獎學金的年輕女性，在一九三四年發表了反烏托邦的詩，叫做〈世紀之末，一九八四〉（End of the Century, 1984），這個人曾經兩度將同事組織起來對抗上司的霸凌。艾琳只是有如滄海一粟的凡人，卻強悍地不似凡人；而她的小名叫小豬（Pig），只是已經無人記得為什麼。

我將艾琳拉出箱子之後，就有了一段事實組成的人生、一個碎片拼湊出的女人。我考慮過要寫成小說，寫一本相較於那些傳記的反虛構故事，但是我不斷發現她被人用某種狡猾的方法隱藏起來，簡直著迷不已，小說無法呈現出這些。

然後我發現了那些書信。

艾琳和她最好的朋友諾菈．塞姆斯．邁爾斯之間有魚雁往返，二〇〇五年諾菈的外甥發現了六封信[17]，那時歐威爾的傳記都已經寫成了，作家也就無法借助這些書信。我很想知道如果他們能先讀到信會怎麼做，一位知名的歐威爾學者指出，這些信件揭露出「充滿愛意的本質」[18]，確實如此，但真相卻遠勝於此。

諾菈於一九〇六年出生、一九九四年逝世，她的生平鮮有人知，而她寫給艾琳的信也沒有留下痕跡。顯然，諾菈在牛津大學聖休學院（St Hugh's）中是相當活潑的女學生[19]，她年少時的戀人英年早逝，畢業後嫁給了醫生夸塔斯．聖勒傑．邁爾斯（Quartus St Leger Myles，也稱為Q），定居在布里斯托（Bristol），夫妻倆沒有小孩。諾菈和艾琳十分親近，艾琳甚至在遺囑中指定諾菈，若是自己早亡，她想要諾菈來照顧她的兒子。

寫給諾菈的信可以回溯到艾琳舉行婚禮後不久，一路寫到西班牙內戰、夫妻倆在摩洛哥的時光，然後進入戰時倫敦大轟炸期間。信件內容令人豁然開朗，好像在歐威爾過世超過半個世紀之後，有人打開了一扇通往他私生活的門，揭露出一位生活在門後的女人（以及在那裡寫作的男人），讓人以全新的角度審視之。

現在已經不可能寫成小說了，否則這些書信會淪為「素材」，而且讓我的解讀壓過了她本身的聲音。艾琳的聲音十分令人興奮，我想要讓她活起來，同時揭發出抹除她的邪惡魔術技法，這些手段時至今日依然有很大影響力。我打算寫下納入一切的虛構故事。

於是我花費數月、數年，深深埋首於歐威爾的研究中。我在倫敦大學學院（University College London）的歐威爾資料庫中找到了艾琳大學時期的筆記本與寫給歐威爾的信，她的筆跡清楚而圓潤。艾琳和歐威爾在一九四四年領養了兒子，取名為理查・布萊爾（Richard Blair），我跟著他一同旅行加泰隆尼亞，追溯歐威爾在西班牙內戰時期留下的足跡。最後我來到蘇格蘭的朱拉島（Isle of Jura），待在歐威爾寫出最後一本書《一九八四》的那間屋子，和他當時房東的孫子一起喝威士忌。

大概是機緣巧合，希薇亞・托普（Syliva Topp）於二〇二〇年出版了《艾琳：喬治・歐威爾的養成》（*Eileen: The Making of George Orwell*），書中有許多我未曾找到的資料，讓我閱讀時興奮不已，只是我們解讀資料的觀點不同，所以描繪出的艾琳也不一樣。[20]

尋找艾琳的過程中，我也樂於閱讀歐威爾對權力運作的剖析。而找到了艾琳，就有可能揭示權力如何影響女性：一名女性是怎麼樣先埋沒在家庭生活中，接著隱沒在歷史裡。

但是我相當重視歐威爾的作品，我無論如何都不願意貶低他的作品，或是他。我擔心我講述的故事可能會讓他面臨被「取消」的風險。只是，艾琳當然已經被取消了，凶手正是父權。我需要找到方法將這一切，包括作品、丈夫和妻子，在我腦海中排列成星座，每顆星維持著彼此之間的位置。

因此，我制定了一套基本規則，要寫出不說謊的虛構故事：艾琳會活在她寫的那些書信裡——有六封寫給她最好的朋友、三封寫給她的丈夫，還有幾封寫給其他人的信。我知道她在什麼地方寫下這些信，我知道那時的碗盤就凍結在水槽裡、知道她正血流不止、知道他和另一個女人上床——而且她也知情。在這個故事裡，字字句句都是她的，有時我會根據所發生的事寫成一幕，而大多時候我只會扮演電影導演的角色，指揮現場的演員，例如擦擦眼鏡、地毯上的灰、一隻貓從她腿上跳開。

墜入情網：漢普斯特德，一九三五年春天

艾琳認識歐威爾的時候和母親一起住在倫敦，不過她經常留宿在她哥哥勞倫斯（Laurence）與嫂嫂葛雯（Gwen）家裡，那棟富麗堂皇的屋子就在格林威治公園對面。

勞倫斯有時也被叫做「艾瑞克」（依他中間名弗德瑞克〔Frederick〕取的小名），他比艾琳大四歲，是她唯一的手足，整個人充滿魅力、英俊而積極向上，艾琳非常崇拜他。勞倫斯在醫院診所林立的哈里街（Harley Street）上是聲名鵲起的心肺胸腔外科醫師，同時也是知名的結核病權威。他最近剛剛從德國柏林返國，在那裡跟著為希特勒治病而名氣響亮的索布魯赫教授（Ferdinand Sauerbruch）訓練。勞倫斯曾近距離看著納粹政權崛起，如今十分熱切反對法西斯主義。葛雯也是一名醫師，「她的身材纖瘦，話不多而性格溫和，思想非常開明且支持社會主義」[21]，她和勞倫斯在蘇丹（Sudan）共事了七年，兩人在那裡就結婚了。現在，葛雯在兩人家中的一樓房間內以全科醫師的身分看診，門診熙來攘往，她也經常照顧倫敦東南區的未婚媽媽與貧窮人家。

艾琳喜歡格林威治的生活，這個家充滿活力又舒適。自從畢業後，九年間她做過各種古怪而有趣的工作，經常為哥哥的科學論文進行編輯與打字。一九三四年，她進入倫敦大學學院攻讀心理學碩士學位，在那裡認識了莉迪亞．傑克森（Lydia Jackson）。

莉迪亞是俄國人，最近才剛與一名劍橋大學的講師離婚。用她的話來說，她「幾乎完全失去了

勞倫斯與葛雯在格林威治的家。（圖片提供：Quentin Kopp）

自信」[22]而痛苦不已。她邀請艾琳到漢普斯特德參加一場派對。

莉迪亞在路上擦傷膝蓋破了皮，雖然她的英文很流利，但畢竟是第二語言，於是說得很直接，「我抵達那間屋子的時候一點都不興高采烈，」她在回憶錄裡寫道，「我在街上跌倒了，膝蓋在流血。」[23]

莉迪亞的朋友羅莎琳・歐伯邁爾（Rosalind Obermeyer）也離婚了，羅莎琳是榮格派分析心理學家，在她的室友建議下才辦了這場小派對，室友是個叫做艾瑞克的男人，在書店裡工作，清晨和夜晚時分都在房間裡寫作。結果到最後大部分賓客都是羅莎琳邀請來的，有與她同行的心理學家以及大學裡認識的人。艾瑞克沒有上過大學，只邀請了一位朋友，便是他為之撰稿的雜誌編輯，一位客氣有禮的左翼貴族，叫做理查・里斯（Richard Rees）。

莉迪亞回想道，她們到場時，「女主人帶我們參觀屋子，裡面沒什麼家具，燈光也很黯淡。兩位高個子的男人低頭圍著沒有火的壁爐站著，兩人都看向我，以契訶夫的傳世名言來形容，他們看來就像『遭了蛾的破爛』[24]，兩人的衣著邋遢，臉上布滿皺紋而不健康的樣子。我一點都不想跟他們講話，但是，」她又說，「艾琳肯定是去搭話了。」

人人都在喝酒、聊天、抽菸，可能還有音樂繚繞。

一見鍾情是看不見的，只有親身經歷的人才能感受到。後來，其他人得知那晚他們並未察覺的事情，都努力回想著。凱伊．埃克瓦（Kay Ekevall）是個「熱情、愛笑又善良的」[25]女人，留著一頭男孩鮑伯的短髮，那段時間跟歐威爾睡在一起，因此看得特別仔細。凱伊說，艾琳這人「活潑、好動又風趣，也更加適合他。她的年紀比我大，上過大學，而且擁有相當豐富的知識學養……」。羅莎琳後來從事心理治療工作也十分出色，回憶道「艾瑞克和理查一同站在壁爐前，兩人都是個子高瘦又笨拙的樣子，兩人聊著，看了走進屋裡的客人幾眼之後又繼續交談」。

這晚將結束之際，歐威爾才熱絡起來，最後他堅持要送艾琳和莉迪亞走到公車站。他回來後幫忙羅莎琳一起收拾杯子和菸灰缸，然後，幾位最早幫他做傳的作者寫道：「他轉身面對她（如此久遠的事情，這是歐伯邁爾夫人唯一還記得的另一項細節，十分鮮明而確切）說：『艾琳．歐肖內西就是我想娶的女孩。』」[26]

歐威爾很少說出這麼隱私的事情，實在太罕見了，所以羅莎琳就這樣記在心裡記了三十年。

隔天在學校裡，艾琳找了羅莎琳出來要謝謝她，也要道歉：「我喝得滿醉的，那個樣子實在很糟糕，太吵鬧了。」[27]她笑著說。羅莎琳注意到艾琳手臂下夾著歐威爾的第一本小說《緬甸歲月》[28]

（*Burmese Days*），羅莎琳告訴她，她讓這本書的作者留下深刻印象，馬上表示要安排兩人在公寓共進晚餐。

這場晚餐邀約定在下週，而他們用過餐後，羅莎琳很快就找藉口離開了。

「那次派對過後沒有多久，」莉迪亞回想說，「艾琳告訴我她又遇見其中一個男人，而他向她求婚了。」

「什麼？這麼快？」莉迪亞驚呼，「他到底說什麼？」

「他說他其實不夠資格，但是……」

「那妳怎麼回答？」

「沒什麼……我就讓他講他的。」

「但他是誰啊？」

「羅莎琳說他是作家，叫喬治．歐威爾。」

「沒聽過。」

「我也沒聽過。」

「我那時只是半信半疑，」莉迪亞寫道，「但後來發現她是認真的，就一點也高興不起來。」[29]

莉迪亞忍不住，「妳打算怎麼辦？」她追問。

「我不知道……」艾琳回答，「妳知道，我跟自己說等我三十歲的時候，就會接受第一個跟我求婚的男人，然後啊……我明年就三十了……」

那種開玩笑似的語調在莉迪亞聽來很是難受，因為她成長的環境中並不習慣古怪或者盎格魯人的迂迴，但是「艾琳就是這樣」，莉迪亞說，「我從來就不確定她說這樣的話到底是希望別人認真看待，或者只是玩笑。我想要當成笑話，於是笑了，但是我從那時候就一直在想，她接受歐威爾的求婚時到底是不是為了這個決定。」

或許莉迪亞無法理解，一個男人一邊求婚的同時，一邊又說自己不夠資格結婚，結果竟然遇到一個適合他的女人，她會讓他就這樣講下去，而她接受了求婚。這或許是，也或許不是，她為自己下的一場賭注。

多年後，莉迪亞稱艾琳與喬治在羅莎琳家的認識是一場「注定失敗的相遇」，她和這兩人維持長年的友誼，但從未真正改變想法。

莉迪亞．薇塔勒維娜．吉布托維奇（Lidiia Vitalevna Jiburtovich）於一八九九年出生在俄國的聖彼得堡（St Petersburg），她認識艾琳時是三十五歲，比艾琳還大六歲，那時她用的是結婚後的名字：莉迪亞．傑克森。她獨自一人住在倫敦，處境並不好，但她並未因此就不敢在課堂上發問，她也坦承那些問題很「直接」、很「天真」，她第一次問問題時，其他學生都翻了白眼，艾琳卻轉過身來看著她，眨了眨她那雙近視眼。「下課時她過來跟我講話，」莉迪亞記得，「那就是我們友情的開端。」艾琳邀請莉迪亞一起吃晚餐。

莉迪亞實在太寂寞了，勞倫斯開著那台大黑車過來接她們下課時，她感到一股興奮感，看著他牽起她的手並且遞給她「一個直直要看穿她的眼神」。她深受勞倫斯吸引，也就完全看扁了聰明又認真的葛雯，認為她「這個女人長相平庸、腳踝粗厚」。

莉迪亞滿腔愛意卻無處宣洩。在歐威爾進入她們的生活之前，有一次她和艾琳一起在勞倫斯與葛雯家裡過夜，兩個女人睡在頂樓一間臥室裡，「……我看到艾琳穿著睡衣站在鏡子前，整個人冷到發抖，我很驚訝又有點奇異地心動，艾琳居然瘦得如此不尋常。我為她感到難過，想著有什麼男人會渴望像這樣纖弱的身體。」

慾望有許多樣貌，或許光譜上的分布遠超過言語可形容，而莉迪亞這裡的文字暗藏著某種她也無法理解的渴望，她因為憐惜而有種「奇異的心動」：誰會愛這個女人？如果沒有，那麼她能不能愛她？但是如果有，他會像莉迪亞這樣如此關心她嗎？

畢業後，莉迪亞成為備受讚譽的心理學家，也翻譯許多契訶夫的作品，沒有再婚。她在一九六〇年代寫了一篇關於艾琳的文章[30]，也在自己的回憶錄中寫到她；一九八〇年代時，她接受加拿大廣播電台的訪問時也談到了艾琳。[31]莉迪亞說，艾琳為她「敞開了家的大門」並拯救了她，於是她用她的餘生努力想拯救艾琳。

他是誰？

艾琳遇見垂首圍在壁爐前的艾瑞克・布萊爾（Eric Blair）時，他三十二歲，將近一百九十公分高，瘦得像把折疊尺。他的女朋友凱伊說他「氣色看起來從來沒好過」，他的「皮膚有點蒼白又乾燥，好像是被緬甸的熱氣曬乾了」[32]，明顯的皺紋從鼻子延伸到下巴，就像刻在石頭上的括號。他用便宜的劣質菸絲捲「爛香菸」[33]，一根接一根抽不停，而且他常常咳嗽，沒一刻消停，菸灰也隨意亂彈。他的聲音高亢而薄弱，咬字清晰而略略拉長尾音。

歐威爾覺得自己很醜陋，但旁人並不這麼想。他大概從二十幾歲開始就自認「打扮難看」，但他的眼睛「很不可思議」，那淡淡的藍色極有穿透力，「那雙眼睛清澈無比而閃閃發光，其中帶著幽默，是他這張臉上最有活力的部分，他能用眼神示意自己是開心或嚴肅，」有個女人這樣說，「他是我認識的人當中，唯一一個會這樣完全直接而毫無保留看著你的人，有時會有點令人不安。」他微笑的時候，「真的是在微笑，彷彿太陽升起了。」[34]歐威爾穿著量身訂做但蓬亂未整理的花呢衣衫，彷彿要顯示出自己的家族在好幾個世代前就失去的餘錢和階級。他走進派對時，看起來就像衣著襤褸的施洗約翰剛從野外歸來，而活潑的富家女孩披著皮草都隱隱顫抖。[35]

他在認識艾琳那天晚上的派對說了什麼，莉迪亞並沒有留下紀錄，他的朋友理查・里斯也沒有。不過他身上「帶著某種迷人而可愛的氣質」，「這人本身就與眾不同，又是個風趣、好相處的傢伙」[36]。歐威爾最喜歡的招數就是說些囂張或狂妄的宣言，然後再試圖為之辯解。「菸草商都是法西斯分子。」[37]他會說，或者「蘇格蘭人都是騙子」、「童子軍團長都是同性戀」，就像意圖在對話中投擲手榴彈，激起外界反應。這個男人覺得自己遭遇這個世界的方式似乎不太對勁，於是先發制人而攻之，想要看看這個世界如何反抗。有個朋友形容他「身材瘦高而行動笨拙，手腳很不協調的年輕人，我想他是覺得就連無生命的世界都要違抗他……我是說只要是他用的瓦斯爐都會出問題、他用的收音機就會壞掉……他這人很寂寞，在他遇見艾琳之前都是個非常寂寞的人，他深信不疑，覺得沒有人會喜歡他，所以變得暴躁易怒」。[38]

歐威爾這個人總是以外來者的角度看待事物，和他的上流階級口音格格不入。而他在年輕時便賭上自己的人生，期許有朝一日會成為「知名作家」[39]。這是他向童年摯友潔辛塔・巴迪康（Jacintha Buddicom）吐露的心聲，而這一切都可能讓一個十分聰穎的、熱愛文學、厭惡獨裁者的女人極度好奇。

歐威爾在孟加拉出生，他的父親理查・布萊爾（Richard Blair）在當地以鴉片交易賺錢的殖民政權中是個低階官員，他的母親艾達・利穆贊（Ida Limouzin）心思敏捷、往來熱絡，在緬甸一個氣氛活潑的跨文化家庭中長大（她母親泰瑞絲〔Thérèse〕是英國人，父親則是法國商人）。歐威爾兩歲時，艾達帶著他和他姊姊瑪喬麗搬到英國，而年紀大她很多、跟她似乎也從不親近的理查則留在毛淡棉。歐威爾一直到了八歲才算真正認識父親，那時迪克（Dick，理查的小名）回到英國退休，這個男人「對人生帶著根深柢固的怨恨」[40]。

「非常聰明又心思敏銳的」[41]艾達著手安排歐威爾的教育，他先進了速成學校努力用功讀書，終於在十一歲時，拿到眾人豔羨的獎學金進入伊頓公學。但是一入學，他就變得「懶散怠學」[42]。他的家裡沒有錢讓他能上大學，再說學校也不願推薦他[43]，於是年輕的艾瑞克．布萊爾追隨父親的腳步到殖民地任職，在十幾、二十歲出頭那段養成心性的年紀，他在緬甸成為依英國法律行事的警察。

那裡的人回想起他總是開心的樣子，可是私底下他很快就做出人生中一次相當關鍵的領悟：殖民主義是一套種族歧視的體制，「這種專制主義的最終目標就是盜竊」。

他的第一本小說《緬甸歲月》就是出自這段經歷。歐威爾透過敘事者弗洛里（Flory）描述在殖民地的生活，談論這裡的種族主義那種扼殺靈魂的虛偽，最後也造成他懷著無法宣洩的憤怒：

> 活在這個世界裡，如此令人窒息、令人僵化，這個世界裡的每一個字、每一個念頭都經過審查……就連友情也幾乎不存在，畢竟每個白人都是專制主義輪軸中的一個小齒輪。言論自由就不用想了，任何其他類型的自由都是允許的，你有喝個爛醉的自由、有終日閒晃的自由、有懦弱的自由、有背後說人壞話的自由、也有通姦的自由，但是你沒有自主思考的自由。你對任何重要的議題所持的看法，都是由那群菁英的規範為你決定的。
>
> 最後，你隱藏起來的反叛之心就像隱密的疾病毒害了你，你整個人生充滿謊言，年復一年坐在遊蕩著吉卜林之魂的小俱樂部裡……聽巴爵上校滔滔不絕論述著，說這些該死的民族主義者都該丟到油鍋裡滾一滾，你則忙不迭同意了；你聽見有人叫你的東方朋友「油膩膩的小畜

> 生」，而你也從善如流，承認他們確實是油膩膩的小畜生；你看見才剛離開學校的不良少年伸腳去踢灰白頭髮的僕人，終於你的內心能能燃起對自己同鄉人的憎恨，你渴望本地人奮起反抗，血洗他們的帝國……
>
> ……於是他學會了內斂而隱密的生活，活在書本裡、活在無法說出口的秘密思想裡……但是秘密過著真實的人生，會讓人漸漸毀敗。[44]

歐威爾在第一線直擊了殖民種族歧視政治的恐怖，因為他就是參與其中的一分子。他是某個「剛離開學校的不良少年」、他承認自己踢過僕人——不過他很喜歡他的家僕，他教家僕搔自己的腳底板叫他起床。曾經有個美國人看著他監督審訊當地人的殘忍過程，美國人滿心煩躁地走開說：「我不會想做你的工作。」[45]歐威爾是負責管理緬甸工人、鎮壓異議的白人，但是他似乎從未提過自己的家族也有一部分是緬甸人。他有一位舅舅和舅公都找了緬甸女人為伴侶，而他的表親則是混血，他的外祖母泰瑞絲習慣穿著緬甸衣裳，舉辦盛大的混合派對（在當時是禁忌），而她在人生的終點便「消失」在緬甸社會中，她的死亡並未留下任何紀錄。

殖民的權力有一部分在於性的權力，與當地女性的性行為已經變成為帝國效力的固有好處。當時總督夫人曾經提倡要英國男人娶他們的姬妾，或者不要再與她們上床，而得到的回應在書面紀錄上寫著「沒女人就沒石油」[46]。歐威爾經常造訪開在毛淡棉海邊的妓院，那是有位貧窮的教師找來三個自己大學預科班上的學生所開設的。[47]

閱讀歐威爾早期的文字，就像看著一個少年從女性主導的混血家族中邁入成年，面對一個必須貶低女性和其他種族地位的世界，如此才能讓白種男人掌握權力核心。他生活在虛偽暴政的政權中，在政治上令人反感，同時他又沉溺其中，於焉養成了真知灼見，看穿了他這個時代的權力：大英帝國就是以掠奪為目的的專制政權。他發現這種政權全賴種族主義，也就是「欺瞞心智的龐大系統」[48]，認為殖民地的人民並非完整的人類，也就可以盜取他們的勞力、貨品與生命。

在這套體制下，壓迫者可以想像自己並沒有犯下侵害他人的罪，他們並不是否認罪責，而是否認那些人同為人類。

我讀到弗洛里坐在那間俱樂部裡，如何熊熊燃起「對自己同鄉人的憎恨」，這時我想起了美國作家詹姆斯・鮑德溫（James Baldwin）在一個世代後寫下的非凡文字，才能夠理解這裡到底發生了什麼事：

> 我們不能接受把那些毀滅者認定為無辜的，因為正是這種無辜，造就了罪惡。[49]

歐威爾將來就會賦予這種偽無辜的心理狀態一個名稱，由此創造了二十世紀最出名的新詞之一：雙重思考（doublethink）。

儘管他可以看清權力在殖民地上的巧取豪奪，卻無法延伸到性別之間的關係。歐威爾曾經以一次幾盧比的價格與少女性交易[50]，對女性的地位始終視而不見。

在認識艾琳的五年前，歐威爾回到英國，他已經快二十五歲了，回到父母在索斯沃爾德的家中。他找了家教的工作以便寫作，想要交個女朋友，或者娶個妻子。他去拜訪年少時的戀人潔辛塔，但她不願見他，至於原因他好像也想不起來了。他偷偷和友人丹尼斯・柯林斯（Dennis Collings）的女朋友愛琳諾・賈克斯（Eleanor Jaques）往來，兩人曾經在森林裡做愛，但是愛琳諾不想嫁給他，因為他「太憤世嫉俗或者太愛挖苦」[51]。他曾跟蹤過附近一個叫做桃樂絲・羅傑斯（Dorothy Rogers）的女孩，結果被她的未婚夫騎著摩托車趕跑了。[52]

他愛上了布蘭達・索克爾德（Brenda Salkeld），她是個「直爽、聰明而獨立思考的」[53]體育老師，父親是名牧師。布蘭達不願意和他上床，但他們會聊起他的寫作並互通親密的信件。「我們談過結婚的事，」她回憶道，「他說他不希望我跟我的兄弟再有來往，我說：『開什麼玩笑，我很愛我兄弟。』」她笑了，但幾十年後才想起這股想藉由孤立從而控制他人的古怪衝動。「絕對不要寫人，」她對他說，「你不了解人，甚至都完全不懂你自己。」[54]

歐威爾處處都仰仗女人。他要求他的詩人朋友露絲・皮特（Ruth Pitter）幫忙看看他的詩，露絲也幫他在倫敦找了間公寓，他住在那裡時手頭拮据，經常靠著燭火來暖手。到了倫敦，歐威爾便開始探訪「地下世界」，將自己打扮成無賴漢的樣子，研究倫敦東區的工人階級、打零工的人、啤酒花工人以及無業遊民的生活條件。一九二八年初，他離開倫敦到巴黎生活了十八個月，他母親的姊姊奈莉阿姨住在那裡，過著招搖又亮麗的生活，奈莉是名女演員，支持婦女參政權運動、提倡社會主義以及世界語，給予歐威爾金援，同時幫他和一名經紀人與出版商搭上線。他初次嘗試撰寫新聞報導文章，同時在一間高級旅館裡當洗碗工，而這些經驗構成了他第一本書的基礎，讓他寫了《巴黎倫敦落魄記》（*Down and Out in Paris and London*）。

從巴黎回來後他搬回父母在索斯沃爾德的家，他在這裡的海灘認識了梅寶・菲爾茲（Mabel

Fierz）。梅寶的丈夫從事鋼鐵產銷的生意，兩人在鎮上有一棟度假小屋。梅寶比歐威爾大十三歲，家庭富裕、有文學涵養又有人脈，她建議他，如果他想要成為認真的專職作家，就應該搬回倫敦，同時安排他住進自己在漢普斯特德的房子，並且介紹他進入經紀人、出版商和雜誌社的圈子。歐威爾的《巴黎倫敦落魄記》一開始遭到拒絕，心灰意冷之下，他一度將手稿丟向梅寶說：「燒了吧，把長尾夾留下。」[55]可是梅寶沒有照做，反而將稿子寄給她認識的一名經紀人，名叫李奧納德·摩爾（Leonard Moore）。摩爾同樣退回了稿子，梅寶便帶著書稿回到他的辦公室，「糾纏著」[56]他叫他再讀一次，於是摩爾簽下了歐威爾，從此成為他這一生的經紀人。

《巴黎倫敦落魄記》於一九三三年出版，作者署名為喬治·歐威爾，他說這樣萬一失敗了，就不用怕他父親覺得丟臉。接著梅寶幫他找了個住處，住在她朋友羅莎琳家，後來又找了另一個住處，而且在他不知情的情況下幫他付了一部分房租[57]。兩人的友情發展到某個階段，他們成為愛人，他對她吐露了似乎從未告訴其他人的秘密。[58]

梅寶年老時接受加拿大幾家廣播電台的訪問[59]，她在錄音中的聲音相當有自信、開明而頭腦清楚，可是在傳記作家的眼中，她的一切努力、愛意、慷慨與人脈都微不足道，將她貶低成了「一位活潑而自以為是的中年婦女，把自己當成了什麼星探一樣」[60]、一位「厄格莉亞」[iii]（羅馬神話中的寧芙女神），甚至是「有點古怪的傢伙」[61]。

歐威爾認識艾琳的不久前，奈莉阿姨幫他找到一份在漢普斯特德社會主義書店的工作，那是她一位朋友開的。他的下午時間都空出來寫作，埋首爬梳著自己生活中取得的素材，他很努力工作，

理查．里斯（圖片提供：Orwell Archive, UCL Library Services, Special Collections）

第二本小說《牧師的女兒》（*A Clergyman's Daughter*，取材自他想和布蘭達建立的關係）就要出版了，而且也開始在左派雜誌《亞德斐》（*The Adelphi*）上發表評論，這本雜誌由理查．里斯負責營運及編輯，這位富有、好心、十分自謙的單身男子，也就是命中注定的那天晚上，低頭圍在壁爐前的另一個衣著邋遢的高個男人。

里斯從一開始就在歐威爾身邊，直到最後。他終身未婚，有興趣的東西似乎只有文學、政治以及贖罪（他從未清楚說過原因）。里斯的舉止溫和有禮，總將傷口留給自己。他出身於一個失能的家庭，先進伊頓公學然後是劍橋大學，他認為「沒有人發現我的愚笨，並不是家庭或這些學校的錯，而只是善

iii 譯註：厄格莉亞（Egeria）是羅馬第二任國王努瑪．龐比留斯（Numa Pompilius）的王后，身為能夠給予智慧和預言的寧芙女神，從旁協助龐比留斯的統治。

意的天命……」[62]。里斯成為了社會主義者，他「帶著愚蠢的天真」相信可以出力改變這個社會，後來才發現這件事「不過是我無法適應而產生的症狀」[63]。

里斯既能謹記朋友的缺點，也會記得朋友的可愛。他認為歐威爾「表面上是最好相處、最和氣的人，友善、幽默、機智、體貼也溫柔，但是他很難預料；而在表面下」，里斯也觀察到，「可以想見他大概是個『古怪』的人，說實話，」他想，「私下他十分含蓄而克制，尤其是天生就容易感到羞恥（里斯用的是西班牙文pudor，但同樣沒有留下解釋）。」雖然他喜愛歐威爾，「我從來不覺得他很懂得判斷其他人的個性，」里斯寫道，「他這個人，或者看起來是如此，對於那些最親近他的人心中到底在想什麼，實在有點遲鈍。」或許這是因為他「從來沒有真正看著另一個人」[64]。

……那她是誰？

艾琳確實能夠看穿其他人，她觀察著他們「彷彿他們的臉龐和舉止都如玻璃般透明」[65]。後來有一位小說家朋友以她做為某個角色的原型，「她所看見的是他們的感受。」莉迪亞描寫道，她「情感細膩、一絲不苟、非常聰明又有學識，……或許才華並不亞於她嫁的男人，只是發揮的方向不同」。

她的體態十分迷人，只是移動起來有些笨拙。她高䠷而纖瘦，擁有通常被認為是愛爾蘭人的氣色：深色頭髮、淺藍色眼珠和白裡帶粉的細緻膚色，不過她告訴我，臉頰上的顏色是因為她用了腮紅。「妳一定要擦嗎？」我抗議道。「要是不擦腮紅，我看起來就像隨時要昏倒了。」她這樣回答。喬治說她有一張「貓咪的臉」[66]。

他穿著「無產階級會穿的體面衣服」[67]來挑釁，不過她是真的不在乎自己穿什麼，她通常會穿著品質良好但是「破舊而未好好整理的衣服，大多是黑色的」[68]。雖然「相當不修邊幅」[69]，不過她有一種特別的優雅，「雙腳支撐著身體，擺出美麗的姿勢」[70]。艾琳「很體貼也很有哲理」[71]，而且非常擅長傾聽，相當不可思議，還會好好回應，「因為她對生命的感受相當強烈，無論出現了什麼都會感受到全面的影響，不會將之視為獨立個體，而會看見所有連結」[72]。她說話時會令人興奮、感到有趣、值得等待，人人都會等。

「她說起某件有趣的事情時，」莉迪亞回憶道，「她的雙眼會跳舞，整個人的五官都瀰漫著笑意……你知道她習慣加油添醋，事情並沒有如她所描述那般有趣或出乎意料之外，但是你絕對不會質疑她所描述之事的正確性——好像沒那麼重要，她的誇飾幾乎沒有惡意……」[73]

但有時確實有惡意。老實的莉迪亞發現她的朋友可以「很毒舌」[74]，艾琳受不了笨蛋，也饒不了人。「她的故事經常對她自己不利，」莉迪亞說，「或者是對她的自家人不利。她說起家人時，似乎總是直言不諱，揭露出彼此的關係，就好像在討論書中的人物一樣。後來，她也會這樣談論自己和喬治。」[75]

一個人在描述自己的關係時可以「直言不諱」，就像在「討論書中的人物一樣」，這樣的人擁有小說家的直覺，知道成為另一個人是什麼意思。艾琳能將自己和其他人，包括人類和動物，提煉之後塑造為自成一格的角色，這些角色有生命，也就有了故事情節。她這一生都在將自身的經歷變成故事，這麼做必須看透她身邊的人，而許多情況下，她對周遭人們的了解，往往比他們自己還深刻。不過，能夠想像自己披上他人的外衣，這樣的能力也可能向他人毫無保留地敞開自己，澈底得讓自己沒有防備，這或許也顯示出這個人甚至不會維護自己。艾琳的難以捉摸、異想天開，以及她缺乏自我照顧的意識，還有遭受忽略的聰明才智，最終讓莉迪亞不時陷入保護慾發作的掙扎。

艾琳出身自英格蘭北方的盎格魯愛爾蘭家族，家庭氣氛「歡樂得控制不了」[76]，絕對是比歐威爾家族更接近上流社會的中產階級。而歐威爾對自家的描述也很有名，說是「低階上流中產」（意指沒有錢的上流中產階級)。歐威爾在緬甸時,艾琳獲得了進入牛津大學的獎學金,就讀英文文學,專注研究詩人喬叟(Geoffrey Chaucer)和華茲沃斯(William Wordsworth),托爾金(J. R. R. Tolkien)是她其中一位老師,而與她同個時代的詩人包括奧登(W. H. Auden)、史班德(Stephen Spender)與麥克尼斯(Louis MacNeice)。

艾琳很想要留在牛津教書,但是「因為人生中的一次陰差陽錯」[77],她沒能拿到第一級學位。據莉迪亞說:「這次挫敗讓她整個人失去自信、站都站不起來了。她沒了動力,覺得沒必要再努力下去。」[78]艾琳這一生當中似乎沒有比這一刻更加心有不甘,彷彿發生了什麼不公、毀滅性的事情,令她無法接受,但她從來沒說過那是什麼(至少對記錄這一切的人沒有)。可能是當時的大學講師不會授予女性第一級學位——確實在她畢業的一九二七年,班上並無人拿到第一級學位,甚至在此五年前,根本不允許女性修讀學位。[79]若是我在寫的是小說,我會編造一個角色,來展現那類如空氣般無所不在卻又難以察覺的性別歧視,或許就像一隻滿是手毛或蒼白、戴著婚戒或沒戴的手,這隻手放在她大腿上,無聲要求著她以親吻換取學分,或者更糟糕的事情;也可能是她不過糾正了一個男人,正如她後來在心理學班上這麼做了,而此舉讓他怒火中燒。[80]

一九二〇年代,女性的就職之路有非常嚴格的限制[81],而終點通常就是婚姻,除非是走上了有薪水的家事服務那條路。畢業後,艾琳嘗試過不同工作。她在一間女子寄宿學校待了一學期,據莉迪亞說,「她有興趣的主要是以幽默的角度研究經營這類學校及在此工作的女性人類」[82]。知名的貴格教派巧克力製造商家族中,年長的伊莉莎白·卡伯里夫人(Dame Elizabeth Cadbury)曾聘請她為自己朗讀文章。她在報紙上發表過幾篇專題報導,也在工人教育協會(Workers' Educational

Association）上過兩次系列講座。雖然她不會與遊民和窮人一同流浪，卻和總主教預防及救難工作諮詢委員會（Archbishops' Advisory Board for Preventive and Rescue Work）一起為他們謀福利，有位歐威爾的傳記作家認為此舉「大概是娼妓間的社福工作」[83]。另外，她也曾在一家打字行工作，老闆是個「很難應付的女強人」，她「有神經質的施虐傾向」，而且「熱中於將她所有女員工罵到落淚」。艾琳看著這個女人如何「以羞辱員工取樂，用最嚴厲、打擊最大的方式批評她們的工作，讓她們處在隨時會被解雇的威脅中」。幾個月後，艾琳集結所有員工，代表她們挺身而出，成功領導了一場「受壓迫者的反叛」對抗這個暴君，最後「帶著勝利離開」[84]。

一九三一年，不知是靠著存款或者家裡的錢（好像沒有人知道），艾琳買下一間秘書服務公司，雇用了聰明的十五歲少女愛德娜・巴賽（Edna Bussey）為助理，就像來處理善後的「擦油布」。愛德娜回憶道，兩人變得十分親近，似乎「知道彼此的想法，有時甚至知道對方的下一步」。愛德娜說艾琳一直沒賺到多少錢，「因為她太慷慨了，我擔心她實在很不切實際……總是不厭其煩地努力幫助別人。我最記得的是一位泰羅斯欽科先生，他是膚色白皙的俄羅斯人，為了拿到教授職位在寫論文，她伸出援手，基本上是為他重新寫了論文，我一直覺得她才該得到教授職位。」艾琳也看出愛德娜的才能，表示願意做她的家教幫她考上大學，但是愛德娜善妒的母親不允許[85]。

多年後，愛德娜接受訪問時說：「或許你會認為我有偏頗，確實也是，我相信你也會被她迷住。」愛德娜知道艾琳在人生中最重視的是什麼，即使如今可能稍微偏離了核心，「我想，寫作就是她的最愛。」

一九三四年，艾琳終於找到一個職位，完全適合她精準的見解、富同理心的天賦以及理解力強又敏銳的心智，也就是進入倫敦大學學院心理學系攻讀碩士。她的系主任是西里爾．伯特教授（Professor Cyril Burt），一個「身材矮小、性情開朗又雄辯滔滔」[86]的男人，他在一九一二年開始投入研究，發表了一篇論文證明女孩的綜合智力與男孩相當（這個題目非常能夠說明一九一二年的「綜合智力」）。總之，伯特認為艾琳擁有「超乎尋常的資質」[87]。

當歐威爾認識艾琳時，她聊天的話題讓他很緊張，包括「字詞聯想」、「目擊證人的可靠性」與「精神病理學」。[88]

而當艾琳認識歐威爾，她找到了她的下一個課題。

如果艾琳知道，最終能夠以文字為她留下一幅清晰印象的人會是莉迪亞，而非她最好的朋友諾菈，也不是她的作家丈夫，她大概會很驚訝。因為她有時還會想要躲開莉迪亞。莉迪亞是那種會勸你不要去做你最想要做的事情的人，因為那很危險，而那偏偏是你想去做的原因。你在當下不會想要知道這些，不想知道那很危險，也不想知道正是那種危險帶有吸引力——受到他的吸引。

在莉迪亞的幫助下，我可以看見那天晚上歐威爾和艾琳站在羅莎琳那間漢普斯特德公寓的壁爐架前，交換著故事——關於經營小型私立學校的「人類」，或者在殖民地上、在秘書公司裡那些手段拙劣的暴君。我看見他們談論著貧窮的人和他們的生活，包括無業遊民、無賴、啤酒花工人和娼妓，像是他們認識的人，也是社會制度不公的受害者。我看見他們注意到彼此的笨拙，也為此而感到寬心：她整個人手腳不知道往哪裡放，他想伸出手肘靠著壁爐架卻不斷往下滑，菸灰還抖得到處都是。他彎下腰拿起裝煤炭的盤子與刷子想掃起菸灰，她就看著他把菸灰抹在地毯上抹得更深。歐威爾對自己的工作保密到家，不願意談起，不過我猜想他們會討論文學，特別是詩。他一開始就是打算成為詩人，而她最喜愛的則是湖畔詩人（the Lake Poets）[89]，她或許還提到自己去年寫的一首詩[90]，想像未來的一九八四年，一個心靈感應和心智控制的世界。或者她也會談起自己三不五時就想著要離開牛津，「帶著裝滿詩詞的行李箱」[91]在牛津的博德利圖書館（Bodleian Library）中漫遊，尋求慰藉與喜悅。然後他可能會抱怨，在倫敦嚴肅的菁英文壇中，要成功就只能靠著「拍拍那群全身蝨子的小獅子馬屁」[92]。她聽了會笑，然後要他證明自己說得有道理。

無論歐威爾是那天晚上在羅莎琳家或是後來才發現，艾琳擁有堅定不移的正直良善、獨立思考的心智，同時也有說故事的天分，還能一針見血地戳破身邊的人所做的荒唐事，這一切顯然讓他十分開心。艾琳完全體現出人類的「基本美德」，這是歐威爾所珍視的。在他的寫作生涯中，他漸漸明白唯有這項最為重要的特質，才能讓我們不會盲目臣服於走歪了的權力——那個壓迫我們，還大言不慚說要「保護我們的安全」的權力結構。這也是他渴望擁有的特質。

索斯沃爾德

●

現在外面已經天黑了，晚餐的餐桌也清理好了。她又溜回窗邊的書桌前，從口袋中拿出那封信，展開時抖落了一些沙子，她把沙子撥乾淨。還有很多事情要告訴諾菈，但是她不知道該怎麼說，看起來才不像是誇大其辭。當然那些都是真的，但是白紙黑字寫下來之後，也是太誇張了。

村子裡有人送他們一罐柑橘果醬[93]當結婚禮物，金黃色的果醬十分濃稠。第一天早上，她將果醬放在桌上，他嚇傻了——他想要她把果醬倒進小鍋裡，她笑著，不過還是照做。他也希望兩人吃晚餐時要盛裝打扮[94]，而她說這樣很「做作」時，開懷大笑的人換成了他，說：「對，我想是沒錯。」於是他們沒有打扮。其他時候他簡直敏感過了頭。廁所馬桶塞到倒流，排泄物滿溢出來，搞得坐墊和水箱裡到處都是，他說他就是無能為力。（他的身體確實不好，但是沒有人能夠面對那個情況。）於是她穿上他的涉水裝，戴上園藝手套、拿著水桶去清理。她實在不能告訴諾菈這件事，也不能告訴她哥哥，還有莉迪亞。她不知道自己不說是在保護他還是保護自己。

她想要寫完這封信，想要跟諾菈說些重要的事情，不是柑橘果醬、下雨，還有住太久的阿姨，而是性事、工作與西班牙。

兩人的性事很奇怪，交差了事，就像一場表演，彷彿完全不是為了溝通交流，也不是出於熱情。她一直很喜歡性事，希望之後會有所改變，次數也會跟著增加。她想知道他的其他女朋友是怎麼想的，她有見過幾個，例如年紀較大的已婚婦女梅寶，看起來通情達理又充滿活力；還有好相處又喜愛文學的凱伊，是他在倫敦書店裡認識的，曾經一邊笑著一邊告訴艾琳，他在餐廳裡絕對不會「各付各的」[95]，吃頓飯就一直聽他抱怨自己有多窮，但他總是堅持付帳。還有幾個單戀的對象，像是在學校教書的布蘭達，以及另一個在書店認識的莎莉。她並沒有見過她們。他在緬甸曾愛上一位官員的妻子，是個教養良好的女人，而當然還有他在那裡以及在巴黎的妓院認識的少女。所以不管怎麼說，都不是缺乏經驗的緣故。

這些是她知道的事情，至於那些她不知道的男人世界——在學校「經常出現高年級生把低年級生當僕人使喚」，她猜想著，不管那實際上意味著什麼。他在緬甸時很享受讓家僕幫他更衣[96]。他總會咬著牙，恨恨說出「雞姦」在他經常出沒的遊民窩中很「盛行」。有可能，她想道，他活在某個慾望和厭惡交融的區域，而她並不在那裡。

而現在，他要出發前往戰場的壕溝了。

他走進小木屋的廚房時，她正在洗刷碗盤，他說話的口氣十分平淡，彷彿只是要出門去買香菸。

「我想我會去西班牙。」

這時有什麼在後門撞了兩下，她在圍裙上擦擦手後打開門，是那頭叫奈莉的羊（這是他們惡作劇，偷偷以奈莉阿姨取的名字——那可不能告訴諾菈），掙脫了繩子跑過來想找人陪伴。她拍了拍羊兒柔軟的頭，然後把羊帶回羊圈。她轉過身來時，喬治站在門口，雙手撐在臀部上等待回應。這時她看出來了，對他而言，她應該留在這裡陪著這些動物，守著房子和花園。

「西班牙是個好主意，」她走向後門的階梯說，「我想我們一定可以派上用場。」

他看來一臉震驚：「但我會在前線，妳去了也無事可做。」

她就裝作沒聽見這句話。許多女人都去幫助反法西斯的一方了，他真的認為她只是為了他才去的嗎？

「還有這一切呢？」他張開雙手，「我們還得找人來照顧這裡。」

「對。」她說。「我們」，她想著，是說我吧。

現在他來了，靠在門框上，一手插進口袋，臉上帶著歉意。「小芮說他們需要第四個人才能打橋牌。」他聳聳肩，揚起眉毛，想表達自己很抱歉打擾了她，還有，他們要一起面對。

她折起信紙，舔了舔信封。反正也不可能寫了，她找不到清楚說明這些事情的方法，否則諾菈就要從天而降來拯救她了；或者也找不到什麼方法，能夠讓她和他在一起時還能感覺到有希望。她實在很好奇想看看他們會走到什麼地步，以後會寫下什麼東西。

「好吧，」她說，「算我一個。」

●

自由

自傳只有掀開了不雅之事才是可信的，一個人說自己的好話大概是在說謊，因為任何人從內心檢視自己的一生，不過是一連串的失敗。不過，即使是最明顯誇大不實的書……即使不是刻意為之，也能真實描寫出其作者。

——喬治．歐威爾，〈神職人員的特權：散記薩爾瓦多．達利（Salvador Dalí）〉，一九四四年

我正在做晚餐。廚房裡的電視正播放著美國參議院司法委員會審查最高法院大法官提名人的過程[97]。我九歲的兒子看著一個和他母親相仿的女人哭泣，她整張臉因痛苦而扭曲著，述說著很久以前遭受侵害的事件。然後一個男人坐在麥克風後，僵硬的臉上滿是憤怒，彷彿她所說的話不僅有誤，更是侵犯到某個關鍵的禁忌，讓他無言以對：他對待女人的方式不應該影響到他人如何認定他是個「正直」的人，適合擔任高階司法職位。那張臉述說出一萬年來的父權體制，讓他有權力不顧事實真相，否認自己三十年前的所作所為；那張臉說著：滾回黑箱子裡。

我的小兒子轉過來問我：「這都是什麼時候開始的？」

「我想是他們在大學的時候吧。」我說。

「不是，我是說男人這樣對待女人？」我在他蒼白、坦率的臉上看見了恐懼，擔心這可能是身

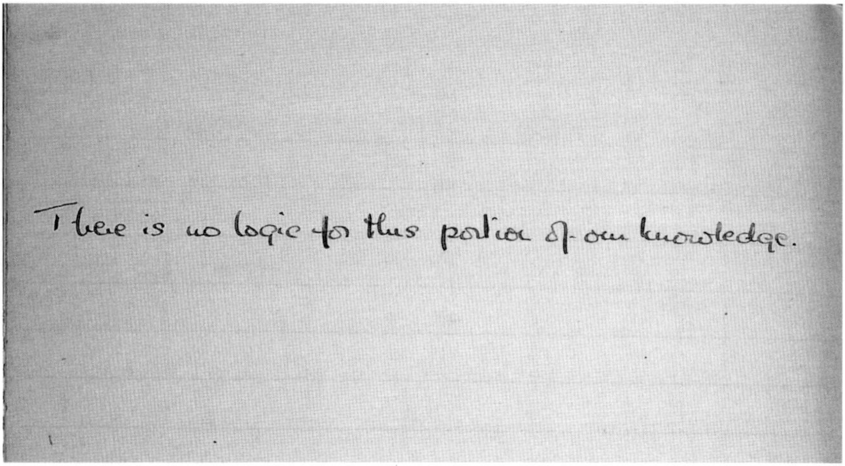
There is no logic for this portion of our knowledge.

艾琳在牛津大學的筆記本，約一九二四年。（圖片提供：Orwell Archive, UCL Library Services, Special Collections）

為男人都會有的部分。我告訴他不是必然如此，他的父親就不是那樣，大多數男人都不是那樣。

然後清理完碗盤後，我回到自己的文稿前，努力解開我們都身陷其中的這片網、這座蠟砌的房子。

父權體制已經存在了大約五千至一萬年[98]，在此之前，在某些時代和地方，有人主張曾經存在過不同的看待與評價彼此的方式——那些社會可能是以撫育幼兒、重視母親，或「由女性選擇」性伴侶為核心而組織起來的。西蒙・波娃（Simone de Beauvoir）認為父權與戰爭有關聯，寫道「男性不是藉由給予生命，而是藉由冒著生命危險，而凌駕於動物之上；因此，在人類當中，優越性並非賜與給予生命的性別，而是給了殺害生命的性別」。[99]不過，她知道這句話其實沒有道理，「這個世界一直是屬於男性的，」她寫道，「而似乎從來沒有充分的理由說明。」[100]

在政治哲學家弗里德里希・恩格斯（Friedrich

Engels）看來，父權體制是在遊牧的狩獵採集社會轉變為定居生活，提出對土地、動物、女人和後代的所有權後形成的。界線（黑箱子、圍起的柵欄）開始變得很重要：這是誰的土地？誰的動物？誰的孩子？男人想要牢牢掌控小孩的出生，於是透過建立一夫一妻制的婚姻來控制女人的性慾，同時限定只有兒子才能繼承財產，藉此將財富留在男人手中。「推翻母權對女性而言是世界歷史性的挫敗，」恩格斯寫道，「男人也掌握了家中發號施令的權力，女人遭到貶低，只能淪為侍奉者，成為他慾望的奴隸，僅僅是生孩子的工具。」[101]在《創造父權》（*The Creation of Patriarchy*）一書中，歷史學家葛爾妲·勒納（Gerda Lerner）是這麼說的：「女人是第一批奴隸。」[102]與動物一同被馴化了。一九三八年，維吉妮亞·吳爾芙（Virginia Woolf）寫下：「我們的身後橫亙著父權體制：私有的房屋中帶著無謂、不道德、虛偽、奴性……」[103]

那麼我們前方又有什麼？

雖然我的母親從來沒見過我的女兒，不過她應該會很高興看見她一邊舔掉抹刀上的花生醬，一邊質疑我是不是個好人。

我母親在一九六〇年代進入職場，她的薪水是男性的一半。她結婚後，法律規定她必須停止工作。後來，她拿到博士學位，一生都在研究女性在父權體制下的經濟處境（或許不令人意外），尤其是離婚婦女，這包括了在當時很驚世駭俗的想法，也就是以貨幣價值來衡量妻子所做的家務。看起來，我們幾個世代以來都一直試圖理解為人妻子的涵義。

我母親出身自澳洲一支源遠流長的愛爾蘭天主教家族。大約在一九九〇年代的時候（在她短暫的人生結束前不久），她告訴我以下的故事，聽來就帶著一點宗教派系的意外氛圍。她說，我們有一位祖先是坎特伯里大主教（英國國教派領袖）任性妄為的幼子，這個年輕人因為某些沒有人記得的原因而名聲盡失，在十九世紀時，帶著一小部分家產和一封要給總督的介紹信就來到墨爾本，當時的總督名叫達爾林（Ralph Darling）。我的祖先完全不知道接下來的人生該怎麼辦，手上就那麼點微薄的薪俸，他不知道自己該如何活下去。他去拜訪達爾林，對方建議他：「登廣告徵女傭，選最漂亮的那一個——娶了她，這樣一來，」說到這裡，我母親壓低了聲音淘氣地說，「什麼都有人照顧了，不用錢。」

我的母親是心理學家，她說這段故事出自於幾個不同動機，一個是要述說一段反殖民的童話故事，故事中精明的女傭運用自己的力量，在訂婚當下便堅持未來的子孫都要以天主教方式來撫育；另一個動機則是發現自己有機會說出那個不可言說的真相，並且享受其中（不可言說是因為太過常見了，根本不必特別提起，但要是說出來了，這個真相卻是糟糕到令人說不出口）：妻子就是沒有薪水的性工作者兼家務勞動者。我應該有所警覺。

如今我也成為了作家兼妻子，便發現自己很羨慕那些男性大文豪，那一群不會動腦的「世紀中期厭女者」[104]（此處幾乎可以插入任何重要人物的姓名）。我羨慕他們並不是基於什麼個人因素，也跟他們的作品／旅行遊歷／持槍行凶／性怪癖等等沒什麼太大關係——又或許有一點；我最羨慕的是他們的創作環境，這些男人中有太多得益於某種社會境況，違反了宇宙間的道德及物理法則，那就是讓女性無酬提供隱形的勞力服務，讓他們有時間、有空間（而且是整潔、溫暖又鋪滿了柔軟抱枕的舒適空間）去創作。

我們知道傳統上而言，男性作家之所以有時間寫作，是因為無須採買、煮飯、為自己或其他人收拾善後、處理無聊的人際往來、娛樂他人、安排旅行或假期、照顧孩子（除非是「幫忙」，而且他們會得到感謝，彷彿那不是他的工作，也不是他的小孩）等等。時間很寶貴，因為是有限的，因此就像其他數量有限的商品一樣，便有了所謂的時間經濟。時間可以用來交易、討價還價、偷渡夾帶，也可以偷竊。週末是有限的，只要是努力跟配偶想辦法在當中挪出空間、分配時間的父母都會這樣告訴你。生命是有限的，我越是深入檢視艾琳與歐威爾共度的人生，就越能感受到我的人生中，那股老早就存在的動能發出令人不安的振動。能夠擁有多少時間，正如擁有其他有價值的商品，是有性別之分的。一個人工作的時間，來自於另一個人努力挪出時間：他需要工作的時間越長，她就需要越努力為他騰出時間。要檢視一段八十年前的婚姻，不免有一種距離帶來的偽安心感（想必我們現在更進步了吧？），同時也因恐懼而瑟瑟發抖：情況幾乎沒什麼改變。我用一隻手的手指頭就能數出，在我認識的異性戀伴侶當中有多少是由男性操持家務、創造條件，讓女性在生活中能享有自己的時間，就和她為他所做的一樣多。後照鏡中看見的東西總比看上去的還要近。

有某個隱形、不支薪的人為了你努力，而且你也不需要表達感謝，因為照顧你是他們人生中無法逃避的目的，而要從中得利，就要能夠想像自己是獨自一人、不靠任何幫助就完成一番成就——無論是從征服的小島上奪取財富，或者從無到有創作出文字。隱形的勞工不需要酬勞、不需要感謝，最多大概就是在序言中一句感心的話，謝謝「我的妻子」。

作家擁有絕佳的想像力，顯然非常有利於這樣的想法。對作家而言，想像力的第一項任務就是創造出寫作的自我，這工作並不簡單，而且有兩個自我來做這件事會有幫助：有她相信你，於是你也相信你自己。這個培養出來的自我也就成了作品的母親，而因此，作品便成了自我存在的證據：我創作，故我存在。

而在那個句子中，她消失了。

作家的不穩定是眾人皆知的劣勢，因為缺乏穩定的核心，若無人從旁協助，很容易落入自身空虛的中心。如果有人繞著你跑，就覺得自己像原子核一樣；若有觀眾，你必定是明星。

而要讓男性成為創作的中心、讓男性的想像力得以實現，重點在於要讓其助力保持隱形。高空走鋼索的表演，若是能夠看見鋼索就沒那麼令人讚嘆了。妻子的角色既隱形又不受承認，便是那條實用又經常聰明無比的鋼索，讓表演能夠一飛沖天；而假如表演真正想讓人瞠目結舌，鋼索，以及妻子，都必須在當下被抹除，時間一久便消失了。她的辛勞幾乎不被得益的男人承認，後來更被傳記作家從男人的成就中抹去。或許會有人認為，這就是幾千年來的男性慣性盲目，或者以歐威爾來說，只有將近一個世紀。

活在某人的盲點中很難，因此要讓歷史發現你也很難。但並非不可能。

身為作家，大作家的妻子默默付出的一切令我嚮往，如我所說，是出自於羨慕。我也想要一個像艾琳的妻子，我想著，然後才發現，所謂以作家的角度思考便是以男人的角度思考，要從他的觀點出發，看看他需要什麼、看看他如何獲得。但身為女人及妻子，她的人生讓我很害怕，我看著她努力維持自我，又要顧及到在父權體制下極力讚揚女性的自我犧牲與自我抹滅，在這兩者之間奮力拚死掙扎，而有太多社會上的基本機制會偷走我們的努力與時間，父權只是其中的一種。她付出了什麼，又失去了什麼？我發現這個問題令人毛骨悚然，這種感受來自於二十年令人緊繃的工作賺錢與操持家務生活，所以我寧可認為這並不適用在我身上。我生活在不同的時代，都說現代的女性與男性是平等的，只是在家庭中，成人要負擔的家事職責上，男女分工的比例失衡到難以測量；女性要照顧未成年的世代，而且有許多人更要照顧年老的世代。說的是一回事，做的又是另一回事，當中的差異是我們串通一氣所造成的，要將這一切辛勞全數隱形，而你就可能落入這樣的差異中。

我是享有特權的白人女性，雖然我知道父權體制是放諸四海皆準的龐氏騙局，藉此掠奪搶取女性的時間、勞力與人生，不過我與生俱來的特權卻讓我在談論這件事情的時候感覺不舒服，原因有二。首先是因為我住在富裕的西方國家，也為了驚人的種族歧視、貧困與階級偏見等問題而多有紛擾——而我的特權可能讓我看不見這些紛擾。我知道在這裡以及世界上其他地方的男女過著更艱難的生活，但是我之所以無法保持沉默，是因為在各個地方，無論種族或階級，女性要負擔更多家庭中的無酬工作，而且在家庭外所賺的薪水也比男性更少。從數據上來看，異性戀世界中有一條無可反駁、在全球各地都根深柢固的規範[105]，深入各個種族、膚色與階級的族群，亦即在這個世界上，沒有哪個地方的女性群體與她們的男性伴侶擁有相同的權力、自由、餘裕或金錢。

無論在何處，明顯的階級平等，或者另一方面是明顯的財富平等，並不會改變不平等的負擔。雖然有人論述在共產國家中的女性享有平等，但女性依然要負責家事及照護工作，而且幾乎很少出現在領導位置上；在民主資本主義社會中，金錢似乎也無法讓伴侶處於平等地位：有錢的女性依然要負責家事，只不過可以付錢讓其他人來做一部分工作，而通常還是女性。世界上每一個社會都是建立在女性的無酬或低薪勞動之上，如果要付薪水[106]，顯然要花費十兆九千億美元，但若是付出酬勞就會重新分配財富與權力，如此便可能讓父權體制失去資本、失去獠牙。

這個狀況中有許多例外的個案，例如單親家庭是一個人（最常見是女性）包辦一切，而異性戀與同性戀伴侶則能夠更平等分擔愛情與生活中的勞動。同時，我們正生活在一個對性別二元論提出質疑（以及何謂「好」女人或「真」男人）的時代。或許將性別理解為更具流動性的概念，最終也能夠解放我們，不只是跳脫何謂女性、何謂男性的虛構定義，同時也跳脫了那些定義對於勞動與照護或明或暗所帶有的假設。

很難談論的另一個原因則是，我的丈夫和我認為我們兩人是平等的，將注意力拉到性別分配的工作量上感覺會破壞我們之間的關係——但事實上，破損早就已經存在了，這是一份看不見的父權協議所造成的，而我們兩人都沒有簽署。我認識的眾多女性也有相同感受，但我們在討論時總保持輕聲細語。我們避免衝突，反而是認為我們各自都失敗了，無法把自己的生活安排妥當，而在這番堂堂正正的厭惡之下，是羞愧讓我們壓低了聲音。我假裝自己享有平等的時候，我正在遛狗／採買雜貨／在齒科矯正診所候診／惋惜著孩子遇到惡毒的青少年／摺衣服；我假裝自己享有平等，同時卻在切菜／安排與學校輔導員、醫生或律師會面／清潔冰箱裡的汙垢。其實我一點也不在意，這是我真實的生活，與我真正愛的人。我知道等我老了，我會羨慕年輕時的自己是如此忙碌、懷抱目標、慷慨付出而不斷變動的生活。可是，勞力的分配很難平均，因為當中有太多很難看見的部分，全都包裹在「我是誰」的定義裡。操控著艾琳的那股力量到了現代演變出新版本，而我藉由「練習接受」或者「忍忍就過去了」，假裝自己並不受影響，這是一種活生生的瘋狂：假裝自己已經從勞動中解脫，卻仍在勞動著。

寫作本書的這幾年當中，幾乎每個和我交談過的女人都會點點頭、笑笑、翻個白眼，然後說出自己的故事，有時我們站在公司或學校的走廊上、在買東西或者排隊等著篩檢新冠肺炎。有位知名的歷史學家是兩個小孩的媽媽，告訴我說自己在應付了家人、家務和工作之後，再也無法照顧的就是她很喜愛的花園。有一片荊棘玫瑰叢蔓生爬到她家的前門，她就默默不再修剪了，等著看其他人會不會動手，或者，若是繼續忽略她一直在做的工作，荊棘就會這樣從更小、更難處理的空隙穿進屋裡。還有一個朋友，她是文筆擲地有聲的記者，嫁給一位知名作家，這位作家也是出了名的憂鬱，他有幾齣劇本是必須在情緒低落的情況下寫作，而他並未感謝她的協助，她說：「我快要不是我自己了。」還有一個朋友是律師，她是空手道黑帶三段，稱自己就像「填補縫隙的水泥漿」，不知道為什麼，在她經過曬衣架的時候就只有她能看見衣服該收了，她說她「把所有一切黏合在一起」。她們告訴我這些的時候都是小聲地說，彷彿那是很久以前早該處理好的事情，彷彿都要靠她們每一個人獨力處理。她們的待辦事項上又多了一件：星期六的生日禮物／修理椅子／抗黴菌藥／狗：鉤端螺旋體疫苗／讓人看見自己的勞動與自我／修正父權體制。

你或許會認為，身為有專業工作的特權女性，我們便擁有解放自我的工具，但其實不然，或者應該說我們還沒有。同住的一男一女在負責照顧家庭和關愛的付出上，要談論這個層面的不平等，長久以來都是禁忌——可能會被視為在「抱怨」，或者因為相當陰險的是，這部分勞動已經成為「好」女人該做的事，所以妳就是壞女人。數量眾多的女性雜誌會提供建議給負荷過重的女性，教她們「自我照護」或者「盡力分擔負荷」，彷彿這是她們個人的問題，只要我們更加努力就可以解決，反而不去碰觸逼迫我們、要我們付出的體制。

我的丈夫在情緒上十分敏銳，也非常關心照顧我們的孩子，克雷格和我一起分擔家計，我們認為兩人在生活中會共同分擔大多數事情。這並不足以保護我，父權體制實在太龐大了，而我又太過渺小或太愚蠢，又或者只是不想起身反抗。個別的男人可以非常可愛，但體制依然對他有利，而他完全不必動手或拿起鞭子，也不必換床單。我說出這個故事對我沒有好處，而這套體制造就了這個自我以及我丈夫的自我，讓她為他服務，這個故事對體制同樣沒有好處。

為妻之道是一套不懷好意的魔術，我們已經學會在自己身上變這樣的戲法。我想要揭露其中的手法，藉此奪走那股邪惡而意在欺詐的力量。

被動，語態

能用主動的時候就絕對不要用被動。

——喬治・歐威爾，〈政治與英語〉，一九四六年

要如何強行消失一名女性？歐威爾的傳記作家先從基本的抹除開始，例如他傳承自母親那邊的文化及知識才能。你可以讀遍每一本傳記，卻只知道他父親的家族在幾個世代以前透過奴隸買賣而致富，知道迪克在販賣鴉片的帝國一處落後偏遠的小地方擔任低階的分銷商，但是不會知道他的母親艾達是位費邊社會主義者、支持婦女選舉權，在英國受教育；也不會知道艾達的姊妹奈莉曾經在倫敦登台演出，與潘克斯特家族（the Pankhursts）一同為了婦女選舉權遊行示威[107]（還為此入獄），同時加入了婦女自由聯盟（Women's Freedom League），提倡反對言論審查、爭取薪資平等，並且要讓兩性的關係產生革命性的變化。奈莉在巴黎及倫敦都與重要的作家與思想家有往來[108]，包括吉爾伯特・基斯・切斯特頓（Gilbert Keith Chesterton）、伊迪絲・內斯彼特（Edith Nesbit），以及歐威爾最崇拜的H・G・威爾斯（H. G. Wells）。傳記中並未提及這些連結，正因為有這樣充滿理念與政治的環境才造就了歐威爾，但是顯然不可能將之歸功於女性。

傳記作家之所以忽略了那些女性，是因為歐威爾自己也抹除、模糊了他生命中的女人。例如，

他寫信給他年少時的戀人，也就是富有又喜愛文學的年輕女人潔辛塔，說她「拋下他去了緬甸」[109]，卻沒有提到他們上一次見面（到鄉間「走走」）之後發生了某件事，讓她驚魂未定地跑回自家房子，「裙子被扯破了，滿臉閃電形的淚痕」。他並不是不知道她的感受，因為後來她寫信給他，「告訴他她有多麼厭惡又震驚，他居然試圖強迫她，要她跟他做愛……他壓倒了她（當時他有一百九十三公分，而她還不到一百五十二），雖然她奮力掙扎、朝他大叫要他住手，他仍然扯破她的裙子，讓她的一邊肩膀和左側臂部留下嚴重瘀青。」[110]

談到抹除女性的存在，歐威爾自己就有一個更明目張膽編造的例子。在《巴黎倫敦落魄記》中，他描述自己曾經被一個「膚色黝黑、兩側臉頰旁留著鬍鬚的義大利人」搶走了住處裡的所有東西，事實是他是被一個女人——他愛慕的「小娼婦」洗劫一空，他在巴黎一間咖啡廳跟她搭訕後就讓她住進自己的旅館房間，她叫蘇珊，是名流鶯也是詐騙老手，也是歐威爾在遇見艾琳之前所認識的女子當中他「最愛的」，他告訴梅寶：「她很美麗，身形像個小男孩，留著伊頓公學中常見的短頭髮，而且怎樣都引人渴望。」[111]

但是蘇珊不能有詐騙他的能力，否則會顯得他很弱，也就讓他丟臉，於是歐威爾將她化身成了一個男性外國人，還加上鬢角，捏造了豐富的背景故事[112]以求逼真。蘇珊則成了一名「排字工」，女房東一見到她就不信任，於是要求她預付房租。歐威爾必須寫下這起搶案，畢竟這件事讓他陷入貧困，因而必須去做那份損害名聲的洗碗工，同時要去為窮人治療的醫院治病。但這件事本身也模糊了另一名女性——又是奈莉阿姨[113]，她一直都住在巴黎，提供他餐食與金錢，介紹他認識編輯和知識分子，她的人生伴侶歐仁．亞當（Eugène Adam）是相當激進的社會主義者，讓歐威爾接觸到反史達林主義左翼的概念。

然後還有西班牙，但那是完全不同的故事了。

我一發現這些抹除的手法就開始深深著迷。當他無法完全刪掉女性的時候，就會開始質疑、輕視她們，或者削弱成文字大小只有八級的附註[114]。其他時候則會操弄年代順序來隱藏，一個女人做了什麼、她身上發生了什麼，會在事件本身翻過好幾頁之後才提起，而且敘述中不會有她。如此能夠將她的行動及其影響分開、將她的勇敢及其受益者分開、將她賺取的薪水與靠這些錢生活的男人分開、將她的苦難與造成苦難的人分開。而這些都沒有用的時候，他們就想像女性都同意發生在自己身上的事，以艾琳的例子來說，便是同意了完全虛構的「三人行」[115]，或者是憑空發明的「開放式婚姻」。

要抹滅女性所做的行動，最陰險的方法就是使用被動語態，書稿不用打字員就打好了、恬靜舒適的環境不用人創造就存在了、要逃離史達林主義的追捕者也成功了。我每一次看到「經過安排」或者「沒有人受到傷害」時，就會馬上警覺：是誰安排的？可能會有誰受傷？

我一知道有誰應該出現在章節中卻沒有，這些傳記就像是傳記作家與主角之間什麼詭異的協作計畫，彷彿他們都屬於同一個未命名的俱樂部，第一條規則就是：不要讓女人當主角、不要提到我們（或者我們的主人翁）可能虧欠她們什麼（做為其母親、教師、編輯、恩師或財務的管理者），也不要說我們對她們做了什麼或跟她們做了什麼（做為其女友、妓女、愛人、妻子和情婦）。

這些隱藏的手法我看得越多，看起來就越像是父權體制方法的縮影，白紙黑字寫了出來。

父權體制就像一本小說，所有主要角色都是男性，而且從他們的觀點來看世界，女性是配角——或者是某個社會階級。我們都活在這樣的故事裡，敘事強大到本身已經取代了現實，我們看不到生活還有什麼其他敘事、除此之外的角色，因為除此之外並無一物。

這本小說中，消失的魔術有兩個主要目的，首先是要讓她所做的事情消失（這樣看起來全部都是他獨力完成的），再來就是讓他對女人所做的事情消失[116]（這樣他就是無辜的）。這套魔術就是父權體制中那顆黑暗、雙重思考的核心。

我閱讀傳記時便漸漸看出來，父權體制不僅讓歐威爾得益於他妻子的隱形勞動，接著又讓傳記作家讓讀者認為這一切都是他獨力完成的。傳記作家選擇要用哪些事實描寫他的故事時，這個世界已經事先篩選出對他有利的事實。父權體制與傳記的敘事技巧結合得天衣無縫，讓所有教導過、撫育過、影響過、幫助過歐威爾的女性盡數遭到切除，就像散落在剪輯室地板上被剪去的膠片、等到大廈落成就會拆除的扶壁。

於是我寫作，正如歐威爾所說，因為我想要揭發某個謊言，想讓眾人注意到某件事實，或者，那剛好是一個人。

訂婚

艾琳開始跟歐威爾約會時是和母親同住，這樣可能會有一點緊張，所以她經常住在勞倫斯和葛雯的家。艾琳和歐威爾經常去散步，也會到附近的布萊克希斯（Blackheath）騎馬。兩人發掘彼此身上的秘密，他喜歡在公園裡、森林裡做愛，或許他們曾經這麼做過。

莉迪亞「不敢相信她居然愛上了艾瑞克．布萊爾：我完全不覺得他有什麼迷人之處」。沒有傳記作家引述這句話，下面這句也沒有：「我很喜愛她，覺得她值得一個更好的人，而不是某個名不見經傳又身無分文的作家，『遭了蛾的破爛』，」她又說，「而且顯然健康狀況不佳。我知道她值得人們付出，我希望她能過著安全而舒適的生活。」

如今已無從知曉莉迪亞是否曾把自己的疑慮告訴艾琳，她陷入了好朋友的典型糾結：是否要冒著失去朋友的風險，警告她不要接近某人？你可能大錯特錯，而且就算沒有錯，逆耳的忠言總是軟弱無力，戀愛中的人可能對全世界都充耳不聞。

兩人交往幾個月之後，歐威爾搬出了羅莎琳的公寓。他們的另一位室友珍娜．葛林森（Janet Grimson）是名醫學生，經常得跟歐威爾談談他（沒有）分擔家事的問題。他搬走之後，羅莎琳和珍娜發現他的衣櫃中住著「一家子老鼠」[117]，大概是靠著他一直堆在那裡面幾盒沒吃完的餅乾過活。歐威爾搬到「絕大多數是勞工階級」[118]的肯迪什鎮（Kentish Town），同樣由梅寶為他安排了一間公寓，這一次他和兩位年輕男子同住：剛展開寫作生涯的雷納・赫本史托（Rayner Heppenstall），以及年輕的愛爾蘭詩人麥可・薩耶斯（Michael Sayers），那時的薩耶斯正和表妹愛德娜（Edna）談戀愛打得火熱。

莉迪亞曾去拜訪過一次吃晚餐，其他人都很喜歡歐威爾用他的「單身漢廚具」準備的餐點，但莉迪亞卻吃不下去。「他肯定是自己煮的，」她寫道，「絕對是不太能吃的東西，因為他根本不懂烹飪。」

傳記作家都沒有解釋為什麼要搬家到一個生活比較不方便的區域，其中最接近的是認為他搬家是想「獲得一點隱私」，因為「有未婚妻的同學做房東」肯定是「有些麻煩」[119]。沒有人提到這些麻煩到底會是什麼？同住的三人都受過教育、思想開放，也都已經二十好幾、三十幾歲了，羅莎琳先前還結過婚，沒有人會對性事的態度拘謹。他的「隱私」需要避免羅莎琳是想要做什麼？沒有傳記作家將他實際上做了什麼（事實），與他為什麼想要換地方住好方便行事連結在一起，因為說出來會讓人不好受。

但若是釐清各種迂迴的言詞，建立起他們掩蓋住的時間順序，原因就很清楚了。「此時，」一位傳記作家寫道，彷彿提起的是其他並行發生的事件，和搬家完全沒有關係，「歐威爾仍然在平日跟凱伊上床，將週末留給艾琳……」而且他還和其他女人約會，包括當時仍一直拒絕跟他上床的莎莉。沒有哪位傳記作家懷疑過艾琳是否知道這個情形，為了要將她繼續蒙在鼓裡，就不能一直在羅莎琳的公寓中進行，因為羅莎琳可能會告訴她。若是發現你的追求者仍和其他人上床，而且嘗試要跟另一個人上床，於此同時顯然還完全與你一同沉浸愛河，想必很令人失望。或許，這就是徵兆。

一九三六年一月，此時歐威爾和艾琳已經交往十個月了。歐威爾去了北方一座叫做維根的貧窮礦業小鎮，去了解煤礦工人的生活，後來他將之寫成了精采的《通往維根碼頭之路》（*The Road to Wigan Pier*）。他在三月回來後，便決定要搬到更加遠離人群的地方，去了赫特福德郡（Hertfordshire）的瓦靈頓（Wallington），這座小村子只有一百人左右，位於倫敦北邊約六十五公里處。他的奈莉阿姨在那裡有一座小木屋，原本出租給人了，如今打算不要了。那間屋子很便宜又非常偏僻，前面的空間曾經是雜貨店，歐威爾想著自己或許可以重新開張來賺點錢，不過當地人都去其他地方買東西。他計畫著要種菜、養雞，過著窮人的日子來寫書。然後要結婚。

跑走

舉行婚禮的幾個月前，艾琳和她的家人，包括歐肖內西太太、勞倫斯和葛雯，前去造訪瓦靈頓，莉迪亞也去了。他們坐著勞倫斯那輛豪華的黑色轎車悠哉前行，那座小木屋有三百年歷史，樓下有兩個房間、樓上也有兩間，沒有電燈，有一口小爐子，只有一個水龍頭。

莉迪亞的心情很不好，她擔心艾琳會放棄碩士學業。他們在小木屋的樓下吃飯，她回想道：「想不到我們居然能夠擠在那一張摺疊式門架桌邊。」午餐後，歐威爾帶他們到附近的莊園走走，穿過一片蔬果農場和點綴著金黃色玉米稈堆的田地，接著經過廢棄的學校往家的方向走。他們說起住在這裡的孩子很少，每天都是搭巴士到隔壁村的學校上學。「我聽到這件事，」莉迪亞寫下，「我有點苦澀地扯出微笑，艾琳怎麼會相信自己能繼續研究？她的研究中可是需要針對一大群未經篩選的孩童進行智商測驗。」

「我關心的對象，也就是艾琳自己，」莉迪亞繼續說，「在散步途中陷入不尋常的沉默。」歐威爾在和勞倫斯說話，莉迪亞則和艾琳的母親一起走，艾琳跟冷靜而理性的葛雯同行，身為醫師的葛雯自己就能經營職涯。「然後艾琳突然跑了起來，我們都盯著她一路往前跑，心想著發生了什麼事。接著兩個男人繼續談話，只有老歐肖內西太太咕噥了幾句，說著她女兒的古怪行為。」

在我看來，艾琳彷彿是拔腿逃離了一切未說出口的事情，包括跟全家人在一起，看著他們「評估」外表實在不討人喜歡的未婚夫，那種尷尬讓人難以忍受。對歐威爾而言，他靠著賺不了多少錢的寫作維生，或許代表著野心和奉獻，或者代表失敗；但對於一名妻子而言，正如莉迪亞精準預見到了，這預示了身心都要經歷艱苦的勞動。

要向家人介紹戀人的那一刻總是讓人感到不安。我們所選擇的對象往往比我們意識到的更能反映出我們的內心，透露出我們想要什麼、需要什麼，而在自我揭露與自我認識之間的差距，便是一道讓我們暴露在脆弱中的鴻溝。艾琳會受到歐威爾的吸引，或許會讓家人發現更多她不為人知的一面，讓她忍受不了，包括她的宿命論觀點，以及她完全沒有考慮到物質層面，只是滿懷熱忱為寫作付出，同時卻也能預示到結果——即使她如此聰慧、擁有出色的說故事天賦以及教育程度，但寫出來的作品不會是她自己的。

其他人走到小木屋時，已經看不見艾琳的人影。她完全跑過頭，最後終於回來了。「她一臉防備心很重的樣子，似乎還喘不過氣，不過她什麼也沒說，其他人也沒多做評論。」莉迪亞敘述，「過了一陣子，她主動告訴我：『我就是再也承受不了了……必須跑走。』」莉迪亞沒有問她承受不了什麼：「我想我懂。」

艾琳或許是要逃離她的家人如何檢視自己的追求者，但是她可能也是要逃離莉迪亞以及她「苦澀」的微笑。顯然，嫁給歐威爾之後住在這裡，就表示要放棄她的研究，也不再可能擁有兼顧職業、知識與財務的獨立生活。在這樣的決定之下，可能代表著什麼樣缺乏自信或者受虐傾向的心態？是不是當時對於妻子的標準類型和必備條件，讓妳自身的追求不見容於為妻之道？妳可以做妳自己，或者讓自己為另一個人服務奉獻。或者說，即使在那個年代，還是太過分了？無論是哪一個，都不能保護她。

大約在這個時候，凱伊不再和歐威爾上床了。她並不想嫁為人妻，其實她和友人「相當鄙視婚姻」。她後來笑著這樣告訴一位廣播電台的訪問者，她說雖然歐威爾「算是很喜歡女人」，但是他從來沒有「將她們當成人生前進的動力，而是相當次要的存在」。[120]凱伊一直都跟他說：「好喔，如果你有別人了就馬上說，因為我不喜歡這樣歹戲拖棚……」事實上，也只有他這麼說：「聽著，我認識我想要娶的女孩了。」只是他一直等到快接近婚禮那天才說。

凱伊非常清楚艾琳的決定要付出什麼代價，「我覺得她這樣全都放棄了實在很可悲，」她說的是艾琳的學位和工作，「我想我不可能辦到。」

逸流

二十幾歲的時候，我的朋友跟一位老搖滾明星交往，這個男人的名氣匯聚了一群嗑藥嗑到昏頭、全身皮衣的評論家，形成了一種次文化，而他也自視過高，因為他的生活中永遠都有酒精和海洛因的陪伴。奇怪的是我完全不記得發生了什麼，即使我知道他突然就強吻了我。

但是她說她很感激我告訴了她，處在這樣的情境很可怕：是要毀掉朋友的幸福，或者不要讓她知道這份感情的基礎不穩。我想，那時我選擇了她，而不是她的幸福。我很幸運，她原諒我告訴她這個壞消息。這樣比較容易，我想，因為她知道他忽然襲擊我跟慾望無關，而是因為他自以為是也抓到機會，是那個恣意妄為的搖滾明星自我。

接著，她告訴我，她喜歡跟他在一起是因為「在這樣的明星身邊當個跟班也有好處，能沾點光」，發現自己有資格待在他的圈子裡，有一種沐浴在榮耀中的喜悅。但隨之而來的便是要放棄自己的才華，同時也不能再以自己為中心，而那樣才有利於發光發熱。我們都是年輕的律師，四處尋找著能夠脫離墨守成規生活的方法，而最後我們做到了。

不知道艾琳是不是也在做這樣的事，她將歐威爾擺在這個位置，因而必須摧毀燒盡她自己的野心。而他待在那裡之後，她便離不開他，他的寫作成了她的目標，他和他的寫作占據了原本該屬於她和她的寫作的位置，他一路向前，她便順著他捲起的氣流前去。

刪去不堪，留下空白

婚禮定於一九三六年六月九日在瓦靈頓一座小小的聖瑪莉教堂舉行。前一個月，歐威爾寫信給朋友：

我馬上就要結婚了……這件事應該是要保密的，在我們成事之前盡量不跟太多人提起，免得我們的親戚聯合起來反對我們、阻止婚禮。這樣當然非常草率，不過我們已經討論過了，認為以我的經濟狀況永遠都不適合結婚，既然如此，現在不適合總比後來不適合好。我想我們應該可以好好過日子，我是說在金錢上，但總是僅供餬口，畢竟我覺得自己永遠也寫不出暢銷書來。[121]

歐威爾的妹妹愛芮兒說，喜歡保密的性格是家族淵源——他們的父親完全一模一樣。但即使如此，會想像有親戚密謀阻止婚禮似乎還是很極端，更不用說他們全都受邀了，也都出席了。最有可能阻止的人是莉迪亞，而她剛好出國了，莉迪亞似乎意識到自己的敵意很明顯，因為後來她還懷疑，就算她當時在英國，會不會受邀都很難說。

歐威爾對他朋友所說的話，真相並不在字面而是內含的意義，亦即：我不敢相信沒有人要阻止這件事。歐威爾就要得手了，他幾乎養不起自己，但是即將有另一個人會為他勞動一輩子，免費。

婚禮當天早上他仍不斷與人通信，甚至不是很緊急的那種。他寫信給以前在學校的舊相識，對方才剛從美國回來，過了多年之後才又聯絡上：

親愛的金恩—法羅：

我當然還記得你……恐怕我十一日那天不可能前往了，雖然我真的很想去……有趣的是，我今天早上就要結婚了——老實說，我寫這封信的時候一眼盯著時鐘、一眼盯著公禱書，過去這幾天我都在研究這本書，希望能強大起來，對抗婚禮儀式的不堪。[122]

婚禮規模辦得很小，歐威爾的父母與姊妹來了，還有艾琳的母親、勞倫斯與葛雯。歐威爾沒有在祭壇前緊張等待著，這對新人一起從小木屋走到教堂，然後歐威爾為了吸引眾人注目及表現喜悅，他翻過教堂墓園的圍牆，抱起艾琳穿過大門。

他們走到祭壇前時，有個驚喜正等著他。艾琳安排了整場婚禮，包括讓歐肖內西家族的牧師從北邊特地過來主持儀式，而且她處理好了婚禮儀式中至少其中一項「不堪」。隔天，歐威爾告訴他單戀的對象布蘭達：「我們昨天結婚了，在這裡的教區教堂以正確的形式進行，但婚禮儀式卻不太正確，除了幾項缺失，牧師還漏掉了『順從』那一條。」順從條款在傳統儀式中，新娘會承諾要敬愛、珍惜並順從自己的丈夫，不過新郎的回應中卻沒有「順從」的部分。顯然，艾琳不接受如此。不過就歐威爾以及傳記作家與後代看來，是牧師自己拿掉了這部分，無論在當時或現在，都沒有人

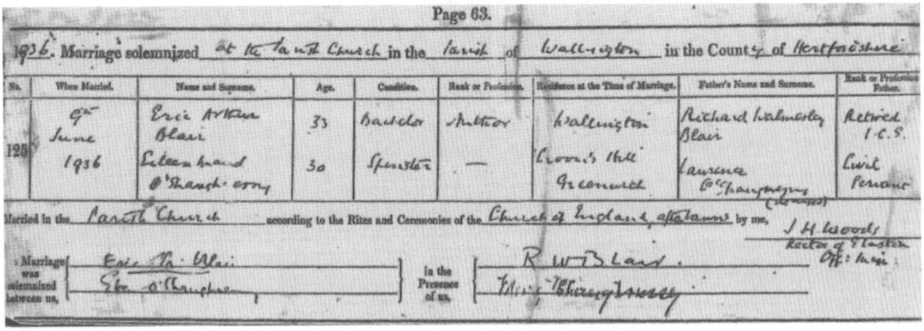
Page 63.

1936. Marriage solemnized at the Parish Church in the Parish of Wallington in the County of Hertfordshire

No.	When Married.	Name and Surname.	Age.	Condition.	Rank or Profession.	Residence at the Time of Marriage.	Father's Name and Surname.	Rank or Profession of Father.
125	9th June 1936	Eric Arthur Blair	33	Bachelor	Author	Wallington	Richard Walmesley Blair	Retired I.C.S.
		Eileen Maud O'Shaughnessy	30	Spinster	—	Crooms Hill Greenwich	Laurence O'Shaughnessy (deceased)	Civil Servant

Married in the Parish Church according to the Rites and Ceremonies of the Church of England, after banns by me, J H Woods

This Marriage was solemnized between us, Eric A. Blair / Eileen O'Shaughnessy in the Presence of us, R W Blair / Mary O'Shaughnessy

結婚證書，一九三六年六月。（圖片提供：Anna Funder）

認為是艾琳發現了「順從」的不堪之處而刪掉。

婚禮之後，歐威爾在教區登記冊上寫下：「艾瑞克・亞瑟・布萊爾。三十三歲。單身男子。」然後簽名，在職業那一格旁邊他寫下「作家」。艾琳那邊寫著：「艾琳・茉德・歐肖內西。三十歲。單身女子。」然後在職業那格她畫了條線。

參加婚禮的這一小群人在酒吧用午餐，艾琳後來告訴莉迪亞：「老布萊爾太太說個不停，向來直率敢言的愛芮兒一整天都沒說話。」布萊爾一家離開前，留給這對新人幾件家傳的銀器做為禮物。然後，「午餐後，」莉迪亞寫道，「家人們乘車離開，只留下這對新人了，喬治便繼續埋頭寫作，艾琳則善盡家庭主婦的職責……還負責開店。」歐威爾一直想要把商店張羅起來，卻是等到艾琳來了才做。

鄉間生活

倘若你的周遭就有一頭活生生的巨龍，一切考量都不應該撇開這件事。

——J・R・R・托爾金

對歐威爾而言，婚後幾個月的生活恬靜而自在，「無論艾琳到後來可能變得多麼古怪莫測、無論她的性格是否終究會如此，」一名傳記作者寫道，「歐威爾的朋友大多都同意，這時多虧有艾琳鼓舞著他、讓他不會兀自鑽牛角尖，讓他對自己的能力有信心。」[123]一個朋友說：「我認識他這麼久，唯一真正看到他開心的時候就是和艾琳結婚的第一年。」[124]最早為歐威爾作傳的史坦斯基和亞伯拉罕斯是在一九七〇年代初寫作，他們也認為如此，新婚後住在純樸的小木屋裡，他從來沒有這麼快樂過，「在任何對歐威爾生平的研究中，」他們寫道，「一九三六年夏天絕對占據獨特位置，他的健康良好、情緒高昂，能夠隨心所欲寫作；他享受住在鄉間的生活，這是他一直想要的。最重要的是，他非常開心能夠與艾琳結婚，和她在一起，週復一週，不受疾病或缺乏陪伴的困擾……確實，只有在一九三六年那個夏天，才湊齊了所有要素與情境，能夠滿足他心中理想的幸福。」[125]

對作家而言，生產作品的境況就是幸福的境況。即使是在貧困與悲慘的環境中寫作（或者像歐威爾這樣，住在小茅屋裡面對破產和支氣管炎），至少你在寫作，而寫作就是要從生活中榨出生產的幸福，每多寫一個字，自身與無意識之間就多隔開一點，這就是行動和無用之熵之間的差異，是生命與精神之死之間的差異。

歐威爾「湊齊了所有要素與情境」，表示他可以隨心所欲工作，這顯然是令人開心的「意外」，而非別人辛苦勞動後為他量身打造的狀況，這些條件的存在看來並不是刻意創造，因為被動語態讓她消失了。

但是正如我們所知，艾琳就在那裡勞動著，並且在喬治不希望生活干擾了他的工作時，控制著自己想要殺人或者分居的衝動。

所有作家對此都心有戚戚焉（不過或許他們的配偶除外）。歐威爾在自己最後一本筆記本中這樣寫著：

> ……（我的寫作生涯中）我基本上沒有一天不覺得自己無所事事，覺得自己總趕不上目前的工作進度，而我的總生產量少得可憐。即使有些時候，我一天為了寫書工作十個小時，或者一週就交出四、五篇文章，卻從來無法擺脫這種神經兮兮的感覺，認為我在浪費時間。[126]

但他並沒有浪費時間，艾琳為他創造了更多時間；若是他得打理自己的生活，恐怕永遠辦不到。她幫他處理大部分信件往來，包括與他的經紀人通信；她安排兩人的社交生活、包辦所有採買（其中要搭公車到將近五公里以外的村莊波達克〔Baldock〕）還有大部分清潔（偶爾會有一位「清潔工」來幫忙）。艾琳的工作環境很艱難，根據一位傳記作家的描述，那座十六世紀的小木屋「非常小又很狹窄……是以木板條和灰泥建成，前門已經關不太牢，低懸的櫟木樑柱經常讓人撞到頭，還有醜陋的波浪鐵皮屋頂，只要下雨就會製造出吵鬧無比的噪音……油燈也只能提供微弱的照明……廁所在戶外花園的另一頭，冬天寒冷刺骨，其他時候也舒服不了多少。」歐威爾生病倒下時，艾琳「不得不擔起最為噁心的工作，包括在化糞池滿溢時要清理整間廁所」。[127]一個朋友發現整個環境「很危險……水槽會堵住，煤油爐也不能用，廁所的塞子拉不起來，樓梯間非常陰暗……而且他們隨意在階梯上放置成堆的書本，所以處處有陷阱，整個地方都積了相當多灰塵」。[128]艾琳對此有很滑稽的形容：「老鼠軍團肩並著肩部署在架子上，把瓷器推了下去。」[129]

多年來，艾琳在金錢上都不需仰賴他人，如今她要免費提供勞動，漸漸便理解了何謂「完全破產」[130]。而正如莉迪亞所預料的，艾琳要做的體力活遠比以前多得多，無論是在家裡、花園裡還是商店裡。而且，即使她不願承認，她大概也察覺到了，她必須放棄擁有自己的職業這樣的念頭，她在結婚證書上畫線留下了空白，如今成真了。

艾琳在歐威爾父母於索斯沃爾德的家中寫了給諾菈的第一封信，用訝異的口吻述說歐威爾是多麼依賴他人、懂得操弄別人，而事實擺在眼前，躍然紙上，否則他怎麼能完成這麼多工作？他的寫作進度飛快，婚禮過了三天之後，歐威爾便交出了〈獵象記〉這篇散文，接下來六個月中，他寫完《通往維根碼頭之路》，讀過三十二本書後交出十二篇評論，還有兩篇文章：〈書店回憶〉（Bookshop Memories）和長篇的〈小說無過〉（In Defence of the Novel）。在他寫作的時候，艾琳要面對「可怕的」房客阿姨（住了兩個月！）、淹水、化糞池、商店、家裡、花園、他的疾病、照顧小雞和小羊，還有招待客人，她試圖要休息一下（去做其他工作），那時她哥哥需要她幫忙編輯科學論文，但沒有成功，她根本沒有時間搞懂這一切，甚至沒有時間寫封信給她最好的朋友。

在艾琳向諾菈吐露出的一連串荒謬不幸之下，隱藏的是她忽然明瞭，不僅僅是她的職涯，還有她的人生，如今都要排在她丈夫的工作後面。不過她告訴莉迪亞她可以倚靠她哥哥，「如果我們分處世界的兩端，我拍個電報說『馬上過來』，他就會來，」她說，「喬治就不會這樣做，對他而言，寫作比誰都重要。」[131]莉迪亞並未因此放下心來。

艾琳向諾菈透露新婚生活的真相，好像這樣一件件說出來了，她或許就承受得了，而儘管我們也很希望會是如此，事實卻不然。給巨龍取了名字並不代表馴服了巨龍，巨龍依然在外面——或者在樓上，等著晚餐送來。

有性別的靈魂告白

我覺得自己有必要說明（雖然我理應不需這麼做），雖然我寫了這本書，但是我對家事的標準並不是很高。有一次我們全家出門去度假，我哥哥和他的太太要到我們家放些東西，「我的天啊，」我嫂嫂說，「他們家遭小偷了。」「不是，」我哥哥嘆口氣，「他們家就是這樣。」

我也不是世界上最勤奮的媽媽。這是一張許願清單，是我十歲的孩子以前要等我停下工作，覺得無聊時在我辦公室白板上寫的。其中有些可以預料得到，例如「露營」、「衣服」和「$$$」，不過靠近上面寫著：「醫療照顧」。我把這面白板留著，是要提醒自己或許沒發現的東西。

我寫這本書是一種告白，彷彿這個家是我要負責整理好。我的房子看起來大概就像我在家裡殺了維吉妮亞・吳爾芙的天使，但是她依然在這裡某個地方，要我負起責任，在人們來訪前擺好靠枕、藏好孩子留下的爛攤子。吳爾芙的生活中幾乎不需要做有如女傭的工作，也不用當個母親，所以她必須要殺的是不同的天使，那個天使「必須魅惑……必須撫慰，……說得直接一點，必須撒謊說（她）是否會成功」，這個女性獨有的家中天使模型，讓女性無法表達出「你認為人類的關係、道德與性的真相是什麼」。「若是我不殺了她，」吳爾芙寫道，「她就會殺了我，她會扯出我筆下文字的心臟。」[132]

但是你不能殺死同時扮演母親角色的天使，因為我們的工作似乎就是要向我們的孩子解釋這個

世界的瘋狂與不公，要找到不讓他們感到絕望的方法。我們「撫慰」，我們要講道理，講不出道理的時候也予以寬慰。這麼做可能牽涉到說謊，而謊言要大到什麼程度會傷害到我們及他們，我並不知曉。這本書是一種冒險：讓你看見這個世界的不公，可能讓你受挫、受傷。

或者，可以讓你武裝起來對抗之。

薄荷軟糖

莉迪亞回到學校後很渴望艾琳的陪伴，於是她去瓦靈頓度過了一個週末。

莉迪亞對這一切仍然難以釋懷：「我到的時候還是很難接受她結婚的事實，對她的丈夫隱隱抱著敵意，隨時都會批評他對待妻子的態度。」[133]她在小木屋所看見的，顯然是某種十分誇張的受虐狂式鄉村幻想，一種試圖靠著救濟品維生、為了另一個人的創作而受苦的實驗。

小木屋裡很冷，客廳裡有一座壁爐，但是「每次點火就會冒出可怕的濃煙」，所以顯然他們只能選擇凍死或者變成煙燻肉。有一次，歐威爾開門迎接訪客時，整張臉全黑了，只露出藍色的眼睛盯著人看，彷彿想要讓屋子裡暖起來這樣是很正常的結果。家裡有一盞煤油燈，除此之外就只剩蠟燭了，他們就像在露營，只是四周有牆壁、上面有錫造屋頂。

莉迪亞記得自己因為太冷了睡不好，然後「一大清早又會被艾瑞克．布萊爾震耳欲聾的鬧鐘聲響嚇醒，即使隔著兩道關上的門，中間還有一間房，聲音依然傳了過來。這是為了叫醒艾瑞克，讓他來得及去餵雞」。

莉迪亞抗議過鬧鐘響的時間以及太過大聲，結果「只是讓艾瑞克．布萊爾的眼角擠出愛笑的皺褶，以及他的回答：『母雞就是想要每天早上同一時間吃東西，牠們不知道今天是星期天。』」他知道莉迪亞並不是叫他不要餵雞，而是要求他做這件事的時候不要吵醒她，然後他刻意挑釁，雙眼帶著那種眼神，要她表達出自己的需求。她沒說，或者說不出口。

但她能夠做的是，在後來，說出他喜歡讓別人感到不自在。「波浪狀的鐵皮屋頂與客房天花板之間的空間經常有各種動靜與聲響，特別是在黃昏及清晨時候，『有人覺得是老鼠。』艾瑞克·布萊爾這樣說著，臉上掛著滿足的笑容，期待我會做出害怕的反應，但我並未屈服。『其實，』他笑著說，『只是鳥兒在那裡築巢或休息而已。』」

艾琳並不怕灰塵或老鼠，或許她會覺得這番話反映了歐威爾對老鼠的恐懼，或者是一種幽默的玩笑話，但莉迪亞並不這樣想，她想要保護自己的好友，不讓她丈夫從他人的不舒服中獲得下流的愉悅。她從歐威爾稀疏的鬍鬚以及「滿足的微笑」中察覺到像是虐待狂的氣息，而且她知道艾琳還沒發現：她要有受虐傾向才能熬過去。歐威爾在挑釁莉迪亞，這裡的潛台詞是：「看到她有多愛我了嗎？我可以讓她住在任何地方，依我選擇的任何條件，妳對此無能為力。」莉迪亞的引線被點燃了，除非她能想辦法讓艾琳看見她所看見的，而且要快，否則她永遠介入不了他們：他們就像鎖頭和鑰匙一樣密切契合，將她拒之門外。「在這段陪伴關係中，」她寫道，「歐威爾的需求永遠優先。」

但是，「那不代表她是個愚蠢、崇拜丈夫的妻子，對她的丈夫卑躬屈膝且毫無批評，恰恰相反……」莉迪亞還記得在小木屋的一場對話，歐威爾那時說了些帶著挑釁意味的俏皮話，艾琳馬上糾正了他：

……她的思考邏輯清晰，在討論中馬上挑出了他的「前後矛盾」。有個特別的例子仍留在我腦海裡，我們那時早餐在吃培根配煎蛋，喬治就表示村裡每個人都應該自己養豬、自己燻培根，「但是，」他接著說，「他們必須符合一長串複雜的衛生規範才能養豬，都是培根製造商的詭計……」

艾琳很快看了我一眼，揚起微笑，「你怎麼會這麼說？」她嘆道，「這話是不是一竿子打翻一船人了？」喬治臉上的表情顯示出他既覺得有趣又有點尷尬，不過他仍堅持己見。

「這麼做對培根製造商有利……」他開口。

「對，我知道，但是你有證據證明是他們要求那些衛生規範的嗎？」他沒有，她接著說：「不負責任的新聞記者才會說那種話……」

喬治很有幽默感，不至於會介意這類挑戰他的話，而艾琳經常這樣挑戰他。

「我很肯定，」莉迪亞繼續說，「她的邏輯條理、字斟句酌影響了他，或許他並沒有察覺到，這改進了他的寫作風格。他早年的文字總帶著一種生硬感以及刻意為之的誇飾，減損了他的文字能夠說服讀者的能力。」又或許他確實察覺到了，知道艾琳會讓他的作品更好。

理查．里斯也注意到歐威爾的作品在一九三六年發生了「劇烈的變化」[134]，但是他無法拼湊出因果關係，來解釋為什麼他的文字在結婚前「並沒有這樣的優雅、魅力與幽默，那是他後來的作品當中備受崇拜的要素」[135]，「他的寫作與態度上都有超乎尋常的改變，」里斯說，「就好像他這一生當中，體內一直有一股火在悶燒著，突然在那時就爆出熊熊大火。但是我不明白，也無法解釋到底發生了什麼，我實在不知道。」[136]有幾位傳記作家看得比較清楚，敘述道「這不僅僅是巧合」，在「歐威爾寫作生涯中的重要階段……正好也是他剛結婚的時候……文筆中表達出的情感絲毫不受束縛，如此慷慨而仁慈，即使看似單純的經歷中也能體認出複雜性，這是他先前的文章中所看不到的，自此之後就表現在他的作品當中，這至少有一部分要歸功於艾琳的影響……」[137]

莉迪亞整個週末都待在那裡，「在我看來，」她寫道，「他把她的存在看得太過理所當然。我以為，任何男人都應該珍惜這樣的妻子：外表如此迷人、無比聰明、談話間表現出風趣和機智、廚藝絕佳，但是我察覺不到他對她有什麼愛戀的眼神或表現親暱的小動作。艾琳包辦所有工作，包括準備三餐、服侍他，商店門鈴響了又得去應門。午餐過後，歐威爾就會縮到樓上，我們聽著他敲打字機的聲音，我會幫艾琳清洗碗盤，然後一起出門去散步。」[138]

艾琳談起了想寫一本童書，用母雞當成主角[139]，然後又笑了起來，畢竟她清理善後完一餐之後就要開始準備下一餐，當中的空檔勉強只有二十五分鐘[140]。她還是告訴莉迪亞自己會寫完論文，只是村裡幾乎沒有小孩，而最近的學校距離這裡有快五公里遠。「艾琳或許可以騎腳踏車去，但是她要做家事還要『顧店』，幾乎沒有時間可以做其他事情。」而且她很瘦弱、氣色蒼白。不知何時，艾琳似乎得了子宮內膜異位症而飽受折磨，後來又有貧血的問題，莉迪亞那時便已認為她不「夠強健……單車騎多遠都不行」[141]。

但是艾琳想出辦法吸引小孩到她身邊，無論是當作研究對象還是來陪伴她，或者兼而有之。「他們很快就發現商店的『老闆娘』賣給他們四顆糖只要半便士，可是其他地方一便士只能買到七顆糖。」[142]於是他們算過數學之後，就經常出入商店來買綜合甘草糖和薄荷軟糖，其中有個害羞的十歲男孩叫做彼得（Peter），被認為學習能力「遲緩」，可是艾琳讓他做過測驗之後發現他的智商很高，「於是她自告奮勇指導他的閱讀和算數，教了幾個月，結果讓他拿到了眾人欣羨的獎學金。」就像艾琳先前對俄羅斯的流亡分子以及「擦油布」愛德娜所做的一樣，她總能改變某個人的人生。「她的成功讓她非常開心，」莉迪亞表示，「她相當以彼得為榮，彷彿他是自己的兒子。」

對莉迪亞而言，她的朋友遠遠還未發揮「無庸置疑、相當強大的心理學天賦」[143]，但是或許艾琳已經明白了某件莉迪亞尚未想通的事：她接下來最具野心的一項計畫，就在樓上進行著。艾琳已經讀過《通往維根碼頭之路》並幫忙打字，但一開始歐威爾對艾琳的建議顯得很謹慎，所以她沒有多說。

艾琳開始跟莉迪亞保持距離，她寫信給諾菈相約在倫敦見面的時間，「我無比渴望能見到妳」，艾琳試圖掐準旅行的時間，才能避免莉迪亞「突然怒氣沖沖來找我」。這趟旅行一直沒能成行。[144]

太多性愛

他對自己的私生活十分保密，就像我認識的其他男人一樣。[145]

——弗雷德里克・沃柏格（Fredric Warburg），歐威爾的出版商

最早幫歐威爾作傳的史坦斯基和亞伯拉罕斯寫道，在歐威爾認識艾琳的時候，「他在六月剛度過三十一歲生日，而他人生中跟女人相處的經驗似乎相當貧乏而晚熟……」[146]在結婚之後，他們又說：「至少他的性生活相當有規律。」三十年後的二〇〇三年，另一位傳記作家寫道：「這對夫婦在身體上確實很契合，而且似乎也很享受在鄉間的恬靜生活。艾琳看來真的很喜歡幫忙喬治管理商店和照顧動物，甚至還幫忙清理骯髒的花園廁所，不過，」他繼續說，「在他朋友眼中的這幅歲月靜好，卻隱藏著這對夫婦之間浮現的問題。」[147]艾琳向喬治年紀較長的已婚友人梅寶說，她覺得喬治在婚前有過「太多性經驗」，傳記作家稍微潤飾了說法，寫道艾琳向梅寶「抱怨」，好像是在「暗示，或許在床上的表現不是那麼溫柔」，另一位作家則提出相反的詮釋：「她的意思大概是，一段時間後，他就對此厭倦而沒有反應。」[148]艾琳之所以會跟梅寶討論性生活，可能還有另一個原因，但這些傳記作家都沒有提及，那就是梅寶已經跟歐威爾上床很多年了。

女性會互相討論性愛的議題，這件事對傳記作家來說似乎無法想像，所以他們就不想了，而是

會說什麼他先前的性經驗很「貧乏」，而他的妻子理應比較清楚，所提供的證據則是說「太多了」——不管那代表什麼意思。

長久以來，我對於要深入探究他們的親密生活都感到不甚舒服，感覺像侵犯到他絕對很討厭的那部分隱私——無論是誰都會，不過我越是為了尋找她而侵入他的隱私，衡量著隱私權和接受合理對待的權利兩者間的輕重，就越是發現若是不碰觸到這一塊，就等於我認可了雄性動物比他者更加平等。

歐威爾的作品是站在我這邊的，儘管他的私生活未必如此。他細細觀察在緬甸遭受殖民壓迫的人民、英格蘭北方的礦工、英國的遊民以及法國的洗碗工，探究他們的生活條件。社會的偽善讓我們無法看見這些人，而他希望揭露出這些隱身背後的人，這是多麼令人敬仰、激勵人心。在這裡，優美文筆的目標（要讓我們看清我們自以為了解的世界）與政治目標（讓我們看清世界，好能夠改變世界）完美結合在一起。

擅長諷刺文學的作家馬爾坎・蒙格瑞奇（Malcolm Muggeridge）是歐威爾的朋友，覺得「他天生對真相有一種熱忱的執著，拒絕巧妙偽裝成真相的權宜妥協；他對那些與個人行為無關、徒具德行姿態的態度懷有毫不退讓的憎惡」。[149]但奇怪的是，在父權體制中，「個人行為」卻不包括對女性或者在家裡的行為。如果父權體制的傳統不是如此全面的專制威權（我說的是全面到不允許其他現實存在），蒙格瑞奇或許就會想到要將他朋友在私生活領域的行為考慮進去，而且，假如這些傳統對歐威爾不是這麼有利，他或許最終會「落魄」到去考察女性與妻子的生活條件，甚至是他自己的妻子。

畢竟，他對這個女性的「私密」世界十分熟悉。在歐威爾成長的家庭中，女性都熱中政治參與，一位傳記作家稱艾達「可以說是崇尚自由解放的女性（femme libre）」[150]，而且歐威爾與奈莉阿姨這位性觀念開放的政治運動家尤其親近，在他生命最後一年寫下的筆記中，有一段他回憶道：

他小時候不經意間聽到大人的談話，包括他的母親、阿姨、姊姊和她們的女權運動朋友，那些談話的內容……讓他留下深刻的印象，認為女人並不喜歡男人，她們把男人看成某種龐大、醜陋、臭烘烘而可笑的動物，男人在各個方面都苛待了女人，最重要的就是逼女人不得不關注他們。這個想法深深烙印在他的意識中，一直到他大約二十歲都存在，覺得性交只會讓男人感到愉悅，而女人不會。他知道性交大概就是男人壓在女人身上，而他腦海中的影像則是一個男人追逐著一個女人，逼她倒下後撲上去，就像他常常看到公雞會這樣對母雞一樣。而這一切的起源並不是任何直接談及性事的評論……卻是一些無意中聽見的話語，例如「正好說明了男人都是禽獸」、「親愛的，我覺得她就這樣屈服於他，完全就是個傻瓜」、「當然了，他實在配不上這麼好的她」等等……一直到了他三十歲左右，他才驚覺自己其實一直都是母親最愛的孩子。[151]

長大成人後，他也逐漸成為家庭中討論男女關係的話題。奈莉寫給他的信當中，唯一留存下來是一九三三年時寫的一封信，她在信中附上了錢、訂閱的雜誌，還告訴歐威爾她正在讀馬基維利（Niccolò Machiavelli）以及《性的教條》（*Les Dogmes Sexuels*），她說：「（這本書）駁斥了一般人普遍接受的性的概念，包括男性與女性之間的差異，立基於生物學的論述。」[152]愛德莉安．沙休克（Adrienne Sahuqué）這本書比西蒙．波娃的《第二性》（*The Second Sex*）早了十七年，大略陳述出女性在父權體制下的社會弱勢地位其實並沒有科學基礎，卻依舊是「如此恆久而普遍存在的錯誤」[153]，為了尋找原因，她檢視了「性的教條」，或可稱為意識形態，也就是「要合理化男性的優越地位，透過戰爭以及強暴女性奴隸來確保這件事」。我們無法得知歐威爾有沒有讀過，但是顯然這個家庭對政治的興趣也包括性政治，而且顯然他這一生都明白，如他所說，女性會覺得「自己受到各種苛待」，同時因為他是個年輕男子，他認為女性希望能在性愛中得到歡愉。但是在他即將展開的人生中，他會忽略前者好得益於妻子的勞動，接著也會忽略後者，或許是因為他別無選擇。

雖然新婚時住在小木屋的那段時間，歐威爾對於性可能沒什麼慾望，但在某些時候還是想著的。就在歐威爾的婚禮過後，他為朋友希瑞爾．康納利（Cyril Connolly）的小說寫書評，貶斥書中稱頌了「同性肛交」的行為，懇切說道：「我們一直緊抓著不放的真相，就像牢抓著救生圈一般，便是我們確實有可能成為正常而良善的人，仍能好好活著。」[154]歐威爾渴望「正常」且「良善」，他似乎指的是異性戀，不過或許那對他而言並非「好好活著」，這聲哭喊令人難受。

沒有傳記作家坦誠處理歐威爾可能有同性戀傾向的議題，「他並不厭惡女性，」史坦斯基與亞伯拉罕斯寫道，「他對性事的啟蒙比較晚，但是從緬甸回來之後，便一直都需要女人。」[155]

我第一次讀到這句話時覺得很有趣，然後我開始尋找其中的笑點，想要回溯這些受人敬重的傳記作家、他們的編輯、出版社以及讀者大眾居然可以吞忍下這一句話——用一次性愛就有效抹除了所有厭女的指控。我差一點就成功了，但還是做不到。除非厭女是借稱同性戀的密碼，否則這句話的意思就會是，只要你跟女性上床，就一定喜歡並尊重女性。傳記作家想說的並非如此。

我越是深思所謂女人是「他需要的」這句奇怪的句子，就越覺得聽起來像是懇求眾人相信他是異性戀。歐威爾的許多朋友都認為，他那種深惡痛絕的恐同症很奇怪。他的朋友、詩人兼評論家威廉・燕卜蓀（William Empson），便注意到他那股「深層而發自內心的憎惡」[156]，並將之連結到「他強烈顯現出對同性戀的反感」，燕卜蓀無法理解這種厭惡，「當時，」他指出，「或說我們比較年輕的時候，許多熱愛勞工的年輕紳士基本上都會做這些事。」燕卜蓀認為：「肉體上的厭惡，或者應該說，害怕一個正直男人可能隨時會因為無法承受的強大厭惡而被迫做出什麼邪惡之事，這種感受深深嵌在他最優秀的文筆中……」歐威爾的同校同學康納利，曾記得歐威爾自認長得太醜，實在不適合「寄宿學校裡常有安排的跑腿小廝」[157]，不過他曾經塞給康納利一張紙條[158]，拜託他把一名他喜愛的男孩留給他。在歐威爾結婚前搬進的那間公寓裡，室友都是男性，最有名的就是他曾經用一根折疊式手杖，把喝醉的室友雷納・赫本史托狠狠打了一頓，幫他安排這間住處的梅寶還得來安慰受傷的男人，告訴他：「我想他是對同性愛而不得。」[159]另一位室友麥可・薩耶斯的年紀小了十歲，每天早上歐威爾都會把茶送到他床上，薩耶斯覺得這位年長男子對自己的感覺「非常親近、非常溫柔，甚至帶著同性情慾」[160]，他有一種「強烈無比的印象」，認為歐威爾清楚知道「自己內心有某種東西是他避之唯恐不及而危險的」。當時也住在瓦靈頓的作家傑克・考蒙（Jack Common）曾近距離觀察過歐威爾的婚後生活，認為他和艾琳的婚姻「並不是真的」，而且「不知怎地，他們似乎不應該在一起」[161]。

歐威爾在人生最終階段對自己的恐同提出質疑，同樣是在他最後一本文學筆記中，同樣以第三人稱視角書寫，寫道：「就像所有沉迷於娼妓的男人，他坦承自己對同性戀傾向感到厭惡。」[162]至於娼妓，他描述這種歡愉只是假象，就好比一個男人在畫廊中「告訴自己」[163]，他所喜愛的是藝術。歐威爾困在恐同的世界中，或許讓他看不見自己的真實面貌；他的性經驗並不「貧乏」，也非「晚熟」，只是或許不是他真正想要的。

在那個時代，同性戀受到可憎的醜化，也被定為違法行為，不過在學校、低階旅社及上流社會中卻很常見，歐威爾大概深刻感受到這樣的分歧，嚴重到連自己也要隱瞞。或許這讓他得以接觸到人所欲求以及人所可能之間的地帶，一邊是真實的、一邊則是可宣之於口的；或許這樣的分歧讓他看見了這個世界中因雙重思考而產生的矛盾，讓他能夠使用這種語言。

我可以感覺到在他自述為「神經質的」糾結中，他付出了極大的努力要挖掘出自己潛藏的聰慧，同時一直沒有好好審視心中那股蓬勃的動力，正如我們許多人都是如此。

我們無法得知艾琳在剛結婚那段時間對此知道多少，或者想不想知道。梅寶可能有，也可能沒有告訴她——「他跟女人上床，好像是為了證明自己的陽剛與男子氣概」[164]。或許艾琳跟梅寶談話時，會思忖著她所見過的其他女人當中，究竟有多少是他曾經的戀人。或許，與其覺得他不想和妳做愛，不如相信他是因為有過「太多性愛」（無論那代表什麼意思）。

槲寄生

莉迪亞聽到消息的時候，大家正一起在勞倫斯與葛雯家吃晚餐。歐威爾要出發去西班牙打仗了。「我第一個反應就是沮喪，」她寫道，「然後是生氣，對艾瑞克·布萊爾生氣。」[165]他居然要離開新婚的妻子。

還有更糟的。歐威爾要離開的時候，他接近莉迪亞去道別，對她露出「嘲弄的微笑」說：「今年聖誕節沒辦法在槲寄生下親吻妳了……」莉迪亞氣得毛髮都要豎起來。顯然他一直都想著若能親吻她會很開心，但是得放棄了──暫時放棄。「我當下給他的表情想必很不客氣，」她寫道，「因為我覺得他對艾琳一直很苛刻，而且我不喜歡他用槲寄生開的玩笑。」

勞倫斯送莉迪亞走到車站，她把自己對歐威爾如何對待他妹妹的憤慨「一股腦全說了」，「艾琳和他才剛在鄉間定居下來，他這麼快就要去西班牙了」。她完全沒有提到他調戲她的事情，只是大聲質疑著：「艾琳要怎麼養活自己？她跟我說過，他們那家商店賺的收入一週只有半克朗！」[166]勞倫斯一如往常般冷靜，只是評論說歐威爾擁有「戰士般的心智狀態」。有可能，這對兄妹之間的關係非常穩定，他認為即使艾琳必須獨自住在偏遠的地方，自己也能夠養活她。或許艾琳也是這麼想的。

艾琳為歐威爾安排好離家事宜，幫他準備了靴子、手電筒、襯褲、菸草、寫作用具與摺疊小刀。同時她也為他籌措旅費，他們結婚時收到布萊爾家傳銀器為禮物，她把銀器拿去當鋪抵押。「我們到最後一刻才慌了手腳，發現他身上的錢還不夠，」她跟一位朋友說，「於是我們當了布萊爾家所有的湯匙和叉子。」[167]他離開之後，她負責完成《通往維根碼頭之路》的最終修訂，然後寄給出版社。

其實就莉迪亞所知，艾琳「十分希望能跟他一起去西班牙，但是當時沒辦法這樣安排」[168]，艾琳必須留下來顧店、照顧牲畜和菜園，還有安排他的出版時程、校稿和所有信件往來。妻子讓一個男人有雙重的人生：一個能夠離開，還有一個能夠回來的人生。

他們到索斯沃爾德探望了歐威爾的父母之後不久，他就離開了，她則回到瓦靈頓。

●

獨自待在小木屋時好像又更冷了，或許，她想著，少了一具身體會讓溫度下降？水管凍結住了，用過的盤子困在水槽裡，就像冰川裡的骨頭。

艾琳餵了雞、種下馬鈴薯，然後不停匆忙上樓下樓去回應商店來人的鈴響，之後她在晚間獨自坐著，大多時候沒有梳洗，一邊忍受寒冷一邊抽著菸，靠著雞蛋和紅茶過活。依西班牙發生的事情而定，這段婚姻或許很短命。

今晚，壁爐的火冒了許多煙，她沒有理會，靠著油燈的光線在閱讀，不過也在思考著，腦中反覆咀嚼著思緒，她試著不要過得像動物一樣，但是她當然是動物，有些人只是更像一點。

她站起來，拿起一張報紙遮在壁爐前方想要讓煙往上跑，而不是瀰漫在房裡。她要求牧師拿掉結婚誓言中的「順從」，因為說這種話很可笑，這是傳承自過往婚姻關係中明確帶有奴役性質的結果。牧師戴著金屬框眼鏡，鏡片後的睫毛顏色很淡，並沒有眨眼，畢竟他從她出生就認識她了。喬治很驚訝，不過很快就說他不反對，他不是尼安德塔人。然而如今她坐在這裡，順從地跟其他家禽家畜圈養在一起，完全無須跟她說什麼。

有一種孤獨感和獨自一人無關，不過這些事情並不適合寫在給諾菈的信裡。

●雞都睡著了，屋外的黑暗滲透了一切，掩住所有聲響。

INVISIBLE WARRIOR

II

看不見的戰士

WIFEDOM
Mrs. Orwell's Invisible Life

縮寫瘟疫

歐威爾很興奮能夠上戰場，他想要「殺掉法西斯分子」，為了「共同規範」而戰，並書寫出來。[1]

歐威爾在《向加泰隆尼亞致敬》（*Homage to Catalonia*）中敘述他在西班牙戰場上的歲月，包括後來逃命的日子。歐威爾將一切攤在陽光下：他會告訴你他很害怕、他的西班牙文很「惡毒」、他的槍法很爛，而且蝨子大軍就在他褲管的內縫處繁殖，在他的睪丸上爬來爬去。他的脆弱與誠實讓人投以信任，我從青少年時期就很愛這本書。

歐威爾一抵達巴塞隆納的列寧軍營（Lenin Barracks），一時便從一名年輕的義大利人身上感受到強烈的吸引力，「這位外表強悍的年輕人大約二十五、六歲，一頭黃中泛紅的頭髮以及孔武有力的肩膀……他臉上有某種特質深深打動了我，擁有這張臉的男人會為了朋友去殺人並放棄生命……我實在不知道為什麼，但是幾乎沒有其他人（我是說其他男人）會讓我這樣看一眼就喜歡上……」歐威爾提起勇氣「用我破爛的西班牙文」跟他打招呼，然後男人「從房間另一頭走過來，非常用力握住我的手，真是奇異，居然能對一個陌生人產生這樣的喜愛之情！彷彿他的靈魂與我的靈魂暫時成功跨越了語言和傳統的鴻溝，完成如此親密的相會」。[2]性和死亡在戰爭中息息相關，親近到歐威爾自己不願深思。他又「落魄」下去了，陷入另一個全是男性的世界，在這裡你與男性親密，性則要找娼妓。

雖然歐威爾的散文優美而精采，他的詩卻很沉悶，正如他的詩人朋友露絲．皮特所言，「好像拿著火槍的母牛那般笨拙」。[3]但是用散文寫作太過直接時，他就會寫詩，像這樣：

義大利軍人握著我的手
一旁是衛兵室的桌子；
強壯的手和細膩的手
手掌若要相近
只能伴著槍砲的聲音，
但是啊！那時我感受到何等的和平
凝望著他飽受風霜的臉
比任何女人都要純淨！[4]

他剛剛新婚，但是在這裡，處在男人堆裡，才是他想要待的地方。

西班牙的革命在六個月前剛爆發，歐威爾寫道，他覺得待在這裡「令人驚詫而無法抗拒」，「這裡的一切掌握在勞工階級手中」，土地交給了小農民，工業也集體化經營——即使是擦鞋匠和娼妓亦然。尤其階級制度的廢除讓他倍感震驚，「服務生及店長會直接看著你的臉，把你視為平等的人對待……沒有人說『先生』、『閣下』，甚至是『您』；每個人對彼此的稱呼都是『同志』及『你』。革命分子很快就禁止了給小費——這是資本家的習慣，讓那些沒繳足稅的人在這個薪水過低的世界裡能覺得自己很慷慨。這一切都很奇特而令人動搖，當中有許多我不了解的，某些方面來說我甚至不喜歡，但是我馬上就明白這種事情的運作狀態值得我們為之奮戰，同時我相信情況正如眼前所見……」

一九三六年，看起來歐洲彷彿就要淪陷到法西斯主義，落入強人獨裁者之手，希特勒在德國掌權，墨索里尼控制了義大利，而七月時，信仰天主教的右翼指揮官佛朗哥將軍（Francisco Franco）則試圖掌控西班牙。在加泰隆尼亞，一群龍蛇混雜的聯盟集團帶著他們手下沒什麼武器的民兵，竟奇蹟似地成功推翻了幾百年來掌權的封建教權專制政府。

如今，革命分子正在對抗佛朗哥的勢力，要恢復他們的新社會主義秩序，他們不想要資本民主主義——當地的無政府主義者認為那「不過是集中式的騙錢機器」[5]。他們想要更公平的東西。不過當希特勒與墨索里尼將人手、彈藥、砲艇和飛機送來給佛朗哥，共和派的反抗軍基本上卻是手無寸鐵、孤立無援，提供援助的只有墨西哥（少少的）以及俄羅斯（後果相當慘烈），因此便有一群又一群懷抱理想主義的個人過來幫助西班牙對抗法西斯主義，作家也來了，有些是來報導戰況的，而其他像歐威爾這樣的則是來打仗。

歐威爾認為他是來捍衛「文明不受那群希特勒資助的頑固守舊分子發瘋開戰所害」，他並不在乎自己在誰的旗幟下戰鬥，至於「令人眼花撩亂的政黨與工會組織，名字說出來都令人疲累，諸如PSUC、POUM、FAI、CNT、UGT、JCI、JSU和AIT[i]等等」，他寫道，「看來西班牙正飽受縮寫瘟疫所苦。」他選擇的縮寫是ILP，指的是英國的獨立勞工黨（Independent Labour Party），他是透過奈莉阿姨的關係才認識的。

ILP是西班牙POUM的姊妹政黨[6]，也就是馬克思主義統一工人黨。史達林非常鄙視POUM，因為他認為這個政黨跟他的死敵列夫・托洛斯基（Lev Davidovich Trotsky）是盟友。將近二十年前，托洛斯基原本是俄國革命的領袖之一，但是他對革命有獨立的想法，而史達林想要消滅這種想法，方法就是要消滅他。歐威爾來到西班牙的時候，托洛斯基已經逃亡到墨西哥城，史達林則在家鄉展開「清洗」，包括草率處決、大規模屠殺、操弄公開審判，將政敵任意監禁起來並流放到西伯利亞。

如今，史達林決定著手對付國外的「托洛斯基黨羽」。正當歐威爾抵達並加入POUM，史達林宣布他意欲清算這個政黨，「在加泰隆尼亞，針對托洛斯基黨羽以及無政府工團主義分子的消滅行動已經開始，」這位獨裁者宣告，「我們在蘇聯展開這波行動的力道有多強，在那裡的力道就會多強。」[7]也就是說，無比凶殘的狂熱。歐威爾已經踏入了歐洲最慘烈的戰爭，並不是他以為的共和派對抗法西斯分子，而是在應該同為反法西斯的陣營之間：獨立的西班牙POUM以及史達林的共產黨員。

i 譯註：分別代表加泰隆尼亞統一社會黨（加泰隆尼亞語為Partit Socialista Unificat de Catalunya）、馬克思主義統一工人黨（Partido Obrero de Unificación Marxista）、伊比利亞無政府主義聯合會（Federación Anarquista Ibérica）、全國勞工聯盟（Confederación Nacional del Trabajo）、勞動者總聯盟（Unión General de Trabajadores）、伊比利亞共產青年（Juventud Comunista Ibérica）、統一社會主義青年（Juventudes Socialistas Unificadas）、國際勞工組織（Asociación Internacional de Trabajadores）。

這場隱伏的險惡戰爭對他的影響是最大的。《動物農莊》就是以史達林背叛俄國革命以及他如何迫害托洛斯基為本的寓言故事；《一九八四》當中處處都能看見歐威爾在加泰隆尼亞所經歷過的史達林主義及監控。他在這裡逐漸明白，監控及背叛正是恐怖的手段，而恐怖就是極權主義政權的基礎。這段經歷的烙印很深，在歐威爾的餘生中，即使在最偏遠的地方，他仍然心驚膽顫，擔心某個臥底的共產黨員會追尋到他的下落、殺了他。

經過僅僅幾週的訓練之後，人員就收到命令，要出發前往阿爾庫維耶雷山脈（Sierra de Alcubierre）的前線。這群衣衫襤褸、幾乎手無寸鐵的男人與男孩，舉著火炬列隊行軍，經過欣喜若狂的人群去到車站。

同一天，在莫斯科的史達林下令要他在西班牙的人「在民眾與媒體上發動宣傳，將托洛斯基及其黨羽打成恐怖分子及破壞者……是與德國蓋世太保聯繫的間諜」。[8]歐威爾不可能知道這些，但是當他坐上火車前往壕溝時，便已被指控和他要去殺死的敵人合作。

部隊到達山區時便步行爬上亞拉貢的山丘，帶頭的人是個騎馬的胖子，他們就跟在後頭，這人叫做喬治．科普（Georges Kopp），他是歐威爾筆下「壯碩的比利時comandante（指揮官）」[9]。從後方看過去，坐在馬鞍上的科普是個三角形，戴著貝雷帽的角度看來很有喜感，手指間總是夾著一根雪茄。金髮的科普在下巴有個凹窩，個性果斷、樂觀而且英勇無比，而且他這個人擁有寓言家的魅力，談起自己的過往就像在說故事一樣。他出生於俄羅斯（為了某種原因他隱瞞了這件事，另外也藏著其他許多秘密），大多數時間都住在比利時，雖然他沒有受過完整的工程師訓練，卻仍擔任工

喬治・科普，於一九三七年的加泰隆尼亞。（圖片提供：Orwell Archive, UCL Library Services, Special Collections）

程師。戰爭爆發時，他拋下前妻以及他們的五個孩子來到西班牙。科普是個喜歡享受生活的人，熱愛美食和女人，說話不會尖酸刻薄或語帶諷刺，毫無顧忌地表達自身感受——和那位削瘦、風趣、追求真相、自我懲戒的英國人完全是兩極。但是在接下來的戰役中，兩人都已經準備好捨棄生命——為了使命，也為了對方。

他們接近戰線的時候，歐威爾聽見了砲彈和機關槍的聲響，老實說出：「我內心很害怕。」但是他們一進到壕溝裡，子彈便不再是問題，而是無聊。「我覺得實在討厭極了，」他寫道，「他們這也叫戰爭！而且我們和敵人根本連碰都碰不到！」部隊將山丘一側挖空後，住在寒冷的洞窟裡，望著對面的法西斯分子待在他們自己的山丘凍個半死——相距七百公尺，基本上不在射程內。歐威爾實在太無聊了，於是開始探頭出去，伸到超過壕溝高度的地方，很快，「一顆子彈擦過我的耳朵，發出可怕的爆裂聲，擊中後面的背牆。」他對自己感到失望，「唉！我畏縮了。我這輩子一再發誓，絕不會在子彈飛過時閃躲，但是那動作顯然是下意識的，幾乎每個人至少都會這麼做一次。」[10]

三個禮拜當中他只開了三槍，「他們說要一千發子彈才能殺一個人，」歐威爾悲嘆道，「照這個速度，我要等二十年才能殺掉第一個法西斯分子。」科普擺動著手臂在壕溝裡昂首闊步，脖子上掛著的雙筒望遠鏡撞來撞去，「這不是戰爭！」他叫喊著，「只是偶爾會死人的喜歌劇。」[11]

歐威爾就靠著泥土堆起的牆壁寫作來打發時間，記錄下關於男人、食物、寒冷等細節。他會冒著敵軍開火的風險，爬出去到無人區搜索薪柴或馬鈴薯，把其他人嚇個半死。水都是由騾子駝著載運過來，水質很骯髒，他刮鬍子的時候只好用酒。他們的四周充斥著他們丟棄之物的味道，包括腐爛的食物、未清洗過的人體，後面有一條山溝可以當作廁所，但是士兵有時會在壕溝裡排泄，「有人必須在黑暗中四處走動的時候，這麼做實在很噁心。」[12]

最可怕的是，這整個地方就是齧齒動物的聚集地。歐威爾討厭老鼠，壕溝中的老鼠會啃咬彈藥筒中的皮革以及你用來當枕頭的行囊。有一次他醒來時，發現一隻肥老鼠正啃著靴子——他腳上的靴子，他拿起手槍瞄準，對著腳和那隻老鼠開火，兩個都沒打到。一個和他一起待在泥巴窟裡的朋友記得，那聲音響徹整個前線，「法西斯分子以為我們進攻了，」巴柏·愛德華茲（Bob Edwards）回想道，「砲彈飛過我們頭上、轟炸機朝我們襲來，他們炸掉了我們的食堂、炸掉我們的巴士和一切。」歐威爾引發的破壞實在太大了，即使像他這麼懂得自嘲的人，都不知如何自處，於是這件事並沒有在《向加泰隆尼亞致敬》書中記述。或許他連對艾琳都沒有提起，如愛德華茲所說：「為了

阿爾庫維耶雷山脈。重建歐威爾首次駐守時的壕溝，眺望著韋斯卡外圍的法西斯據點。（圖片提供：Quentin Kopp）

射殺一隻老鼠要付出的代價，實在太大、太大了。」[13]

二月中，部隊移動到法西斯占據的韋斯卡（Huesca）駐守，在這裡，戰役便近在咫尺了。「這是我第一次可以確切說自己處在戰火中，」歐威爾寫道，「而讓我羞愧的是，我發現自己害怕得不得了……你無時無刻都在想著，子彈會從哪裡打到你，於是你整個人的身體都敏感到十分不舒服的地步。」[14]不過，他還是不斷探出頭去。「把頭壓低！」其他人大喊著，但他不肯。

奇蹟，美甲

●

現在是二月中，各種色階的灰拼成了這個世界，寒冷浸到她的骨頭裡。

她坐在後門旁邊的長凳穿上橡膠長筒靴，準備去遛羊。他們以前每天午後就會給羊套上牽繩，一起帶著她在村子裡閒逛。喬治根本不理會村人會說什麼，她知道這樣很奇怪，但還是一直這麼做。可憐的奈莉，一輩子都被綁在小小的羊圈裡，免得她會吃光菜園裡的菜，這樣一直帶她出門好像才公平。

她拍拍外套的口袋：香菸、火柴、手帕、零錢，還有可能會遇到小孩而準備的糖果。雖然理智上她可以理解自己是怎麼走到這一步的，但還是說不通。她雙手放在大腿上，深呼吸了幾口。

他已經離開好幾個禮拜了，她並沒有自願說要遛羊，還是獨自前去。

她想要去西班牙，但若是他們想要有家可回，她只能選擇自己留在這裡。不過，還有誰會過著這樣的日子、做這樣的工作，不收薪酬呢？

山羊的頸圈並沒有掛在鉤子上，她探頭往長凳底下找，肯定是落在椅子下面了——角落處有一團紅色羊毛，她小心翼翼拉了出來，畢竟有可能窩滿了小老鼠。結果不是，是一頂老舊不堪的毛線帽，是奈莉阿姨的。她拿著毛線帽走到羊圈，套在山羊的頭上，輕輕拉著山羊的焦糖色耳朵穿過帽子上的破洞。運氣好的話，戴著毛線帽的羊可能會吸引小孩出來。奈莉山羊或許比奈莉阿姨更快樂。可憐的阿姨，她那位事實婚的丈夫[15]，會說世界語、推崇社會主義、什麼都反，如今拋棄了她跑到墨西哥就消失無蹤，於是她灰頭土臉回到了英國。

就在她關上門的時候——當然了！奈莉阿姨是最好的人選、唯一的人選。

她回來之後便寫信給她，這位無牽無掛又熱心的好人，先前闖進了他們的新婚生活，既是芳華不再的女演員、社會主義者，也是沙龍的女主人，或許如今可以在自己的特色中再添一條「佃農」。

成功了！她現在人在倫敦！準備出發去西班牙！她現在坐在勞倫斯桌前，在能夠遠望格林威治公園的公寓二樓，她拿起鋼筆，筆尖浸在墨水瓶裡，稍稍扭動吸墨管吸取墨水。她不敢相信自己明天就要離開了。

奈莉阿姨，這可憐的女人，她馬上就回信了，然後出現時看來十分傷心但已經準備好，聽艾琳說明著該如何顧店、照顧雞群、馬鈴薯和菠菜要如何耕作收成，還有怎麼幫羊擠奶，心情還算愉快。她沒有告訴奈莉阿姨這隻羊叫什麼名字，反正羊也不會有回應。

耳邊傳來一陣金屬搖動、刮蹭的聲音，於是她站起身查看。看守員將圍巾拉起蓋住自己的鼻子，正要關上公園的大門。街燈已經亮起，形成明亮而過分刺眼的光弧。

她又坐下來。來到這裡就是再次浮出水面，回到光明與文明中：有暖氣的屋子、有廚師和女傭，這一切都是金錢和階級所帶來的益處，正是他們在西班牙的戰爭想要抹除的。莉迪亞說，如果你不聘僱僕人，你就是僕人；莉迪亞說俄國的革命解放了勞工不受雇主控制，卻沒有從男人手中解救女人。她從抽屜裡抽出一張紙，或許這些事情在這場革命中自然會有結果。或者不會。但是，她在這裡能夠擁有這麼多時間，依然令人不敢相信。

不知道今天幾月幾日，大概是二月中吧，那她就寫十六日。

「親愛的諾菈。」

她捲起袖子伸展手臂。該怎麼開始？她的頭髮才剛洗好，幾綹沒綁好而隨意披散的鬈髮一直掉到她的臉前，她把頭髮收到耳後。她忽然覺得自己準備要描述的事情就像一次小小的奇蹟，是她自己達成的，她不記得自己有比現在更興奮的時候。

艾達和愛芮兒過來小木屋道別，看到奈莉在那裡安頓好了，情況很驚險。她為所有人送上茶，但不是用家傳銀器，她們問起銀器在哪裡，她得馬上想出個說法，於是她吸了一口氣，輪流看著她們兩人說：「現在的時機似乎很恰當，趁著喬治不在，正好可以將銀器刻上家族紋章。」[16]

這時她想起這個故事中恰到好處的壞心，暗暗微笑著。這是個私密的笑話，編造故事時利用真人做為角色，還能找出其中小小的、隱密的敘事報應。她從當鋪帶著現金回家之後，便跟喬治評論起這件事實在諷刺，要靠著買賣奴隸所剩下的少許家產來資助他踏進社會主義的旅程。不過如今看來，更讓她感到心滿意足的似乎是她編了這個藉口來搪塞在乎階級的親戚：假稱要將逝去的特權蝕刻到貴金屬上。

她點燃一根香菸。接下來還有一次有驚無險，她們要離開時，那個叫彼得的男孩正好提著一桶「給奈莉的剩菜」來到門前。她希望阿姨沒有聽見，她不會向諾菈透露一個字，因為諾菈的為人比她更好，有時也受到刻薄言詞所苦。不過說真的，那批銀器是喬治唯一的出路，而且那是她的故事。

她再次拿起筆。

「有件事要告訴妳，我明天早上九點就要出發去西班牙了（或者我想應該會，不過有些不可思議的顯赫人物從巴黎打電話過來，而且我可能要等到星期四才出發）。」[17]

不可思議的顯赫，她懷疑，如此能夠掩蓋雜亂無章。她想辦法幫自己找到一份工作——雖然沒有薪水，當然，或許要幫獨立勞工黨做類似秘書的工作，「這個黨在巴塞隆納有一位約翰．麥克奈爾（John McNair），隔著遠距離他當然表現得很和善，只是他電話中的聲音實在不怎麼好聽，而且他寫文章的行文風格相當災難，而我大概要幫他打字。」不管怎麼樣，她告訴諾菈，「即使是佛朗哥雇用我當他的美甲師」，她也會去幫這位法西斯分子修指甲好去西班牙。

然後她想起來了，她上一封信並沒有提到喬治要去西班牙，感覺像說太多了。

「對了，」她補充說，「我是不是有告訴妳喬治加入了西班牙民兵？我不記得了。反正他加入了，他先確認我完全贊成後才真正加入。他在亞拉貢前線，我明白政府軍應該在攻擊那裡，也只能希望那裡的防衛措施足以抵擋他們的進攻。」她堅信現實通常會勝過人所能想像的，她不知道這樣是否能夠保護在遠方的他：如果她預測到了，就不會發生。

樓下傳來敲鑼聲。已經是晚餐時間了？她還有話要說，總是還有更多話要說。

「假設法西斯的空軍繼續打不中目標、通往巴塞隆納的鐵路依然暢通，妳某天或許會收到從那裡寄來的消息……」將喬治送去那裡之後就沒剩多少錢了，天曉得她可以在旅館待多久，她想，或許她最後「要像世界語者所稱的睡在稻草堆上，而因為他們是說世界語的，意思確實就是睡在稻草堆上。」

她伸手調整書桌檯燈的綠色玻璃罩，這時想起了可憐的阿姨，她現在只能靠燭光生活。這位突然被拋棄的世界語者要幫外甥的羊擠奶，世界語裡要怎麼形容這個？但她還是過意不去，儘管說起來，讓這位曾經久住的女演員負責照顧屋子和山羊還算合理，卻顯然不足以說服她的良心。她將肩膀往後伸展，揉了揉右手腕。但木已成舟。

她要諾莅寫信過去給她，她聽起來會很緊張嗎？她不想聽起來很緊張的樣子。她要她寫信，「因為我覺得我可能會討厭巴塞隆納，不過我很想看看是否會發生什麼刺激冒險。」她不確定自己會待多久，「除非喬治受傷，不然我想他會一直待到這場」看起來是「戰爭的戰爭結束，而我也一樣，除非有人逼我撤離，或者除非我得回來籌點錢……晚餐的鑼聲響了，想想這或許是我最後一次不用靠配給的晚餐，是不是很感人？

小豬」

●

戰爭時本來什麼事情都可能發生，她們兩人都心知肚明。艾琳說得輕描淡寫——她的個性本來就不會把自己擺在事件的核心，結果，那正是她將身處之地。

結果槍戰根本很少發生，歐威爾待在無聊的戰區死水處超過一個月。儘管天氣寒冷、鳥事不斷，還有老鼠和蝨子，卻仍有一些安慰，他們的食物「還算好」，而且有酒還有香菸，喔對，「我妻子到了巴塞隆納之後，還會寄給我茶葉與巧克力，甚至有雪茄，只要能找到這類物資都會寄來。」[18]

沒錯，她在巴塞隆納。於是他便將所有的觀察寫在信紙上、筆記本上，還有沾滿泥巴的信封背後，寄過去給她。她在那裡，將這些文字打字記錄成長篇的文件，成為他著書的基礎。而且，顯然她剩下的時間都在尋找小小的奢侈品，好送去前線給他。

我讀過《向加泰隆尼亞致敬》兩次，從來沒有發現艾琳也在西班牙，我問過的人當中沒人記得她。怎麼會有人讀了一本書，卻完全不記得這個男人並不是獨自一人待在那裡，而是與配偶一起？或許，我想著，如果她所做的就只有住在旅館把他的筆記打字成文件，並且不時寄送物資給他，那麼只提到這麼一小部分也算合理吧？

我回頭去看傳記作家怎麼寫的。一個說她去巴塞隆納「志願在約翰・麥克奈爾的辦公室服務」[19]並留在那裡，覺得「提供茶葉、巧克力，拿得到的話還有雪茄，對她丈夫最是有益」[20]。另一個寫道：「她決定她也要去西班牙，不是為了政治因素（不過她完全是站在共和派一方的），而只是因為她想待在他身邊……」[21]沒有太多紀錄可看。不過我也能理解這些傳記作家，因為歐威爾似乎自己寫作時就把她排除在外了，因此，按照我現在的習慣，我便仔細爬梳了腳註，回溯到源頭要找出被排除掉的有什麼——還有誰。

終於，我拼湊出艾琳的戰爭。我看見她去過哪裡，為了達成目的、為了部隊以及為了歐威爾做了什麼，顯然她還救過人命。我再次閱讀《向加泰隆尼亞致敬》時，發現書中遍尋不著她，實在困惑不已。這本條理清晰、誠實而帶著自嘲的書，如今讓我感覺只說了一半的真相。

於是此時我前往巴塞隆納。

我從倫敦搭火車抵達巴塞隆納，搭著計程車去旅館時搖下車窗，一路坐車前往蘭布拉大道（La Rambla），這裡的空氣嚐起來是不一樣的味道，帶著一點海洋來的鹹味，還有街邊窗戶裡旋轉烤架上的烤雞香味。太陽也不一樣，更金黃、沒那麼可怕。

我這趟走遍加泰隆尼亞的旅程有兩位古稀老人作伴，也是這段故事的繼承人，一位是理查·布萊爾（Richard Blair），他是艾琳與歐威爾在一九四四年領養的兒子，另一位是他從小認識的朋友昆汀·科普（Quentin Kopp），也就是歐威爾的指揮官喬治·科普的兒子。歷史總是這樣發展（也就是這段故事），這兩個男人一起長大，幾乎像是表親一般，他們現在一起負責歐威爾協會（the Orwell Society）。

昆汀長得很像他父親，這個開朗的男人有一雙藍色眼睛和大大的笑容，身材壯碩，個性沉穩也很實事求是，他非常擅長安排團體行動的旅程，我想大概就跟他父親擅長指揮部隊一樣。理查有著

紀念在一九三六年至一九四五年間在韋斯卡遭射殺的人民的遺址。（圖片提供：Anna Funder）

深色眼珠，舉止優雅，小指上戴著戒指，頭上戴著一頂襯著黑帶的費多拉帽，退休前任職於製造拖拉機的麥賽弗格森公司（Massey Ferguson）。這趟旅程我們去了許多地方，包括波利奧拉馬劇院的屋頂、戰時留下的壕溝、韋斯卡城鎮等等，理查會唸出《向加泰隆尼亞致敬》中相關的段落，描述我們所站的地方，以及他的父親或昆汀的父親在這裡做過什麼。和他們在一起令人感觸良多，能夠透過這兩位人子的身體來度量時間的飛逝，或者，度量與過去有多接近。

我們一行十幾個人都對歐威爾和他參與的這場戰爭有興趣，我們一起住在巴塞隆納市中心的旅館，頂著五月的艷陽天走在街上，旅行前往阿爾庫維耶雷山區戰場前線那片坑坑巴巴的山丘上，彎腰進入歐威爾曾經住過的黑暗泥巴壕溝，接著走到破舊的小城鎮上，那裡過去沒有孩童，只有在石牆後忙碌的禽鳥。

歐威爾打的這場仗輸了，西班牙有將近四十年落入右翼獨裁政權的統治，一直到了一九七五年佛朗哥大元帥逝世後才擺脫。這裡已經維持好幾個世代的沉默。

在韋斯卡，我們參訪了一處在二〇一六年開放的紀念遺址，要紀念為了保護城鎮而努力對抗法西斯的當地民眾，那是在墓園磚牆上的一條小縫，有許多人都在這面牆外遭到射殺，而在縫隙內側刻上了五百四十八名死者的姓名，只是很隱晦，幾乎看不清楚。當過往就在眼前時，便很難回憶過去。

間諜與謊言：巴塞隆納，一九三七年

●

她搭著火車抵達了巴塞隆納的聖徒車站，招了計程車前往大陸飯店（Hotel Continental）。車子沿著蘭布拉大道一路向前時，她搖下車窗抬頭看著那一排光禿的懸鈴木，交叉的枝椏模糊了後方高聳的天際。

她進到房間放下行李及打字機，卸下肩背著的背包後四處張望：有床、衣櫃、書桌、暖氣，還有冷熱水龍頭的浴室。在面對街道的窗戶之間掛著一面鍍金邊的鏡子，她在鏡子前面站了一會兒：開襟襯衫、灰色長褲、一頭亂髮，這面老舊的鏡子上有幾塊模糊的斑點，遮住了一部分的她。她打開通往露臺的落地窗，傾身靠在鍛鐵欄杆上，整個蘭布拉大道在她底下展開，車輛來來往往的道路兩旁各有一條寬寬的分隔帶，一間販賣報紙雜誌的小店掛滿各家報紙，頭版標題（東部戰線勝利！！寧部長宣布發送免費麵包！〔¡Victory in the East! ¡Nin announces free bread!〕）前後都夾著方向相反的驚嘆號。她必須開始工作了。

她洗把臉，抓起背包走下鋪了地毯的樓梯，穿過大廳及旋轉門後踏上人行道。結果獨立勞工黨的辦公室就在街上大約九十公尺遠的地方，位於另一家以新藝術風格裝潢氣派的里沃利飯店（the Rivoli）。她快步走了四段階梯抵達門口，門上釘著獨立勞工黨的海報，開門之後她看見一名打扮體面的男人站在書桌後面，將近五十歲，有一雙棕色大眼，衣袖上綁著束帶，雙手很小。

「想必妳是布萊爾太太，」他說，「進來，進來吧小姑娘，歡迎。」

這位就是約翰．麥克奈爾了，也是她的老闆。

●

約翰．麥克奈爾長久以來都沒有結婚，十三歲便離開學校去做跑腿打雜的工作，一生都與社會主義政治為伍。過去二十年來，他住在巴黎，在皮革業工作、擔任青少年足球隊的教練，並且授課講解英文詩詞，如今他是ILP在西班牙的主任，說起話來好像一切事情都很緊急，而且不分先後，包括足球、食物、報紙、槍枝、金錢。

錢的事情確實很緊急，艾琳一開始工作就發現整個ILP，包括主席，都破產了。「在這裡生活花費很低，」她寫信給她哥哥說，「但是我為ILP分部花了很多錢，因為他們沒有人有領薪水，而且都需要物資。另外我還借給約翰五百披索，因為他沒錢了。」[22]艾琳的工作內容說起來是法文及英文的速記打字員，結果實際做的事情要多更多。

第一個部分是後勤事務。ILP在前線有三十一人，她負責處理他們在壕溝與家鄉之間的所有的信件、電報及包裹，幫他們找來衣服、錢、菸草、點心（巧克力、人造奶油、雪茄），還有藥品：她甚至一度說服葛雯把家裡那輛車裝滿診所執業收集來的醫療物資，然後從倫敦開車過來巴塞隆納。雖然葛雯做事踏實又強悍，不過有一位年輕的志工大衛．威克斯（David Wickes）要搭便車前來，可以分擔開車，艾琳知道後還是鬆了一口氣。艾琳發現，當「秘書」就是要為整個分部負責補給、通訊和銀行等業務。[23]

她的另一部分工作，是與查爾斯・奧爾（Charles Orr）共事。這位美國人負責的是ILP文宣部，兩人一起製作該黨的英文報紙及廣播節目，蒐集前線的實況再轉化成新聞內容。奧爾二十多歲，是一位彬彬有禮而富有涵養的經濟學家，在革命前便與日內瓦的國際勞工組織合作。他才剛和洛薏絲（Lois Orr）結婚，十九歲的洛薏絲剛從肯塔基州的大學畢業，談論起這世界上的蠢事時還帶著青少年的天真，她認識艾琳之後覺得她「很好，但講話時有點模稜兩可，而且⋯⋯抽菸抽個不停」[24]。

正當歐威爾想方設法要讓子彈打到自己時，對抗的主要是無聊和害蟲，艾琳卻處在行動的核心。透過他們每一次的差遣以及科普指揮官的來訪，她完全知道眼下發生了什麼事，包括人員何時遭遇交火、他們手上有多缺彈藥，而且他們只有三件厚重大衣，輪流站哨值勤時還得換著穿。而且她知道這樣悲慘的情況如何被包裝成歌功頌德的宣傳，吹捧著POUM所領導的反法西斯部隊的進展，因為她和查爾斯正在寫這些東西，而且由她打字。

查爾斯・奧爾留下的描述，最貼近艾琳在西班牙工作時的生活情況。他說艾琳很美麗、外向又很融入群體：「不管男女，人人都喜歡她。」查爾斯發現她是牛津的畢業生，研究過心理學，之後他便很敬佩她，認為她「並未自視過高，還願意接受秘書兼打字員這樣的工作⋯⋯讀者可能會認為我把她說得太過理想了，但是每天在同一間辦公室工作，就會慢慢了解到同事的個性。我們辦公室裡的同仁有尋求庇護的、意欲改革的，也有參與革命的，艾琳比起他們以及同個政治環境中的人們，確實出類拔萃。」[25]

查爾斯覺得自己必須寫到她，因為「在《向加泰隆尼亞致敬》中，（歐威爾）幾乎沒提到他的妻子」。而且艾琳不只在辦公室裡令人印象深刻，有另一位友人描述道，艾琳安頓下來之後，變成「ILP分部中相當重要的人物，若是在其他情況，她舉辦的活動……就可以稱做大陸飯店裡的『沙龍』。」[26]

在戰爭中，以及諜報活動中，個人的生活與工作之間的界線、公與私之間的分歧會消解殆盡，臨到死亡或背叛的時刻便不復存在。在壕溝裡沒有私生活，而死亡就是收了薪水的職責。在辦公室裡，間諜會為了工作與你交朋友，進入你的私生活來操弄，也藉此背叛你。正如壕溝裡的生活是戰鬥的一部分，私生活也是間諜活動的一部分。隨著戰事不斷，艾琳在辦公室的工作生活，以及在同一條街上九十公尺遠的大陸飯店的日子，也就沒有了分別。

大陸飯店是來自各個國家的革命分子、理想主義者、間諜以及記者的巢穴，有些人是為了革命奮鬥並對抗法西斯主義，其他人則是為史達林效命，要阻撓革命；有些人是為世界各地的報紙報導消息，其他人則是回報消息給自己的主管。鋪了地毯的走廊兩旁，房門開開關關，迴響著新聞、謠言與陰謀。豪華的會客室裡，牆上貼著鏡子，天花板是仿中世紀風格，成為民兵、傭兵與密探的精緻背景，砲彈在街上爆炸時，水晶吊燈隨之搖晃，人們躲在桌子底下尋求掩護。大陸飯店是家，卻無法得知和你住在一起的究竟是誰。

艾琳便是在無意間，出手將一名間諜帶進了辦公室。大衛．威克斯這位年輕的「語言教師」跟著葛雯一起開車過來，他是受過訓練的共產黨間諜[27]，一到巴塞隆納就開始向蘇聯情報人員匯報，透露關於艾琳、麥克奈爾及查爾斯．奧爾的事情。他的報告會直接送給亞歷山大．奧洛夫（Alexander Orlov），他是史達林在西班牙的人，正在統整自己的暗殺名單，奧洛夫一直等著莫斯科方面的命令好開始清除行動。

艾琳在辦公室裡經常談起歐威爾，她「就是忍不住去談論艾瑞克，這是她的英雄丈夫，她顯然深愛著他、欽慕著他」，奧爾寫道，她數著兩人分開的日子（看來是一百一十五天），而他必須聽著。奧爾自己也才新婚，可以理解艾琳的心情，只是有點不耐煩，「我是三生有幸，」他的文字顯出厭煩，「可以日復一日聽著他的事情，不過我不是很專心，他當時還是一個名不見經傳的作家，就和其他人一樣，都是來西班牙對抗法西斯主義。」[28]

奧爾見到歐威爾的時候，發現他「身材瘦高而姿勢古怪，可以說是彆扭……他話不多，開口時也結結巴巴，似乎很怕人」，他認為歐威爾「絕對需要一位社交上很外向的妻子，成為他面對世界的窗口。艾琳幫助這個不善言辭的男人與其他人溝通。雖然結婚還不到一年，她已經成為他的發言人」，事實上是他「與外界接觸的管道」。[29]

最後，奧爾漸漸對歐威爾心存敬意，「這是我秘書的丈夫，一位穿著鬆垮的黃褐色連身制服的民兵」，但這也是「因為艾琳，一個男人能夠贏得如此優秀的女人的心，肯定有其價值，她向我展示的這個男人是個善良而學識淵博的人，而不只是個有勇無謀的人」。[30]

中間人

查爾斯・奧爾不是艾琳唯一的愛慕者。歐威爾的指揮官喬治・科普經常從前線往返，開著大大的軍官專車帶來人員的消息並帶回物資及郵件。他是來往辦公室與壕溝的中間人，也是艾琳及歐威爾的中間人。科普深深愛上了她，這份愛形塑了他的人生，一直持續到最後的終點。

按查爾斯的描述，科普是個「身材壯碩、面色紅潤的金髮比利時人，性格開朗，不是很有品味卻受過良好教育，人人都喜歡他」[31]，大概只有說話直接、過分挑剔的年輕洛薏絲除外，她說他「很噁心」又有「大肚腩」[32]。不過艾琳很喜歡他，他踩著豪邁的步伐走進辦公室，給每個人都帶了鮮花和巧克力，也帶了她心愛男人的故事給她。她和科普經常一起吃飯，有時只有他們倆、有時和其他人一起，洛薏絲加入時會聽著他們對食物的熱忱和沒完沒了的討論，無聊到不知道該說什麼。

過了一段時間，艾琳在寫給諾菈的信上說，她發現科普「不只是『有一點迷戀』我」，這讓她感到不安。後來她告訴諾菈，她非常喜歡他，因為他的「勇氣非凡」，而且因為他在戰場上「很真心實意地」重視歐威爾，但是「一直都知道，我不是像他們所說的那樣愛上喬治，我們的關係進展幅度很小，每一次稍有進展，都伴隨著可能讓他死於非命的襲擊或行動……」

科普喜愛歐威爾，卻也迷戀著艾琳，他肯定曾一度向她求婚，因為後來艾琳告訴諾菈，她「就這麼一次錯過了開口的良機，告訴他世上沒有什麼會讓我想要嫁給他」，那「一次」會在這段故事後面出現，就在他即將被處決的時候。

另一名英國間諜則是臥底成記者在辦公室裡工作，向史達林的人回報說他「有九成把握」，艾琳和科普有「親密關係」[33]，許多傳記作家傾向認為艾琳跟科普上床了，不見得是為了歷史事實的準確性（畢竟他們不太可能知道），而是因為這樣一次顛覆性的幽會，會將歐威爾的婚姻轉變成「開放式」，而讓不忠成為協議。並非如此。

艾琳知道自己的生活中處處是間諜，但覺得自己處理得來。有個人看著這一切，評論道，這間辦公室裡到處是「不三不四、靠走後門進來的傢伙，他們掛個有名無實的職銜或根本沒有，但是不知怎地，似乎還是莫名其妙就成了『圈內人』」[34]。她和洛薏絲成為記者們（有真有假）的目標，記者會掏錢請她們「到各個好地方吃高級大餐」[35]，洛薏絲回憶著。這些「獵犬般的記者」不斷塞酒和食物給她們，並且「壓榨著她們」想探得口風，但是她們「當然」什麼都沒說。其中一個叫做喬治歐·提歐利（Giorgio Tioli），是位風度翩翩的反法西斯主義者，逃離了墨索里尼控制的義大利，他經常在辦公室裡逗留，後來查爾斯才發現他「假裝自己是記者」。提歐利很有魅力，就連洛薏絲都認同，覺得他「很有風度、身材瘦高，這位義大利紳士一身白色亞麻衣服，看來十分整潔」。[36]

提歐利的目標是艾琳，他聲稱自己是兒童心理學家，藉此跟她有更多共通點，搬進了她住的飯店，就住在隔壁房間。他和艾琳以及奧爾夫婦經常在週末去巴塞隆納郊外的山丘上野餐或散步，慢慢吃著午餐配紅酒。艾琳和提歐利對於洛薏絲口中「古怪但好聽的」加泰隆尼亞語都會裝出害怕的樣子，這讓他們的關係更緊密了，而且兩人都計畫著前往墨西哥的奇妙逃亡之旅。只是我們無從知

英國「湯姆曼恩」百人隊，喬治歐・提歐利是前排呈跪姿者，戴著手銶。（圖片提供：Noel Butlin Archives, ANU）

曉這段友情究竟是真是假。

但間諜活動是真的。如查爾斯後來所言，提歐利是「所有共產黨代理人當中最有趣的一個」，他同樣會直接向史達林在西班牙的人報告關於艾琳、麥克奈爾以及奧爾夫婦的事情。

提歐利和威克斯在艾琳身上耗費許多心力，同時至少還有另一個間諜也是如此。對你所做、所說、所想的一切懷抱著深切的興趣，可以是愛或者情報工作——或兩者皆有。

艾琳在家書中輕描淡寫，這場戰爭表面上是反法西斯主義的內戰，骨子裡其實是史達林黨羽清除異己的行動，而她身處在風暴中心，卻說得一副去參加夏令營一樣，只是有炸彈。她寫道：

最親愛的媽媽：

自從我來到這裡，星期二我們在巴塞隆納才遭遇到連續轟炸，還滿有趣的……不是什麼真的緊急的狀況，不過炸彈掉落的地點比平時更接近城鎮中心，也確實造成相當大的聲響，會引起人們的騷動也相當合情合理。只有零星傷亡……我昨晚洗了澡——心情實在太激動了……我一天大概喝三次咖啡，而且頻率更高了……每天晚上我都想要早點回家，然後寫寫信什麼的，但每晚都待到隔天早上才到家……！[37]

她為了這封信而道歉，或許是暗示著信件會經過間諜的審查或攔截：「我覺得這封信一樣會很無聊，等我們見面，我會把這段日子講得更精彩——希望如此。」

三月中，艾琳說服了科普帶著她一起回到前線，查爾斯也一起去，他們開著那輛大大的軍官專車行駛過加泰隆尼亞荒蕪的平原，車輛駛過一條又一條如緞帶般的道路，穿過尚未甦醒的灰褐色地景。艾琳自從去年聖誕節前夕就沒再見過歐威爾了。

她在前線待了三晚，非常喜歡這次經驗。「我獲准在前線的壕溝裡待了一整天，她寫道，法西斯分子丟了個小炸彈進來，還有不少機關槍砲火，那時在韋斯卡前線是相對比較罕見的，所以這次拜訪相當有趣——老實說，我從來沒有這麼開心過。」[38]士兵都很感激艾琳為他們所做的一切，因此她一來就受到熱烈歡迎，一名傳記作家模糊了她的專業身分，將艾琳為部隊所做的工作描述為對他們有「如同母親的關心」[39]。他們所有人在一處壕溝裡拍照，眾人聚在機關槍旁邊，歐威爾站在艾琳身後，高得像棵柏樹，她則蹲在他腳邊對著鏡頭微笑。這張照片裡沒有科普；昆汀認為照片一定是他父親拍的。

在韋斯卡前線，艾琳和歐威爾一起睡在拉格蘭哈（La Granja）農莊外的一間小屋子，農莊已經雜草叢生，如今被當成了軍營使用，在科普的安排下，讓這對夫妻至少在第三天晚上可以相聚一段時間。「我們大概十點左右上床睡了，」艾琳寫信給她母親說，「然後三點鐘科普就過來喊我，我就起床了……」她跌跌撞撞走進夜色裡，只有她一人，「我整個人走進一片漆黑，陷入膝蓋高度那麼深的泥巴裡，然後走出那堆奇怪房子後才看見微弱的光亮……科普站在他的車子旁邊等著……我希望喬治回頭繼續睡了。」[40]

雖然歐威爾通常很注重細節，《向加泰隆尼亞致敬》中卻沒有提到這次來訪。你會覺得理應要提的——這是他和艾琳重逢的時刻，而且艾琳在敵人的砲火下顯得泰然自若，但是就好像這件事從

在戰場前線的艾琳。歐威爾是右邊數來第五位，站在她身後。哈利．米爾頓則是左邊數來第三位，呈跪姿。（圖片提供：Orwell Archive, UCL Library Services, Special Collections）

未發生過，她從來沒有去過那裡。

二〇一七年四月，我們的小旅行團造訪了拉格蘭哈，這片圍牆內的多棟建築物就是艾琳與歐威爾曾經待過的「奇怪房子」，這處農莊已經恢復了產能。我走向車道大門，一九三七年那天早晨，艾琳就從這扇門出去走向科普的車，外面的牆上還能看見子彈孔，農莊內有一間小禮拜堂（戰爭期間被當成廁所使用，既有實用目的也是為了反對宗教干預，不過如今已經修復完好）、一間屋頂低矮的房子，庭院裡還有一排附屬的建築物，散落著已經分崩離析的農用機具，從金屬之間冒出些許花朵和長草。

共和派的領袖安德烈斯·寧（Andrés Nin）在一九三七年遭到暗殺，他的孫女在這一天加入我們。我們和招待的主人一起在農莊裡的長桌坐下，慶祝一場遭到鎮壓的反抗，硬是被遺忘了四十年後，如今又浮現出來。一個女人穿著很舊的白色圍裙，捧著一個大湯盅出來，散發出大蒜與百里香的香味，用湯杓把料舀進寬大的碗裡時，我聽見骨頭的碰撞聲，還有更大聲的東西，像是金屬或石頭，等到盤子放到我眼前時，我看見是用兔肉和蝸牛做成的清淡燉菜，我的碗裡放著三顆大如老鼠的蝸牛殼，兩顆直立著、一顆側躺著。時間便如此迴旋著、傾倒了。

●

她和科普及查爾斯開著車離開前線，太陽在光禿禿的山丘後升起，光滑的車輛一口一口吞食了道路。回到朋友與同事身旁，間諜與靠關係的傢伙探頭出現在辦公室，邀請她去吃午餐，同時徘徊在大陸飯店華麗的走廊間。

旋轉門將她推入飯店大廳，因為她背上的背包而站不太穩，她差點撞上一個女人，對方穿著綠色絨面高跟鞋，牽著一隻一直往前衝的玩具貴賓犬，這時有人抓住她的手。

是約翰．麥克奈爾，他的襯衫皺巴巴的，也沒有刮鬍子。

「把背包放回房間，我們出去談談。」

她剛坐車顛了七個小時，只想沖個澡。

「不能在這裡談嗎？」

「不行。」他一直查看著她背後左右，呼吸的味道很不好聞。

他不肯去咖啡館，於是他們沿著蘭布拉大道的分隔島走，藉著樹蔭走到海邊再回來。他一開始說話就停不下來。

昨晚，他說，他跟一個年輕的貴格會朋友在一家大咖啡館碰面，這時警察來了，持槍將他們逮捕，還鬧出很大的動靜讓所有人都看見。他們被趕上一輛在路邊等候的車輛，然後「車速飛快地載著我們穿梭在黑暗的後巷間」，他以為他們兩人會被「解決掉……悄無聲息地，然後……隨便找個地方扔掉我們的屍體」，結果他們被帶到一所監獄，他氣得揮舞著自己的英國護照，不斷對訊問他的人咆哮「問問他媽的他以為自己是誰，居然敢羈押兩名完全無辜的英國公民」[41]。他們兩人被留置了一夜，今天早上天一亮就被釋放，他已經在飯店大廳等了她好幾個小時。

「會吵的孩子有糖吃。」他們走到海邊時他說。

「或許吧。」她說，刺眼的陽光讓她看著他時得瞇起眼，兩人都知道不太可能是這樣，這是欲擒故縱的把戲，在玩弄他們的獵物。「總之，幸好你有吵。」她又說。一個小女孩頂著一頭粗糙的亂髮，還缺了兩顆門牙，招攬著他們去擦鞋子。麥克奈爾揮揮手要她離開，已經轉過身要走回去了，艾琳往她的小手上塞了三枚硬幣。

他們快要走到飯店時，他對她說：「我要去巴黎開幾個會，等情勢冷卻下來，大概一個禮拜左右。妳可以負責辦公室的吧？跟查爾斯一起？」

「可以。」

「我只想妳小心一點。」

她點點頭。

他停下腳步，他們就走到飯店正門口了，旁邊是報紙攤，看著大陸飯店的旋轉門。他稍微聳了聳肩，「當然也沒地方可躲了。」他補了一句。

她很感激他認清了現實。「我想也是。」她說完，兩人走進飯店。

在淋浴間裡，大量的水洗刷過她的身體後流進排水口，她深呼吸了幾次，從麥克奈爾的故事可以知道，史達林的擁護者已經掌握了民警，如今，透過他們的力量，俄羅斯人可以對任何人做任何事，沒有人民做主的當局，而是恐怖的統治。很快，無論是哪一條法律、哪一國護照、你認識的哪一人，都將一文不值。

她穿著睡衣打開窗戶迎向溫暖的午後，坐在書桌前做些正常的事情：寫信給母親。「我完全享受在前線的時間」[42]，她開始寫，然後她發現確實如此，在那裡的敵人很清楚，比起這裡發生的事情簡單多了。

她知道，間諜會攔截所有郵件，她在信件中保持淡定，「我又開始享受在巴塞隆納的生活了」，她告訴母親，好像她為了某些她沒說出口的原因而需要改變一下，「就連我都和這裡的大多數人一樣，經常渴慕著英格蘭」，她停筆，當然，她不能告訴母親為什麼，所以只要告訴她怎麼回事，「那天我們的服務生幫我點了香菸，我說他的打火機很好看，然後他說：『Si, si, es bien, e Ingles!（對啊對啊，很棒吧，是英國的！）』然後他遞給我看，應該是認為我會想要稍微撫摸一下。」她請她母親去處理「阿姨的事情」，因為她完全沒有跟他們聯絡，而且艾琳懷疑她或許「住在瓦靈頓太傷心了」。

她放下筆。革命就要失敗了，有錢人又開始出現在飯店裡，沒有人敢稱呼他們「同志」或「你」。人們害怕著自己看不見、無以名狀的東西，人人都悄聲說著：「過不了多久就會有麻煩了。」

●

她的指甲底下仍留有整齊的泥垢弧線，她回到浴室裡洗刷了一番。

恐懼

這個時候，歐威爾最親近的朋友理查・里斯出現在巴塞隆納，他「既是興高采烈又混雜著絕望，穿著一套全新的救護車司機制服，倫敦一個愛挖苦人的朋友還假裝誤認我是希特勒手下那群穿著褐衫的衝鋒隊」[43]，至於他之所以興奮，他寫道：「源自於想到我正準備為了社會主義而賭上自己的生命，而絕望則是因為我用了比較腳踏實地的角度來看待自己的動機。」我們無從得知他的動機，但或許他想要證明自己並非如他所感覺的那樣，只是個「可悲的軟腳蝦」。

里斯直接來找艾琳，他發現她變了，幾乎讓人認不出來，「我去找歐威爾的妻子艾琳，去到她工作的POUM辦公室，我覺得她似乎處在一種相當奇怪的心理狀態，似乎心不在焉、另有所思又十分茫然。」他以為她是因為太過擔憂在前線的歐威爾才會如此，便想要帶她出去吃午餐，她拒絕之後他又堅持，她才說她實在不能出去，里斯無法理解這般「奇特的態度」，然後她放輕了聲音要他一起出去辦公室，在走廊上她解釋：有人在監視她，若是被人看見他跟她在一起，他會有危險，接著「她跟我談論起被人看見跟她一起走在街上的風險……」，他才漸漸明白。

艾琳知道自己是目標，她不知道最後會發現身邊的誰其實是史達林的爪牙，但是有事情要發生了。「我後來才明白，」里斯寫道，「她是我親眼見到的第一個深受政治恐怖行動影響的人。」[44]

一位傳記作家為她的狀態編造了一個不同的理由，寫道：「這也同樣有可能是因為她害怕大膽示愛的科普會突然出現，並且在喬治的老朋友面前讓她難堪。」[45]如此便能用一層暗示性的緋聞影射來掩蓋艾琳的政治工作，同時弱化她成為史達林恐怖迫害對象的價值。

幾天後，休假的歐威爾回到巴塞隆納，他對城市的改變感到震驚不已，街道上又恢復了處處有乞丐的樣子，飢餓的孩童叫嚷著懇求零星施捨；服務生和商店裡的店員「又縮回過去眾人熟悉的樣貌，我和妻子進去蘭布拉大道上一家襪子店買長襪，店員向我們鞠躬並搓著手，就連如今的英格蘭都沒見到人這樣做了，那都是二、三十年前才有的事情。而給小費的習慣也不知不覺、拐彎抹角地回來了」。[46]革命的影響漸漸消退，遭到看不見的力量破壞殆盡。

艾琳告訴他這裡發生了什麼：他們被變成了敵人。麥克奈爾遭拘禁一晚的事件是他們開的第一槍，宣示著任何人都有可能隨時被消失。她告訴他有人在監視她，辦公室裡可能有共產黨間諜，也許有好幾個，而飯店裡肯定也有不知多少個。他們和喬治歐．提歐利一起吃晚餐，「是我們非常好的朋友」，歐威爾這樣稱呼他，而他們大概也跟他聊過間諜的事。

隔天，提歐利又帶了一位叫做大衛．克魯克（David Crook）的英國「戰地記者」到辦公室見艾琳，二十六歲的克魯克有一頭深色頭髮，如波浪般垂在額頭前，擁有線條優美的下巴，經常咧出開朗的微笑。他在英國的菁英學校接受教育，曾就讀哥倫比亞大學，自願來到西班牙，最近腳上還挨了三顆子彈。他告訴艾琳，自己在馬德里療養期間經常與作家往來，包括瑪莎．蓋爾霍恩（Martha Gellhorn）與厄尼斯特．海明威（Ernest Hemingway）、穆克．拉傑．阿南德（Mulk Raj Anand）與史蒂芬．史班德（Stephen Spender），不過他沒有告訴艾琳的是，他也在那裡接受俄國人的訓練。克魯克在短時間內迅速學習了破壞、隱性暴力及監視的技巧，師從拉蒙．麥卡德（Ramón Mercader）這位大師，而麥卡德後來更去刺殺了托洛斯基。克魯克的目標是ILP，「尤其」是「與POUM合作的重要ILP人物：麥克奈爾、科普以及布萊爾夫婦」。[47]

後來大衛·克魯克在中國以共產黨員的身分教書待了很長一段時間，年邁時他接受訪問，表示他對自己在擊垮POUM中所扮演的角色並不感到光彩[48]，但這不代表他表現得不好。他好極了。

很快地，克魯克就在辦公室裡來去自如。當其他人外出享用漫長的午餐時，他會藉故留下來，每天走出辦公室時都藏著檔案，帶到穆坦涅街（Calle Muntaner）上的俄國藏身處，拍照之後在其他人回到辦公室前放回去。不到一個禮拜，俄國就有了一切東西的副本。克魯克也針對艾琳、科普及麥克奈爾寫下詳細的報告，將報告送給同為英國共產黨員的上司，有時候他們會在咖啡館裡見面，他就將報告夾在報紙裡遞過去；需要更謹慎時，他會將報告藏在旅館浴室裡等人來取。就是克魯克在報告裡說，他「有九成把握」認為科普和艾琳有「親密關係」[49]。

待在壕溝裡幾個月之後，歐威爾便想要好好享受一番，「我饞得不得了，極度渴望著美食、美酒、雞尾酒、美國香菸等東西，我也承認我耽溺於手上的錢能買下的奢侈品。」可以推測他應該是跟艾琳到鎮上玩了，不過他沒有提到與她在一起，倒是自嘲了兩句：「多虧了暴飲暴食，我那一整個禮拜都不太健康，覺得有點不舒服。去床上睡半天，起床後再大吃大喝一頓，接著又覺得不舒服了。」他說自己「很執著」要買一把左輪手槍，而且他實在已經厭倦待在戰事的死水處，迫不及待想到馬德里前線，而且即使艾琳已經解釋了狀況，他仍然想要加入共產黨的行動。

對艾琳而言這樣很危險，她和麥克奈爾一樣，因為在ILP總部工作而成為目標，不過歐威爾身為在前線的步兵，尚未引起他們的注意。她把歐威爾的打算告訴她哥哥，不過隱晦地點出「我或許去不了馬德里」，又說，「當然我們兩人，可能尤其是我，在政治上都受到質疑。」這是她唯一一次將自己「尤其」放在了任何事情的中心：在這裡，處在共產黨的步槍瞄準範圍內。不過，她還是順著歐威爾的心意，為了安排將他轉往亦敵亦友的陣營，他們跟共產黨的招募人員談話，跟他講了他們的真實處境[50]，她說，那個男人「實在大受打擊，講了整整半小時後他基本上要讓我擔任管理的職位，而且我想他們也會接納喬治……」

她所說的處境有什麼如此令人「大受打擊」，並沒有留下紀錄，大概包括了她的上司遭到綁架、辦公室裡有間諜，而且她隨時有可能被人五花大綁帶上黑漆漆的車子。她到底擁有什麼樣的魅力、擁有多麼高超又沉著的人際智慧，讓她可以告訴一名共產黨招募人員自己有多害怕落入他們手中，結果得到在該團體中工作的機會，藉此來保護自己？

又或者，克魯克和威克斯關於她的報告，好到可以當成推薦信？

找仗打：一九三七年五月三日

時間在三點到四點之間，歐威爾正走在大陸飯店附近的蘭布拉大道上，這次眼前飛過子彈，路面上的電車停了下來，司機和乘客落荒而逃，商店的店員迅速拉下鐵捲門。世界陷入一片混亂。「我馬上想著：『開始了！』」他寫道，「……我知道我必須馬上回去飯店，確認我的妻子平安無事。」[51]

但他沒有，一個路過的友人勸他往反方向的獵鷹旅館（Hotel Falcón）過去，那是為了港口附近的POUM成員準備的「某種寄宿住處」。

在獵鷹旅館聚集了大批民眾，有些是為了躲避街頭的戰鬥而來，其他人則是想要參與，有年輕男子、年邁老嫗，也有帶著嬰兒的女子。他想要找武器，但這裡是窮困的POUM，自然很難找到。他又重申說想要回去大陸飯店，但是「大家說現在不可能走上蘭布拉大道」，然後「眾人隱約有種預感，覺得（那棟建築物）很可能隨時會遭到攻擊，我們最好按兵不動……」[52]但是他沒有按兵不動，他出門去吃晚餐：「我和朋友溜出了他的旅館。」等他回來後便試圖打電話到大陸飯店，讓艾琳知道他還活著或者他不會回家了，「我無法聯絡上我妻子，」他說，「但總算找到了約翰．麥克奈爾。」麥克奈爾才從巴黎回來，告訴他「一切都好，沒有人中槍」。接著，歐威爾在這棟建築物裡廢棄的戲院中找到一個睡覺的地方，他拿出刀子割開了舞台布幕，把自己裹起來。他睡得並不安穩，一想到口袋裡那幾個無政府分子做的劣質炸彈就心神不寧，「要是我翻身時的動作過猛，就可能被炸飛了」。

如今我已經把《向加泰隆尼亞致敬》翻來覆去看了好幾次，知道何時發生了何事，有誰在那裡卻沒有寫在書裡——而這正是該解釋清楚的時候，在這一刻可以稍微窺見艾琳的身影，或許是像負片那樣，就像要理解暗物質，只能藉由理解可見的世界如何受其影響，在字裡行間如何扭曲、繃緊好避開她的存在，讓我得以看見她留下的形狀。

歐威爾打電話給艾琳的時候，他找到了麥克奈爾，怎會如此？最有可能是，當她不在兩人的房間裡時，他打電話給她的上司。歐威爾不能告訴我們，要找艾琳怎麼會找上她的上司，因為他不能告訴我們她有工作，或者辦公室；尤其不能告訴我們，她在POUM的管理部門中從事政治工作。他打電話過去的那棟建築物很靠近交火激烈的戰場，但是他也不能說出來，因為可能會透露出她身處險境，而他逃跑了。在書中比較後面的章節（我們現在講的是他在獵鷹旅館裹著布幕過了一夜之後的那天），為了將他對妻子的擔憂及造成這種心情的危險情況區隔開來，他提到「前一天」就有針對「POUM建築物」（她的辦公室）所發動的攻擊，「二、三十名武裝的突擊警衛隊」[53]控制住了隔壁的摩卡咖啡館（Café Moka），對著街上的民眾開槍，他發現「一切都好，沒有人中槍」，他知道的是艾琳沒事，「沒有人」就是沒有她。

逆向推演出書中的事件時序，感覺就像解開蜘蛛網一樣，要從一個隱形人的視角重新建構起因及事件，讓我看見消失的技法是如何完成的。只要認出了這套技巧，父權魔術便不管用，於是你可以看見她，就在那裡，身處行動的核心。

一九三〇年代，位於巴塞隆納的摩卡咖啡館。（圖片提供：Arxiu Nacional de Catalunya）

戰爭中：一九三七年五月三日

●

辦公室窗戶敞開，桌上的日曆翻了翻：一九三七年五月三日，現在大概是三點至四點之間，其他人還在吃午餐，喬治出去不知在哪裡閒逛。她想要再喝一杯咖啡。

傳來一陣間歇的扁平聲響，她聽不出來是什麼，然後就認出來了。她很快移動到窗邊，一切事物似乎都停滯下來，路面電車停了，噠噠噠噠的聲響持續著，然後右邊某處響起更深沉一點的爆炸聲響。對面小街上的女人在一處門口趴伏著，用自己的身體保護著一個小孩。

麥克奈爾快步走進來，流著汗又喘著氣，四周的空氣瀰漫著恐慌。

「突擊警衛隊占領了隔壁的摩卡！他們躲在裡面不讓別人進去！有機關槍！」

「你怎麼進來的？」她問，她傾身靠在書桌上，背對著窗戶。

「後門。」麥克奈爾把外套扔在椅子上，「查爾斯呢？那小子呢？」

「應該在吃午餐吧。」她說。那個小子是史代佛・考特曼（Stafford Cottman），從前線休假回來，十八歲的他相當熱心，只是在辦公室裡沒多大用處。

麥克奈爾來回踱步，「他們可能會切斷電話線！」

她拿起話筒放在耳邊，「還沒。」她說。

「我們這棟大樓只有兩名警衛！」他不肯坐下，讓人感覺他好像在做點什麼，實則不然，好像在想些什麼，大概也——

「我得去看看防禦的狀況。」他拿起外套。

「我們需要帶著東西離開辦公室，」她說著用手比劃著身邊的東西，「信件、護照、地圖和密碼。」

「沒錯，沒錯。」麥克奈爾說，他走向門口時朝她揮了揮手背，「妳會處理好吧？」她走到門口，等他出去後關上門，往前將額頭靠在門上。

她轉過身做個深呼吸，雙眼在書架上梭巡，結果發現了麥克奈爾那本希特勒的《我的奮鬥》，只是這本是法語版，史達林的人進來搜索時看見這本書的話可就不好看了。她把書拿下來時，掉下一本比較輕薄的書，就跟手冊差不多：史達林的《如何清算托洛斯基黨羽及其他兩面討好者》[54]，那本也不妙。她在書桌上堆起一疊他們用來對抗法西斯主義的資料，現在可能會讓他們看起來像是法西斯分子。她想著，她活在一個充滿危險諷刺的區域，不知是否真有這樣的地方。

她迅速轉過去蹲下來面對保險箱，憑著記憶轉開密碼鎖後拿出所有人的護照，包括她自己的和歐威爾的，總共三十三本，藍色護照在打字機旁邊堆成小堆。打字機！她不能把打字機留在這裡！沒有打字機，他們這個組織大概就不存在了，但要是她一手夾著打字機箱子、另一手提著這間遭敵人包圍的辦公室裡最重要的東西，想要在敵人眼皮底下輕輕鬆鬆走出這棟大樓實在不太可能。她看了看辦公室四周：四張書桌、兩個保險箱，檔案櫃和書架都靠牆排放，需要進行消滅的程序——消滅行動！她忍不住對自己的笑話打個冷顫，但是現在必須釐清思緒、慢慢想清楚，到底、什麼、該留。她不知道那些人什麼時候會怎樣從隔壁展開攻擊，甚至還想不到如果他們打過來她會怎麼樣，她的心就像關在箱子裡的鳥兒般翅膀撲鹿著。

她又環顧著辦公室尋找箱子、袋子，什麼都好，有個裝紅酒的條板箱裡面放著旗幟，可以用，但還不夠。然後她注意到門後的不起眼角落突然出現的格子花呢——購物車！這輛小推車其實是在帆布包底下加了輪子，她沒怎麼用過。完美。裡面有三個束口袋，更完美。她拿起他們寄送包裹時會用到的牛皮紙捲，很快將護照打包成三個小包，然後拿出地圖、檔案和書本，同樣包了起來，分別塞進購物袋裡，就像在分配起司和香腸一樣。她把打字機放進箱子裡，想要放進購物車中但塞不下，若是沒有箱子就剛剛好，於是她用牛皮紙包裹蓋住了打字機。束口袋很重，需要分成兩趟，萬一他們在她回來前就攻進大樓了怎麼辦？

她拿起話筒打電話給洛薏絲，沒有人接，然後她打給喬治歐，接著她坐在書桌上看著窗外——什麼都沒有，蘭布拉大道上一片空蕩蕩，在諸事如此紛亂的此刻，卻沒什麼可看。

喬治歐抵達的時候，一眼就看清楚情況，一個女人坐在書桌上，身邊幾個裝得鼓鼓的束口袋。

「我幫妳拿妳買的東西！」他拍拍手。他真是讓人沒得挑剔，這男人是不是都不流汗的？

於是，他們走出去迎向燦爛的日光，一名纖瘦的女子拉著一輛格子花紋的購物車，還有一個穿著亞麻衣衫的高眺義大利人，一手夾著鼓起的公事包，另一手則抱著購物袋。沒有人開槍。

喬治歐離開艾琳的房間後，她把所有東西拿出購物車，然後把打字機抬到書桌上，她站在紅色地毯上，手裡拿著護照包裹，慢慢轉身——床鋪、衣櫃、書桌、暖氣、浴室……她將包裹塞到馬桶水箱後面。太明顯了，但只能這樣。

她在飯店的會客廳裡尋找可以一起吃飯的人，是她可以信任的人，或者不可信任也沒關係，找得到人就好。飯店在這場戰鬥中已經宣告保持中立，所以聚集了形形色色的人們，完全超乎尋常，把這裡擠得水洩不通。[55]她看見了認識的外國記者、程度不一的政治嫌疑犯、一名為政府做事的美國飛行員，而如往常一般，在角落站著一個看起來就很陰險的俄國胖子，外號叫陳查理（Charlie Chan），腰帶上掛著一把左輪手槍還有一顆精巧的小炸彈……陰險的俄國胖子很容易發現，但問題在於最優秀的間諜都是最有魅力的，那就是他們軍火庫中的一部分。洛薏絲坐在靠窗的位子上，感謝上帝。

她坐下來時，光線映照在她眼鏡上，很髒。

「查爾斯呢？」艾琳問，同時從裙子的口袋拉出手帕。她開始擦亮鏡片，必須將手腕靠在桌上才能穩定。

「妳在發抖。」洛薏絲說。

「他們準備要攻擊辦公室，妳必須告訴查爾斯不要進去。」

「而妳，」洛薏絲說完向服務生示意，「需要威士忌。喬治在哪裡？」

「我不知道，出去找仗打吧，我想。」艾琳說。

「那就是挺安全的了。」洛薏絲笑得露出牙齒。

「不過也不一定。」但艾琳也笑了，咬著自己的下脣。她戴上眼鏡時，一切都瞬間重新對焦了。

「我真心希望如此，我不知道他在哪裡，他整個下午都不在，我一直聽見槍聲，希望他離得遠遠的。」

辦公室裡的電話響起，就這樣響到結束，接著她房間裡的電話響了。

艾琳和洛薏絲吃了醃漬朝鮮薊、沙丁魚和檸檬雪酪配薄荷。然後她上樓睡覺，等著他回來，或者至少打電話來報平安。

今天電話交換局遭到了襲擊，或許已經停止運作了。她已經單獨在這張床上度過太多夜晚，不知道他在前線是生是死，今晚不應該有所不同。但確實不同，因為交戰就在這裡。

日出時，更多槍聲將她喚醒，她穿著睡衣衝到露臺——是從她的辦公室傳來的。

良久，眼前就如靜止的畫面一般：一個穿著突擊警衛隊綠色制服的男人躺在人行道上，雖是敵人卻也只是個紅髮男孩，他的帽子離他的頭約有一公尺半，看來完好無損，他身體底下淌出一灘血不斷擴散，是唯一在移動的東西。

接著畫面又動了起來：POUM的衛兵從她的大樓衝到外面的分隔道上，將一個自己人拖回大樓裡——她剛剛沒看見他躺在那裡。

穿著制服的男人，太矮了，不可能是喬治。

●

同一天早上，歐威爾在獵鷹旅館醒來後解開自己身上的劇院布幕，他沒有被口袋裡的炸彈炸飛，他決定要冒險回到大陸飯店——他可以聽見槍枝交火聲，不過以為在距離更遠的地方。並不是。他經過室內市場的時候一個炸彈爆炸，玻璃天花板碎裂開來，人人奔逃走避，不過他還是進去了，買了咖啡還有「一塊羊奶起司，我塞在我的炸彈旁邊」[56]。

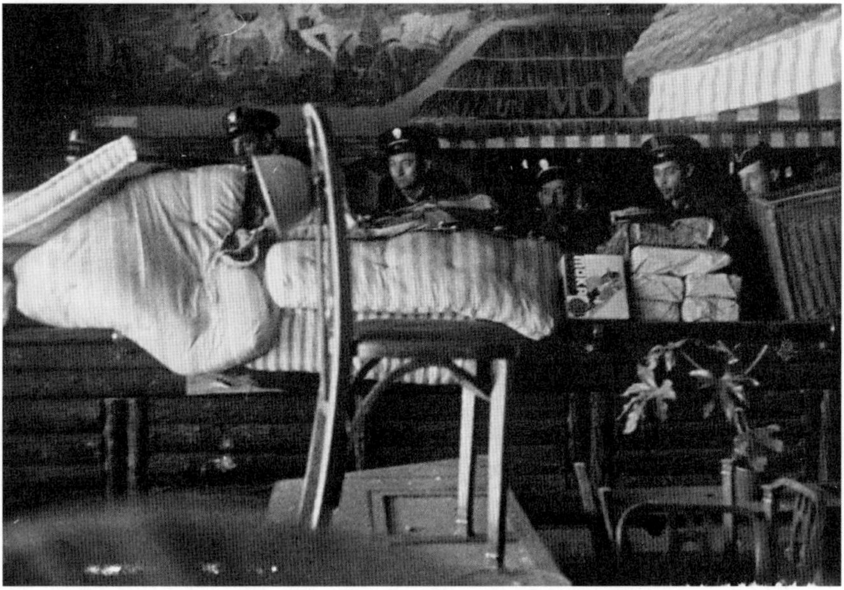

一九三七年五月，摩卡咖啡館內部。「摩卡咖啡館內的突擊警衛隊拉下了鐵捲門，將咖啡館的桌椅堆成路障。」——《向加泰隆尼亞致敬》（圖片提供：Arxiu Nacional de Catalunya）

他接近艾琳的辦公室時，看見四周駐守著敵軍，害怕的POUM突擊隊員待在裡面抵禦著。雙方都在開槍，一個美國人走在分隔道上被捲入交火，躲在報紙攤後面，不管怎麼看，他的頭「都像市集裡遊戲攤位上等人來打的椰子」。不過歐威爾毫髮無傷地溜了過去，「我往前走到大陸飯店，」他寫道，「確認一切都好，洗把臉之後回到POUM的辦公大樓（在同一條街上大約九十公尺遠的地方）等待命令。此時，步槍和機關槍震耳欲聾的交火聲從四面八方傳來，堪比戰爭中的喧囂。」[57]同樣，當他說他「確認一切都好」時，也是在告訴他的讀者他確認過妻子的情況，而不必提到她，或者說明為什麼他需要確認她的安全。他沒有解釋為什麼他的妻子此時在飯店，而不是在POUM的行政大樓工作，他也沒必要，因為正如我們所知，他從來沒有提過她在那裡工作。

在艾琳的辦公室，已經由科普負責發號施令。每個人都緊張不安，幾乎沒什麼武器可用，忽然聽見「嚇人的爆裂聲」，「科普望向窗外，」歐威爾寫道，「舉起棍子往背後搔了搔，說：『我們去查探一下。』接著以他一貫漠不關心的態度快步走下樓梯，我跟在後面。」在外面，POUM的男孩們正「像丟保齡球一樣往人行道扔炸彈，好像在玩九柱遊戲[ii]」[58]，炸彈在摩卡咖啡館附近爆炸，「不到二十公尺遠的地方，發出可怕而刺耳的炸裂聲響，混雜著步槍的撞擊聲」。

到了這時，歐威爾才告訴我們為什麼大家都這麼害怕：「今天一大清早他們便試圖闖出來，雙方發生槍戰，一名POUM的突擊隊員受傷很嚴重，還有一名突擊警衛隊員死亡。」

科普高舉雙手走了出來，迎向咖啡館裡轉而面對他的機關槍。他看見自己的車，車身已經布滿子彈，擋風玻璃也被炸彈炸碎了。科普把他的槍放在地上，然後走過去跟嚇壞的突擊隊談判，歐威爾說，這樣的事情「給我二十英鎊我也不幹」。

雙方達成了不穩定的停火協定，然後科普指派歐威爾到對面一棟樓房的屋頂，也就是波利奧拉馬劇院，歐威爾在那裡待了三天，大多數時間都很無聊，讀著企鵝出版社的平裝書，他抽菸，過去大陸飯店吃午餐。

有一次，他「站崗站了一晚上，又累、又餓、又髒」地回到飯店，發現「有幾個（共產黨的）國際縱隊隊員正坐在我的飯店房間裡」。他寫道，「他們的態度完全保持中立。如果他們是忠貞的黨員，我想他們應該會勸我改變立場，甚至把我綁起來，然後拿走我口袋裡滿滿的炸彈；但他們只是可憐我在休假時還得在屋頂上站崗。」

有時候，略而不談會讓事情變得很奇怪，因為他在字裡行間拚命遮掩她的存在。為什麼他走進「我的飯店房間」時，會發現有兩名共產黨員坐在裡面？他們闖空門嗎？還是他們迷路了，不小心坐在空無一人的房間裡？這只可能是因為艾琳在房裡，正跟他們談話，有可能在討論歐威爾也想要跟他們一起作戰，或者他們可能想要從她身上獲得POUM的情報，誰知道呢？畢竟他就是不說她在那裡。

隔天是五月五日，科普「一臉正色」告訴他，POUM就要被當成非法組織了，他們會被當成獵物追捕。這群男人待在艾琳的辦公室大樓裡築起障礙，準備應付從隔壁而來的進攻，歐威爾覺得這場仗，「我應該會戰死其中」，「我的妻子，」他告訴我們，「從飯店趕了過來，以免我們需要護士。」

ii 編註：九柱遊戲是歐洲的傳統遊戲，玩家用木球擊倒排列成陣的九根木柱，是現代保齡球的前身。

戰鬥開始之前，他躺在沙發上休息了半小時，「我記得自己被手槍搞得難受得不得了，我把槍固定在腰帶上，於是一直戳到後背。接下來我記得自己猛然驚醒，發現妻子站在我身邊，此時天光大亮，無事發生，政府並未向POUM宣戰……而除了街上有零星幾次開槍之外，一切都很正常。我妻子說她不忍心叫醒我，便睡在其中一間起居室的扶手椅上。」

所以，「我的妻子」是來當護士的，他仍然不可能說出他們待在她工作的地方、就在她的辦公室裡，或許她需要從書桌拿回什麼東西、確認保險箱無虞，告訴別人怎麼從清掃工具櫃裡找到更多水桶，或者拿到通往後方樓梯的鑰匙。

隔天，一切都結束了。上千名突擊警衛隊隊員湧上街頭，代表史達林、也站在對佛朗哥有利的立場，終結了革命，有一股「可怕的氛圍，源頭是恐懼、疑慮、仇恨，以及經過審查的報紙、人滿為患的監獄，領取食物的人們大排長龍，還有武裝人員成群結隊潛伏在四周」[59]，同時歷史也開始重新撰寫：這次是POUM發動的叛亂，因為他們在配合法西斯分子從內部破壞革命，於是現在必須清除他們。

大陸飯店成了一處恐怖之地，警察追捕西班牙人、外國人也一樣，無論是男是女、參戰的人或平民、辦公室文員、已婚婦女……任何人只要和非史達林派的左翼有關係就是「非法分子」，必須消失。歐威爾一位受了傷的英國友人在街上被抓走，在「牢房裡」待了八天，那裡「擠滿了人，沒有人有空間能夠躺下」。許多婦女也遭到逮捕，藉此逼迫她們的丈夫出面。「這段時間你一直都憤恨不已，覺得過去曾經是朋友的某個人都有可能將你出賣給秘密警察，」歐威爾寫道，他如今的神經緊繃到不能再緊繃，「我已經到了每次有人敲門就會抓起手槍的地步。」

於是，他逃了。他和自己的老戰友回到前線，這支軍隊已經捨棄了如今淪為罪犯的POUM名稱，改為人民軍第二十九師。

獨留艾琳處在恐懼、疑慮和仇恨的爆炸點，還有武裝人員成群結隊潛伏在四周。

●

戰鬥結束了。

天剛亮時，她扛著沒有外箱的打字機下樓回到街上，抱在自己胸前。人行道上散落著菸屁股和空彈殼，鋪成一條路通往樓上她的辦公室。書桌依然擋在窗戶前，上面有靴印，彷彿全身灰塵的巨人曾在這裡跳舞。她放下打字機。

她不知道該把打字機放在辦公室或者她的房裡才比較安全，但這是POUM的財產，所以如果不放在她房間裡，或許她會比較安全。

書桌的抽屜裡還有紙，她伸出手臂擦了擦椅子的坐墊，坐了下來，在打字機裡放了張紙。她或許沒辦法寄出這封信，她不能在這封信裡暢所欲言。她吸了一口氣，還是開始打字。

親愛的諾菈：

戰爭到目前為止還算有趣，槍戰持續著，也沒有商店櫥窗裡看見的飛機那般風聲鶴唳，不過確實對素來相當冷靜而理智的人來說有可怕的影響，有些人會拚盡一切努力維持著某種體面，而其他人則完全放棄，但幾乎沒有人能夠保持理性，更不用說是誠實了。

這時太陽升起來了，從蘭布拉大道上的懸鈴木綠葉間篩落下來，在地面上映出精緻而無用的圖案。小賣店的人拿著金屬桿子將鐵捲門往上推，準備把滿是謊言的報紙賣給昨天可能朝她開槍的人。

她把自己寫的文字讀過一遍，聽起來歇斯底里，或許她的感受就是如此？諾菈會看得出來，她會明白是她正拚盡一切努力維持著某種體面，然後她會想要知道為何如此。那兩個大衛（就是威克斯和克魯克）老是跟在她身邊，讓她倉皇失措，她每次話都還沒說完，兩人總會同意她所說的一切。

然後當然還有兩個喬治。就在這扇骯髒的窗戶外頭，在她的辦公室和這棟飯店之間，這兩人正忙著拯救彼此的性命，想想——實在可怕，不過喬治那時尚未注意到喬治．科普已經愛上了她。她有時會想，以前從來沒有人有什麼罪惡感。

她知道這封信會被好幾個國家的間諜與高官打開，所以不可能寫這個。她把紙抽出打字機，折起來放進裙子口袋。這裡很安靜，就像颶風經過後留下的一道滿目瘡痍。

●

同一天日出時，歐威爾已經在前線，他站在矮護牆後面，「明顯遮擋不住頭和肩膀」，就像一道黑色身影映在蒼茫的世界上。現在是衛兵交接的時間，他點了根菸，說著自己如何在巴黎的妓院裡撈回本[60]，逗樂其他男孩，大概在說讓那個「小娼婦」住到自己旅館房間裡有多便宜。子彈就這樣直接穿透他的脖子。

他倒下時，哈利·米爾頓（Harry Milton）就在他旁邊。「他咬著嘴脣，所以我以為他完蛋了。子彈的速度快到將傷口灼燒封了起來，我雙手扶著他的頭，然後手掌伸到他脖子下方時發現有一灘血。」[61]

對歐威爾來說，「那種感覺就像身處爆炸的中心點……我感受到一股強烈的震動——沒有疼痛，只有劇烈震盪，就像碰到電氣終端器會感受到的一樣；接著是一股完全無力的感覺，彷彿遭受重創後萎縮到完全消失了……」

「剪開他的襯衫！」哈利大叫。歐威爾想要拿出他的小刀，但發現自己根本動不了。「我妻子應該會很開心，」他想，「她一直都想要我受傷，這樣等大戰爆發時，我就不會戰死了。」他好不容易開口問了自己被打中哪裡，「喉嚨。」哈利說。

我一知道子彈貫穿了我的脖子，就覺得完蛋了，我從來沒有聽說有什麼人或什麼動物，被子彈穿過脖子中間還能活下來的。血從我的嘴角滴下來，「動脈斷了。」我想。不知道頸動脈斷掉還能活多久？大概沒有幾分鐘吧。眼前的一切都很模糊。想必有兩分鐘左右，我認為自己已經死了，而那也很有趣，我是說在這種時候知道自己會想什麼，很有趣。[62]

他想到的是她。「請告訴艾琳我愛她。」[63]一位幫他抬擔架的人回報他這樣說。

在她後來打字的版本中，他講得比較含蓄：「我的第一個念頭相當傳統，是想到我的妻子。」他這樣寫道，彷彿羞於表現出聽來可能不太新奇的愛，但在當下那是真實的，而且很急迫。「我第二個念頭則是強烈的怨恨，恨自己必須離開這個世界，說到底，這個世界很合我心意。」

不久之後，令人頭皮發麻的疼痛讓他安心了：

據我所知，人要死的時候感官不會變得更加敏銳，我開始覺得比較正常了，看著那四個可憐的小鬼將擔架抬在肩上，汗流浹背走得歪歪扭扭的，倒有點可憐他們。距離救護車有二．四公里遠，而且走起來很辛苦，路上顛簸不斷又滑溜難行，我知道這工作有多費力，一、兩天前我也幫忙抬了一個傷者過去。壕溝邊上有幾處長著銀葉白楊，飄落的樹葉掃過我臉上，我想著，能夠活在有銀葉白楊的世界上實乃幸事……[64]

他整個人置身事外，想著抬擔架的人有多辛苦、感覺到銀葉白楊的撫觸，更是猛然體會到自己深愛著妻子以及這個可能要離開的世界。

歐威爾就像插科打諢一般，詳細描述著自己坐在卡車後面轉了一家又一家醫院的過程，傷者就像染血的布娃娃一樣，在各自的擔架上顛來顛去。他被送往一處戰地醫院（一間木造小屋），打了嗎啡，接著轉往謝塔莫（Siétamo）的一間醫院，隔一天又轉到在巴爾瓦斯特羅（Barbastro）的醫院，再一天則是換到雷里達（Lérida）一間更大的醫院，他在那裡待了五、六天。之後，他坐進火車的三等車廂，跟著其他「屍體一般」的病人又顛又震地轉院到塔拉戈納（Tarragona）的醫院，又在那裡待了三、四天。隨著他恢復氣力，也有精神抱怨了，大多是批評著糟糕透頂的不專業照護。

最後，他轉入茂林療養院（Sanatorio Maurín），這座院所位於巴塞隆納外圍的一座山丘上，是「某個富有的資產階級」的豪宅改建而成，如今是POUM人員的醫院。他的復原狀況良好，已經可以搭上路面電車去鎮上吃午餐，因為「我妻子仍住在大陸飯店，而我通常在白天就去巴塞隆納」。

看起來，在他中槍之後，像一袋骨頭一樣被轉來轉去，熬過心不在焉的醫師、差勁的護理與難以預測的列車，這整段期間艾琳好像一直「仍住在大陸飯店」。

但並非如此。艾琳一接到消息就搭上車和科普一起到前線，在他受傷後的四十八小時內就抵達了，在雷里達和塔拉戈納的那段日子，她「每分每秒」都陪著他[65]，她照顧他、和他一起移動、跟醫師打交道，並且安排將他轉送到茂林療養院。她請科普把喉嚨的傷口畫成圖解，寄給勞倫斯尋求他的意見——其實她請他畫了兩張，分別寄出不同的郵件，因為知道間諜很可能會攔截信件。（她是對的，在莫斯科的俄羅斯國安會〔KGB〕有一份關於歐威爾的檔案，收著其中一張圖解，「可以推測，」一位傳記作家告訴我們，「是莫斯科派來ILP辦公室的克魯克拿走的。」[66]）另一張送到了勞倫斯手上，他馬上開始安排歐威爾回國後的照護事宜。

接著艾琳發了電報給父母，一貫那樣輕描淡寫的語氣：

艾瑞克輕傷。進展順利。

送上愛。不必擔心。艾琳。

歐威爾花了超過兩千五百字的篇幅，向讀者描述他在醫院受到的待遇，卻隻字未提艾琳也在場。不知道後來她在打字時作何感想。

●

一等到他安全進入茂林療養院接受照顧，她就回到自己在大陸飯店的房間，回到她認為像個瘋人院的地方——不過誰是瘋子、誰是看管的守衛卻一點也不清楚，正如喬治所言，城鎮中彷彿醞釀著什麼龐大而邪惡的思想。她躺在床上，看著天花板上浮雕在石膏上的蜷曲藤蔓，她無法休息、無法思考。隔壁傳來喬治歐喀啦喀啦的打字機聲響。她起身前往辦公室。

她和查爾斯及約翰討論過是否要繼續使用這間辦公室，最後他們決定，如果警察想要逮捕他們，不管他們去哪裡都會被抓到，所以躲也沒有用。她仍然照顧著前線男孩的各種需求，查爾斯大多數日子都會來，還有威克斯及克魯克。但是今天，這裡沒有人在。

書桌上嵌著一層綠色的檯面呢布，她先前根本沒有注意到，肯定有人來整理過了，然後她看見打字機上有一封寫給她的信，是大衛·威克斯[67]，他說他應該要走向強勢的一方，也就是共產黨，而她也應該如此，他不會再進辦公室了，所以「我們彼此不會再相見」，他這樣說，彷彿他們一直有來往，最後他請求她的原諒，那時她才明確知曉。火柴燃起。

克魯克站在門口。「那是什麼？」他吸了一口菸，香菸夾在食指和拇指間，折向他的手掌。他實在英俊得不可置信，深色頭髮捲成亂糟糟的鬈髮，雙眼湛藍得有如水晶，喉結就在柔軟的肌膚下滾動。令人分心。

「是大衛的信，他說他不會回來了。」

「永別了吾愛？」

「才不是。」

她思考著所有事情，威克斯知道這間辦公室的運作、知道她，還有他現在把這一切都告訴了誰，再加上他膽大包天地暗示著他愛她，因此她應該原諒他。她覺得噁心。

「我一直都覺得他有點……狡猾。」克魯克說，「妳還好嗎？」

「很好，當然很好。」

「那一起吃午餐吧？」

走到飯店餐廳的路上，他們經過會客室，那個俄國胖子的腰帶上仍懸掛著手榴彈，攔住了一名民兵的去路。

「妳看那個人，」克魯克說，「肯定是OGPU（蘇聯秘密警察）派來的。」

「我想，」她慢慢開口，「這是我第一次見到以說謊為業的人，」她微笑了，「當然，記者除外。」

那一瞬間，克魯克微頓一下就笑了，但仍有那麼一瞬。

午餐後她回到自己的房間，她剛將鑰匙插進門鎖孔裡，喬治歐就從他房間冒了出來。

「喔，太好了，」他說，「我正希望能見到妳。」他告訴她，自己手上握有重要的地圖，會害他受牽連的地圖[68]，他擔心別人會在他房間裡找到這些東西。

「找到？」她問。

「對啊，我覺得很不安全，」他說，「我可不可以把東西放在妳的露臺，以免他們進來搜查我的房間？」

她讓兩人之間保持了沉默一下子。

「要是他們先來找妳，我會聽見，那我從我的露臺爬過來把東西拿回去就好。」

就好？她想著。查爾斯說在間諜的手法中，他們稱之為「透露」，就是不經意透露出謊言。喬治歐的眼底一片澄澈，呼吸時帶著薄荷味道。

「當然可以。」她說，但是什麼事情都有可能發生，他可能是任何人。

他走進自己的房間把東西拿出來，是一卷紙板做成的圓筒。

「謝謝妳，親愛的。」他說。

她把東西放在露臺。

他離開後，她走到書桌上那一堆打字稿前，那是喬治從前線寄回來的所有手稿集結而成的，有寫在筆記本上、紙片上也有衛生紙上，她打在大裁規格的紙上成為一整份不間斷的文件，現在用紅色棉線綁在一起。除了他們自己，這是要送出去的最重要的東西，她知道放在這間房間裡不安全。

隔天，喬治從醫院搭著電車進城。他的脖子裹上了繃帶，右手也吊了起來。她很開心，非常開心他來了。

巴塞隆納的街道有如蜘蛛網般展開，不規則的對角線組成了一片迷宮。她帶著他走過窄巷遠離飯店，經過一棟建築物時看見一張剛貼上去的海報，畫著一名POUM成員拉下面具露出一張邪惡的臉，底下還畫著納粹的卐字符號。

「誹謗！」歐威爾說，想要用自己仍能動的那隻手撕下來，結果只撕下一部分。「妳有筆嗎？」

「撕下面具！」共產黨宣傳海報，巴塞隆納，一九三七年。（圖片提供：POUM）

她遞筆給他時先拿掉筆蓋，他在剩餘的海報上潦草寫上「¡Visca Poum!（POUM萬歲）」。

他們一路往前走，他搖著頭說：「居然說我們是法西斯！共產黨是為了攻擊我們在找藉口。」

「沒錯。」艾琳說，她在光線昏暗、往內縮的餐廳門前停下腳步，「但既然結束了，為什麼還要大費周章？」

門打開之後是空間狹窄的酒吧，往內走到後面就是寬闊的餐廳。酒吧的鏡子映照出他們走過的模樣：折了翼的高䠷男人、頭部如蒲公英般的女人。大塊大塊的豬腳醃製成火腿，豬蹄往下垂吊著，火腿的油脂滴入小小的紙錐筒裡，他們就從下方走過。才剛到中午，這裡幾乎沒有別人，他們在後方找了張桌子，旁邊堆著一桶桶紅酒。

她告訴他還有其他事情發生，「威克斯跳船投向共產黨了，」她說，「或許是跟他接頭的人。」

他動也不動聆聽著。

「喬治歐很害怕遭到搜索，把文件交給我保

管——實在很沒道理。約翰緊張得像隻貓一樣。」她告訴他，街頭的戰鬥只是序幕，先是用政治宣傳把你打成敵人，接著就會除掉你。

「但是我還在這裡。」他說。

她看著他看了整整三秒鐘。

「這是一場清除行動，」她說話的語調很平靜，「俄羅斯的手法，我們必須小心。」

「我現在在這裡也沒多大用處。」他說著，聳了聳還能動的那邊肩膀，看起來就像拼湊起來的稻草人。他的眼睛湛藍無比，而在她看來，無論怎麼看都還是單純得令人難以置信。「回家吧。」

到了早上他早早就離開，回到前線去拿退伍令。

她坐在床邊，被褥一片凌亂，光著腳踩在紅地毯上，腳背曬成了深色，只有涼鞋遮住的地方留了白印，像獾一樣的腳。床邊桌上的菸灰缸滿了，她又點了一根菸。她不記得自己有這麼孤單過。她站起來甩開這個念頭，拿起他上週待在對面屋頂時完成的筆記本，然後坐下來打字。

●

歐威爾可以用自己的英國護照離開這個國家，打扮成有點小錢的遊客，假裝自己從未參與過戰鬥，但是他想要拿到退伍令，免得別人以為他逃跑。為此，他必須回到前線找醫療團隊，然後到治療過他的每一家醫院，最後到POUM的民兵總部，在所有文件上蓋章。他在一九三七年六月十五日離開巴塞隆納。

這五個晚上他都睡得將就，有時在醫院裡，其他時候在小旅社、甚至是溝渠裡，最後他拿到了退伍令，「蓋著二十九師的印信以及醫師的證明，表示我被『宣告無用』。」[69]

歐威爾又一次錯過了交戰。他離開的那天，史達林向他在巴塞隆納的人奧洛夫下達清算POUM的命令，而奧洛夫指示西班牙警方執行。[70]恐怖行動開始了。

這一次，艾琳的辦公室大樓遭到搜查，根本不可能抵抗，POUM整個運作組織包括其領袖安德烈斯・寧都遭到逮捕，被監禁在警局的拘留所及監獄中，不得與外界接觸，等到這些地方人滿為患，就關進匆忙改裝過後的別墅中。許多人遭到刑求，也有人被殺害，他們追捕著外國人、參與戰鬥的人、女人、平民、任何人。

●

她正在飯店房間裡敲打著老打字機，此時有人敲門。麥克奈爾在她開口之前就匆匆進了房間。

「謝天謝地，妳在這裡。他們來搜了辦公室。」他的額頭上冒著大顆的汗水——看起來就像靠著吊帶和襯衫袖子上的束帶撐著他，才不致崩潰。

「他們把所有人都抓進監獄了——或是某個地方。他們抓了寧。」

她都聽得懂，卻還不知道是什麼意思。

麥克奈爾用手抓著另一隻的手腕，走出去時扭了扭，「我們必須把所有男孩送出西班牙，每一個都要，讓他們打扮成平民。護照都在妳這裡？」

「對，」她現在的腦子動得飛快，「我想我也能找到衣服。」

「好姑娘。等他們從前線回來，護照裡就需要有警局總部發的出境簽證，然後我們得安排他們暫時待在領事館。」

「好，沒問題。」她說。「我們」，她想著，指的是我，同時她也知道，那些來逮捕你的人就是從警察局來的。

麥克奈爾往門口走去，「我會找到其他人，假如他們還沒被抓走的話，今天下午三點鐘我們回來這裡碰面。」

她點點頭，不過他已經走了。

她從打字機拿出打完字的一頁，收入那一堆喬治的手稿中，現在稿子已經有二．五公分厚，她把紙張重新綁好。接著她走進浴室，從馬桶水箱後面拿出護照，從書桌抽屜裡拿出他們的支票簿，也放進同一堆東西裡。今天是星期日，警察局休息。還是一樣，這間房裡看起來沒有一處安全的地方。她抬起床墊，看到一堆亂七八糟的彈簧，拿出一張折起來的報紙蓋在彈簧上，將所有文件都收在那裡再將床墊放回去。

她和洛薏絲一起吃午餐，只是兩人都沒什麼胃口，她覺得很神奇，外頭的世界已經向內崩塌得混亂無比，想不到廚房居然還繼續工作。

喬治歐過來跟她們一起喝咖啡，穿著奶白色西裝、淡藍色襯衫，沒有打領帶。他將椅子拉出來，離桌子相當遠，一隻腳踝跨在另一隻的前面，刻意擺出冷靜的樣子。他說話的聲音很輕，掛著輕鬆的微笑，彷彿有人在看他。

「如果妳們明天會被逮捕，想要別人帶什麼東西給你們？」

他這個問題是給兩個人的，可能在開玩笑。[71]

洛薏絲笑了，「真是目前最好笑的事情了。」她說。

艾琳凝視著他，「我的牙刷。」她說。

喬治歐轉向洛薏絲，「妳呢？」

「太蠢了吧，我想不到要帶什麼。」

「講真的，」他說，「告訴我。」

「這是思想實驗嗎？」艾琳問。

「對，」喬治歐用義大利文說，「思想實驗，是這樣沒錯。」

「那就水蜜桃，」洛薏絲說，「我想要水蜜桃。」

●

五日五夜

肯定發生了什麼事，不是這件事，但基本上如此。

●

三點鐘，人都在她房間裡，包括她、查爾斯和麥克奈爾。她已經派考特曼出去幫男人們買內衣褲，麥克奈爾叫大衛・克魯克過來一起談，他們正在等他。

麥克奈爾坐不住，腋下的汗濕成了兩邊半月。查爾斯將書桌前的椅子挪到窗前，這樣就能看著露臺外面的情形，他往前傾，手肘撐在大腿上，一邊腳跟輕輕點著地。陽光直射在他頭上，她第一次注意到他的髮量日漸稀疏，他看起來很冷靜的樣子，不過其實他剛從警局外面的集會回來，那裡是他們拘禁寧的地方。漫長的六月下午，淡色的天空如此純淨。

音樂響起。

「老天啊，」麥克奈爾說，「手搖風琴手還在呢。」

艾琳微笑著，「猴子不知道戰爭開打了。」她轉向查爾斯，「洛薏絲在哪裡？」

查爾斯已經拿下小小的圓眼鏡，他的眼睛突然變得比較小了，灰綠色的眼珠看來毫無防備。

「在洗澡。」

「也算有本事。」她還記得自己十九歲的時候，天不怕地不怕的樣子，覺得這個世界的愚蠢並不適用於自己。

有人敲門，克魯克進來了。「抱歉，」他說，「有事耽擱了。」他揚起微笑，彷彿無事發生，如此豐滿的嘴唇、如此整齊的牙齒。他坐進扶手椅裡，開始小心翼翼扳起指關節。

「很好，」麥克奈爾開口，「我們長話短說。你們可能聽說了，警方已經發出要抓我們的逮捕令。」[72]

「我們所有人嗎？」克魯克問，伸出一手耙過自己厚厚的鬈髮。

「我、艾琳和喬治，不過他們沒有逮捕令也是抓了很多人。」

「那我就不懂了，他們何必費事？」克魯克說。

麥克奈爾從口袋拿出一條手帕拍拍臉，「也沒辦法了，我們全都必須轉為地下活動，但是你們都很清楚，POUM沒有安全的藏身處，這代表睡覺要很克難。」

查爾斯轉向艾琳：「那表示妳也一樣。」

「我——」她頓住了，再開口時的語氣更激動了，「我不能，喬治回來就會走進陷阱裡。」

查爾斯將金絲眼鏡掛回耳朵上。

「妳在這裡也是困在陷阱裡，」他說，看著她的樣子彷彿房間裡沒有其他人，「喬治一走進來他們就能抓住你們倆，艾琳——」

「我不能讓喬治就這樣走進來被帶走，」她說，「我要留下。」

查爾斯伸手扶額，聚攏了眉毛，好像有什麼吞嚥不下，手就一直扶在眉間。克魯克看著麥克奈爾，沒有說話。
「約翰。」艾琳從床邊站起來，拿起歐威爾筆記的打字稿走向麥克奈爾，他正在露臺休息片刻。她經過查爾斯身邊時拍拍他的肩膀，表示歉意或者是安慰。她對麥克奈爾說：「如果你要躲藏起來，可以帶著這個嗎？」
「老天，」查爾斯低聲咕噥著，「妳寧可保護這個卻不想著自己。」
她沒理會他說的話。
「還有這個。」她將一卷繪製在蠟紙上的韋斯卡外圍壕溝地圖與部隊移動計畫交給麥克奈爾，那是科普託付給她好好保管的。「有必要的話可以折起來。」
麥克奈爾收下手稿、折起蠟紙地圖，把東西收進他的側背包裡。
克魯克咳了一聲，「我知道一個地方，或許你們可以去那裡，」他說，「我認識一個信奉無政府主義的裁縫，他在碼頭附近的店面樓上有個房間。」
「謝謝，」麥克奈爾說，「但是我和小考特曼今天晚上要待在馬西亞廣場（Plaça Macià）的旅社。」他背起側背包，「之後我們再看情況。」他轉向艾琳，「全部人的護照都在妳這兒？」
她點點頭，「我明天就拿去警局。」
「好姑娘。」他說完就離開了。
克魯克說了聲不好意思，然後走進浴室。艾琳靠在書桌上捲了根菸，查爾斯沉默坐著，他們聽見隔壁房間的門開了又關。
查爾斯清了清喉嚨，「其實，我今天看見喬治歐了，」他輕聲說，「在警察局外面，那裡有一大群人和寧夫人站在一起，要求他們釋放寧。喬治歐朝我們走過來——實在奇怪極了，他承諾說等我們也被捕入獄會帶毯子給我們。」[73]街上傳來的音樂停了，查爾斯把音量降低，幾乎像在講悄悄話一樣，「妳覺得是開玩笑嗎？」

艾琳搖搖頭：「他也問了我和洛薏絲想要人帶什麼，她想要水蜜桃，我說要牙刷。」她朝著窗外吐了個菸圈，「或許是警告？」

查爾斯點點頭：「妳認為他在幫他們做事？」

她聳聳肩，聽見有人說出這個念頭令她吃驚，不過她先前多少也想過。「沒辦法知道，但奇怪的是，我們都沒有人想到要問他想要什麼。」

查爾斯一手的食指摳著另一手拇指的表皮，這時響起馬桶沖水聲，他站了起來。

「艾琳……」他拿走她手中的香菸放在菸灰缸上，這個冷靜自持而專業的男人現在抓著她的肩膀，「洛薏絲和我明天就要躲藏起來了，她說我們是離開沉船的老鼠，我說那也好過消失在某間爛透的監獄裡。」他凝視著她，「星期四有艘開往紐約的船。」

「那表示要在街上度過三個晚上。」她的語調完全沒有變化，但是她過去從來沒有聽過他這種語氣，幾乎像在哀求一樣，「我或許可以幫你們拿到船票。」

查爾斯閉上眼睛，用鼻子深深吸了一口氣，「我不想要妳幫我，我想要妳幫妳自己。」

克魯克從浴室出來，查爾斯放開了手，仍然一副正經八百的樣子，毫無尷尬，轉身面對克魯克。

「那你呢？你也要消失嗎？」查爾斯問他。

克魯克搖搖頭，「我得繼續記錄這件事，能做多久是多久。」他戴上帽子，「如果你們誰想要那間房就通知我一聲。」

「謝謝，」查爾斯說，「明天再談。」

「妳呢？」克魯克對艾琳說。

「不了，謝謝，還不用。」

「那就再會了。」

●

那天晚上，麥克奈爾躲在考特曼住的旅社一間房裡，他睡不著，天氣熱到受不了，而且他想到自己背包裡那批「引罪上身的文件」就害怕不已，他決定把東西燒了。「我先試描圖紙，但燒不起來，只是冒了煙融化了一點……我把文件拿到廁所，撕成小碎片再拉動鍊條沖水，把東西沖下去，但是沒有水，於是我走進廚房裝了一桶水沖下去，然後我回到床上。」74

凌晨一點半，「六名身材壯碩的警衛衝了進來，抓住只穿了輕薄睡衣的我，把我丟在床上。」他們吼著問問題，麥克奈爾這次沒有掙扎搗亂，只是打了個呵欠，假裝自己「是個疲累又冷靜的英國旅客，『我是來幫助共和派的』，」他這樣告訴他們。警察打開他的側背包，發現歐威爾的手稿，看見上面有POUM和「韋斯卡」等字詞，麥克奈爾搪塞了幾句，「POUM是不是就其中一個小政黨啊？」他說，「當然啦，這樣的大作家就得把這場對抗法西斯主義的偉大戰爭中所有小政黨都一一介紹清楚……」

那些人離開後，他發著抖，走到走廊另一端去叫醒考特曼，他們決定在清晨五點逃跑，展開「逃亡」。那天稍後，他「看見支持史達林的早報，讀到政府已經發出逮捕令，要抓一個叫做約翰・麥克奈爾的人，說他偷了五千五百萬比塞塔。簡直是天大的謊言，卻是會讓人記住的謊言。」他覺得自己對故事接下來的發展有所預感。

其他人就不一樣了。那天早上，科普邁步走進大陸飯店時，櫃台的接待人員便拿起電話，武裝警衛不知道從哪裡冒了出來，簇擁著他走出門，並把他塞進車裡。

過了不久，克魯克也在大廳的洗手間遭到逮捕，他和科普被關進同一間臨時監獄裡，好繼續監視他。

然後在八點鐘，他們找上了洛薏絲和查爾斯，八個男人（「四名SIM[75]的便衣還有四名突擊警衛隊的人」）走進他們的公寓待了兩個小時，在屋內搜索，「連垃圾桶底都翻出來」，查爾斯敘述道，搜查程度澈底到他們發現「我們丟掉了自己都找不到的東西」[76]，然後他們將兩人都帶去監獄。

午夜時分，犯人被趕出來在街上遊街，每人兩邊各有一名警衛跟著，洛薏絲「深信我的末日到了」。至少、至少，她想著，他們應該唱著革命歌曲，「總要有什麼，才不會讓他們將我們的生命就這樣默默掐滅在這股全然的黑暗中。」沒有人唱歌。

查爾斯和洛薏絲被帶到了「一名法西斯分子的豪華住家」，現在是一座監獄，被安置在沒有窗戶的房間，男性和女性分開。他們被關押了九個晚上，環境擁擠且條件惡劣，監管他們的左派少年也十分困惑，不明白為什麼他們要把自己的同志關起來，也不懂為什麼樓上有個俄國人對他們呼來喝去。犯人所分配到的食物根本吃不飽：一天兩餐，像水一樣稀的湯配上發了霉的麵包。房間裡沒有床，卻有臭蟲爬來爬去。他們靠著唱歌或在牆上塗鴉口號，努力維持正向樂觀。他們懷疑其中有個女人是間諜（最後證明是對的）。他們叫洛薏絲「孩子」，她說，「因為我的人生故事太短了。」[77]

洛薏絲被帶到一個俄國人面前按指紋——五次，五種不同格式，那男人說得一口流利英文，他「把我嚇死了」，洛薏絲回憶道，「告訴我這些不同格式各有什麼用處，『一份送去莫斯科、一份去美國華盛頓的調查局、一份到瓦倫西亞政府、一份給加泰隆尼亞政府的警方，還有一份我們留在這裡，』他說，『妳永遠無法逃脫罪責。』」[78]

隔天，犯人在共產黨的報紙（也是他們唯一能拿到的報紙）上讀到「針對我們的指控全文」，就是「典型的GPU構陷：效命於佛朗哥和托洛斯基的外國幹員秘密網絡將在特別設立的間諜法庭上接受審判。」[79]這樣的政治宣傳在全世界傳播開來，就連《紐約時報》也刊載一篇報導，圖文並茂，講述奧爾夫婦是「法西斯間諜圈」的成員。

在外面，艾琳「沒日沒夜工作」[80]好探知他們的下落以及他們的需求，這幾乎不可能做到，因為巴塞隆納現在已經串成了秘密監獄的網絡，但是有人告訴了美國領事館他們的確切位置，領事不僅找到正確的秘密監獄，同時也帶來正確的禮物：洛薏絲的水蜜桃，「但是沒有牙刷」，因為不管是誰通知他的（肯定是喬治歐），都知道艾琳不在那裡。美國人被拒絕入內，但是令人意外的是，水蜜桃送進去了，那裡的婦人小心切分開來，讓每個人拿到「一片夠分兩口吃下」，洛薏絲十分感激能有一線希望，以致想不到其實是喬治歐背叛了他們，才害她落入此處。

洛薏絲在肯塔基州的家鄉有位參議員讀到了《紐約時報》上的文章，內文指稱她是「法西斯間諜圈」的一分子，但參議員和洛薏絲的家族交情久遠，知道她不是法西斯分子，他馬上聯絡在巴塞隆納的美國領事，於是領事再次嘗試要見她，俄國人告訴他洛薏絲不想見他時，他說他必須聽她親自說，她「被拖到樓上一個小房間裡」，領事就在那裡，「我這輩子從來沒有這麼開心能見到一個人。」她說。

隔天早上四點鐘，洛薏絲和查爾斯便被釋放到街上，一週後他們到了巴黎。

艾琳現在真的只有一個人了，唯一剩下的只有喬治歐——這件事或許一點也不算安慰。

近在眼前

●

辦公室已經解散，人人都入了獄，喬治為拿到退伍令，也去了別的地方。她每天大多數時間都坐著，在飯店大廳視野最清楚的地方從白天坐到晚上，她會換位子、喝茶、點自己不吃的食物，香菸一根接一根抽。

喬治會從飯店前方的電車下來，一身衣衫襤褸地從鍍金浮雕的大門擠進來——眼睛還來不及眨一下，就會被逮捕了。

她所坐的每張椅子都必須能夠看見主要出入口，這個計畫不怎麼樣，但她只能這麼做了。他會走進來，她會站起來再陪他走出去，根本不算是個計畫。就她所知，她可能會引他走入圈套。接待櫃檯有位員工看起來很友善，但你永遠無法確知，他每次拿起話筒，她胃裡就像被恐懼捅了一刀，四處張望著門口的警衛是不是要走過來抓她。

夜晚是最糟糕的。如果他已經死了，也已經沒有辦公室可以讓對方通知，她不知道消息要花多久才能傳到她手上，她可能毫無理由在這裡虛度一夜又一夜。

第四天晚上深夜，喬治歐過來找她，站在她面前。

「妳想念他嗎？」他問。

「想。」

他傾身碰觸她的前臂，「妳應該去睡一下，親愛的，真的。」

他在說什麼？最簡單的話也可能有其他意思。這個地方已經陷入瘋狂。

她上樓睡覺，躺下來之前確認過床墊底下：他們的護照和支票簿還在。然後她好好躺下，就像母雞窩在珍貴的雞蛋上。

她很難入睡，仔細留意著自己蜂擁而至的思緒——這是心理學入門，她都是用這一招才不會被思緒淹沒。她現在想像有兩件虛構之事保護著她：第一，小豬一直都沒有出事，這會讓她感覺諾菈那溫柔微笑的臉龐就在身邊；第二便是幻想著，因為她沒有做錯事，所以不能被捕入獄。但是民主就像金錢一樣，需要每個人都相信，否則法律也只是單薄的紙張，就如同她躺於其上的支票簿和護照一樣。

她的思緒飄到了科普和克魯克身上，想著查爾斯和洛薏絲，都爛在某個地窖裡，假如他們還活著的話。她希望麥克奈爾和那個男孩找到了某個安全的溝渠或者舒適的墓園可以睡覺，然後她等著有人來敲門，可能是喬治，或者可能是——

來了。她坐了起來，她肯定睡著了，但是窗簾之間尚未透出光來。

又敲了一陣，那就不是他了。

她希望喬治歐在隔壁有聽見。她雙腳踩到地上，喊著：「來了。」聲音相當大，用英文說，希望喬治歐聽得見。

她開門時眼前一片凌亂，總共有六人，都穿著制服，三人抬著箱子，她把雙手放在脖子上，她睡裙的結是鬆開的。他們不發一語各就各位，同時她一步步後退回到床上靠著床頭板，她把腳縮回被單底下，胸膛裡不停跳動，血液都衝到耳朵裡。

一個脖子粗壯、鬍鬚灰白、年紀較長的男人大聲咆哮著下達命令；另一個其實只是個少年，臉頰上一片青春痘，偷偷瞧了她一眼。她伸手指了指床頭櫃，然後慢慢伸手過去拿起眼鏡戴上。

「Buenos días（早安）。」她說，她在背後墊的枕頭後面又疊了一個，靠著枕頭稍微坐直了些。

她仔細聽著露臺上的聲響，沒有聲音，她吸了口氣，沒有吐出來。她看著他們按照預定的位置在房內各處搜索，她知道這裡沒有對他們有價值的東西；無論他們是誰，他們從搜索辦公室以及間諜身上已經得到他們所需的一切。這場搜查的目的只是要讓她心生恐懼，她有自己該扮演的角色。

男人們四處移動、抬起東西、拍打著，少年的雙手伸進她放內衣褲的抽屜，他的身材瘦弱到根本撐不起制服，現在卻在破曉時分站在女人的臥房裡，翻動著她的貼身衣物。其他男人感覺到他的尷尬，想要幫他克服。她假裝沒看見，但其實看得一清二楚——這些男人映照在少年漆黑眼珠裡的樣子，讓他們也自慚形穢。這個男孩根本分不清誰是法西斯、誰是POUM黨員，分不清命令和踰越常理的事，也分不清一個女人與一個「革命敵人」之間的差別——

「書桌抽屜！」指揮官朝他大吼。

其中一個人在浴室裡，她瞥見他伸手在馬桶水箱後面摸索，彎腰看著浴缸底下，然後聽見他打開櫃子，瓶瓶罐罐被倒進洗臉盆內發出叮噹聲響。還有一個把書桌下的廢紙簍倒了過來，檢查裡頭的東西：橘子皮、打字機色帶，還有揉皺的紙團。第三個人在牆上敲打聽著聲響，只有天曉得這是為了什麼，接著他站在椅子上，沿著窗簾桿摸索。負責廢紙簍的那個做完了，開始捲起地毯。第四個人打開了衣櫃，雙手伸進歐威爾長褲的口袋以及她的羊毛衫，抽出一條膚色襯裙，舉起來對著光線。指揮官正逐一檢查書桌上和附近地板上成堆的書本和文件夾，這時浴室裡的那人走在他身後，把東西放進箱子裡。

指揮官停下動作。「這個，法西斯分子。」他說著，舉起麥克奈爾那本希特勒的法文版《我的奮鬥》。

「對，」艾琳用西班牙文回答，「Para saber（為了瞭解）。」

他繼續翻找，又停下來，她看著他抽出史達林的手冊《如何清算托洛斯基黨羽及其他兩面討好者》，指揮官不發一語將之放進箱子裡。

少年將書桌抽屜搜查得很澈底，拿出筆、墨水、紙、橡皮筋、印章、幾封信、兩本筆記本、火柴紙板、手電筒、幾條燭芯繩和捲菸紙。他的頸後漫出一片嫣紅，指揮官抓起信件和筆記本放進自己的側背包裡。

「捲菸紙，」他說，「檢查一下。」

少年愣了半秒才看向自己手裡那包東西，他對上她的眼神，然後視線移往她的脖子，看著她的胸口起伏。

「可以嗎？」她用簡單的西班牙文問著，再次指向她放香菸的床邊桌，伸手去拿來點了一根。

少年抽出一張捲菸紙，接著又一張，最後書桌上堆起凌亂的白色紙堆。

這群男人在這裡待了兩小時，她沒有離開床上。

三個扛著箱子的人先走出門，指揮官最後離開。「Senyora（小姐）。」他經過她面前時打了聲招呼，出去後也沒關門。

她喉嚨裡湧起什麼東西，這間房裡每一件東西、每樣物品和表面，都有他們的指紋。她進去浴室乾嘔了一陣，然後她回來，關上門開始思索。

●

歐威爾在《向加泰隆尼亞致敬》中兩度描寫這個場景，一次是要解釋他如何丟失了筆記本和幾封書迷寫來的信（同時為了沒有回信而道歉），第二次的寫作手法，我相信是要讓我們聽見艾琳如何告訴他事件發生的經過（不過當然他並沒有說是她）。他寫道，警察「發現我們擁有一本希特勒的法文版《我的奮鬥》，可疑的氣氛讓他們陷入狂喜，要是他們在我們房裡只找到那本書，那就大勢底定了」，但是下一刻，「他們看見一本史達林的手冊……似乎又讓他們安心下來。」他們在那裡的兩個小時裡，「他們從未搜查床鋪，我的妻子一直都躺在床上；顯然如此，」這裡我又能聽見艾琳的聲音，「床墊底下說不定藏著六、七把衝鋒槍，更不用提在枕頭底下可能完整收藏了托洛斯基黨羽的文件。」歐威爾完全沒有提到他的妻子多麼勇敢，事實上還含糊其詞，說「我們的結局」可能就注定如此——而面對危險的一直都是她。對他來說，這整件事都與那群男人有關，「但那些探員並沒有打算碰那張床，甚至連看看底下都沒有，我不相信這是OGPU搜查的常態。要知道，警方幾乎已經完全落入共產黨的控制，而這些人可能就是共產黨員，但他們同時也是西班牙人，而要把女人趕下床，對他們來說有點太過分了，這部分的工作就這樣默默放下了，讓整場搜查變得毫無意義。」這件事對歐威爾而言，變成一段「奇特的小故事」，說明了西班牙人「如此仁慈，是一群高貴的人」。[81]

歐威爾的筆記本沒了，西班牙人很守禮，但「我的妻子」幾乎不在場。

●

搜查過後的那天晚上，她繼續回去坐在飯店大廳裡的翼狀靠背椅上。她今天吃不進東西，覺得自己就像手套一樣被人翻出內裡，就像她羊毛衫的口袋那樣遭人玷汙，但是她也做不了其他事情。她坐在大廳裡，顯眼得讓眾人都能看見，等著歐威爾走進那道門。她確信他來時她一定會錯過，可能在廁所裡，或者因為某個跟她說話的人分了心、擋住她的視線。

但她沒有。

他走進那道旋轉門就像歸來的亡魂，她的心臟跳得飛快，卻逼自己慢慢移動，她微笑著，但體內的一切都在叫囂著。她伸手攬住他的脖子，嘴貼近他的耳朵，陪他退出門外。

●

這是歐威爾的版本：

我回到巴塞隆納時天色已晚……我前往大陸飯店，路上停下來吃了晚餐……我抵達飯店時，我的妻子正坐在大廳裡，她站起來走向我，我覺得她看起來一副十分漠然的樣子，然後她伸手攬住我的脖子，臉上掛著甜美的微笑讓大廳裡其他人都能看得清楚，在我耳邊悄聲說：

「走！」

「什麼？」

「馬上離開這裡！」

「什麼？」

「別一直站在這裡，你必須快點出去！」

「什麼？為什麼？妳什麼意思？」

她抓著我的手臂，已經帶著我往樓梯走去……

「該死的到底是怎麼回事？」一站到人行道上我就問。

「你沒有聽說嗎？」

「沒有，聽說什麼？我什麼都沒聽說。」

「POUM遭到鎮壓，他們控制了所有大樓，幾乎每個人都被抓去關了，而且他們說已經在進行槍決了。」

原來是這麼回事。我們必須找個說話的地方，蘭布拉大道上所有大間的咖啡館都坐滿了警察，但我們還是在小巷裡找到一間安靜的咖啡館。我妻子跟我解釋了在我離開期間所發生的事情。82

●

她帶著他離開飯店，穿過街道縱橫組成的碎形迷宮，到了一間他們先前從未去過的咖啡館，坐在靠近後方的包廂。艾琳叫他把口袋的東西全拿出來，翻過他的文件，說他應該毀掉他的POUM證件和幾張他在前線的照片。不過即使退伍令可能讓他獲罪，他也不願意放棄，摺起來放回襯衫口袋裡。

她把自己所知道的告訴他：POUM領袖寧的無腳屍體被人發現遭丟棄在馬德里國會大廈的階梯上，查爾斯和洛薏絲（假如還活著的話）被關押在某處，科普在飯店大廳遭到逮捕帶走了，克魯克也一樣，麥克奈爾和考特曼則在逃亡中。

歐威爾一時間簡直消化不了這麼多消息，他筋疲力盡，手臂痠痛、喉嚨也痛，先前坐在卡車後頭還讓他腦袋嗡嗡作響。她伸手圈在他脖子上，額頭貼著他的，右手指尖可以感覺到他皮膚上那處子彈孔。他只想要一張床，他只想要睡覺。

「如果你要睡在飯店裡，親愛的，他們明天前就會把我們一起關進牢裡，那裡可沒有床。」

「沒道理啊，為什麼會有人想要逮捕我？我做了什麼？」

「那不是重點，他們已經宣告你犯了『托洛斯基罪』，那就夠了。」

「妳已經耐著性子在跟我說了，是不是？」他微笑著。

她親吻他，「我會讓你聯絡上麥克奈爾，我明天十點要跟他在領事館附近見面，你可以跟他和考特曼一起在星光下睡覺。出境簽證應該過兩、三天就會準備好，等我拿到之後，我們看看能不能離開。」

●

「同時，」歐威爾描寫這段進行大量逮捕和殺害的時期，「他們並未『抓到』我的妻子，雖然她還留在大陸飯店，警察卻沒有逮捕她。很顯然，他們把她當成了誘餌。」[83]

他以為艾琳對史達林黨羽的價值在於，她能夠帶他們找到他這個跑到前線的民兵，但是她對他們的價值其實遠高於此，因為她曾經在ILP和POUM的核心工作，知道相關的一切。他看不出來，或者至少是說不出來。

歐威爾、麥克奈爾和考特曼等了四十八小時，等艾琳幫他們拿到簽證。晚上他們草草睡下，白天時則假裝成英國遊客，在高檔餐廳吃飯、去刮了鬍子，還擦亮了皮鞋。

同時，艾琳獨自一人睡在遭過毒手的房間裡，受到監視。她進出飯店時都會經過逮捕了她朋友的警衛。她需要在護照上拿到三個印章才能離開西班牙，這個過程很複雜，每一步都牽涉到被逮捕的風險。歐威爾的敘述中並沒有提到她：「大概要花好幾天才能把我們的護照處理好，離開西班牙之前，必須到三個不同的地方在護照上蓋章：警察局長、法國領事，以及加泰隆尼亞的移民官員。當然，警察局長是危險人物。」警察局長「當然」是危險人物，因為他才剛派了警察過來搜查她的房間、逮捕她的朋友。

傳記作家跟著歐威爾起的頭，隻字未提艾琳是冒著險境來救他們的，例如有一位提到這項任務的危險與急迫性，卻沒有說是誰去進行，還暗示是他們一起做的：「若是歐威爾和艾琳還留在西班牙，幾乎可以肯定他們會遭到射殺，同時他們被困在巴塞隆納，時不待人，還得協調好一系列複雜的條件才能逃走。」[84]

即使他們的護照已經蓋上所有該蓋的章，到了法國邊境，他們的姓名很可能已經上了通緝名單，一切端賴於西班牙人喜歡明天再說的本性，還有與邊境警衛之間的聯繫狀況（或者缺乏聯繫）。

他們等護照等了兩天，其中一天艾琳和歐威爾一起去探望在牢裡的科普。這樣的忠誠之舉實在很瘋狂，因為去監獄中探望「托洛斯基派法西斯分子」，只要一走進去，可能也會被當作托洛斯基派法西斯分子逮捕。他們進入一塊先前是商店店面的狹小空間，裡面擠滿了將近一百人，空間只允許人站著。因為拉下鐵捲門擋住了街道，光線顯得暗淡，而這個地方飄著一股「野獸般的臭味，把一群人聚攏在一起卻沒有適當的衛生措施時，就會有這種味道」。歐威爾寫道，科普看見他們的時候，他「用手肘將其他人擠開過來見我們，他那張氣色鮮活的圓臉看起來和往常差不多，而且在這樣骯髒的地方仍能保持制服的整潔，甚至還想辦法刮了鬍子」，科普「似乎心情絕佳，『好啦，我想我們都要被開槍打死了。』他雀躍地說」。他告訴他們之後應該會有一場針對「托洛斯基黨羽」的屠殺行動[85]，不過有件事或許可以救他：有一名指揮官寫信來擔保他是貨真價實的工程師，要求他參與東邊前線的戰事。不過那封信被警察沒收了。

歐威爾隨即衝去警局總部，想要拿回信。有幾名傳記作家都十分震驚他會有這樣的英勇舉動，但是沒有人提到，艾琳也才剛去過同一個地方。

●

她抬頭看著科普的臉。喬治離開後，儘管周遭的監獄裡仍是喧囂，兩人卻突然陷入一種奇異的沉默。

「希望他們不會逮捕他。」科普說。

「我昨天去過，」她說，「他們好像滿混亂的。你的眼睛還好嗎？」他的左眼充血了。

「沒事。」他握住她的手，他的手很大、很溫暖，而她冰冷的小手就這樣隱沒其中。

「才不是沒事！」她笑了，但眼中湧起熱淚，「我不想把你留在這裡。」

他聳聳肩，依然握著她的手，「會發生的就會發生，不然就不會。」他彎腰靠近她的耳朵，她聞到肥皂味，「如果我離開這裡，我們應該結婚，我可以照顧妳。」

她滿臉淚水，但他還握著她的手，她什麼也做不了。她點點頭。

「我愛妳，」他說著緊緊捏著她的手，「*Je t'aime*（我愛妳），艾琳。」

她知道這是真的，他以前就說過了。怎麼會有人此刻活生生地在她耳邊呼吸，而下一刻就不在了。她想要吻他。

但沒辦法。在他右肩後方，克魯克出現了，房裡又充滿了嘈雜。科普放下她的手，克魯克沒有刮鬍子，脖子上捲著一條髒髒的紅色頭巾。

「苦命鴛鴦啊？」他微笑著，腳上的重心一下往左偏，一下往右偏。

她感到胸膛湧出一股憎恨，雙手抹了抹臉。

「我們在安排事情，」她說，「如果你想要，我也可以幫你送信。」

「謝了，」克魯克說，「我明天會有一封信，看看能不能要幾張紙來。」

接著一名警衛出現，拽著她的手肘要離開。

「那就明天吧。」她回頭對科普說，不過他們兩人都知道不是真話。

艾琳並沒有回到監獄。而克魯克既然是為俄國效力的間諜，要送信也不勞幫忙。科普確實寫了一封信，那是在不久之後，他自認即將被處決，這會是他的最後一封信。信是寫給在英國的艾琳。克魯克表示可以想辦法送出去，但科普心存疑慮，他想辦法多抄寫了一份，用其他方法偷渡出去，其中一封送到了英國（艾琳似乎銷毀了），而另一封，多虧了克魯克，最後送到了莫斯科的秘密警察手上。

歐威爾未能從警方那裡取回科普的信，他和艾琳也不能再為他多做什麼，只能留一些錢給當地的一位婦女，讓她在還能送食物的時候、或在他還活著的日子裡，盡量為他打點。

被看見

艾琳仍然睡在大陸飯店，睡在敵對當權者的眼皮子底下，他們的計畫是讓她在火車站跟歐威爾、麥克奈爾與考特曼會合，搭晚上七點半前往法國的列車。她要打包他們的一切東西，包括箱子、袋子、側背包、打字機，而且叫好計程車等著，這樣她就能快速付了帳單，在飯店員工發現她要逃跑而叫來警衛之前就離開。但是那天晚上歐威爾抵達車站時，卻驚惶發現火車提早走了，他想辦法聯絡上艾琳，於是她掉轉回頭又在飯店住了一晚，他則和其他人找上一個無政府主義者，睡在對方開的咖啡館空房間。

隔天早上，她順利抵達車站而未遭逮捕：「我的妻子成功溜出飯店。」[86]歐威爾這麼寫道，沒有提到她可能陷入何種險境。四人搭上火車，彼此沒有坐在一起，假裝成有錢的遊客。「我記得，」麥克奈爾寫道，「我在讀華茲沃斯、考特曼讀著我那本約翰・梅茲菲爾（John Masefield），而歐威爾則繼續寫著自己的書。火車行走得相當緩慢……」[87]艾琳不值一提，不過若沒有她，他們可能都不會在那裡。

兩名探員在車廂間走動，記下外國人的姓名，但是「他們在餐車看到我們的時候，看我們都體面高尚的樣子似乎很滿意」，歐威爾寫道，於是他們沒有過來打擾。最後一關檢查是在法國邊境的護照處，「他們會在嫌犯的卡片索引上查找我們的姓名」，想必非常可怕，但是「多虧了警方的效率不彰，我們的姓名並未列上去，甚至連麥克奈爾的都沒有。我們被從頭到腳搜身，但是……搜查我的憲兵並不知道二十九師隸屬於POUM，所以我們順利溜過去了……」[88]歐威爾冷冷嘲諷道：「西班牙的秘密警察有點蓋世太保的精神，卻不太有他們的能力。」[89]

他們抵達法國後，麥克奈爾做的第一件事情就是在車站附近的小店買了一份報紙，他打開一看，發現上面已經刊出他被控間諜活動而遭逮捕的報導——報紙已經被當權者餵養了未來會發生的事情。而他，再次搶先一步走在故事前面。

他和考特曼去了巴黎，艾琳和歐威爾則在地中海畔的濱海巴紐爾（Banyuls-sur-Mer）隨意過了幾個晚上，然後一路穿過英格蘭南部回到了倫敦，在歐威爾看來，英格蘭突然變成了「世界上最順眼的景色」。

我將艾琳在西班牙的時光拼湊起來之後，依然相當困惑，我以前讀過《向加泰隆尼亞致敬》兩次，怎麼不曾發現她也在那裡？艾琳曾經在政黨的總部工作、去前線探望他、在他受傷時照顧他、將歐威爾的書稿交給麥克奈爾保管、保住了護照、救了歐威爾以免他可能在飯店被逮捕，而且還想辦法拿到了簽證，拯救了所有人[90]，她怎麼還會像個隱形人？我瀏覽過那本書的電子書版本，歐威爾提到「我的妻子」三十七次，然後我發現：艾琳的名字連一次都沒提到。沒有名字，角色就無法活過來，但如果是妻子這樣的職業描述，什麼都可以偷走。

不過，史達林的人可以無比清楚地看見艾琳。艾琳和歐威爾抵達英國的同時，針對他們倆犯下叛國罪的起訴書也發布了，若是他們被抓，就會遭到殺害。這份起訴書是根據克魯克、威克斯以及提歐利提供的訊息（大約這個時候提歐利已經消失了，沒有人知道他是怎麼死的，查爾斯・奧爾認為，或許他是因為想要警告或者拿毯子、水蜜桃和牙刷安慰他們而受罰），而史達林的人可以叫出她的名字（只是有很多錯誤和打字缺漏）：

> 一九三七年七月十三日，巴塞隆納，間諜與叛國罪特別法庭
>
> **艾瑞克・布萊爾及其妻子艾琳・布萊爾**
>
> 他們的通信中顯示出兩人為狂熱托洛斯基黨羽。
>
> 隸屬於英國的IRP〔原文錯誤照登〕……
>
> 必須認定為ILP負責與POUM聯繫的代理人。
>
> 他們曾居住於由POUM執行委員會資助的獵鷹旅館。
>
> 由約治〔Jorge，原文錯誤照登〕・科普簽署的POUM執行委員會憑證（其本質可認定此憑證在五月發生的事件期間有效），是為了幫助艾琳・布而開出。
>
> 艾瑞克・布參與五月的事件……
>
> 艾琳・布在一九三七年三月十三日出現在韋斯卡前線……[91]

巴塞隆納的街道上也藏著他們的秘密。我沿著蘭布拉大道往前走，經過博蓋利亞市場（Mercado de la Boquería），在一九三七年五月的戰鬥期間，歐威爾就在這裡買了他那塊羊奶起司。距離一石之

遙的不遠處就是科普被拘禁的惡臭監牢，現在則是連鎖的時尚商店。我走到大陸飯店的時候，艾琳殷殷盼著歐威爾走進來的豪華大門已經不在了，街邊那一層已經賣出去當店面，入口現在是側邊的一道門，打開後通往一道大理石階梯，曾經容納了接待櫃台、工作人員和警員，階梯看來潔白柔和又清涼，無數雙腳踩過這裡磨損出了凹陷。

我從大廳的窗戶往外眺望波利奧拉馬劇院，歐威爾就在這裡的屋頂坐了三天，他應該可以看到艾琳的房間。戰鬥停止時，他得在不吸引別人注意的情況下把步槍拿回來這裡，他把槍藏在長褲褲管下就這樣走過來，就像蒙提派森劇團的喜劇風格一樣。或許她看見了，還笑了。

我沿著街道走了一百公尺到里沃利飯店。

這裡就是科普的黑色軍官專車被槍射爛的地方。

這裡是那天早上男孩倒臥死亡的地方。

我看看身後，上面就是露臺，她或許可以從那裡目睹一切。

懸鈴木樹如此美麗，枝幹隨風搖擺著。小賣店的男人微笑著說哈囉。

INVISIBLE WORKER

III

看不見的勞工

Mrs. Orwell's Invisible Life

WIFEDOM

瓦靈頓，一九三八年新年元旦

●

小木屋裡還是沒有電，看著最後一絲日光，她不再繼續打字。她正繕打到的段落，是他在那段大量傳出逮捕、失蹤和殺害事件期間，出發去拿退伍令回來之後，決定在車站和她所在的飯店之間停下來吃晚餐。她的朋友都入獄了，她在飯店大廳裡等著他一夜又一夜，不停抽菸，還成為眾人都看得見的目標。

她又回頭讀了一次：他停下來吃晚餐，還跟一位「非常有慈父風範的服務生」討論起銅製水壺。太細節了。她很懷疑這件事有沒有發生，不過她也不想知道實際上發生了什麼，她繕打關於「高級妓院」在革命遭到鎮壓後便不再集體化經營的那部分時，那就是她特別不想知道的時候。

他在樓上，也在打字。天氣冷到像在冰庫裡一樣，她把打字機放在搖搖晃晃的牌桌上，盡量挪得更靠近火爐邊。他們沒有蠟燭了，至少她在樓下這裡遍尋不得。她把手套的指頭剪掉了，更方便抽菸和打字，她的雙手看起來像流氓的一樣，彷彿是《孤雛淚》中的費金。她會寫信給諾菈，將她召喚出來做陪伴。首先來根菸，火柴一劃迸出火焰，散發出硫磺的氣味，讓她安心不少。她把菸放在菸灰缸上。

瓦靈頓，商店
新年元旦

妳知道，我沒有筆、沒有墨水、沒有眼鏡，可能很快也沒有光亮了，因為筆墨、眼鏡和蠟燭全都在喬治工作的房間裡，要是我再去打擾他一次，那就是今晚的第十五次了。但是我一心一意要當巧婦，即使無米也要為炊，我找到了一台打字機，聽說盲人都能在黑暗裡打字。[1]

狗兒側躺在爐邊，好夢正酣。

我發現了要給妳的一紙信，這小小一紙信看來非常奇怪、歇斯底里，大概比我在那個國家寫過的任何東西都更西班牙。

她返國後整理行李時，在一件裙子的口袋裡發現了它，此刻揉成一團躺在她面前。希望這封重新寫的信會比較有邏輯。她把香菸叼在脣間，閉起一隻眼開始打字。

所以我又寫了。西班牙戰爭讓人難以釋懷之處，在於這場戰爭仍然以最不可理喻的方式宰制著我們的生活。喬治（或者妳是叫他艾瑞克嗎？）才剛寫完描寫這場戰爭的書，我把打字好的書稿給他，翻過來的背面就寫滿了他看不懂的手稿修改，他對此總是要有話要說，而我已經恢復到完全的和平主義……

她放下香菸，看著那團揉皺的信紙，然後又開始打字。

戰爭到目前為止還算有趣，槍戰持續著……但幾乎沒有人能夠保持理性，更不用說是誠實了。

她想起大衛．克魯克，這個美麗、窄臀、一頭黑髮的人物，令人難以理解的是，他似乎出獄了，不過可憐的喬治．科普仍待在某個爛透的地牢裡。她不知道能不能說得清楚，任何一部分都好，這一段充滿了愛與子彈、間諜與搜查的複雜故事，只有部分出現在書桌上這份書稿中。

被拋棄的香菸已經變成了一段灰燼，她將之掐熄又點燃一根小雪茄菸，拾起桌上打好字的書稿紙頁，拿著靠向火光，沒錯，就在這裡：「同時，警察逮捕了每個他們能抓到的人，只要是已知跟POUM有點關係的通通被捕……警方還採用一種手段（在這場戰爭中雙方都經常使用），如果有人消失了，就逮捕他的妻子做人質。」

她告訴喬治有許多人的妻子被抓的事情，因為她夜復一夜在飯店大廳裡承擔的就是這個風險。她現在發現，她在西班牙的經歷已經和她自己分開來了，成為了他的廣泛認知；不是因為她，也與她無關。「警察逮捕了每個他們能抓到的人」，被抓的人是她的同事，而四處傳播的謠言，還有俄國間諜在腰帶上掛著炸彈裝飾在會客室裡昂首闊步，這些事都是她告訴他的。她自己也含糊成了「我的妻子」，她的所作所為、所知的一切似乎都任由他擷取。

她實在找不到言語能形容這種感受。她盯著他這本書的書頁，邊緣都是她潦草記下的筆記。她確實在這個故事裡，卻永遠不會有人看見，就像鷹架或骨架一樣，消失在最終的結果裡，或者遭到覆蓋。她想，自謙的習慣只有仍然存在的時候才能養成，要堅稱自己的角色很渺小，卻拐著彎讓人注意到自己。自謙不應該是真的謙虛，但如今正是如此。

她將小雪茄菸放在玻璃菸灰缸上，好奇究竟會不會有人發現她身處其中，存在於她敲打的字裡行間。

她還是繼續跟諾菈說戰爭的事。

> 喬治．科普的事情現在變得比以前更像戴爾[2]的小說了。他還在牢裡，卻不知怎麼地還能送出幾封信給我，喬治打開來讀了其中一封，因為我不在家。

她們在牛津時認識的共同朋友瑪麗（Mary）曾以健康為由，急切地邀請她去拜訪。她真希望喬治沒讀過那封信，信上用花俏的歐洲書寫體寫著法文，「我為妳送上pensées choisies（特別的想念）」以及「給妳的愛」，而寫到他則只有「握手致意」。喬治說他打開信是因為科普可能在獄中需要緊急幫助，這話也沒說錯，不過他說這話的時候下顎咬得死緊也沒錯。她覺得自己沒什麼好解釋的，但問題是如果有男人喜歡妳，突然就需要解釋了，他的慾望成了妳的錯。或許寫在紙上會比較合理。

> 他非常喜歡喬治．科普，喬治在西班牙也確實是真心誠意愛護他，而且不管怎麼說，他都

是相當令人敬佩的軍人，因為他擁有非凡的勇氣，對這整件事也是無比寬厚，正如喬治本人就是無比寬厚。確實，兩人都曾經有過或者想辦法救過對方的命，我想到都快嚇死了，只是喬治那時從未注意到另一個喬治不只是「有一點迷戀」我。我有時會覺得，以前從來沒人有過這樣的罪惡感。

樓上的打字聲停了，一聲咳嗽，接著咳了一聲又一聲，然後他才能吸了口氣，她聽見他又開始敲鍵盤。她看著自己寫的最後一行，想著，那份罪惡感其實與她和喬治之間發生了什麼——或沒發生什麼——並無太大關聯。她從來沒有愛上他。真正令她感到愧疚的，是如果喬治沒愛上她，或許能更理智地面對一切。雖然這樣想其實也沒什麼道理——即便如此，他還是會被關進監牢。她又開始打字，不只要對諾菈把事情說清楚，對自己也一樣。

一直都知道，我不是像他們所說的那樣愛上喬治，我們的關係進展幅度很小，每一次稍有進展，都伴隨著可能讓他死於非命的襲擊或行動。但上一次我見到他時，他在監獄裡等著被槍決，我們兩人都確信會如此，而做為某種道別，我實在無法再跟他說清楚他永遠都不可能贏過喬治。所以，他就這樣在某個骯髒的監獄裡腐爛了六個多月，他無事可做，只能想著我最溫順的一面。若是他永遠出不來——這確實非常有可能——那麼他也多少有了讓心情愉悅的念想，這是好事，但若他真能出來，我實在不知道怎麼去開口提醒一個恢復自由的人，告訴他這世上沒有什麼會讓我想要嫁給他。

夠了，還能做什麼？完全沒有。她改用現在式，說起這座農莊和所有人物與動物。

我們現在有十九隻雞，十八隻是特意買的，還有一隻是意外，因為我們買了幾隻小鴨，還有一隻照顧牠們的母雞。我們以為今年秋天應該就會把母雞煮了，所以就安排好輪流看著母雞窩著的箱子，看看她有沒有下蛋，才能讓她活久一點。她確實下了，而且她是好媽媽，所以到了春天就要有小雞崽了。這天下午我們蓋了間雞舍……現在講到養雞之道，大概沒有我答不出的問題。或許妳會想在廁所裡放養雞的層架（比方說三層），這樣妳就能受惠於我的建議了。在刷牙前先撿顆雞蛋，刷牙之後就能吃掉，想到就令人心動。這讓我想到，我們去索斯沃爾德和布萊爾家的人度過了十分家庭和樂的聖誕節，而自從我們回來後，就幾乎天天吃水煮蛋……我們還養了一隻玩具貴賓犬，取名叫馬克思（Marx），用意是提醒我們從來沒有讀過馬克思。而現在我們讀了一些，就個人情感上實在非常不喜歡這個男人，結果我們跟小狗說話時，甚至無法看著他的臉……

她拍拍自己的腿，馬克思就離開了爐邊走了過來，忍不住一直搖著尾巴，他不管怎樣都是開心的。

這隻狗原本應該是銀灰色的，卻成了黑白相間，而才四個月大，鬢邊就開始顯出灰白，他

馬克思。（圖片提供：Catherine Moncure）

的體型應該很迷你，結果卻大了些……而且消化能力非常厲害，我引以為傲，他從來沒有生病，只是他幾乎每天都能在花園裡發現二十年也沒人看見的骨頭，吃掉了好幾根，還有幾把椅子和凳子……

她告訴諾菈自己去拜訪瑪麗的事，瑪麗的小兒子大衛（David）「非常聰明，讓我有點嫉妒，因為我也很想有個兒子，但我們並沒有。」

我去拜訪時，我和瑪麗的可憐遭遇就是人類歷史的總結——我陷入了每月磨難之前的激烈疼痛，這次來得很晚，我還在想是不是可以相信好像不會來了，而瑪麗完全沒有什麼磨難之前的疼痛，她發燒了，於是去找藥師想買一些麥角或其他矯正藥物。

她的朋友想要墮胎藥，但對她來說，每個月的希望都隨著經血流出。

最後一根蠟燭就要熄了，這封信也沒有更好的結尾。

她站起來，往壁爐裡又放了塊木柴——已經很晚了，但若不這樣就完全沒有光線了。她很想要去布里斯托見諾菈。

這本書寫完之後，我應該要放個假，應該就是這個月了，只是我們大概完全沒錢了……我不知道我能不能離開，就算一天也好，因為這本書已經延遲了，而最終定稿的打字工作都還沒開始……我還一直拿到他要修改的書稿，完全無法理解稿子裡的東西——但如果講到要賣書，這些事情就沒有那麼重要了

小豬。

她還沒把紙從打字機抽出來，他就已經站在她身後，黑暗的影子不斷咳嗽、不斷講話。她不知道現在幾點了。

他回到樓上時，她又加了幾句：

艾瑞克（我是說喬治）剛剛過來說燈熄了（因為他要工作，所以拿走了阿拉丁神燈），問我有沒有燈油（什麼問題），還說我不能在這種光線下打字（這關心或許是真的，但我看不出來），而且他餓了，想要喝點可可、吃點餅乾。現在已經過了午夜，馬克思在啃骨頭，在每張

椅子上都留了碎屑，他現在大概就坐在上面。

她把紙從打字機捲出來，然後去煮可可。

過了八週，書完成了。此時剛入三月，天氣仍寒冷。兩人在前廳的火爐邊，喬治開始咳嗽，咳到有血從嘴邊冒出來。血太多了[3]，似乎會一直流下去。她打電話叫救護車，打電話給她哥哥，又打電話給隔壁村的朋友傑克・考蒙，請他幫忙照顧動物。喬治躺在沙發上，額頭上敷著冰，胸前蓋著一條浸滿紅棕色的毛巾，看來怵目驚心。他說他很抱歉，然後說：「老天，真夠慘的。」她跟著坐上救護車到了醫院。

謝天謝地，勞倫斯在那裡跟他們碰面，他拿聽診器檢查喬治，輕敲喬治蒼白的胸膛，指示要做X光和痰液檢查。他決定讓喬治轉到自己看診的肯特郡普萊斯頓府（Preston Hall），由他照顧，於是又吩咐安排另一台救護車。

這趟路上給喬治施打了鎮靜劑，他靠在枕頭上睡著了，低垂的頭微微偏著。她看著他已經擦乾淨的嘴，讓人看不出來曾經從這裡冒出的恐怖景象。她知道不管科學檢查的結果如何，勞倫斯都會告訴她：肺結核、器官損傷、治療選項、還剩下幾年幾個月，而她會理解。但於此同時，喬治的呼吸是如此平穩、安靜，臉上的皺褶都平了下去，她覺得自己心中有什麼東西脫離了科學，進入希望與魔法的範疇：無論事實如何，她都想要他活下去，她感覺自己進入了屬於意志、非現實、愛，還有曾經稱為祈禱的區塊。

那天晚上她住在勞倫斯與葛雯在格林威治的家，早上她寫信給聰明又好心的傑克，謝謝他冒著傾盆大雨過來小木屋照顧動物，她告訴他「醫院已經止住血」，原本打算要使用「人工氣胸，但最後沒用」，而從地方醫院到普萊斯頓府的車程是「搭著救護車，就像架在四顆輪胎上極度奢華的臥房……所以也算值得了。艾瑞克的心情有點低落，覺得自己不得不待在設計來殺人的地方，但除此之外倒是相當不錯。他們說他不用待太久，但是專科醫師有點希望能夠找出確切的出血點，控制好以防止未來復發……這封信其實是要謝謝你這位好鄰居，大老遠在這種天氣過來，待在一個也不能說讓人安心的村子裡，沒有可以說話的人總會讓人變得歇斯底里。我會讓你知道事情的發展，我還得寫信給親戚告知這個可怕的消息。」[4]

昨天的慌亂總算結束了，現在反而讓她覺得尷尬。人藉由書寫可以發現自己的感受，而她現在寫下來了，才看出自己在村裡有多孤單。她不能告訴傑克那個專科醫師就是她哥哥，在他這個勞動階級的人看來，就像是中產階級的特殊待遇。確實是。

她回到小木屋的家之前，傑克便離開了。她將鑰匙插進門鎖孔內轉動，馬克思樂壞了，跳了起來哀號著，轉圈圈時全身毛髮都在抖動，他把一張條紋扶手椅的椅墊內襯全咬了出來——他這樣做實在很糟糕。山羊奈莉把拴住自己的那根柱子拔了起來，吃掉了整片菠菜，她的乳房看起來很痛，首要之務就是拿個桶子來幫她擠奶。

●

舌吻

歐威爾待在普萊斯頓府療養院的這六個月，艾琳都獨自過日，她每兩週會去探視他，從瓦靈頓到肯特這段路程很昂貴，還要花五個小時。要先走四．八公里的路去搭公車，然後轉火車再轉地鐵，又要搭火車再搭公車，然後還要走一段路。她會比較想要住在勞倫斯和葛雯家，這樣會比較近，但是她必須照顧山羊（他們現在有兩頭）、雞和鴨。她會帶食物和鮮花給歐威爾，跟他聊著那隻母雞雪赫拉莎德（Scheherazade）[i]的故事，畢竟她靠著下蛋救了自己的命。

有一次她拜託莉迪亞代替自己去，因為她住在倫敦比較近。「我要帶一些自家做的司康和一束黃花九輪草給喬治，他們兩人都很喜歡這種花。」[5]莉迪亞寫道：

療養院距離梅德斯通（Maidstone）有一段距離，四周是一片大公園。我看見喬治衣著整齊坐在室外一張躺椅上，我到了之後他便站起來，提議我們到公園裡散個步。我們並沒有走得太遠，我們走到看不見建築物的地方時便坐在草地上，他伸手攬住了我。那個情況很尷尬，他做為男人並無法吸引我，而且他健康狀況不佳，甚至會讓我有一點反感；可是話說回來，他生病了，極度渴望著與妻子親密相處，讓我很難拒絕他。我不想一副大驚小怪的樣子，或者把這件事看得很嚴重，如果親吻我能讓他開心幾分鐘，我又何必推開他？我深信他很愛艾琳，而我怎麼看都比不上她。

要離家前往西班牙之前的那年聖誕節，歐威爾喃喃說：「今年聖誕節沒辦法在槲寄生下親吻妳了。」莉迪亞馬上就感覺到，這是一種為了傷害艾琳的性欲手段，結果導向了這一步：在結核病中的舌吻，然後莉迪亞躍入了女性永恆不滅的雙重思考，自動從男性的角度來看待事物——包括她自己。若是她斷然拒絕了他，可以預期他會罵她「大驚小怪」，若是她「嚴肅看待這件事」，那就是沒有幽默感。她陷入了一個自己說不太清楚的困境，親吻她親愛好友的病弱丈夫似乎比不親吻他要簡單多了，只是她知道這個親吻背叛了艾琳，而且還可能是死亡之吻。正如艾琳過去面對喬治・科普時，想到他隨時可能死在西班牙，便不忍拒絕讓他心懷慰藉，而莉迪亞覺得自己是歐威爾應當擁有的享樂。

親吻，尤其是初吻，並不僅僅是親吻，而是女性必須琢磨清楚的狀況。她所面對的選擇是拘謹／淫蕩，或者不懂幽默的賤人／共犯，而分隔兩者的斜線就是那一條極為細窄的地域，女人或許一開始會在其中發現自己的慾望，接著滿足那股慾望。

幾個月匆匆過去，艾琳和歐威爾的積蓄已經消耗殆盡，於是她開始接案打字來維持生計[6]。臨

i 譯註：雪赫拉莎德（Scheherazade）是《天方夜譚》中的角色，她每天晚上說故事給國王聽，以免天亮後就被國王下令處死。

近歐威爾出院之時，醫囑建議要待在氣候溫和的地方，好能恢復得更順利，夫婦倆基本上已經破產了，不過有位匿名的捐助人（其實是小說家里歐・邁爾斯〔L. H. Myers〕）給了他們三百英鎊[7]，好讓他們成行。歐威爾很不願意收下這麼多錢，但勞倫斯勸說他，這是必要的醫療支出。夫婦倆在一九三八年九月登上前往北非摩洛哥馬拉喀什（Marrakesh）的史特拉希頓號蒸汽輪船（SS *Stratheden*）。

他們離開前的那段時間，日子過得很混亂。「我自己的話，」艾琳寫道，「我不記得在英國的最後那幾週，只知道幾乎全都在火車上度過。要去跟人道別，還要跑遍國內去拿東西（包括艾瑞克），我們必須把小木屋交給考蒙家的人，他們會在那裡過冬天，還會把羊都趕在一起等等……」[8]

她把馬克思帶著，交給歐威爾住在布里斯托的姊姊瑪喬麗，但因故（沒有時間或者她不在？）卻沒辦法與諾菈見面。

現身和隱形，就在同時

流沙

我小時候全家住在法國，我們要回來澳洲之前（那時我六歲），去了諾曼第海邊的聖米歇爾山（Mont-Saint-Michel）。我們沿著堤道開車過去，穿過一片潮濕沙地的地景，這裡的海水漲起了也看不見。我們幾個單純的小孩子都聽見了警告，潮水捲來的速度比你逃跑得還快。聖米歇爾山本身就像童話仙境一般，建在山丘上的城堡，底下還有比較小的支撐建築。我們下車之後，大人告訴我們這裡的沙地其實是流沙，於是我馬上一腳踩了進去，沙子吞沒了我的腳一直到膝蓋處，得有人拉著我才脫困，但是我想要知道那種感覺。

回到墨爾本後，我母親幫我報名了法國文化協會（Alliance Française）的課程好維持法文程度，老師是個留著黑色鬍鬚的男人，第一次上課之後他把我帶到一旁，問我的生日是什麼時候，我告訴他之後他彎腰靠近我，「那到時候，」他輕聲對著我的臉說，「我會給妳une bise（一個吻）。」我明白他的意思，我也明白那不會是祝賀生日的普通親吻。我什麼都沒對我母親說，只說我不想回去了，那是我人生中第一次（我想也是唯一一次），她沒有叫我堅持下去。我到現在還覺得很驚訝，而更讓我驚訝的是，她從來沒問過我為什麼。

我透過夢境、記憶以及敘事中潛在的機敏祈使語氣，將這段第一次面對到性威脅的經驗組合在一起，而令人悲傷的是，我在六歲時便在骨頭裡刻下這種認知，正如在聖米歇爾山那起伏躍動的潮水，你或許會對這個世界中美妙而詭異的倉皇感到有趣，還能快一步跑走，儘管驚險萬分。

觀點

後來我又在法國待了一段時間，這次是在十幾歲的時候去度假。我整天四處閒晃，讀著我父親的西默農（Georges Simenon）與羅斯・麥可唐諾（Ross Macdonald）的偵探小說，影響了我用私家偵探的眼睛來看這個世界。在這個世界裡，女人就是外來者，是他人渴望的對象。我和我父親還有跟我們同住的少年沿著耶赫（Hyères）的海灘散步，在第一處海灘上的女人穿著比基尼，第二處海灘的女人裸著上身，而到了第三處海灣，她們是全裸的。我父親是個和善的人，他一派輕鬆地對著只有十四歲的少年說：「你可以看，但別摸。」他們笑了，我才發現我甚至不在場，而是光著上身，小腳踩在沙裡。

稍晚到了半夜裡，我們小孩子都躺下睡覺了，少年從腳趾開始撫摸著我的腳，越來越往上摸到我的大腿。我假裝睡著了，他的手移動著，總是在我想要他摸到的地方之前就停下來。他沒有聽我父親的話，我也沒有。

蘑菇

那年我大概二十歲，父母在家裡舉辦派對，這時才剛到傍晚不久，天色仍亮、人們還沒喝醉。我跟我父母和另一對夫妻站在一起，男方和我父親一樣是位醫學教授。不知怎地，大家還聊著天，那位教授傾身靠了過來抓住我的手腕，將我的手拉往他的胯下，他可能說了什麼、講了什麼笑話，但是我不記得有人注意到了什麼。

後來我跟我母親講起這件事，她也在場，我不敢相信她沒看見——或許她這麼剛好分了心？在處理食物？管教不受控的狗？我告訴她：「感覺就像一袋蘑菇。」她笑了，因為她喜歡笑，然後就如人們所說，就是那樣了。我並未受創，當下的情況實在太正大光明，並沒有什麼威脅，令人震驚之處在於，我發現一個男人竟然能如此自在，或者忍不住，又或者兩者皆是，要在他的妻子和我父母面前，在我們家裡做出這種事，然後還能不受追究。隱形感覺起來就像蘑菇，聽起來像是竊笑。

摩洛哥

歐威爾和艾琳抵達馬拉喀什的第一天晚上住在旅館裡，「這裡可能曾經是很不錯的地方」，艾琳寫信給婆婆說道，「但是最近轉了手，顯然改成妓院了，我對妓院沒有太多第一手知識，不過既然這些地方提供特殊服務，大概也都負擔得起解決髒汙的問題，也沒有什麼不方便之處。」他們還是住下了，「一部分是因為艾瑞克一開始沒有注意到什麼奇怪的地方，後來想要住下來時才察覺。另外則是因為那時我的體溫每過一小時大概就升了一度，我只想躺下，這點相當容易，另外也想喝點東西，而街上熙來攘往各種面孔的阿拉伯人不斷送飲料來，這些人看起來凶神惡煞的卻相當和善。艾瑞克當然出去吃飯了，而在摩洛哥用餐相當昂貴，所以我們盡快搬來這裡住。」[9]

他們找到了一棟出租的別墅，距離市區五公里遠。

安頓下來之後她就寫信給諾菈，她想要解釋一下他們如何來到這裡，但是有一件關鍵的事情卻含糊其詞，好像說了又好像沒說。

艾琳告訴諾菈，醫師診斷出歐威爾並沒有肺結核之後，又把他留在療養院好幾個月，這點很奇怪，因為他確實受這個病症所苦。歐威爾終其一生都不太願意談論自己的疾病，或許是不想以此為焦點，畢竟又治不好。他通常不會告訴身邊的人——居然沒有更多人染上病真是小小奇蹟。有時候他會說那是「支氣管擴張症」(一種比較不嚴重的肺病),大多時候他就乾脆略過不提。艾琳和勞倫斯看過X光片,應該確切知道情況如何,所以她或許也是掩飾著病況的嚴重性,不讓諾菈多擔心。

雖然寫著歐威爾並沒有肺結核,艾琳卻差不多透露出了真相,她敘述著她哥哥堅持要到氣候更溫暖的地方,她說勞倫斯「想不到還能對他的疾病編出什麼謊言了」[10]。而艾琳和歐威爾都知道,他的壽命可能不長了,「我們就這樣來了自然很傻,但是我沒有理由拒絕,而且艾瑞克覺得有義務照辦,只是他老是苦澀地抱怨著,這樣刻意說謊廣而告之,害他這輩子第一次背上了債務,而且可以說浪費了一整年時間,而那還是少數幾年中他能夠行動自如的時光。」

不過當時他在工作,兩人的生活過得不錯。那間房子很漂亮,艾琳這樣告訴諾菈,就是四周沒什麼人,房子的周圍是「一片柳橙果樹,這一切都屬於一名屠夫,他栽種了這片柳橙果樹卻比較喜歡與肉類為伍。唯一的鄰居就是負責照顧果樹的阿拉伯人……」一位當地人馬裘布(Mahjroub)是他們的管家。別墅裡的家具包括幾張草莖與柳條編成的椅子、一張禱告跪毯、「兩架用來煮飯的炭火爐、大約有三分之一絕對必備的陶器,還有幾顆西洋棋棋子。」

她買了一輛單車,喜歡騎到馬拉喀什的市區裡,這座城內有粉紅色的牆,她這樣告訴諾菈,而且到處都是「美麗的拱門,只是會飄散出惡臭,可愛的孩子們身上覆滿了皮癬、蒼蠅飛來飛去……如果你菸不離手(最好是抽雪茄的),那麼市集十分有趣,而且絕對不要往下看。」

艾琳在寫給另一個朋友的信中把蒼蠅寫得活靈活現,她觀察到阿拉伯人喜歡鮮活的綠色(裹屍布)[11],而且沒有棺材;到了葬禮的日子,對蒼蠅是好事,牠們甚至會離開餐廳幾分鐘,好嚐嚐經過的屍體。歐威爾在他的散文〈馬拉喀什〉(Marrakesh)中,一開頭就引用了她的觀察,改寫成這個樣子：

屍體經過的時候，蒼蠅就會成群離開餐廳的桌上追趕過去，但是幾分鐘後就會回來……真正吸引蒼蠅的是，這裡的屍體從來不會放進棺材裡，而只是裹上一條布，放在粗糙的木造棺柩上，由四名友人扛在肩上。

艾琳總是寥寥幾語便讓自己語句中的所有角色都活了起來——阿拉伯人、蒼蠅，甚至是屍體，即使是「經過」也有點用處。相互矛盾的文字正是她活用幽默感的展現：裹屍布是「鮮活的」、沒有棺材是「好事」，而且蒼蠅還能考慮一下，要選擇品嚐餐廳的食物或者屍體。

在歐威爾的版本中，屍體似乎遭受不當的對待：「從來不會」放進棺材，「只是裹上一條布」，然後放在「粗糙的木造棺柩」上抬著。沒有提到阿拉伯人、沒有挑三揀四的蒼蠅。一位傳記作者注意到其中的相似，說這「表示在他後來的作品中，重要的發想可能是來自於他和擅長詩詞的艾琳共同觀察與討論的結果」[12]，我想這位傳記作者可能預示的是《動物農莊》。我會說得更清楚一點，以更加生動、更擬人化、更幽默的眼光來看待其他各類角色及生物，這種手法是來自於她。

●

這天早上她到馬拉喀什去買要寄回家的聖誕禮物，喬治為了一面整整有一．二公尺寬的黃銅托盤跟人殺價（技巧很差，他太大方了），他們接下來的人生中絕對擺脫不了這面托盤[13]。她找到了一只做工精巧的皮革箱子要送給諾菈。

現在她回到家中休息，光腳踩在冰涼的磁磚上。馬袞布才剛擦完地板，所以接下來十分鐘內，地板上不會有砂礫。她可以聽見他在廚房裡忙碌，跪伏在地板上，手拿著一團濕抹布往後退。現在到了晚上，她就會讓他回家，因為他會整個晚上坐在後方的階梯上，不時跳起又坐下，好到餐桌前服侍他們。喬治並沒有注意到，可是她實在受不了馬袞布緊張兮兮的樣子[14]，馬袞布臉上因年紀而爬滿皺紋，總是戒慎而恭敬，讓他們保持著距離，但是兩人還是會交談。他小時候就被法國人徵召去當娃娃兵，她想著不知道他曉不曉得又要開戰了。

屋頂上的小觀景台傳來打字機的喀啷聲，喬治正在寫一本小說，叫做《上來透口氣》（*Coming Up for Air*），描寫一個男人有個嘮叨的太太還有幾個小屁蛋，他們的生活陷入一團中年失望的瘴氣中。她覺得這本書很棒，也覺得他想藉此彌補自己造成的恐懼。

他們買了一對鴿子，其中一隻在房間一角迅速拉了一坨屎，就踱步走開。她得把馬袞布叫回來清理。她調整熱水瓶放在腹部上的位置，接著是固定住雙腿間布巾的帶子。出血很痛苦，但應該很快就會結束了，這跟劇烈的頭痛沒得比，還要額外加上達成食物中毒的成就，她來到這個國家的前幾週，總算是活下來了。馬袞布幫她煮了薄荷茶，她要他讓水滾十二分鐘，只是他搖搖頭，認為這樣太浪費瓦斯。

屋外的陽光把地面烤成一片金黃，她今天早上晾在曬衣繩上的衣物，包括床單、內褲、襯衫等等，迎風拍動就像活了過來似的，或像是表示投降的旗號。

她從紙堆拿了全新的一張紙開始寫，要跟諾菈說說自己在家鄉的家人情形，但並不是好消息——人們正為了開戰而做準備，卻發現很難判斷要做到多少，歐威爾的姊姊瑪喬麗幫孩子買了防毒面具，但是她丈夫在庭院裡挖防空洞卻被她說成「發瘋」。老布萊爾先生得了癌症就快死了，不會為此大驚小怪，但艾琳心裡真正在想的是「喬治．科普提議說要過來摩洛哥跟我們住一段時間（他沒有錢，而我們前一天才接到電報，知道他出獄了也離開西班牙。艾瑞克對電報的反應是喬治一定要跟我們住，而收到喬治說要過來的信之後，他的反應則是他一定不能跟我們住，不過我覺得解決的方法可能是讓喬治找不到人可以借到必要的旅費）。」

她並不是真的想要見到科普，她懷疑著，戰爭的戲劇性以及刀口上舔血的生活，會將最不可能的人變成英雄人物，而撇除了這些之後，科普可能會變得窩囊而不可靠。她感到一股刺痛的羞愧，發現自己在西班牙的時候很樂意將浮誇不實的法文甜言蜜語當成真話，似乎也很適合那裡的情況，她甚至不知道他都讀些什麼書。她希望他不會來，或許應該建議他改去英國找勞倫斯和葛雯。

不過艾瑞克〔喬治〕好多了……咳嗽也沒那麼多了（不過還是比在英國時多），所以我想在外國的冬季尾聲，他應該不會比一開始的時候更糟了。我想他的壽命大概短了一、兩年，但經過這一切極權主義的洗禮，那也沒什麼要緊的了……如今我們經過了磨練，可以面對這個國家常見的恐懼，倒是挺享受的。艾瑞克正在寫書，我們兩人為此都十分開心，甚至可以原諒哥哥〔勞倫斯〕總忍不住要當自然界的法西斯，而他知道這件事後又實在惱怒。

她往後坐，點了根雪茄。諾菈知道勞倫斯是社會主義者，她會明白她指的是他下達醫囑時的專制獨裁。

這裡的門都打開著，在屋外的馬裘布一邊哼著歌，一邊在水槽裡擰抹布。

他最近憂心忡忡，因為他老是記不得法文裡的魚怎麼說，但這一週他真的學起來了——是 *oiseau*。[15]我們現在對彼此相當了解了（他經常稱呼我「老夫人」），不過我常聽不出來他是在講法文或阿拉伯文，而我自己通常講英文。他負責採買、打水、清潔地板……我負責煮菜，相當有趣的是還負責洗衣服。送洗衣物非常昂貴……我們還養了兩隻鴿子，牠們不會下蛋，但如果要下的話，絕對會在我們的枕頭上築巢，因為牠們一天裡大多數時間都在屋裡走來走去，一隻跟在另一隻後面。

艾琳要請她幫個忙。瑪喬麗寫信給她說「馬克思好得不得了，只是有些天生的壞習性永遠也改不了」[16]，艾琳第一次讀這句話只覺得好笑，但現在覺得那隻可憐的小狗可能需要有人相救。艾琳希望諾菈去看看他，同時也出於禮貌去拜訪喬治的姊姊。「我內心深處並不喜歡說話不老實的瑪喬麗，但見到她的時候總是開心的」，而瑪喬麗的孩子（十五歲的珍〔Jane〕、十歲的亨利〔Henry〕、七歲的露西〔Lucy〕）也很有趣。

她已經來不及幫諾菈的母親挑選聖誕節賀卡了。她沒有告訴諾菈，自己在這裡因為發燒、偏頭痛和經期流血時間過長而住院，但是現在已經差不多結束了，那就可以告訴她了。

……兩週前，我突然發作了嚴重的神經痛和發燒，我通常去馬拉喀什都是騎著日本製的紅色單車，這輛車應該是做給一個腿非常短、擁有世界上最大的手的人，不過這次我叫了計程車入城去做X光。看起來我應該是又生了囊腫，其實我連行李都打包好了，以免我又要住院。結果我的下巴根本沒什麼事，兩、三天前也退燒了，今天我在頭上包著手帕，第一次踏出門……來不及買聖誕賀卡了，眼下只能向妳母親送上我的愛，還有其他所有親戚，不過唯獨只有諾菈收到的愛是來自

小豬。

她拿起放在廚房地板上的大藤籃撐在側臂上，她走向曬衣繩時聽見迎風吹拂而來的聲音，那是提醒到了祈禱的五點鐘，馬袞布已經走向他的祈禱跪毯。

●

在摩洛哥的艾琳。最有可能是喬治拍的，牆上也能看見他的影子。（圖片提供：Orwell Archive, UCL Library Services, Special Collections）

假期

他寫完《上來透口氣》之後，將手稿交給艾琳編輯、重新打字，接著他們去了亞特拉斯山脈（Atlas Mountains）高處的塔德特（Taddert）度假，這座村落以石塊築成屋頂平坦的小屋，聚集在滿布霜雪的光禿空地上，看起來就像立體派畫作的奇景。

●

他們找到一間旅店，坐在軟墊上吃燉羊肉，用小玻璃杯喝茶。外頭，鎮上的人穿著長及地面的長袍衣衫、拉起兜帽，女人戴著銀手環，以妝墨畫上眼線，他們的下巴有刺青。喬治對女孩們很是著迷，她感覺到他的目光在她們身上流連，也知道他並不在乎讓她看見。

他們已經學會用右手吃東西，喬治問旅店老闆的年輕女兒能不能給他一根湯匙，也拿到了。用完餐後他往後躺。

「我工作太辛苦了，媽咪。」他用學童的口吻說話，伸手進長褲口袋裡翻找著他從西班牙帶回來的打火機，還有長長的黃色燈芯。

「確實是，親愛的。」

「我應該好好享受一下。」他說著，偏頭往與她相反的方向吐出一道淡淡的煙。

她心裡的一塊小東西硬成了石頭，他說的不是她，她一時忘了呼吸，接著才想起。她閉上嘴。他說他想要一個柏柏爾（Berber）女孩，「一個就好。」

「那你想要我怎麼樣？」她說。

「我只是覺得應該告訴妳。」

那天晚上她獨自在他們的小房間等待，從沒有玻璃的窗戶看著外面籠罩在深深黑暗的村落，敞開處的一邊掛著一條紅布，大概是用來當窗簾的。在房間裡的等待似乎是婚姻的一部分，這是她現在會做的事；她並不是太喜歡在房間裡等待，她會抽菸、踱步，閱讀並沒有用。她試圖檢視自己的思緒，然後決定不可以這麼做，反正也不會有恰當的想法，結果只會是虛無、不幸。發生了一件事，將會改變她在自己人生中的位置。

他在門口，手指間的香菸燃著紅色菸燼。當然，那裡沒有浴室，除了一只水壺沒有什麼盥洗用具。只有一張床。

這不會寫在給諾菈的信上，沒有文字能描述這件事，於是暫擱一旁。

●

這些細節是我想像出來的，不過因為這件事確實發生過，必定曾經出現過類似的場景。我使用了大多數傳記作家忽略掉的證據，若是他們忽略不了的，也會偷偷塞在註解裡，同時拋出質疑，希望將事實轉化成謠言。不過他們的努力卻透露出，歐威爾的行為實在很難為他自己界定出「高尚」的形象。

有時他們用來自男性的證詞來拋出質疑。後來在戰爭期間，作家托斯可．費維爾（Tosco Fyvel）與妻子瑪麗（Mary）與艾琳和歐威爾成為好朋友，在他們家吃午餐時，歐威爾（應該是在艾琳聽不見的地方）跟瑪麗回憶起他在摩洛哥的性探險，或許是藉此跟她暗示他有出去偷吃的「准許證」，同時看看她是否也有。

托斯可回想道：「我還能記得他跟瑪麗聊著他和艾琳在摩洛哥度過的那段時光，他說他越來越受到阿拉伯少女的吸引，於是告訴艾琳，自己必須要擁有其中一個少女，一次就好，那時艾琳同意了，所以他找了個阿拉伯少女。是真的或者想像出來的？無關緊要。」[17]

我猜那對她很緊要。還有其他證據，又是歐威爾自己說出口的，還是一樣，經常只是放在不顯眼的註解。在戰爭尾聲，歐威爾在巴黎與富有的同性戀作家學者哈洛德．艾克頓（Harold Acton）共進晚餐，艾克頓還記得他們的對話。

……我催促著他，讓他回想自己在緬甸的生活，而他說起緬甸女人的甜美時，那雙悲傷而真誠的眼睛便亮了起來……他說到摩洛哥的美就更熱切了，他的面色蒼白，一副苦行僧的樣子，讓人很難聯想到肉慾的享受，如今卻坦言自己和某些摩洛哥女孩在一起時所嚐到的幸福滋味，是在其他地方都很難找到的，那些少女完全自然不做作又優雅，展現出真誠的性慾。他描述的言語是如此簡單而直接，讓人彷彿能夠看見她們纖瘦的腰肢、小巧堅挺的乳房，幾乎能夠聞到她們光滑的肌膚上沾染的香料味道。我沉思著，這樣的描述簡直像紀德（André Gide）的文筆，也同樣真誠。[18]

傳記作家試圖為歐威爾的行為找藉口。有一位聲稱「這份證據非常棘手」[19]，然後表明出他發現有多棘手，寫道：「即使歐威爾真的說過摩洛哥的情事，也不可能發生過，而且歐威爾知道自己在跟誰說話，或許是試圖要讓他難堪。（就連詹森博士〔Samuel Johnson〕都曾經申辯過，從基本面來看，與公爵夫人上床是否會比與她的女僕上床更愉悅。）」顯然傳記作家想要質疑這件事，隱約引出艾克頓的同性戀傾向，然後借用文學巨擘山謬．詹森的幫助，合理化歐威爾與某個可能社會階級較低下的人上床這件事。其他一起寫作的傳記作家試圖透過時間的安排，排除掉這件風流韻事的存在，加上一條註解：「事關男性的尊嚴，歐威爾自然也有，影響甚多……而且幾乎可以肯定也影響了這段有趣的對話……」[20]接著他們平鋪直敘地列出旅程中的日期，強調他有多麼辛勤，埋首寫作《上來透口氣》，而且他們在山間度假之後他病了三個星期，然後夫婦倆便出發回倫敦，似乎是想讓讀者認為，他實在太忙碌了，無論是在山間度假之前或之後皆然，所以他在那裡的時候，大概不會有時間、也沒有精力為自己找來摩洛哥少女作陪。

另一位傳記作家則試圖削弱歐威爾的無情行徑，暗指說這是雙方同意之下的安排，寫道「最後艾琳也讓他能去找一個」，去「馬拉喀什找一個十幾歲的阿拉伯娼妓」（不過與費維爾夫婦的交談中，有些人認為說的是塔德特旅館老闆的年輕女兒）。這件事，他繼續寫道，「讓兩人的關係添上一層古怪的光澤，否則這對夫婦是相當傳統的，這種陰暗而詭秘的隱私念頭在他們公開的生活表面之下延展開來」[21]，但是這股「陰暗的隱私」並非存在於「他們的」公開生活背後，而是他的。傳記作家努力不讓他們的主角毀掉自己，讓他既能主導自己的行為卻又保持無辜，或者以這件事來說，是他的「摩洛哥女孩」及他的體面，無論證據怎麼說都無妨，他們的做法是弱化這項行為，也就弱化了女人（或少女），把它變成是吹噓、時間安排上不可能發生的事，或者是雙方同意下的安排。

歐威爾回到英國後，也並未因忙碌就無法謀劃自己的性生活。他一直偷偷寫信給莉迪亞，信件內容讓她十分不舒服：

真期待見到妳！不知道妳現在跟哪個年輕男子在一起？我實在太常想起妳了，不知道妳有沒有想起我？我知道在信裡寫這些事情太過輕率，但是妳應該很聰明，知道要燒掉這封信的，對吧？[22]

莉迪亞讀到那封信時，「感覺很複雜」：

我很期待可以再見到艾琳，但不是喬治，尤其是他信上的口氣還想要重溫舊情的樣子，當時在美登赫（Maidenhead）的醫院，是我太過心軟才沒有拒絕。我也不喜歡他說「妳現在跟哪個年輕男子在一起」，好像在他們去馬拉喀什之前，他就是我的年輕男子。那時我有好幾位男性友人，我覺得他們比喬治更加迷人，他那種男性的自負讓我很惱怒。我最不希望的就是介入他與艾琳的關係，也不想要隱瞞她什麼，只要他說到「空下時間」，我已經決定不去回應，也不讓他能輕鬆得到自己想要的。

但是她待在自己的公寓裡就是很明顯的目標。

越來越接近他提到的日期，我照常處理自己的事情，一天下午發現有一張卡片被塞進我的大門底下，他在上面草草寫著：

親愛的莉迪亞：

我敲過妳公寓的門，發現妳不在家時，實在非常失望。我問過門房之後，知道妳並沒有離開倫敦。我明天就得離開，週末要去探望我父母，不過大概週二就會回來，希望屆時能見到妳。另外，若是我使點小聰明，明天早上或許可以過來一個小時，所以妳早上想辦法待在家裡，好嗎？

愛妳的，艾瑞克

莉迪亞躲掉了這次來訪：

我不記得那天早上有沒有出門，或者沒接電話，明知那可能是喬治告知他要來，但不管怎樣我都是刻意為之。我很氣憤，他居然以為我會向艾琳隱瞞我們的會面，厭惡他不顧我的意願而偷偷設下騙局，我不想在這種充滿敵意的情緒中見他，如果他要擁抱我，我會推開他。

結果，他無法按照計畫來到倫敦，於是莉迪亞「得以避開這次特殊的經驗」，但卻無法躲掉膽敢避開他所造成的惡果——他很生氣。

親愛的莉迪亞：

妳實在太過分了，今天早上居然沒有如我要求的待在家裡。但或許妳沒有辦法。我打了三次電話。妳在生我的氣嗎？我確實從摩洛哥寫了兩次信給妳，但我想妳都沒有寫給我。不過，聽著，我週一或週二就會回倫敦了，而艾琳會在這裡多留一段時間，我應該要在市區待上幾天去處理各種事務，所以我們可以安排見面——除非妳不想？我會打電話來。

永遠是妳的，艾瑞克

幾天後又來了一封信，解釋說他這次也不能來了，因為他生病了：

……不過不用太多日子，我就得到市區去洽公，我們到時候再見面，我會事先通知妳。實在抱歉這次無法成行。

最多的愛，艾瑞克

莉迪亞放棄了，與其感到惱怒或者「過分」，她比較想要感覺自己有人性。這樣似乎比較簡單，但其實並非如此。

我也感到抱歉——不是因為我們無法見面，而是因為他這麼快就病了，畢竟他才在非洲待了幾個月，花費相當多金錢，就為了改善健康。我對他的惱怒也就因為同情而消散了。所以我們終於見面的時候，我無法對他擺臉色，而他顯然也傾向認為我讓他親我是因為我喜歡。我並不喜歡。他不但無法以男人的身分吸引我，而且他是個病人更隱隱令我作嘔。

後來她發現了為什麼歐威爾想要與她有性關係，情況就更糟了。

……更讓我不安的是，他用有些愉悅的語氣跟我說起他如何「說溜了嘴」，差點就脫口告訴艾琳，他要跟我在倫敦見面。他躺在床上時，艾琳把我的信拿給他，那是回覆他的上一封信，而他打開時便忍不住說：「莉迪亞的信！」然後他突然想到她可能會要求看信，就會發現他過去幾天不只一次寫信給我，於是他主動跟她說了部分內容。幸好，他說，艾琳對剩下的部分並無興趣，而他顯然對於自己成功瞞混過去而沾沾自喜，又讓我覺得生氣。硬生生塞給我一個詐欺共犯這樣不受歡迎又絕對令人反感的角色。我又為什麼要欺騙我的朋友艾琳？我明明更珍視自己與她的友誼，更勝於他的。為什麼他想要跟我做愛？一個生病的人，沒有自信能夠吸引到女人，所以需要再三保證、需要安慰……？[23]

艾琳很有可能已經從信封上的筆跡或者背面的回信地址認出來了，或許她表現得沒有興趣，是因為她對莉迪亞並無疑心，又或許她不想讓歐威爾在這場殘酷的權力遊戲中得逞。莉迪亞則想要避免表現出生氣或謹慎，而是極力想要感到同情。

這就是我如何看待他堅持要將我們的關係當成風流韻事，只是我一直堅持不讓這件事發展成外遇。我對於要瞞著艾琳與她的丈夫見面感到非常內疚，但是告訴她有什麼用？我害怕她會發現，她可能不相信我不願意配合。

歐威爾在訂婚後就搬進一間公寓，兩名室友都是男性，並且持續和凱伊上床，他似乎是想要讓自己退出女人的世界，因為這些女人可能會向艾琳告狀。接著他搬到瓦靈頓，讓艾琳的處境更加孤立，在那裡，幾乎每一次艾琳想要離家去見諾菈或者她哥哥，他就會剛好生病。現在看起來，他還想要讓她遠離莉迪亞這位固執的朋友，利用性愛做為分化她們的武器。

歐威爾大可以跟任何不認識艾琳的女人上床，要多少都有，他經常去妓院，大可以去那裡找一個。莉迪亞的吸引力，或許在於和她上床對艾琳會造成最大的傷害，找上妻子的閨中密友，這是刻意要貶損妻子的作為，如此一來，她會更加孤立無援，也就會更加依賴丈夫。

莉迪亞覺得自己陷入絕境，她是不是被那第一次不情願的吻逼得只能保持沉默？被逼得背叛朋友的那一次？或者是其他別的？

莉迪亞臨終前，在私密的日記中寫道：「我對他〔歐威爾〕的回憶主要就是很愛動手動腳……

感覺到他腦後那片粗硬的短髮、他的嘴唇碰觸了我的、從他嘴裡隱隱散發出一股淡淡的甜味（是他受損的肺部？）。」[24]她會不會好奇艾琳記得的是什麼？她對艾琳的愛，是否透過某種慾望的心靈三角關係，延伸而成讓她想要跟她睡過的同一個男人上床？我們無法得知，她可能也不知道。不過重要的是要相信她所說的，也就是自述為「不情願的共犯」，我相信她。

●

他們已經從摩洛哥回來一個月了，喬治去索斯沃爾德拜訪他的父母，她在瓦靈頓一個人和動物待在一起。早上做完家事之後，她就到鄉間散步許久，再從村子裡回家。

她看見年輕的彼得，也就是她教過的孩子，拿著一根棍子輕輕推著一顆單車的舊輪胎往前走，她的心情馬上好了起來。她加快腳步走向他，他是個和善的孩子，有一雙褐色眼睛和一頭亂髮，他現在正在讀文法學校，將來會有適合他的大好人生。他用左手抓住單車輪胎，展開微笑，兩人在街道中間一起停下腳步。

突然，她說她得回家了，喃喃說了什麼跟羊飼料有關的藉口。她很快轉身離開，甚至還沒到大門就開始在口袋裡翻找著香菸，拉扯間有什麼劃到了她手上的皮膚，讓她畏縮了一下，她走在回家的小路上吸著手指，用一邊的肩膀推開了家門。

她必須跟那個親愛的孩子道歉，他不過就是說了一句他也看到布萊爾先生了，就在上禮拜，跟另一位女老師一起往森林裡走。

●

莉迪亞活在欺瞞朋友的恐懼中。一天，艾琳來到她的公寓，整個人「對她的丈夫感到極為苦惱和憤怒」。

她一開始告訴我，他們從摩洛哥回來後，兩人的關係異常和諧，接著突然之間，事情就開始急轉直下。

「我知道為什麼！」她的口氣衝動，還帶著過去從未有過的苛刻與決斷，讓我大吃一驚，以為她要指控我就是造成她不幸的凶手。「就是那個女人！」她繼續說。

「什麼女人？」我問得心虛。

「那天他去森林裡見的那個女人……他娶我之前就認識她了，她是學校的女老師還什麼的，村子裡的人都看見他跟她見面，這段關係會持續是因為她不肯跟他上床，若是她點頭了，那麼老早就會結束了。」

看著她一直說下去，如此憤怒而毫不留情，恐懼漸漸攫住了我……顯然，喬治需要許多保證和安慰！我覺得有趣的是，聽見艾琳說「那個女人」對他有如此大的吸引力，是因為她不肯跟他上床，這會是他追著我不放的原因嗎？

●

她質問喬治為什麼去見布蘭達，和她在森林裡散步，喬治為自己辯解，說他沒有跟她上床。

「我知道，如果你有就不會這麼執著了。」

「那……」他微笑著，「如果我想要，一年就兩次吧？把她趕出我的腦海。」

●

「那樣根本離不開你的腦海。」她說話的語氣冷硬如石。

小心鴻溝

他覺得自己好像在海底的森林中漫步，迷失在一個妖怪橫行的世界裡，但他自己也是一隻妖怪。

——喬治．歐威爾，《一九八四》

我和克雷格去參加我們三年級兒子的學校家長日，我們坐在小小的椅子上，膝蓋正好抵著纖維木板製的書桌下。教室裡裝飾著各種圖片、畫作、地理和數學專題作業，掛在每面牆上，或者固定在細繩上交錯懸掛在我們頭頂。不過正中央有一面標誌占據著最顯眼的位置，就在教師的書桌上方，從我窩在低矮椅子的這個角度看過去正好與視線平高，這是九歲的孩子最需要知道的，可能也是我們所有人最需要知道的：「誠信：即使無人看見也要做對的事。」艾琳稱之為「誠實」；歐威爾稱之為「體面」。那一刻我意識到，對歐威爾來說最根本的「隱私」與「體面」這兩種概念，在父權體制下卻可能是矛盾的一體兩面。在當時，男人處在自家的隱私情境中，他可以做出在外面不被視為得體（或合法）的行為，如果他對其他人做出那樣的行為，卻可能違背自己所認定的誠信。然而，他可以在家裡或者外面對女人這麼做，因為我們的沉默（傳統上是因為羞恥而不得不為）保障了他的隱私。

這種體面的核心，其實存在著莫名的隱私父權。怎麼會有一個社會能夠容忍如此矛盾的概念？歐威爾解釋得最好：

雙重思考是指一個人心裡可以同時抱持著兩種互相矛盾的信念，且兩者都接受……必須清楚意識到這個過程，否則思考後的結論就會不夠準確，但是又不能意識到這個過程，否則會覺得自己在造假，就會有罪惡感……這套欺瞞心智的系統非常龐大複雜。[25]

父權體制就是雙重思考，讓一位看來「體面」的男人可以欺辱女人，正如殖民主義和種族主義這樣的體制，可以讓看來「體面」的人類對其他人類做出無法言說的惡行。為了讓男人能夠恣意行事又同時不受究責，女人必須是人類，卻又不完全是人類，否則會發生「覺得自己在造假，就會有罪惡感」，於是他們說女人和男人擁有相同的人權，但是我們所擁有的時間、金錢、地位與安全都比較少，讓我們知道並非如此。女人也必須隨時在腦中維持兩種矛盾的想法：我是人，卻又不太算是人。我們的生活經歷讓謊言成了這個世界的修辭，我們生活在雙重思考的黑暗面。

雙重思考十分有效，男人可能迷失在這片他們看不見卻一直支持著他們的世界中，於是，談到認清雙重思考，女人總比其他人更加平等。

歐威爾怎麼到頭來會把這個世界區分成體面與不體面、有意識與無意識？或許，他能夠看見一體的兩面，是因為他在自己的人生中也體會著這樣的分歧。他在伊頓公學還算是上流階級，不過他也是個並非生在上流階級的局外人，能夠注意到其中的古怪與特質；他到緬甸去，要在那個充滿種族歧視的貪婪體制下執行殖民政府的公權力，自己卻也來自於種族混雜的家庭，包括法國、英國和緬甸；他追求過一個又一個女人，還有嚴重的恐同，連他的朋友都覺得不可思議，可是他的慾望，或許連自己都瞞了過去——可能一直都是渴求著男人。過著分歧的人生，讓他能夠將現實當成封面故事來看，再接著去找另一段故事，但是也就更難認為自己內外一致，或者如他所說，「體面」。

我們想要人們可以「體面」，也想要我們的作家是如此。歐威爾便思考過有瑕疵之人產出好作品的問題，要欣賞作品並且忽略那人私下的行為，是否也需要雙重思考？他提出這個問題的時候，心中所想的是畫家達利、作家狄更斯（Charles Dickens）與莎士比亞（William Shakespeare）——顯然還有他們如何對待自己的妻子。歐威爾閱讀達利說得天花亂墜的自傳時，稱他是個「下流的小渾蛋」[26]，總是「誇口說自己不是同性戀，但除此之外，他的穿著打扮看起來倒正像是人們心中所想的變態模樣」。達利有戀屍癖的衝動、對糞便十分著迷，而且會性虐待自己的妻子，都讓歐威爾極度反感；但是，他也覺得達利是名偉大的藝術家，他心中如何能夠同時有這兩種想法？

歐威爾在一篇討論狄更斯的文章中，明確論述到作家在私生活中苛待女人不應該影響到我們如何閱讀他的作品，他貶斥了一本描寫狄更斯的小說，稱「這不過是人身攻擊，大部分的焦點都在於狄更斯如何對待他的妻子」[27]，他寫道，「這些事情對狄更斯的讀者來說，一千個裡面都找不到一個人曾聽說過，」這句話暗指的是讀者也不應該聽說，「而且不能因此貶損他的作品，正如同第二好的床不會貶損了《哈姆雷特》（*Hamlet*）。」（莎士比亞在遺囑中將「第二好的床」留給他的妻子，此舉引發了幾百年來折磨人的反覆檢驗〔且未有定論〕，這究竟是遺囑中的混帳話或者其他可能。）對歐威爾來說，他可能是將對狄更斯的想法與其人的作品完全分開來了，因為「一名作家的文學人格和他私底下的性格可說沒什麼關係」，一個男人應該能夠自由寫作，好像他只有一個人，同時又完全表現得像是另一個人，而箱子裡的女人發生了什麼事都不算數。

這就讓一個問題有了完全可以公開討論的空間：歐威爾的作品有多少是來自於他心中的黑暗熔爐（我們任何人心中都有的）？凡是偉大的藝術作品，其作者多少都應該熟悉這個地方，畢竟我們希望藝術所能顯現出來的正是這片看不見的世界。

但是在這個世界裡，你可能就是那個怪物。「重點是，」歐威爾談到達利時這樣寫道，「你在這裡見到的是一場毫不掩飾的對理智和體面的攻擊……在他的觀點、他的性格中，並不存在人類最基本的體面。」

對歐威爾而言，人類的體面就是對一個人的終極考驗。體面能讓我們免於極權意志和其他殘酷本能的掌控，在《動物農莊》的動物以及《一九八四》的「無產階級」身上，都能見到這種特質，讓人還能看見一點微弱的希望之光。但這是真的嗎？或者只是掩蓋住另一種人生的人孔蓋？

有時候，在活動結束後會有人拿書來給我簽名，我便會想起小說家理查．福特（Richard Ford）。我曾經聽過他解釋，為什麼他會覺得讀者見到自己的時候一定不免感到失望，「我把最好的自我放進作品中，」他攤開雙手說，「而我卻不是自己最好的作品。」在他雙手間的空隙中，我看見了作者與其作品之間的差距，這不是一片空虛，而是充滿了暗物質，這種物質將作者、作品與讀者連結在一起。

排隊簽名的隊伍便是親密感的鴻溝。這些人也並非全無理性，希望你就是他們從你的作品中所認知的你——你可以從他們和善、不設防的臉上看出，這些你從沒見過的陌生人已經認識你了，是他們依據書籍而直覺認定的你，透過閱讀這般親密而全憑想像的熔接過程，他們會將許多自我代入到他身上，於是，他們想要你成為的「你」是一個混合體，是集結了你們兩者的汞合金。

作家會從自己身上提取他們知道以及不知道的事情，攤到全世界的面前讓眾人看見。在簽書會上，他們會希望你配得上你所寫出的作品，看看你本身是否符合讀者的想像，就好像你是一支鑰匙，就應該能夠放入某人心中那塊鎖頭形狀的空間，若符合，你就成了作品真實性的保證；而若不符合（我是說如果我不符合），又該如何呢？

這些對真實性的焦慮之所以存在，因為文字進入到讀者腦中便能發揮魔力，嘶嘶噴氣、咕嚕冒泡後現形，能夠改變人的心智。你的文字或許能對讀者施咒，卻不能讓他們覺得那是騙子的把戲，否則讀者就會覺得上當了。所有讀者想要的，就是坐在書桌後的那位人形能夠符合他們內在的想像。當然，這個要求並不過分，而他們就在那裡，滿心羞赧、保持耐心、一臉期待地站在隊伍中，手上拿著書，還用便利貼標記著要簽名的地方。

但是在書頁上，就如維吉妮亞・吳爾芙所說：「『我』只是為了方便稱呼一個沒有實體存在的某人。」[28]付諸文字的「我」能夠伸縮自如容納進各種想像得到的可能性，膽大妄為而怒不可遏；她避開了性別的期望，也不虧欠誰任何東西；她不必掌管家中大小事；她不擔心會傷害自己的丈夫，或冒犯自己的朋友，或者忽略了、羞辱了她的孩子；以吳爾芙的話來說，她不受到「憎恨和委屈的騷擾與煩心」[29]，即使那些情緒都合理、都要緊，也不管。作家對那個內在的「我」既是知曉，也不知曉，她或許與那個精神分析想要找回的人很雷同——讓人在紙張上或者在諮商室裡回想起或創造出來。就像是麥田圈或者潮汐背後的那股動力，自我會在其他現象中留下痕跡，包括我們的夢境、寫作、孩子，但仍不見蹤影。我們沒有人是自己所想的那個人，或許沒有人是「體面」的。

在我看來，一個人並非其作品，只是來源。面對「取消」的壓力，而想要兩者同為一體，這是一種新的暴政，從中也不會生出藝術。

如果今時今日，歐威爾坐在桌後簽書，隊伍中的書迷會看見他們從作品中所認識的男人，那是他們想要看見的男人：全身瘦巴巴的傢伙，穿著陳舊破爛的運動夾克，因袖子不夠長而露出手臂，一根又一根抽著捲菸，咳嗽咳個不停，一雙敏銳的藍色眼睛，說話的音調高亢，尾音帶著伊頓公學出身的拖沓，有點結巴；他們會看見直言不諱、體面、弱勢一方的大巫師；他們會看見一個習慣自嘲的男人，親身調查過窮人的生活，冒著自己的生命危險到西班牙去對抗法西斯分子，同時寫出一篇又一篇高明的文章斥責偽善。這是一位滿懷同情心的公正之人，從外表看來，顯然不會只想著自己。

然後，如果妳是個年輕女子，滿心羞赧、保持耐心、一臉期待地站在隊伍中，他或許會問妳是否有空，當然，妳大概還有更重要的事情要做——咳、咳——不會想要到林子裡走走。

讀者所想像的作家與作家自認為的形象之間都有歧異，任何作家都可能落入這道鴻溝裡，而那其中或許就住著一名女子。

編輯，即時

●

他們待在格林威治，因為她每個月來潮時越來越痛了，她到倫敦來看醫生。她躺在床上，臉色就跟床單一樣蒼白。

她睜開眼睛時，布簾間透出光線。他已經起床了，大概在樓下的客廳裡打字。她覺得意外，因為他昨晚去參加雜誌社的派對，喝得酩酊大醉才回家。

昨天她一直在痛，現在疼痛已經消退得差不多了，她便想多睡一會兒。在格林威治這裡，她可以這樣，不需要起床去照顧動物（多虧了親愛的傑克與瑪麗．考蒙，現在是他們在照顧）。她翻過身去閉上眼睛。

可能過了五分鐘或者已經是中午了，他回到房間裡，拿著自己打好字的一份文章草稿。她昨天在上面手寫校訂過了。

「妳還好嗎？」她知道她的疼痛讓他有些害怕、不可名狀的感覺，看見她流了這麼多血卻不會死去。

她點點頭坐起身，「有茶就更好了。」

他微笑，「我讓羅娜（Lorna）拿上來。」羅娜是他們的女傭。

他拉了拉門邊的繩子。

「我看不懂妳寫什麼。」他說著把文章遞給她。他把書桌前的椅子轉過來坐下，她拿起放在床邊桌上的眼鏡，看著自己寫在紙張背後的批註，然後轉過來到打字的那一面。

「達利，」她念道，「成長於一九二〇年代的腐敗世界中，幾乎到處都在追求高雅而精緻的文化，歐洲各地的首都充斥著貴族和靠股利過活的投資客，他們放棄了運動與政治，轉而對贊助藝術有興趣。若是往人群中扔頭死驢過去，他們會扔錢回來。」[30]她抬起頭，眼裡閃閃發光，「實在很有趣。」

「謝了。」

她低頭繼續讀著，「但不是這裡，啊，找到了：『若是莎士比亞在明日重返人間，人們卻發現他最喜歡的消遣是在火車車廂裡強暴小女孩，我們便不應該為了他可能會再寫出第二部《李爾王》（*King Lear*），就告訴他繼續這麼做吧……一個人的腦中應該要能夠同時認知兩項事實：達利是位傑出的畫家，也是個噁心的人類，兩者並不會相互抵銷，或在某種意義上相互影響。』」

她又把紙張翻過去看看自己寫了什麼，「『無關』，對，我寫得太難懂了，抱歉。」燈光從他背後投射過來，所以她只能看見他的頭髮、耳朵、肩膀組成的人影，但是她從經驗中知道他正仔細聆聽——正是這點，是他們相遇的起點。

「我的意思是，」她重新調整了背後的枕頭，「這裡有兩個概念並陳，第一個是在火車車廂內強暴小女孩，或者不管你可能想讓這些天才做什麼，似乎是他寫出傑作的動力。」她抬頭看著他，伸出手指推了推鼻樑上的眼鏡，「第二個是，我們知道傑作的創作者是如你所說的這個『噁心的人類』

之後，」她看著他，「又或者僅僅只是一個普通有瑕疵的人時，我們該如何看待這部傑作，我們是否能接受這個代價，你懂嗎？」

他浸淫在她的注意力中，感受到一種近乎真實的溫暖，手指擺弄著手上的婚戒。

「我只是要說，」他說，「如果莎士比亞確實做過那種事，《李爾王》依然是偉大的傑作。」

「但是這裡寫的不是那個意思，」她舉起紙，「你在暗示說如果一個天才需要在火車車廂裡強暴小女孩，那也不應該影響我們如何看待他的作品，之後我們可以好好欣賞作品，不必理會其代價。每個人都能得到自己想要的，」她迎上他的眼神，聳了聳肩，「我想，除了那些小女孩吧。」

「我不是那個意思。」

「嗯，讀起來就是這個意思，這個提問也不算糟糕。」

他握起拳頭靠近嘴邊咳嗽，「我最需要的就是精神分析。」

她彎起嘴角，「顯然不是──你在哪裡批評這件事的？」她低頭又看著紙上，「啊，這裡──或許達利在他『對蝗蟲的恐懼』中抱持著某種『情結』，這是歸謬法，你談論起蝗蟲和在火車車廂中的強暴，好讓恐懼和惡劣行徑看起來都很離譜，但這些事情本身說起來都很常見。」

這個當下，或許可以問他與其他女人上床是否是他創作的動力，或者他是否覺得自己具有足夠的男子氣概可以這麼做。他們倆都知道這個問題就在那裡，滿心羞赧、保持耐心、一臉期待地站在床鋪和椅子之間，等著有人問出口。

「當然，說起來是很可怕，」她說，「一個人在紙上下筆的那一刻，總會透露出比自己心中所想更多的事情。」

他等待著。

她看著他黑色輪廓的背後，在公園上空，一架飛機在空中拉出了一條線。

有人敲門，羅娜走了進來，她有一頭鮮豔的紅髮卻很膽怯，穿著黑色裙裝、白色圍裙，拿著托盤。

「放這裡嗎，夫人？」她走近書桌問，桌上有一架打字機，旁邊還散落著紙張。托盤很重，還有可能翻倒的滾燙東西。女孩就這樣站著等待。

「謝謝妳，羅娜。」

喬治正在想其他事情，總之他沒有動作。她想，他大概需要指令，就像劇本裡的演員一樣。

「親愛的，幫個忙好嗎？」艾琳說。

「可以，當然。」他站起身挪開打字機，羅娜放下托盤，她現在整個人從脖頸到頭皮都紅通通的。

「要倒茶嗎，夫人？」她問。

「不用，羅娜，」艾琳微笑著說，「我們自己來。」

喬治倒茶時，她又回頭讀他的文章。

「比方，你這裡寫說達利的作品『是一場毫不掩飾的對理智和體面的攻擊，甚至是攻擊生命本身——因為達利有幾幅畫作可能就像色情圖片的明信片一樣會毒害了想像力』。」她抬頭，「你不認為那些色情明信片毒害了你的想像力吧，是嗎？」

他發出了半是笑聲、半是驚訝的咕噥聲，放下茶壺。

「我是不覺得，」她微笑接過他遞來的紅茶，「那些圖片太過溫和了，根本沒什麼用。」

他笑了。她知道他非常喜愛編輯過程的刺激，讓某人看得比自己更加清楚，這是一種危險的愉悅感。

●

草莓

一九三九年夏日。他們回到小木屋了，歐威爾想要待在這裡過冬，不過艾琳覺得這個主意很糟糕。他的肺部狀況不佳，而等到外面的一切都結冰了，屋內的一切也會結冰。

再說戰爭要來了。歐威爾說如果一般民眾知道了，就會群起反對，艾琳不這麼想，告訴他如果政府宣戰了，眾人都會支持。這時她才猛然發現他「對政治的認知簡單到不可思議」[31]，而他在自己的日記裡記下了她的觀點。

要留下或離開，肯定有個決斷的時候。

●

她將大鐵鍋放進水槽裡並打開水龍頭，點燃火柴後放到爐灶上，又點了一根菸，她叼著菸拿下手錶放在窗台上。這禮拜她已經做了蘋果醬、醃小黃瓜和糖漬水蜜桃。她沒有同意要住在這裡過冬，如果他堅持要住著，這些儲備糧食就是給他的。她準備要去倫敦住在勞倫斯與葛雯家，然後再看看。在蓋著錫板屋頂的木屋裡，用火煮沸玻璃瓶和一罐罐水果，這工作聽起來像是童話故事裡的情節，樓上的主人在咳嗽，努力想從墨水裡織出金子來。煮罐子這件事可能只是轉移焦點，不讓他們注意到彼此之間發生的事。

今天要做的是草莓果醬。她拿起白色的搪瓷碗，從後門走出去。高掛空中的太陽十分明亮，她忍不住眨眨眼。花園裡是一團夏末的粉紅與藍紫混戰，大理花、紫羅蘭與玫瑰爭豔，隨風顫動飄出了一陣迷人香氣，迷醉了昆蟲。雞群嘰嘰喳喳閒聊著，偶爾怒氣沖沖地爆走，牠們也應該如此——畢竟和偷蛋賊住在一起。

她穿著一件舊短褲，繫著他的皮帶，從工具間裡拿出掛在鉤子上的粗麻布袋，放在草莓園圃旁邊。她要採集，在那「明亮的田野中，／新生的愉悅，彷若蜜蜂穿梭花叢中」[32]，親愛的華茲沃斯，可愛的威廉。她跪下來找到了草莓，閃耀光澤的紅果實就像針插一樣飽滿，藏在深綠色的葉盾下，她摘下一顆放進嘴裡——這股喜悅令她意外。

三年前，他們開啟了這段忙碌不堪的生活。他們搭起的每一處花園園圃、挖出的每一道溝渠，播下的每一顆花草和果樹的種子，都是為夢想付下訂金。當時，他們的爭論總伴隨著笑聲，他們一同推著獨輪車、挖著溝渠、拿著鏟子、面對水槽、揮動斧頭，他們的意見分歧似乎都是關於生活如何過下去的細瑣小事——穿著正式服裝吃晚餐（「在這小木屋裡？？」她曾這樣驚呼）、果醬要另外盛入容器才上桌，但是現在她發現，那些爭執其實都是關於誰要負責這件工作，或者誰要給予另一個人時間。這一切在她的回憶中凝結成了某一次爭吵，可能是那次她想要去見諾菈，或者是她哥哥要來找她時，他阻止她離開瓦靈頓。這些爭吵到最後，通常是喬治拖著沉重的步伐上樓，留她一人清洗碗盤和菸灰缸。

碗裡的草莓裝滿了。她在褲子上擦擦手指。她轉向面對房子時，光線正好照到樓上的窗戶，他在那裡工作，但她看不見他。

從花園一端看過去的瓦靈頓木屋，可以從窗戶窺見裡面有人。（圖片提供：Catherine Moncure）

清理戶外廁所是這一切的最高潮——或者說是最低潮。他覺得自己的身體狀況不佳，無法做這件事，而有那麼一刻就烙印在她腦海中：她清理到一半時，他打開那扇窗戶呼喚她，她小心翼翼退了出來，把自己的靴子從那堆溢出馬桶座的深色糞便拔出來，那種黏稠感實在太噁心，臭味也令她作嘔。她往窗戶走了四步，好聽清楚他要說什麼。那時她穿著他的綠色防水長筒靴、戴著手套的手也舉在兩側不碰觸到身體，全身都沾著糞便。

「該喝下午茶了，妳覺得呢？」他說。

她渾身的血液冰冷，她完全沒有想過他的意思是說他要幫她準備下午茶，一秒也沒有。

她將那碗草莓放在窗戶底下的水槽一側，打開水龍頭，開始就著冷水沖洗罐子。她冷到起了雞皮疙瘩，從前臂一路長到手肘，她還以為，知道某件事的意思就是理解那是什麼感受，但她一直都低估了親身經驗的影響力，在妳的大腦尚未理解發生了什麼事之前，就能讓血液凍結。她不可能事先預料到這件事細細想來是多麼駭人——他居然會要求她「同意」讓他和別人上床，她不知道是不是和她們上床會讓他覺得掌握了權力，或者羞辱她就達到目的了。她唯一能夠不讓自己感到羞辱的方法是假裝無關緊要，而要這麼做（她將最後一個洗乾淨的罐子和其他罐子一起放在茶巾上），就是要假裝她無關緊要。她關上水龍頭。她需要，如可愛的威廉所說，「恢復她心中搖搖欲墜的平衡」[33]。

她輕手輕腳將罐子放入沸水中，總共有六個，還有六個玻璃圓蓋、六個金屬扣環、六條橘色的橡膠圈用來封緊罐子。加倍、加倍的辛勞和煩憂。她很想喝杯茶，但是必須等到這段滅菌處理完成，因為他們只有一口爐子。「啊，好多了。」[34]他經常在喝了第一口茶之後這麼說，從她身上翻過去時也會這麼說，「啊好多了。」說著就拔了出去。梅寶是怎麼跟她說他安置在巴黎自己房內的那個女孩的？她的胸部平坦、一頭像伊頓公學男孩的短髮[35]，從各個方面看來都十分迷人。梅寶也跟他上床過一段時間，她覺得他是同性戀，他的朋友赫本史托也這麼想。或許，親愛的男人，他所想要的並不是女人。為什麼她還要留下來？

她檢查了草莓上有沒有蟲，拿一條茶巾擦拭過，接著從抽屜裡拿出水果刀切掉草莓的蒂頭並剁碎。問題是，她明明看見了他的所作所為卻可以置之不理，還喜愛著她所發現的。任何真正美好的事物——她放下刀子，用微濕的手腕撥開額前的頭髮——都在於修剪與編輯。

她看了眼放在窗台上的手錶。她已經把罐子煮了十二分鐘，煮到沒有生命。這又是另一個問題。這三年來她一直沒懷孕，她提議兩人去看醫生找出問題所在，他說：「我無法生育，那就是問題。」

他們牽著山羊走在村裡的街道上，三個大概八歲的男孩在地上玩彈珠，完全忽視他們的存在。

「但你怎麼知道？」

「我就是知道，我從來沒讓誰懷孕過。」

「或許是你不知道而已，可能是某個在緬甸的女孩，或巴黎。」

「我就是這樣。」他說。

她看著前方的路，喉嚨越來越緊。

「可是你總是說你有多想要孩子。」她搭著他的手臂，停下腳步，「你打算什麼時候才要告訴我？」

他點了根菸，一隻手護住火焰。

「我現在就告訴妳了。」

她想要他去看醫生，但是他拒絕了，他說不管對他做什麼檢查，都會太「噁心」[36]。她的醫生已經說了，雖然她每個月都疼痛不已，問題並不在她身上。[37]

她伸手去拿架上的糖罐時，聽見一陣小碎步逃跑的聲音，架子的另一頭有個金屬罐被撞掉了，麵粉在地板上灑得到處都是。

「怎麼了？」樓上傳來聲音。

「沒事，」她回答，「只是東西掉了。」他怕老鼠怕得要命，但她不會，總把牠們當成同伴，想像牠們在架子上排成一列跳康康舞。她走到門後去拿掃帚和畚箕。

連著好幾聲咳嗽。她停下動作。

然後打字機又開始動了，她吐出一口氣，開始掃地。

她把那一鍋罐子從爐上移開，再放上平底鍋，放進草莓和糖。草莓果醬順利熬煮起來時，她正要去樓梯上那堆東西裡找本書，這時樓上傳來東西紛紛掉落倒下的聲音，接著他就站在那裡，手帕摀著嘴，鮮血往下浸濕他那件老舊的藍襯衫。

「冰。」他說，眼裡滿是驚慌。

她快步走到冰盒前，敲了些冰出來。面對鮮血和死亡時，她發現自己會堅定陪在他身邊，而其他女人、女孩便消失了。

救護車又過來將他載走了。她留在這裡把果醬做完，把雞群趕進雞舍中。她會搭著公車跟上去。這個地方感覺好空虛。

廚房裡，她拿起大杓伸進鍋裡那團深紅色的果糊裡，還是太燙了，這麼做並不安全，不過她實在想不到還有什麼事可做。馬克思靠在她小腿上，她不坐下他也不肯坐。她很想知道，出血會不會是心理因素造成的——害怕她可能離開他，即使只是為了過冬也不能。她應該問問勞倫斯有沒有人研究過這件事。

她沒有想過自己的生活中會出現這麼多血，他的和她的。他的血來得幾乎毫無疼痛，只是伴隨著咳嗽與噴濺，不過這些血所代表的意思卻更加恐怖；她的血來得悄無聲響卻劇痛難忍，偽裝成應該代表著可能孕育生命的東西。

「我們這裡都血流成河了。」她曾經開過這樣的玩笑。

他做了個鬼臉，看來很不欣賞。

「倒是提醒了我，」他說，「還是不要把毛巾掛在曬衣繩上讓大家都看見比較好。」

她已經不再跟他提自己的疼痛了。

等罐子涼下來，可以碰觸了，她便蓋好蓋子封起來，跟其他瓶罐一起疊放在後門後面，排成一列從綠到紅：醃黃瓜的深綠色、顏色較淺的蘋果醬、金黃色的水蜜桃，現在加上這些紅色的，黏黏糊糊就像標本一樣。她不知道這些是太少或太多。

她坐在桌前，心裡已經暗暗做了決定：她會維持這段婚姻，她要讓他活下去，看看可以寫出什麼。

隔天，她搭著公車又轉火車去醫院，帶著一束白色晚香玉，用報紙包成了一卷香氣。默拉克醫生（Dr Morlock）也是她哥哥的同事，個性外向活潑，穿著一襲晨禮服，領結上別著珍珠別針，他告訴喬治「不用擔心咳血，對你說不定還有好處」[38]。真是荒謬，她想著，這樣欺騙自己的病人。不過喬治的眼裡有了光芒，他壯起膽子問他還有「多少健康的日子」，他不想知道，也沒有人想知道，總共剩下多少年。默拉克說：「看你需要的有多少，老友。」她看出來了，醫生也不知道，他們只剩哄騙和安慰劑這樣的花招。她離開房間時，默拉克戴上了一頂黑色絲綢禮帽。[39]

歐威爾的手指把玩著她用來綁花束的麻繩。

「一條繩子有多長？」他的微笑很溫柔。

她的眼淚奪眶而出。

她回到小木屋時已是傍晚，她去撿今天早上來不及撿的雞蛋（今天有十八顆），要賣給肉販的。如今她已經接不到打字的工作，他們沒有其他收入了，用他的話來說，他們的「生活在體驗勉強餬口的日子」[40]。錢的問題漸漸變得「實在無法承受」[41]，除了委託寫稿之外，他沒有其他工作也沒打算找工作。謝天謝地，默拉克不收他的治療費，賣她哥哥一個人情。她把茶壺放上爐子，用火柴點火後順便也點了菸，之後坐下來。

她捻熄香菸。她必須賺點錢。

喬治先是在療養院裡休養，接著又住進富裕友人里歐·邁爾斯的豪宅。這段時間，她去拜訪了一位以前在牛津讀書時認識的朋友，這個朋友在倫敦的英國陸軍部工作。政府沒有宣告任何消息，但是戰爭已經悄聲無息逼近了，火車上坐滿了要離開市區的有錢人，學童走在街道旁邊也要列隊前進，練習疏散行動。陸軍部大樓周圍堆滿了沙包，她的朋友告訴她戰爭「大概免不了了」[42]。

九月三日早上，他們都待在格林威治，和葛雯與勞倫斯一起聚在無線電收音機旁邊。他們等待這一天已經等了很久，但一聽到消息仍抽乾了他們的力氣。首相的聲音很嚴肅，說道德國不願意撤出波蘭，「因此，我們這個國家要與德國開戰……」

勞倫斯和艾琳互看一眼，他轉身面對葛雯說話，不過她大概也已經知道了。

「我要參戰，加入醫療隊，盡力而為。」

「我跟你一起去。」喬治說，勞倫斯點點頭，不過沒有人認為他能夠入伍。

勞倫斯在格林威治。（圖片提供：Orwell Archive, UCL Library Services, Special Collections）

勞倫斯堅持要去前線，他覺得自己這個外科醫師在那裡會最有用處。葛雯會留在倫敦陪伴他們一歲的兒子——他也叫勞倫斯——同時繼續在家裡的診所執業。她是受過科學教育的女人，不太會疑神疑鬼的，而當她對丈夫的情況有不祥的預感時，儘管更加擔憂卻也更不屑一顧，她沒有告訴別人，只說給跟她一起工作的護理師聽。[43]

勞倫斯要前往法國之際，問過艾琳是否可以不時來格林威治住，好陪伴葛雯。或許他也是想要自己的妹妹能稍微喘息，不必在那間小木屋再度過寒冬。

政治宣傳

反正艾琳也必須留在倫敦，因為她找到了工作——在新成立的資訊部（Ministry of Information）審查局（Censorship Department）擔任相當高的職位，既要負責發行審查過後的戰爭新聞，同時也要審查在媒體上的報導。她的辦公室在布魯姆斯伯里（Bloomsbury）的議會大樓（Senate House），歐威爾說她是靠著牛津的人脈關係才得到這個職位，因為「某人認識某人之類的」[44]，彷彿那是她沒資格擁有的獎賞，而不是讓兩人能繼續生活的方法。傳記作家從來沒有表明，接下來的兩年是她負責賺錢養活兩人，歐威爾自己也不曾明說。

歐威爾因為健康因素而被軍隊打回票，他回到小木屋過冬，既不能參戰，又得靠妻子賺錢過活，兩件事皆是羞辱。一九三九至四〇年間的冬天，他獨自一人生活，山羊不是什麼好同伴，他種下的馬鈴薯也爛在土裡了，沒有人想去思考他下一次出血的時候會怎麼樣。艾琳每隔一個週末會去看他。

整個倫敦都蟄伏以待，等著來自空中的攻擊，每天晚上市區都會停電，不過天空依然一片空蕩蕩。窗戶上都覆蓋著紙板或油漆，地鐵站也重新被賦予了「防空洞」的任務，聖保羅座堂（St Paul's Cathedral）四周的沙包都堆到了天花板這麼高。勞倫斯和葛雯家對面的公園裡有一顆巨大的防空氣球，飄浮在皇家天文台（Royal Observatory）上方[45]，以複雜的纜線網絡拉繫固定著，用來阻撓敵軍的飛機。

儘管有危險，艾琳還是寧可待在倫敦而非瓦靈頓，她覺得「若是她待在安全的地方，其他家人卻都暴露在空襲的危險中，這樣是不對的」[46]。莉迪亞認為，她「好像還挺樂意因為戰爭讓她的生活陷入混亂，這對她是一種全新的、戲劇性的體驗」[47]，不僅如此，在她看來，艾琳有「一種她未意識到的想望，願意冒著生命危險」[48]，無論這是某種宿命論或者對冒險的迫切渴望，我相信她和歐威爾都有這樣的傾向。

就像艾琳在西班牙的工作一樣，這份工作也讓她處於戰爭的核心，站在一條分界線上，一邊是正在發生的事，另一邊則是可以說出去的事。從字面上看來或許很有趣：在一間辦公室裡工作，處理政府的機密資訊，壓下來自前線的消息，並且管理國內的媒體審查。不過到頭來，這份工作卻是工時長又辛苦，她寫信給諾菈時說，「無聊到難以想像」。她的同事幾乎無法分辨主張社會主義的《工人日報》（*Daily Worker*）以及支持法西斯主義的《行動》（*Action*），而她的上司又優柔寡斷，「他很怕我，就像是要他自己做決定那樣害怕。」[49]更糟的是，工作上的繁瑣細節讓她招架不住，很難能夠全盤了解眼下發生的事情。有些情報只是小事，剛開始，艾琳百般聊賴地回說，她發現不列顛法西斯聯盟（the British Union of Fascists）的領袖奧斯瓦德・莫斯利（Oswald Mosley）「在性生活方面是個極端類型的受虐狂」[50]。於是，歐威爾相信上流階級仍抱持懷柔主義，因為有些「腦袋不靈光和支持法西斯主義的傢伙占據重要的職位」，他們「更有可能背叛英國而不會保衛國家」[51]。艾琳更有興趣的，可能是在歐陸上對抗希特勒的部隊到底發生了什麼，因為勞倫斯就在那裡。

如今已無法得知艾琳在議會大樓裡所從事的究竟是什麼樣的審查。或許，歐威爾就是受到她在那裡的工作啟發，了解到抹去特定的真相，也就能以某種純粹的國家版本來取代，他在《一九八四》中，大概就是以這棟大樓為真相部（Ministry of Truth，也就是製造謊言之處）的模型。

在瓦靈頓，歐威爾正要完成名為《鯨腹內》（*Inside the Whale*）的散文集，但他實在難以應付日常生活，碗盤又一次凍結在水槽中、廁所又一次故障。一月底時，艾琳過去幫他打包行李離開，他們費力地拖著行李箱和他的打字機——當時積雪都堆到頭這麼高了——走過將近五公里路，到隔壁村去搭公車。他們一度捨棄了道路，往田野走去，大雪堆到他們的腰際，一腳踏下去都不知道踩在哪裡。歐威爾倒是從容，還有餘力欣賞自然景色，注意到「一群野兔，有時一來就有大約二十隻」[52]，在雪地上跳來躍去。令人不意外的是，他後來就病了六個星期，必須待在勞倫斯和葛雯家中療養，但是三月中他就馬上回到小木屋去，他們當地的朋友傑克・考蒙看到他時大吃一驚[53]，冷風直吹著包覆他瘦弱雙腿的燈芯絨長褲。

歐威爾自己一個人只多撐了幾週，一九四〇年春天，他賣掉了雞群，將狗和山羊託給村民照顧。這對夫妻分開了六個多月後（在他們三年半的婚姻中這是第三次），歐威爾搬到了倫敦。

現在他和艾琳要找新的住處，一個靠著她的薪水以及他偶爾接稿賺的錢能夠負擔的地方。他們在貝克街（Baker Street）找到一處居所叫做多塞特雅房（Dorset Chambers），一位傳記作者形容是「非常破爛、位於三樓的兩房公寓，在店面上方，背靠著一棟馬廄改建住屋的車庫，沒有電梯、光線黯淡、便宜的二手家具、燃氣式熱水器，還要共用浴室」[54]。他們在屋裡妝點上歐威爾從緬甸帶回來的劍、布萊爾家族的聖經，還有一幅祖先肖像畫，畫的是「瑪麗夫人」[55]，莉迪亞說這間屋子「從空襲的安全性角度來說，是敵方最不可能攻擊的地方」[56]，他們對此一點都不擔心。

每一回，艾琳離開她哥哥在格林威治的豪華美宅，離開那裡的廚師、保母、女傭以及「跑腿小廝」，週末回到小木屋，面對農事、煮飯、打掃、照顧丈夫、編輯和打字工作時，並沒有留下紀錄說明她有何感受，同時也沒有紀錄解釋她對於搬到貝克街上的破爛公寓有何感受。如今她有三重職責，白天在資訊部工作，同時負責所有家事、採買和煮飯，還要在剩餘的時間裡為他的書稿編輯和打字。她沒有留下抱怨的字句，後來她有一位好朋友說，她似乎對他們「吉普賽人一般的生活方式」一派「從容不迫」。[57]或許，她認為這三重職責就是她選擇將人生與一名作家連結在一起的代價，希望他寫出作品的滿足感也能滿足她。或許，她甚至明白他永遠不會說出口的事：他的創作需要兩人的付出。

歐威爾正處於低潮，他如今顯然是可以入伍的年齡，便覺得站在倫敦的街道上很是羞恥，他不想要這張能夠免除服役的「黃單子」，不過他知道「這國家裡有一半的人就算要切掉蛋蛋」[58]也願意。而且寫作也不容易，現在這個世界可能隨時會終結，英國面臨入侵，還可能轉向法西斯主義。

這時，一位傳記作者寫道：「出乎意料的是，他有了一份穩定的工作邀約，為《時勢》雜誌（*Time and Tide*）撰寫戲劇與電影評論。」[59]另一位則寫說，這份《時勢》「提供」的書評工作，會「讓他有能力負擔在倫敦租個便宜房子，和艾琳在一起」，忽略了他會來到倫敦，其實是因為他無法獨自一人在小木屋工作，而她的薪水先前是、之後也一直都是他們的主要家用。[60]我已經學到了要讀出被動語態下的意思，於是馬上注意到像是「提供」和「有了」這些字詞。向歐威爾邀稿的男性編輯會有名有姓，不過這一次則是萊蒂斯・庫柏（Lettice Cooper），這位小說家在當時是《時勢》的一位副主編，給了他這份工作。結果並不是非常好，她回憶起說：「我想他並不是很喜歡去劇院，尤其是去看『什麼鬼戲劇』，他經常會在首演之夜前突然身體不適，於是我就得趕快介入去幫他完成。」[61]在這件事上，傳記作家的文字所隱藏的女人，不只給了他這份工作，更幫他做了許多。

這份工作並非全職，艾琳似乎也幫他在自己的部門裡找了些約聘的工作，然而也一樣，一位傳記作者寫作時字斟句酌，以免提到她是那裡的職員，還可能幫他找了工作：「他偶爾會接到資訊部（英國因應約瑟夫・戈培爾〔Joseph Goebbels〕的宣傳部〔Ministry of Propaganda〕而成立的部門）的稿件，總部就設在倫敦大學（University of London）的議會大樓，這是《一九八四》中真相部的靈感來源之一。」[62]

歐威爾開始為《地平線》雜誌（*Horizon*）寫稿時就比較開心。這是一份一九四〇年代時頗具影響力的刊物，由他的朋友希瑞爾・康納利擔任編輯。他「有了動靜，只是十分不易察覺，進入了更光鮮亮麗的文壇」，這個世界裡有「熱鬧有趣的派對」以及「一位又一位出身良好的年輕秘書」，傳記作家又補充道，「而且還有別的，他某次拜訪雜誌社的辦公室時，肯定遇見了康納利的編輯助理，其中一位是相貌驚為天人的黑髮女孩，名叫珍娜塔・伍爾利（Janetta Woolley），她剛到職時要做的一件工作，就是在一篇短篇故事中，動手把文章內的髒話塗黑；還有另一位則是「青春可人的金髮女郎，才二十出頭……她的名字是索妮雅・布朗奈爾（Sonia Brownell）」。[63]

傳記中就是這樣暗示著這些「別的」情事，在描述這些女人時，字句中單純談論著她們「出身良好」的身材。文章中的動詞平淡，無法讓我們得知歐威爾如何與她們相識，只說他「遇見」她們，這些句子刻意如此寫就，隱晦表達出某種意涵，而其作者完全可以否認得模稜兩可。這樣一來，一般認為歐威爾與珍娜塔和索妮雅發展出的、或者想要發展的婚外情，既可以推論肯定又可掩蓋否認。

艾琳和歐威爾沒有收音機，所以他們去酒吧收聽九點鐘的新聞。窗戶都蓋了起來，這個充滿煙霧和聊天絮語的地方顯得混濁，他們請酒吧的女服務生打開無線電收音機時，她說：「喔，我們從來不打開的，都沒人要聽，你們看看……另一間酒吧有鋼琴演奏，他們也不會為了聽新聞就關掉鋼琴。」[64]不過她還是幫他們打開了，政治人物的演說聽來既令人激動又含糊不清。歐威爾抱怨著他們根本沒說什麼，艾琳則說沒受教育的人們喜歡慷慨激昂的演說，聽不懂也沒關係，他們要的是那種激動的感覺，對他們來說更為重要。歐威爾驚覺這話說得不錯，於是在日記裡寫下筆記。

空洞的演說有其必要，因為真相很可怕。希特勒的軍隊已經攻占了丹麥、挪威，如今到了盧森堡，法國就會是下一個目標，法西斯分子在整片歐陸上流竄，黑與紅的擴張勢如破竹，每一晚的停電都越來越早。

●

已經好幾週沒有收到勞倫斯的信了。她在家裡無法專心，坐不住也讀不了東西，工作時無法理解新聞的內容——或者說，無法理解那些零散放在她桌上的消息。一天晚上喬治出門了，於是她獨自去酒吧，又得開口叫女服務生打開無線電收音機。她仔細聽著廣播中字裡行間沒有透露出來的訊息。她記得在西班牙寫宣傳手冊的時候，內容跟前線發生的事情關聯微乎其微，彷彿是受事件所啟發，卻有著完全不同目的的故事——確實就是如此。她現在努力聽著隱藏在檯面下的事實，只能擷取出比利時已經淪陷，而且暗示法國的表現不如英國預期，他們無法確實保衛自己。希特勒在歐洲一路披荊斬棘，歐洲已然垮下。他隨時要來了。

辦公室裡有人談起希特勒派飛機飛越法國上空，轟炸排列成隊的難民，這些人坐著馬車、開汽車或徒步，努力想要從道路上、穿過田野逃離。她為了她哥哥擔憂害怕，他就在那裡的某處，而他從來不是會躲藏逃避的人。

●

人與人之間總有別人看不見的連結，莉迪亞感覺到艾琳和勞倫斯之間就有這種羈絆。「法國淪陷後的某天下午，我在公寓和艾琳在一起，這時敦克爾克（Dunkirk）的消息開始傳了回來。她才泡了茶，但我們兩人都沒喝，艾琳在屋裡來來回回踱步[65]，香菸一根接一根抽，「我實在不知道我們該怎麼跟母親說，」她說著，「我知道他已經死了……」

歐威爾也很苦惱，他跑到滑鐵盧（Waterloo）和維多利亞（Victoria）等車站，在返家的傷兵中尋找勞倫斯，月台上一片混亂，到處是嚇壞了的難民和士兵，眼裡充滿戰爭的陰影，他走向幾個人詢問他們可能見過的某位醫生：中等身材、藍色眼睛、深色頭髮、方正的下巴，姓歐肖內西，大家都叫他「嚇人」（Shock）。但是那些人都接獲了不得發言的指令，很快就匆匆離去。

衝擊

此時是撤退前夕，英國海軍艦隊以及每一艘所能想像得到的私人漁船、帆船、遊艇都要出航，組成雜牌軍船隊。這支瘋狂的艦隊要渡過英吉利海峽，接回逃離希特勒的同盟國軍隊，此時法國已遭攻佔。

勞倫斯很早就抵達敦克爾克，與他同團的其他醫師仍在危險重重的路上前進。德軍飛機從他們頭上呼嘯而過，他的同事喬治・麥克奈（George McNab）也在這裡，在鎮上四處奔走，拜託商店主人讓他們使用地窖做為防空洞。然後轟炸開始了。麥克奈在一家咖啡館裡發現勞倫斯，「沒有找掩護躲藏的打算」，麥克奈對著他大喊叫他進去地窖，勞倫斯不肯動，麥克奈急瘋了，勞倫斯「不斷拒絕……進入地窖找掩護，這時炸彈開始落下來了」[66]，他就一直坐在那裡，看著四周的城鎮被炸爛，一顆炸彈擊中咖啡館時的衝擊力道很大，將麥克奈甩進地窖裡，他往下掉時看了朋友一眼，已是傷得不成人樣。轟炸結束後，麥克奈「爬上來發現（可憐的老肖）顯然已在垂死掙扎，要求嗎啡和水，我便給他了」，麥克奈呼叫其他人來幫忙將他抬到另一處地窖，然後「我出去找救護車……」一切都陷入火海——建築和塵土在燃燒，連空氣也彷彿燃燒著。

麥克奈回來時，他走下地窖要把老肖抬上來，「但……老肖已近彌留」。

沒有人能理解為什麼勞倫斯不願躲藏，或許他不想在其他同袍仍在路上時去避難；或許他只想待在他說要待的地方。獨自挺身對抗宇宙，挑戰這個無神的本體來彰顯自己的存在，這件事本就扭曲而淒涼。其他同在敦克爾克的人講得比較簡單：勞倫斯是死於固執。

艾琳從來沒有聽過麥克奈的故事，也不知道她哥哥是怎麼死的。不過她可能直覺猜到了，因為她和他同樣勇敢、同樣毫不避諱相信宿命論，違背常理地迎接死亡以對抗死亡。

●

她按照勞倫斯的要求，來到格林威治陪伴葛雯，她在他家的浴室裡，雙手撐在綠色洗臉盆上，眼前的櫃子敞開，裡頭擺著牙粉，白色馬克杯裡有一把吉列安全刮鬍刀，刀刃上還卡著鬍鬚。她關上櫃子，看著鏡子裡的自己，從一邊眼睛看到另一邊，皮膚下的青色血管明顯可見。她好像有幾撮頭髮從髮根燒焦了。

她買下所有能夠找到的報紙。如果讀到了，或許就會相信。

《泰晤士報》上：

> 勞倫斯．歐肖內西少校，M.D.（醫學博士），F.R.C.S.（Fellowship of the Royal Colleges of Surgeons，皇家外科醫師學會成員），R.A.M.C.（Royal Army Medical Corps，皇家陸軍軍醫隊），在比利時北部的法蘭德斯（Flanders）陣亡，在眾多年輕的胸腔及心臟外科醫師當中，他是相當傑出的一員……

勞倫斯為抱著小勞倫斯的葛雯拍照。（圖片提供：Orwell Archive, UCL Library Services, Special Collections）

在《愛爾蘭時報》（*Irish Times*）上：

……戰死的勞倫斯．歐肖內西先生是在哈里街執業的一位傑出外科醫師，戰爭爆發之時他便放下工作，再度加入皇家陸軍軍醫隊……他希望能夠待在最前線，這樣或許能夠第一手處理在戰場上的胸腔傷口……他是外科醫學的先驅，思考敏捷而堅定的愛爾蘭人。他學術成就斐然……他的心靈導師是曾治療過希特勒的索布克〔原文為Saarbuck，拼寫錯誤，應為索布魯赫〕教授。

索布魯赫也不是唯一治療過希特勒的醫生，勞倫斯說——生前說的，他在那裡拚了命撐著，即使面對熱中於拿囚犯來實驗芥子毒氣的獨裁者，依然努力將希波克拉底誓詞這條絲線穿過獨裁者的縫衣針針眼。索布魯赫不能算是敵人，畢竟他曾經來過英國為國王動手術，是勞倫斯安排的。她吸了一口氣。

「戰死」，她想著這些訃聞是否有經過她的部門——所謂的委婉部（Department of Euphemism）。時間上確實可行，從他死後算來已經超過一週了，有沒有特別處理訃聞的局處？或許在某處地窖？或者在地下室？

●

一九四〇年夏天

在她心中就這樣迎來了破碎的世界。

「艾琳對生命的掌控，」莉迪亞寫道，「從來就不是非常牢固，而在她哥哥死後更是明顯鬆脫不少。她不只一次告訴我，無論何時她身陷困難，只有她哥哥是她唯一的指望，她完全相信他會馬上伸出援手。」[67]

歐威爾在日記中對勞倫斯的死或艾琳的悲傷隻字不提，他覺得「一切都在分崩離析」[68]，但是幾乎不跟誰提起這起死亡。不過卻有另外兩個人，提起了她那年夏天是如何。

艾琳和歐威爾三不五時會去史加列農莊（Scarlett's Farm）吃午餐，這是他們的朋友費維爾家與沃伯格家租下的鄉間住處。飛機在他們頭頂上低空盤旋了幾圈之後飛走，有時候是英國皇家空軍的飛機，也有時候是納粹德國空軍。後來發生的所謂不列顛戰役（Battle of Britain），便是在晴朗無雲的夏日天空中進行的一場致命的鬼抓人遊戲。「在我寫作這時，」歐威爾記下，「文明教養良好的人類就在我頭頂上飛行，試圖殺掉我。」[69]他們仍待在花園裡，一動不動。

艾琳無法言語，她坐在外頭，托斯可．費維爾回憶道：「我們聊天時她陷入無動於衷的沉默，我的妻子瑪麗發現艾琳不只看來疲憊憔悴，打扮穿著也十分寡淡而邋遢。」她沒有梳頭，瑪麗想要哄她開口說話，但是她「好像已經完全沉浸在自己的世界裡」，沒有人發問，也沒有人解釋。「因為歐威爾和艾琳都是相當沉默寡言的人，」托斯可寫道，「一直到她來訪了第二次還第三次後，我們才知道她哥哥勞倫斯加入英國軍隊去當軍醫，已經死了……」[70]

艾琳的朋友瑪格麗特・布蘭奇（Margaret Branch）是一名心理治療師，她在西班牙戰爭時是救護車司機，正準備離開英國，成為法國抵抗運動（French Resistance）中的密探。在瑪格麗特看來，艾琳陷入「嚴重憂鬱」已經十八個月了，她正「面對她靈魂中的黑夜，沒有人能夠幫助她」。瑪格麗特的診斷相當深入，「與歐威爾結婚並和他一起在瓦靈頓過著奇特的生活，她必須不斷編織著神秘的夢境，」她寫道，現在「她人生中的夢境（已然）受到干擾」。[71]

成為像艾琳這樣的「織夢者」是什麼意思？這個詞彙讓我打了個哆嗦，於是我便知道，這個詞正中了我不願看見的真相。我們都是部分血肉、部分虛構，即使那部分的虛構，就像這一頁上的文字，是以真實的材料製成。

是否要像個藝術家般思考，將自己的生命寄託在夢想中即將創造出來的作品，依賴著他們將會拋開的助力而活？日常生活中要面對雞群、戰火，也沒有既定的目的，但夢想則不然，目的只有一個：每一本書都是投資在成就不凡上。歐威爾的目標堅定，就是要成為知名作家，而為了成就此事，他需要艾琳。他需要她說故事的天賦，從生活流水帳一般的雜亂中梳理出因果、角色與命運；他需要她看待人生的天賦，在無法改變它時，能用諷刺的眼光以對；在想把生活重新拼湊起來時，又能提出恰當的比喻。過去她可以將這一切都給他，她還有勞倫斯可以提醒她自己是誰，但現在他走了，勞倫斯的死亡扼殺了她對人生的夢想，而就如同所有的夢，離開了夢境就難以重返。

她告訴過莉迪亞無數次，她知道對喬治來說，工作比誰都重要，而她永遠都有哥哥可以依靠。

每當她努力想要理解，喬治把工作看得比她還重要時，她就會在文句中提到勞倫斯來陪伴自己。然而，你或許可以寫下感受或者向朋友傾訴，但在婚姻中落入如此孤獨的處境，卻是全然不同的體會。造成你的苦難的人，無法拯救你脫離那個枷鎖。

禮物

德軍要來了，歐威爾的妻子緊張兮兮的，歐威爾本人心裡卻想著其他事情。他要過生日，而他想要一個人做為禮物。這對其中一位傳記作家而言實在太超過了，他寫道：「令人震驚的是，在他的妻子正處於喪親之痛時，歐威爾卻毫不掩飾自己對布蘭達的渴望。」[72]六月二十五日是他三十七歲生日，他寫了一封信給他單相思的對象，那位聰明伶俐、不肯和他上床的體育老師，信中有提議：

我經常試著想忘記妳，卻總是忘不了……妳在我生命中的份量實在太大了。妳還記得……在戰爭爆發前的去年夏天，我們一起散步的美好時光嗎？我那時無法解釋關於妳和我和艾琳的事，妳也不想我說，而當然我們之間這樣的關係，對妳並不公平，也不可能。艾琳說她希望我能跟妳上床，一年大概兩次，只要讓我開心就好，不過當然我們不能安排那樣的事。但是，可惜我們從來沒有真正做過愛，想來應該會很愉快。如果事情真的快要完蛋了，我會努力來見妳，或者也許妳並不想要？我無權干涉妳……我已經渴望了好幾個月，想要寫信給妳，也逼迫自己不要這麼做，但今天是我的生日，而艾琳說我可以給自己一份生日禮物。若是妳想要，寫信給我，寫到上面的地址……好好照顧自己，親愛的吾愛，空襲警報響起時要找掩護，好好過得開心。

奉上我的愛

艾瑞克

有幾位傳記作家讀到這封信，認為這是「有點拙劣地試圖建立起三人行的關係」。[73]說來也滿可笑的，畢竟傳記作家也拙劣地試圖捏造出艾琳的同意，好讓他們的主角脫罪。他們想將艾琳拉進這段不忠的關係中，好讓不忠顯得沒那麼罪惡。實在很難想像此時的艾琳，因為喪親而幾乎說不出話來，卻會想要跟那位她向莉迪亞提起便生氣的「學校老師還什麼的」發生性關係，而且顯然她也不想要歐威爾跟她發展出關係。歐威爾想要「解釋關於妳和我和艾琳的事」時，布蘭達不讓他繼續說下去：「妳也不想我說」──他不是在說「不如妳和我和艾琳在一起？」而是跟布蘭達羅織故事，稱自己得到同意，她大概很肯定這是謊言，於是不想聽。看著別人當著妳的面撒謊，這件事很難堪。於是現在，在這封信中，他又對她說：「艾琳說她希望我能跟妳上床，一年大概兩次，只要讓我開心就好。」然後又說：「艾琳說我可以給自己一份生日禮物。」他把話說得相當模稜兩可，不知道這份禮物究竟指的是寫這封信或者布蘭達本身。「她說我可以」，他這樣對布蘭達說；「但妳說我可以的」，他會這樣對艾琳說。

我不認為艾琳真的「希望」他跟她上床，我可以想像她說：「你何不乾脆就跟她一年上床兩次，這樣你就開心了嗎？」意思是：「不要當著我的面哄騙我，嘮嘮叨叨又魂不守舍的，幻想著你那位學校老師。」艾琳曾經告訴莉迪亞，他之所以追求布蘭達，唯一的理由就是布蘭達拒絕跟他上床。她很清楚對歐威爾來說，他最享受的是獵豔的過程，而非性愛本身，而她希望這趟征途可以結束了。艾琳或許是想，如果他們上床了，他就不再會想要跟布蘭達上床，或者布蘭達就不再會想要跟他上床（如果她現在確實想要的話）。歐威爾狡猾地將艾琳的話轉達給布蘭達，當成是准許，但她更可能是在說，要做就去做，閉嘴吧，別來找我要求「准許」，不要把我的痛苦當成你一部分的快樂。

至於布蘭達，她的觀點應該是「他其實並不喜歡女人」，而她指的女人到底是普通的人或者性伴侶，或者兩者皆是，就不得而知。布蘭達曾有留下文字解釋，但沒有傳記作家引述：「他有性虐待癖好，所以才對女人有這種感覺。」[74]而她自己，可能也沒有那麼喜歡男人。雖然布蘭達一直跟歐威爾保持聯繫到最後，她在自己漫長的一生中都保持單身（她活到一百零一歲），沒有結婚，也一直拒絕跟他上床，至少就我們所知是如此。

自我武裝

艾琳在資訊部工作了一整天，回到家也要繼續當全職主婦時，歐威爾則空閒了下來。於是，他加入了聖約翰伍德（St John's Wood）的國民軍（Home Guard），這是屬於由志願者組成的「老爹軍團」（Dad's Army）地方分部，創立的宗旨是為了在德軍入侵時支援正規軍。納粹已經寫好了幾份清單[75]，列出英國的左翼知識分子姓名，打算將他們送到集中營。歐威爾的一位朋友說，萬一德軍進攻英國，有一條特別指示要康瓦爾郡（Cornwall）的國民軍「射殺所有藝術家」[76]，歐威爾對此開玩笑說，那樣也不算太糟，他認為在納粹來到這裡後，國民軍就是對抗納粹的「起義革命民兵」，他悲觀預估，屆時英國「不免會傾向法西斯主義」[77]，而國民軍便是本土的防衛力量。

聖約翰伍德的志願軍是一支雜牌軍，十個成員都是身體太差，或者年紀太小或太老，無法加入現役軍隊的人。指揮官是位雜貨店老闆，副手則是經營修車廠的，有兩個人是「有錢的中產階級」，一個是高檔百貨公司塞爾福里奇（Selfridges）的貨車司機，一個是叫做丹吉爾·傑各布斯（Denzil Jacobs）的少年，還有弗雷德·沃伯格，他是歐威爾的朋友，博學多聞又和善，還是歐威爾的出版商。他們每週會在艾比路（Abbey Road）上一間修車廠頂樓聚會兩次。歐威爾很自豪曾有長時間使用武器的經歷，不過沃伯格即使很喜歡他，卻覺得他「比起敵人帶給他們的恐懼還要更危險」[78]，有一次，歐威爾在杆式迫擊砲裝上了錯誤的炸彈並發射，「撞掉了一個人的牙齒還把另一個送進醫院」[79]。歐威爾帶了許多武器回到他們的小公寓，「我可以忍受壁爐架上的炸彈，」艾琳冷冷地說，「但是床底下不准放機關槍。」[80]

歐威爾很愛那套制服，還找人特別訂做了適合他的。有時候，幾個男人會打撲克牌熬到很晚。十幾歲的傑各布斯記得，有一場牌局上歐威爾輸了十先令，他便站起來說：「我輸光了。」接著，一位傳記作家描寫道，「帶著男孩離開去聊天……在他們的談話背後，」他這麼寫，「潛伏著黑暗馬匹的陰影。」[81]我們不清楚傳記作家在這裡暗指的是什麼，通常在字裡行間讀到閃爍不清的邏輯、模糊不明的隱喻，或者突然不知哪裡冒出來的拉丁文或法文，其中潛藏的訊息都和性有關，就像對於《地平線》辦公室中那些秘書的影射，或者稱梅寶為「厄格莉亞」[82]，或者用法文形容艾達是「崇尚自由解放的女性」[83]，這裡模糊的語言都是為了暗示歐威爾正在做或者想要做的某件事，而不必宣之於口。如此，便能同時說出真相並掩蓋真相。

一九四〇年九月，一封來自喬治．科普的長信送到了艾琳手上。「親愛的艾琳，妳在這場戰爭中想必受苦良多[84]」，他寫道。科普也受苦了，他逃離西班牙的史達林監獄後，便去了法國加入外籍兵團（Foreign Legion），德軍入侵時，他再次成為階下囚，然後他不知怎地居然又逃脫了，過程中失去了一根大拇指，兩根手指也沒了知覺。他跑到了維琪法國（Vichy France），在那裡寫來了這封信。科普為英國情報局（British Intelligence）當臥底（他沒有提這件事），希望能夠去英國（他說了），在信中寫了艾琳可能會喜歡的東西，「鄉間風光明媚，」他這樣形容普羅旺斯（Provence），「山丘上長著笠松，就像在加泰隆尼亞的時候，在蒙特塞拉特（Montserrat）和巴塞隆納之間的道路上，我們搭著車從萊里達（Lerida）疾奔回來時，就踏在那條路上……我很希望有天能跟妳一起來……他們會做蓬鬆的小派餅，裡面塞著鯷魚，妳應該會喜歡，還有〔巧克力麵包捲〕我知道妳一定會愛得要命。」他在信件最後寫著，「難道一定要我告訴妳，我見到妳、聽見妳的時候會有多麼開心……妳全都知道，妳甚至知道我寄給妳的是什麼特殊的心思」，他落款寫著「獻上我的愛，喬治」。

他顯然深愛著她，不過從她寫給諾菈的信中也同樣明顯可見，她並不愛他。不過有個男人掛念著她可能會喜歡什麼、可能有何感受、可能遭了什麼苦難，這點想必讓她有所觸動。艾琳並沒有回信給他，卻留著這封信，而其他信件倒是幾乎全都丟了。

倫敦大轟炸

一九四〇年夏末，奪走她哥哥性命的戰火越過了英吉利海峽，要來殺死他們。希特勒展開了「倫敦大轟炸」，在英國本土投擲的炸彈有如落雨紛紛。一開始，他們的目標是炸毀道路、碼頭和機場，但是從九月中起便成了無差別轟炸以屠殺平民。飛機蜂擁而至，天空中有上百架飛機扔下上千枚炸彈，還沒看見飛機的影子，防空警報就響起了，接著警報聲融入了轟炸機出現時所帶來的低鳴隆隆聲。你也能聽見炸彈落下時的聲音，迫近時會發出如尖叫的呼嘯聲，奇怪的是，就那一個單音卻已經讓人有足夠時間跑進地下室，或者到地下鐵尋找掩護。如果你太靠近，便聽不見也永遠不會知道。歐威爾和艾琳躺在床上緊緊相擁，炸彈落在附近時，歐威爾會知道，因為她的心跳會加速。[85]光是在倫敦就炸死了三萬人。

艾琳已經不在乎自己是死是活了[86]，「每次警報發出那警告的哀號聲時，」莉迪亞回憶著，「艾琳就會熄掉他們在樓上公寓的燈光，打開窗戶看看街上的情形。我想她大概從來沒有使用過防空洞……」[87]

夫婦倆走過轟炸留下的凹陷和瓦礫堆，街道上拉起了封鎖線。想要轉過街角回家，卻迷失了方向，因為街角本身已經不見了，恐懼遮掩了能夠說出口的事情：樹上有一顆孩童的頭，瓦礫堆下則有老婦人的手掌連著手腕。炸彈掉落在他們公寓附近時，牆壁震動後落下了一層石膏粉塵，他們回到家時，每樣東西都覆著一層灰，就像石灰一樣。

炸彈夜夜落下的日子持續到了十一月。每晚都可能是最後一晚，每次見到朋友都可能是永別。到了清晨，人們從家園的廢墟中走出，神情茫然，提著打包了家當的行李箱，不知該何去何從。全身沾滿煤煙的消防員筋疲力盡站著，抓著水管對準沖天的烈焰。

他們學到許多新字詞：防空氣球、防空炮、斯圖卡（Stuka，又稱俯衝轟炸機）、降落傘炸彈、防空洞、燃燒彈、亨克爾（Heinkel，飛機製造商）、曳光彈、納粹德國空軍。人們對於在語句間使用這些詞彙已經不感意外，突然間就熟悉了末日的運作方式。生命，歐威爾說，是「瘋狂」[88]組成的。

有幾個週末他們去了瓦靈頓，在鄉間已經移除了街道上的標誌或者轉到錯誤的方向，以混淆入侵的敵軍；農人也將老舊的機具隨意擺放在田野中，好防止敵軍飛機降落。而在空中，德軍的轟炸機正翱翔著，有人來通報說在卡地夫（Cardiff）有艘船被擊中，要「用桶子將屍體撈上來」[89]，現在村子裡有十一名被疏散過來的人[90]。

這年夏天，托洛斯基在墨西哥遭到暗殺，動手的是麥卡德這位過去活躍在巴塞隆納的蘇聯內務人民委員部探員。歐威爾現在神經兮兮的，不僅擔心隨時可能乘著降落傘下來的納粹，也害怕他以為還在追殺他的共產黨。每次有意外的訪客敲響小木屋的門，他聽見了就會抓起步槍跳到門後，讓艾琳去開門。然而，每一次敲門的來者都不是殺手。有一次，是撤離倫敦的莉迪亞來訪，有顆降落傘炸彈掉進她住家的屋頂，而在觸地之前就卡住了，懸在樓梯間，沒有爆炸，但十分嚇人。她在瓦靈頓看見他們仍過著正常的居家生活，如此的平凡，好像在挑戰外界的紛亂。歐威爾把槍收起來之後，艾琳招待她吃了一點「非常美味的蘋果蛋白派」。[91]

在倫敦，艾琳還是不時會去跟葛雯同住，去陪伴她。一天晚上，警報響起時歐威爾也在那裡，於是他們離開家裡，躲進格林威治教堂底下的地下墓穴。那裡擠著大約兩百五十人，他覺得那股惡臭簡直「難以忍受」，而且對孩童在躺滿遺體的墓穴中玩樂，感到非常不高興。[92]

其他時候他待在他們倫敦的公寓裡，艾琳去葛雯家之前會先幫他煮好飯。有一次她做好了牧羊人派放在烤箱裡保溫，然後擺出水煮鰻魚給他們領養的貓。歐威爾吃掉了鰻魚，沒有發現什麼不對勁。[93]

恐懼感總是縈繞不去，幾乎成了稀鬆平常。一天傍晚，歐威爾從公寓打電話到格林威治找她，聽見背景傳來「巨大的碎裂聲」。

「什麼東西？」他問。

「只是窗戶掉下來了。」[94]艾琳說，接著又繼續先前沒說完的話。

格林威治教堂遭到轟炸，還有人躲在裡面。另一顆炸彈不受到防空氣球的干擾，依然掉落在皇家天文台附近，對面的公園有大半都遭到夷平。

●

她想要寫信給諾菈，但是她下不下得了床都是問題。

她生病了，於是資訊部讓她休了一個月病假，她待在格林威治和葛雯一起，還不到兩歲的小勞倫斯已經跟他的保母一起被送去加拿大了。生活成了損害評估的選擇，就像小孩子玩的遊戲：「你想要哪一個？你想要當一個小男孩，搭著船航行在處處有戰艦的海上；還是當一個小男孩，住在有炸彈轟炸的房子裡？」

她已經躺在床上好幾週了，每一天，城市裡都會出現更多滿布石礫與骨頭的炸彈坑洞。

自從勞倫斯過世，每天早上她醒來時總會感到一記悶聲重擊將她打垮，但是今天沒有。明天或許會再出現，但今天沒有。如今，跟著她哥哥一起消逝的那一部分的她回來了，她睜開眼睛的那一瞬間，覺得自己是完整的，於是她明白了。她將他放下的時候，又感到一陣不同的悲傷刺痛著。

她沒有對誰說起什麼，人人都失去了些什麼，各自堅強承受著或者假裝堅強——大多數很堅強，也就是會隱藏起來，但是出血和暈眩、腹痛與全身不舒服的感受就比較難隱藏。一個月前，葛雯叮囑她躺在床上休息，有時候她只是蓋著被子縮成一團，抱著肚子忍受有如刀子穿刺的疼痛。可憐的女傭來拿桶子裡濕透的布巾去洗，她身上發出的臭味連她自己都想吐。

她起身下床——成功了！她穿著睡衣坐在書桌前，她已經太久沒有見到諾菈，差點都以為諾菈是自己虛構出來的，就像個想像中的靈魂伴侶，可以看見隱藏在笑話底下真實的她。她在抽屜裡摸索著，要找新的筆尖。

不知道今天到底幾月幾日，反正也不要緊。

隨著這封信寄出的還有一份絕妙的禮物，但是我還不知道是什麼禮物，因為今天下午才要去買。或者我希望可以去買。[95]

這封信是要告訴諾菈，她出門時心裡會想著她。當然，諾菈收到信時，這趟路早就已經結束了，而任務，大概也完成了。或者有可能結果是一灘血淋淋的混亂，或者壓倒在一堆瓦礫下。但那不是重點……

鋼筆有漏墨，藍色深得接近黑色，染在她的中指上，她蓋上筆蓋。重點是將某人放在心上的力量，重點是要讓他們未來也想著你，如果他們收到這封信之後的那兩天都會想著你，你就還在這裡（無法理性說明的魔法便是如此發揮作用），能讓他們想念著。她希望這樣的魔法也能發揮在寄送出去的方向，那麼諾菈如今就還在那裡，等著收信。炸彈如雨點般落在布里斯托，造成超乎想像的破壞和死亡，不過這消息當然沒有出現在報紙上。

我病了，從沒這麼病重過，臥床了四週卻還是很虛弱。妳知道，或者夸塔斯知道的，或許比起我在這裡的醫生還要多。他們診斷的結果說是膀胱炎，然後又判斷是腎結石，接著又說是馬爾他熱[96]再加上卵巢的併發症，再來他們診出結核病之後就閉口不談了，所以我實在猜不出來他們要測試什麼。[97]他們還沒診斷說是癌症或者精神錯亂性全身癱瘓（general paralysis of the insane，縮寫G.P.I.），不過我想很快就會了。他們十分擔憂，因為他們並未發現我的心臟有什麼問題，卻認為我的心臟很快就會放棄跳動了。同時，一位像是鶺鴒一樣相當甜美可愛的年輕病理學家做了一次普通的血液檢查，發現我的血紅素下降到百分之五十七，臨床醫師對這個結果非常不以為然，但實際上又找不到其他問題。於是現在我聽說，等我的體重長到九英石

（五十七公斤）就能痊癒，而我目前穿上衣服的體重是七英石十二磅（四十五公斤）。也許在我完全康復之前，他們就會對我失去興趣了。

她深吸一口氣，看著窗外的公園，防空氣球原本就像用繫繩牽著飄在空中的友善巨鯨，如今已經消失，因為前幾天晚上天文台遭到炸毀。這間房子原本是屬於皇家天文學家的，或許他也會把書桌放在這裡，這樣他坐著的時候可以說就跨坐在本初子午線上，正在經度零度上。她想，這個地方一直都讓她覺得處在某種中心，毫無疑問，因此希特勒才想要毀去此地、自己佔據，以他設定的起始時刻、起始之地讓世界重新開始。在底下的人行道上，一個推著嬰兒車的女人停下腳步脫了鞋，一手扶在推車的鉻桿上保持平衡，然後敲敲鞋子抖出石頭。

她想要在星期一回去上班，「因為這一切實在很蠢，但是我沒有健康證明就不能回去，那個討厭的傢伙又不肯簽發。雖然說現在以我的健康狀況可以去買東西，財務狀況卻沒那麼好。妳的顏料還夠嗎？」她不知道諾菈是否遭受到攻擊，不知道她是死是活——

「我已經安排好要過一個長長的週末假期（本來要跟妳一起過），因為疼痛變嚴重了，然後又是雪上加霜，長週末就延長成了病假。」結果她這段時間將喬治寫的小書《獅子與獨角獸》（*The Lion and the Unicorn*）打好了字，「解釋該如何在支持托利黨的情境下成為社會主義者」，這本書必須再加上一萬字，這樣沃柏格才會出雙倍價，而「後面加上的篇幅有些看起來很好……我希望妳的聖誕節還過得去，我們要在節禮日吃聖誕大餐，理論上是為了孤家寡人的士兵，不過他們太孤寡了，我們都還不認識。」

想起了士兵恐怕就快讓她想起勞倫斯了，他過世時她當然也有寫信給諾菈，但是她沒有太多話可說。而且母親也因憂思成疾，總之診斷不出什麼病因。她們身邊一直有人遭到炸死、溺死或消失無蹤，而她和她母親兩人，就只是像月亮般漸漸虧蝕。

喬治．科普這個人，我也以為他死了，被抓到的時候胸膛中了兩槍，左手有部分也被子彈打飛了。後來他逃到了尚未被占領的法國，現在正想辦法要來這裡，不過他的信件花了兩個月才送到我手上，所以也不知道到底發生了什麼事……

沒什麼可再說的了，若是他真的能來，她再想辦法處理他的事。

現在我得去買東西了，一如往常是最為妳著想的小豬。

她買東西時無事發生，沒有炸彈、沒有流血或昏倒。她回來時加上：

走了二十幾公里才為母親找到一雙有鞋跟的軟皮鞋，我得在一家可怕的小店裡幫其他人買手帕。我記得去年的禮物也是一樣的，但是這樣妳在冷天裡就有許多白色手帕可用了。

母親或許快不行了，但她依然是母親。

一週後她的身體仍然不好，但是她回去上班了。辦公室裡的人說，入侵行動應該就在接下來的三十至六十天內了，或許會動用到毒氣。但到了三月還沒有來，這時母親過世了，她為了喪禮請假一天，然後回到辦公室。他們需要這份薪水。

眼下的安靜就像是屬於她自己的時間。喬治出門到《地平線》的辦公室了，她烤了吐司配果醬當午茶——他今天早上把自己和屬於她那份的奶油都吃了，完全沒有注意到，他不知道配給的分量有多少。[98]

她上次寫信給諾菈是兩週前，寫了關於母親的事。她的去世令人傷心，但這個世界已然崩毀。她現在寫作是為了模仿自己，如果她能找到那個聲音，或許就能找到那個自己。

如今紙張短缺，所以她使用的是從辦公室帶回家的廢紙，攤平之後再用，紙張還是有點凹凸不平，古怪的是這樣卻很完美。她將紙張塞入打字機裡。

紙張有點皺褶，表示在綻放之前這只是一張廢紙，我做政府公務員的日子也是同樣的道理。因為紙張不多了，簡單總結一下——

身體狀況：因為空襲而大有改善，可能是因為我現在晚上都比這輩子過去多睡了幾個小時；

心理狀況：因為空襲而暫時有好轉，也是有所改變，不過如今又退步了，因為空襲的節奏趨於單調；

戰爭開打後的事件：每日的工作都無聊到令人難以理解；每週要離開格林威治總得費盡千辛萬苦；每月去小木屋的探視都如常，只是越來越髒亂；

未來計畫：正在想有沒有可能，離開我們在貝克街租的那間附家具的公寓（「雅房」），在貝克街北邊改租一間不附家具的公寓，就能繼續待在喬治的國民軍轄區，我們倆可以住在這間公寓——但這可能會因為沒錢（總缺五先令可花）、未遭炸毀的公寓越來越少，甚至可能無處可住而落空。但最後一個不可能發生，用一句比較短、卻依舊準確的結語來說——

什麼事都不會有影響

小豬

她點了根菸，或許她應該告訴諾菈，在辦公室的四周區域，他們每天有整整十五分鐘必須戴著防毒面具，所以她不能抽菸，讓他們看起來都像是末日的瘋馬。或者要說她的結核菌檢測結果一直是陰性——真是奇蹟。但不是這個，這不是她想要說的。

她把信看了一遍，思想實驗：如果末日將至，妳會寫什麼？速速在信上寫下混亂不堪的訊息，同時死亡就藏在五百磅、一千磅、四千磅的炸藥筒裡，如雨點般落在你身旁？

她伸手覆在鑰匙上時，還沒來得及思考，炸彈中的火藥量就已經存在了。

請寫封信。麻煩的是我實在太過低落，寫不了信了。我許多次半認真思考過，或許我可以去布里斯托，但是我基本上已經好幾年沒有自己的週末了，而且喬治又會有出血問題。我想倫敦其實也不是可以來的地方，但若是妳要來，就找全國路三三一八號。我的部門主管很怕我，大概就跟他害怕自己做任何決定一樣，而且我可以休假。於此同時，幫我把愛送給大家。艾。[99]

●

「戰爭期間，」莉迪亞寫道，「我總有一種不安的感覺，覺得艾琳不想活著，也不是那麼在乎或者規劃未來。」[100]艾琳曾經說：「我不在乎自己是死是活。」不是為了博取關注，而是好像為了在她遇害時，朋友不會太悲傷。但這並沒有用。

他的妻子陷入悲痛與疾病中。她仍要全職工作來養家，同時要負責家務、採買食物並煮飯，但他需要更多。歐威爾展開了另一段關係。

伊內茲・荷頓（Inez Holden）是個「有趣的」女人，「外表柔弱」還有一種「病美人的魅力」[101]。她是一名小說家兼記者，和歐威爾在文壇上的偶像H・G・威爾斯是好朋友，目前就住在他家車庫上的公寓。歐威爾和她去動物園逛了一圈之後，帶她回到自己家「喝茶」，他找了藉口回房間，再出現時已經換上了國民軍的制服，接著他「撲到」她身上。伊內茲相當「震驚」，他居然「如此激動又如此著急」[102]要發生性關係。（雖然很難解釋他為什麼要換上制服，有位女性倒是曾經說過：「『他會用緬甸軍官的方式做愛。』事後則會說：『啊，好多了。』然後就翻身過去。」）[103]

隔天，他和伊內茲見面並且「向她解釋了自己的婚姻……」「可以想見，」一位傳記作者記述道，「就是對布蘭達說的同一套故事——只要他做的事會讓自己開心，艾琳不會介意。」伊內茲覺得他的解釋（不管到底講了什麼）「很有用而且清楚」，接著傳記作者更進一步將這個虛構的同意延伸成了開放式婚姻。歐威爾的故事似乎能夠「證實」，他滿懷希望地寫道，「此時他和艾琳已經協調出某種開放式關係，至少歐威爾認為他們是如此」。[104]

證據看起來卻不然。那天晚上，歐威爾與艾琳跟伊內茲一起去吃晚餐，一點也不像是「不介意」

的樣子，伊內茲發現「反而有一種欲蓋彌彰的緊繃感」，然後彷彿是這樣的情況還不夠詭異，她還注意到更奇怪的事情：「幾乎是下意識的動作，歐威爾似乎消失了，彷彿要將自己從整個故事中抽離。」[105]

伊內茲和他「一週見面好幾次，這樣維持了大約十年」。他們會在艾琳上班時去吃午餐，然後回到公寓裡，應該是為了做愛，至少那段時間有幾次是這樣。[106]對傳記作家而言，這個情況需要有所解釋，「無論艾琳對他們的關係了解有多少，顯然她都打算容忍下去，」其中一位寫道，「但她是否因此而飽受折磨就不得而知，歐威爾也從未暗示他是否知道，或甚至是否在乎。」[107]傳記中的擦脂抹粉掩蓋過了她的感受，就像她丈夫所做的，容忍很「顯然」，受苦則「不得而知」，而歐威爾根本不在乎。

不過我可以想像出其他可能，因為我並未試圖為我的偶像開脫，而是想要從她的觀點來理解這些事。為什麼她會留在他身邊，努力工作，在財務上、精神上、智識上，以及各種方式上支持他——更別提還跟他才剛從他們床上起身的新戀人外出吃晚餐？她有許多朋友都離婚了，她大可離開他，和葛雯住在一起並工作養活自己。我知道離開一段糟糕的關係可能比留下來更困難，但是留下來並不等於允許。

忠貞是一種特殊的承諾，對一些人來說這是基本要件，而對其他人而言則是嘴巴說說，其實就是「不要問也不要說」。在我自己的生活中，我非常認同其他人的事情跟我無關，但要是我的丈夫在醫院裡、公園裡、派對過後撲到女人身上，和書迷幽會[108]、上妓院，還會在出版商的辦公室裡閒晃，意圖「巧遇像魯本斯畫筆下的仕女那般甜美的索妮雅」[109]，那感受就不一樣了。我會覺得這能透露出他的性格，每次出現一個女人就會在忠誠和愛意上打出一個坑洞，而這樣的破壞將大大影響我的存在。

我回到了那個黑箱子的門前，儘管不想要在某人的「私人」生活中隨意摸索，但我別無選擇：她就在那裡面活著。若是不看，便是對最典型的父權體制睜一隻眼閉一隻眼：他可以享受他要的性愛，不必擔心財務而自由自在，取得了同意而「向前撲」，年復一年找上他「遇見」的人，卻沒有人會說他一句。而歷史還會讓他保有體面。

因為傳記作家希望相信艾琳和歐威爾同意保持開放式婚姻，於是他們必須努力找出艾琳也有戀人的證據，但是除了科普對她的愛（而且沒有人知道他們有沒有上床），就沒有別人了。我發現自己居然希望真的有，不過只找到一個愛慕者是她哥哥的朋友，還有某個在英國廣播公司（British Broadcasting Corporation，縮寫BBC）的高層跟她傳出若有似無的流言，也只有單方面的說法。但是在歐威爾這邊倒是有數也數不清的婚外情、「撲倒」或者試圖強暴的例子。

有時艾琳對他的行為感到愁苦難忍，而且至少有一次，她曾說若是他不肯結束某段關係就會離開他。[110]有某件事傷害到了最深的自我卻要與之和解，這似乎是女性在父權體制中處境的縮影，這套體制利用了我們，還要讓我們說我們同意、我們不介意，甚至說是我們要求的，而我們應該與之同流合汙。無論如何，我們「顯然已經打算容忍下去」，只是會不會因此受苦仍不得而知。

獵物

一九四一年五月十日晚上，警報聲、巨大的爆裂聲以及人們呼喊的聲音將艾琳與歐威爾吵醒，他們的公寓大樓遭到炸彈攻擊，可是他們並沒有往下逃到安全的地方，反而跑到頂樓觀看。整個世界陷入一片火海。

一直等到煙霧瀰漫在他們周圍，兩人才有了動作。此時煙霧「已經很濃，讓人很難看清往下的通路」，歐威爾寫道。回到公寓裡，他們「套上幾件衣服、抓起幾樣東西就出去了」[111]，在下樓梯時，歐威爾停下腳步安慰一名害怕到瑟縮起來的老婦人，「他跪在她身邊的地上，」艾琳這樣告訴一名朋友，「看起來像基督一樣，將手放在她頭上，另一手則攬著她的肩頭安慰她。」[112]這位朋友認為歐威爾「富有同情心，只是更關心陌生人，而非陪在他身邊的人，包括他的妻子」。

結果他們的公寓大樓逃過一劫，炸毀的是後面的車庫，不過他們依然在漆黑一片的街道上走了一段路，到朋友家過夜。他們到達那裡時，歐威爾看見艾琳燻黑的臉說了幾句，「你以為你自己的多好看？」她回嘴。[113]

依莉迪亞所言，艾琳負責「賺錢養家」[114]工作了兩年，但是她因為子宮經常出血而身體虛弱，同時仍哀悼著逝去的親人，再加上她厭惡她的工作，忙於家務、招待親戚和家園遭炸毀的朋友、尋找新住處，還要處理歐威爾的所有編輯及打字工作、採買、煮飯、照顧生病的他，她實在很難堅持下去。一九四一年六月，她實在撐不住了，辭去了審查局的工作。

雖然傳記作家不喜歡提到是她在賺錢養他，卻樂於把她得以不必工作的功勞歸給他。「似乎就在此時，」其中一位寫道，「他認為艾琳的工作量太大了，鼓勵她辭職，於是到了六月，她又是自由身了。」[115]不過說實在的，傳記作家也是借用了歐威爾自己的說法，他寫道：「我勸她暫時不要工作了，因為工作會讓她的健康惡化。」[116]沒有一個人提到她之所以不必為了賺錢而工作，是因為他終於找到了一份在BBC的全職工作。

歐威爾覺得BBC就是「妓院與瘋人院的綜合體」[117]，在炸彈落下時，他製作談論藝術、政治及戰爭的廣播節目，聽眾是印度和東南亞地區的民眾。這份工作讓他暴躁易怒，而且他的聲音相當薄弱而扁平，無法在廣播上朗讀太多東西[118]。但他的表現很好——實在太好了，一位歐威爾專家甚至「很肯定艾琳絕對幫助他製作了其中幾個節目」[119]。

有些同事很喜歡他，覺得他「超脫塵世」而且擁有「罕見的高尚道德」[120]，這個人若生在其他時代，或許會被「綁在木樁上燒死」；其他人則覺得他「有點疏離冷淡又心不在焉，讓人感覺他經常對自己所做的事情感到無趣」[121]。不過，在這個瘋狂的妓院中也有安慰，一位傳記作者寫道，這裡的秘書「似乎都夠年輕」[122]，另一位則寫下：「他並不是完全無法融入社交生活，那段日子BBC內部就有傳聞言之鑿鑿，說他跟一位秘書有短暫交往——有些像是出自於責任感，或者他認為這是正常辦公室生活的一部分。」在這一段荒謬好笑的句子中，包含了所有父權魔術的元素，用意就是要抹去一名女性的存在，好為他脫罪。文中懷疑歐威爾的外遇只是「傳聞」，弱化成「短暫」的關係，而且這名女性沒有姓名，接著馬上找了藉口為他編織無辜的形象：他覺得自己必須有段戀情，這是「責任」或者是他需要融入「正常辦公室生活」[123]。

不知道是不是同一位女性，不過還有一位傳記作者記下了他與一名秘書的婚外情，看來是比較值得注意的：「他和一位年輕的BBC秘書的婚外情據說發展得相當認真，而他或許還跟牙買加詩人尤娜．馬森（Una Marson）的關係親密，稱她為『親愛的尤物』」[124]，他在一齣廣播劇中扮演她的奴隸主人（未留下錄音檔案）。

不過他自己則比較認真看待在BBC的另一段情事，而且傳記作者也必須如此，因為這名女性開口說話了。海莉耶塔（海塔）．克勞斯（Henrietta (Hetta) Crouse）是一名「美麗而活潑熱情的南非人，也是忠誠的共產黨員」，她也是一名作家兼雕塑家。根據海塔的說法，歐威爾對她十分著迷，「他說他甚至會為了她離開艾琳」，而在她嫁給兩人的同僚威廉．燕卜蓀的時候也非常惱恨，還拒絕出席婚禮。[125]

除了伊內茲、沒有姓名的秘書（們）、牙買加詩人以及海塔．克勞斯，此時的歐威爾「與史蒂薇．史密斯（Stevie Smith）很親近」，這位作家也為BBC撰寫廣播文稿；而一位傳記作者寫道，史密斯「或許是歐威爾『撲倒』的受害者——據說她暗示兩人『玩玩就好』」。[126]另一位傳記作者則質疑這段婚外情，認為只是「文壇男子之間的八卦」，在他們「à trois（下午三點）的男人聚餐」[127]時傳播（用法文似乎是想讓這件事更隱晦、更性感，à la fois〔兩者皆有〕）。對於他撲倒的人來說，已經夠真實了。

一位傳記作者寫下這段時期發生的一件「有趣軼事」，歐威爾問他的朋友作家安東尼．鮑威爾（Anthony Powell）：「你曾經跟女人在公園做過嗎？」

「沒有，從來沒有。」

「我有。」

「你覺得如何？」

「我是不得已。」

「為什麼？」

「沒有其他地方可去。」[128]

或許是艾琳正在家養病，或者那時他們住在葛雯家，所以他不能帶其他女人過去，「史蒂薇・史密斯的名字，在男性文人的八卦中不斷跟這段故事連結在一起。」[129]傳記作家寫道。這些事件被排除在事實的領域之外，成了「有趣軼事」和「八卦」，還是一樣，彷彿男人無法正視自己的所作所為。但是史蒂薇・史密斯看得很清楚。

史密斯在她一九四九年出版的小說《假期》（*The Holiday*）中描寫了歐威爾，她說：「我當時認為，將喬治一分為二或許能減輕誹謗的風險。」一半的他是巴索・泰特（Basil Tate），一名參與過西班牙內戰的同性戀退伍軍人，他「認為女人是生理需求，也厭惡這種需求，他就像個十二歲男孩，覺得『女孩子不好』」；而巴索渴望著另一半的歐威爾人格，也就是「身材瘦高、性格憂鬱」的湯姆・福克斯（Tom Fox），他這人「個性凶殘（且）瘋狂」[130]。

或許歐威爾和伊內茲的戀情也漸漸冷卻，因為她也將他寫成了一個不討喜的角色：「好不容易逃離了一間可怕的預備學校，那裡的男孩都是『勢利眼的搗蛋鬼』，使用他在西班牙參戰期間得到的一把燧發槍，在巴黎一間骯髒的醫院中養傷……並在一間髒亂的旅館廚房裡工作。」[131]歐威爾並不欣賞，更糟的是，這個角色是為了一篇她委託他撰寫的廣播劇故事而生。

這類材料讓傳記作家很為難，「反映了他並非廣為人知的一面」，其中一位這樣形容：透過「感知敏銳卻遭到利用的女性」[132]雙眼所看見的歐威爾，這裡的「卻」恰好說明了前面的形容詞：這些女性的敏銳感知能力似乎遭到弱化，因為她們「被利用了」，意思是有人利用了她們良善的本性。我要說，被撲倒並不會淡化了誰的感知能力，成為某人的獵物就能近距離觀察此人，看清他的獠牙、陰莖和軟肋。

吃

艾琳辭去工作後，休息了幾個月，努力恢復健康。但是到了一九四一年十二月，沒有孩子的女性都要接受政府徵召去工作，於是儘管她的身體仍虛弱，還是接受了在食品部（Ministry of Food）的職位，從此找到了屬於自己的生活。

小說家萊蒂斯．庫柏過去是歐威爾在《時勢》雜誌的編輯，如今已經在那裡工作一段時間了，「四十年前，她走進我在食品部的辦公室，」[133]萊蒂斯在一九八四年寫道，「我的記憶十分清晰，彷彿是今天早上才發生的事，她的身高中等……非常漂亮……藍色的眼珠和接近黑色的頭髮，她的動作很慢，看起來總像是漫無目的飄進了某間房裡……我從來沒有見過她匆匆忙忙的樣子，但是她總能準時完成工作……」萊蒂斯比艾琳大八歲，一九一八年在牛津大學拿到古典文學學位，後來她形容在食品部工作的日子就像《部長大人》（*Yes Minister*）這部情境喜劇一樣，只是食品部的部長比較聰明。[134]

食品部和BBC合作製播了一部廣播節目，介紹食譜，教導婦女如何運用配給的糧食為家人煮飯。每週播出六天的《廚房前線》（*The Kitchen Front*）推廣了戰時的各種不同食材，包括蛋粉、鹽漬鱈魚，還有很多歐防風（歐洲蘿蔔），由廣播明星配音演出吸引人的短劇介紹。艾琳是其中一位製作人，負責撰寫腳本及發稿、審查食譜，還要處理食品部及BBC之間錯綜複雜的政治關係。她找來高明的家常菜大廚提供食譜，也安撫了爭相參演的演員及廣播明星。這個節目十分成功，不過也推出了一些很詭異的菜色，例如「偽火雞」（不用火雞也能準備火雞大餐）。這是最適合艾琳的工作，讓她能夠發揮機智、寫作才華以及政治頭腦。結果，《廚房前線》一天竟然能累積到五百萬聽眾，而英國人顯然從來沒有這麼健康過[135]，過去沒有、後來也沒有。

每天早上，如果萊蒂斯和艾琳做完工作，就會很快去喝杯咖啡（這是不被允許的）；若是無法去喝咖啡，她們就會去吃午餐。「我們會到處打探，懷著相當高昂的興致與幽默感，尋找哪裡的東西俗又大碗，哪家的粗鹽醃牛肉、油炸餡餅或牧羊人派是那一週最好吃的。」萊蒂斯回憶道。通常，她們最後會去馬路對面的塞爾福里奇百貨咖啡吧，「這樣我們就能繼續好像永遠聊不完的話。」[136]

萊蒂斯是聰明的單身女子，艾琳可以跟她坦誠相告，開玩笑地談到一些想要參演節目的人是多麼自欺欺人，「我無法信任那些認定我們覺得他們有用的人。」艾琳說。而且，「會寫作的女人，就像演戲的女人一樣，通常認為煮飯有點像邪教。」他們收到一份指令，就連骨頭都要徵用來當成「戰時軍需品」[137]，艾琳便寫了一份諧仿的小冊子供同事娛樂，教大家該怎麼使用骨頭：「首先刮除骨頭上所有的肉，先熬第一次湯，然後再熬第二次湯，接著拿給狗啃，再洗一洗就能送去廢物利用了。」她甚至不喜歡他們必須推廣的那些「馬鈴薯、沙拉和維他命」菜色，萊蒂斯說，「她喜歡肉、蛋、起司和紅酒。」[138]

雖然兩人交情很好，艾琳卻似乎仍有些神秘之處，她對於人的觀點具備某種廣度和深度，讓人很難聯想到眼前這位衣衫襤褸、心不在焉的纖纖女子，瞇著眼睛讀腳本，忘了嘴角還叼著菸。萊蒂斯在一九四七年的小說《黑色伯利恆》（*Black Bethlehem*）中，以艾琳為本，創作了安妮（Ann）這個角色。[139]

書中的描寫相當寫實，安妮「飄」[140]進辦公室，「就像一片葉子被風吹進了門口」[141]，她通常沒有吃早餐，因為所有食物都給了她丈夫或者來訪的客人。辦公室裡的其他女人每次經過鏡子，必定會檢查一下頭髮和臉上的妝，但是安妮「幾乎不看自己，因為她腦中總專心思考著她待會兒要說的事，或者剛剛在想的事」[142]。

你跟她說話的時候，她通常會看著你一會兒才回答，然後回答得非常緩慢，好像你對她說的每件事無比重要，都需要謹慎考慮。一開始我們覺得她很做作，等待她回應時也很沒耐心，後來才發現一切事情都對她很重要，因為她對生命的感受十分強烈，任何出現的事物都會對她造成全面衝擊，而她不會將之個別看待，而是看出當中所有的關聯。我發現自己很難以文字解釋，不過我想大多數人對大多數事物只會匆匆瞥過……或許他們必須這樣做才能在這擁擠的世界中撐過一天。當然，安妮覺得這樣很難撐過一天。她的工作表現非常好，但幾乎每天都要加班才能完成，晚上回家時沒有肉也沒有菜，因為她應該在午餐時間去買東西，卻在午餐時間沒說完話而沒買成。在公寓裡，她為那位才華洋溢、難以捉摸的丈夫和他們的朋友煮飯打掃，通常到了午夜才在梳洗……[143]

雖然安妮和她的丈夫很窮，她卻不怕「明天就被開除」，他們的老闆把女性員工的成果當成自己的功勞時，她會當面質問，因為「她對正義的熱忱並不僅限於關係到自己的正義」。不過她的質問中帶著同情也懂分寸，所以老闆有了問題還是會去找她。部門裡的其他男人深受她吸引，因為「她看來是如此可愛的小東西」，但他們也很怕她，因為「安妮篤信遇事要抗議以及聯合行動的力量」，一位同事在不公平的情況下遭到開除時，她試圖召集其他人「集體辭職」，不過沒有用。「正直的人，」安妮後來說，「總會威脅到不正直的人，前者總讓後者神經顫抖。」

這件事是根據曾經在食品部發生過的事情改編。或許對艾琳而言，這件事讓她想起自己二十幾歲時的往事，那時她曾組織起打字行的同事對抗他們「有施虐傾向的」老闆。但這一次並未成功，就像《黑色伯利恆》中描寫的一樣。

萊蒂斯認為歐威爾有「一種非常難以定義的強大魅力」[144]，讓他「身邊都是愛慕者，男女皆有」，只是「從許多方面看來，這個男人非常天真而幾近愚蠢」[145]。（一名傳記作者實在很難接受這句話，乾脆就刪去了「幾近愚蠢」這幾個字。）「我知道他人很好，」萊蒂斯回憶道，而且「我一點也不怕他，有些人會……但他其實有點好笑，讓人比較想笑他」[146]，不過她覺得他的慷慨是真的，艾琳有一次提到她要從自家的配給中分一磅糖給萊蒂斯，「為什麼？」喬治問，艾琳很意外地說：「我們還有很多，你不會介意的，對吧？」「老天，」喬治回答，「我不是那個意思，我是說為什麼不把我們全部的糖都給他們？」[147]

「某個方面來說，」萊蒂斯說，「我覺得他不是非常聰明……有一點……也有種無知的感覺，天真。」她說，艾琳經常會笑著說些跟他有關的故事，她告訴萊蒂斯，有一次她臥病在床時，他帶給她「一塊切麵包板，上面擺著麵包和起司，我躺在床上，就這樣放在我胸膛上」。萊蒂斯覺得他們兩人都不是很在意自己的健康，不過他更是「完全不在意她的」。[148]

萊蒂斯指出，「史蒂薇．史密斯和伊內茲．荷頓都愛上了〔歐威爾〕，而他不理會她們時，就跑到艾琳面前哭著訴苦」。一個妻子要如何安慰丈夫的情人？萊蒂斯認為艾琳對「歐威爾的愛有深情、有興味，似乎還有著多疑」[149]，因此艾琳不會感到「嫉妒或怨恨……我從來沒見過這樣的人」[150]。

在食品部工作的艾琳已經很久沒有這麼開心過了，但是她很瘦弱又貧血，經常病到無法進辦公室。她在辦公室、在家裡的負荷都過大，試圖要忽略自己的身體狀況，也不去管炸彈不斷落下，隨意摧毀她一部分的世界。而神奇的是，她還能面對歐威爾的婚外性生活，引導著自己的心，走出家裡的牛頭怪米諾陶所設下的迷宮。

一天晚上，他們在朋友家吃晚餐，一顆炸彈在附近爆炸，震碎後的窗戶玻璃往內噴飛，艾琳受夠了，「不要，不要，不要又來了！」[151]她說，彷彿這樣的恐怖太常出現，已經不稀罕了。她告訴萊蒂斯，就像她也曾這樣告訴莉迪亞：「現在也不在乎我是死是活了。」不是偶爾，而是「一直如此」[152]，莉迪亞覺得她在求死，不過也可能只是接受了來自天空的訊息：沒有哪條生命是特別的，能夠得到赦免。

一天晚上在安妮的丈夫外出時，一顆炸彈落到他們的公寓炸死了她，萊蒂斯筆下的敘事者想著：「我感覺到她的精神在我身邊，在人類生命的滾滾洪流中，感受到她那股廣袤而體貼的愉悅、深植於本能的經驗，以及其溫柔的智慧。我感覺到她對我說，人生苦短，所愛之人才是生命中最重要的……」[153]

她覺得「像安妮這樣的人，她的愛會向外擴張到更大的範圍，實在少見。她出生時是什麼樣的星象？為什麼我們當中沒幾個像她這樣的人？」[154]

樂趣

看起來，德國已經定好了入侵英國的日期：一九四二年五月二十五日。[155]炸彈炸毀了兩人的住處後，歐威爾和艾琳換了好幾間公寓，有段時間就住在伊內茲騰出的地方，在H．G．威爾斯的車庫樓上。

歐威爾覺得文學評論與友誼可以完全分開來談，彷彿自己在報章雜誌上將朋友的書（與人格）開腸剖肚，還可以和他維持交情，絲毫不受影響。例如，他評論自己認識最久的老同學希瑞爾．康納利的第一本小說，寫道：「即使想要寫些什麼來談談那些所謂的創作者，把自己拐騙而得來的好處用在雞姦上，本身就是一種精神缺失。」[156]然後還期待康納利可以坦然接受，而他確實也大致接受了，儘管可能也放在心上了：康納利後來再也沒有發表小說。

但不是人人都能做到這樣涇渭分明，如果你侮辱了某人的作品與人格，還以為他們不會介意，現實會讓你大大吃驚。在BBC，歐威爾在廣播節目的談話中指控文學大師威爾斯已然墮落，作品顯得狹隘而充滿烏托邦思想，一開始威爾斯的回應聽來並不在乎：「還能怎麼說呢？公立學校的男孩子到了六年級所學到的就只有雞姦和選邊站。」[157]（這裡的「選邊站」意思是自命不凡及勢利眼。）但歐威爾堅持己見，又發表了一篇文章說如今的威爾斯「浪費才華」，成了一個「思考膚淺而有缺陷的人」。[158]此舉激怒了威爾斯，他寫信給歐威爾說：「我聽說你批評我的話了，你這不知感恩的王八蛋，星期一早上就離開我的公寓。」[159]

歐威爾和艾琳在基爾伯恩（Kilburn）的莫提墨爾新月區（Mortimer Crescent）找到一處「可怕的」一樓公寓，艾琳跟一位朋友坦承說：「要是喬治和我別抽那麼多菸，我們就能負擔得起更好的公寓。」不過這間公寓的好處是有養雞的庭院，還有地下室可以當作他的木工作坊，車床邊可以多擺一張床給訪客用。

歐威爾的外甥女珍恩（Jane）很喜歡那裡。他們通常大約九點鐘吃飯，艾琳下班後會準備美味的餐點，「她一派不在乎的樣子，一邊和麵做餡餅，一邊參與我們在客廳的談話，經常抽著菸。」[160]珍恩還有一個十幾歲的弟弟亨利（Henry），過來住了幾個月。他也記得艾琳桿著餡餅皮，在室內也依然穿著黑色大衣，因為實在太冷了，同時聊著天、抽菸抽個不停。菸灰掉下來的時候，她就直接桿進餅皮裡。艾琳就是完全不做表面功夫的人，所以有時候她會打扮得「漂漂亮亮」[161]準備出門，總會讓亨利大吃一驚。就連個十幾歲的少年都看得出來，「喬治舅舅並沒有好好珍惜她。」不過歐威爾也喜歡打扮，週末時，「艾瑞克舅舅會盛裝出現，穿著國民軍軍官的制服，靴子擦得閃亮，把步槍擺在身邊。」[162]

此時，歐威爾的老朋友詩人露絲・皮特一如既往地言詞簡潔而觀察犀利，她覺得歐威爾就快死了——而艾琳的身體也不是太好。[163]露絲注意到某件奇怪的、新奇的事，是她不喜歡的事：艾琳要把蘋果去核好做派餅時總是很「緊張」[164]，要去得乾乾淨淨，因為歐威爾只要發現有一點小小的硬渣殘留，就會不高興。

我同樣不喜歡像這樣的小小硬渣，不過我會留著。

不過艾琳仍然覺得生活可以有點樂趣，而且說起這些事更是有趣。她想要修補與H．G．威爾斯的關係，「你和H．G．鬧得這樣不愉快實在很沒道理，」她這樣對歐威爾說，「不如我邀他來吃晚餐，看這整件事能不能就這樣算了？」[165]

威爾斯馬上回覆了，「我讓你們住在車庫樓上的房間，結果你們一聲不響就離開了，我覺得這樣實在非常不知好歹，」他寫道，「我原諒你們了。當然沒問題，我很樂意去吃晚餐。」[166]

在那之後不久，年輕的劍橋大學畢業生麥可．梅爾（Michael Meyer）也到他們家吃晚餐，而艾琳向他說起了那天晚上，威爾斯出現的時候「十分友善，一開始就警告他們說他胃不好，不能吃重口味的東西」。

「喔天啊，」艾琳說，「但我煮了咖哩。」

「我可碰不得，」威爾斯說，「只要給我一點點就好。」

結果他吃了兩大盤，還喝了許多酒，在餐桌上滔滔不絕，看來精神奕奕。晚餐後，威廉．普洛默（William Plomer）來了（或者是威廉．燕卜蓀？），結果他沒有吃飯，而多虧了威爾斯的貪嘴，咖哩已經吃光了，於是艾琳說：「我能拿出來的只有梅子蛋糕了。」

「梅子蛋糕？」威爾斯不經意聽見了，說道，「我想我吃不下了。」

「不是要給你的，是給威廉吃。」艾琳說，但是蛋糕端出來時，威爾斯覺得好像特別美味，於是吃了兩塊。

大約午夜時分，他們送他上了計程車，他整個人興致高昂，而車子要開走時他大喊著：

「不要再等這麼久才跟我聯絡了！」

他們自己慶賀著修復了這段友誼，但一週後他們收到威爾斯怒氣沖沖的信，說著：「你們明知道我病了，要控制飲食，還故意一直拿食物和酒給我。」等等的話，宣稱他再也不想看到他們兩人了。顯然威爾斯在計程車上狠狠嘔吐了一場，必須緊急送醫院；看起來，他們密謀著對付他，就是為了報復那間公寓的事（他現在想起來了）。我相信他們確實再也沒有見面了。167

●

她撥打了萊蒂斯的電話號碼，把話筒夾在肩膀和耳朵之間，雙手則翻著廚房桌上的一疊紙。

「聽聽，這算什麼感謝卡，」她找到了威爾斯的信，跟萊蒂斯說，「『為什麼你們要這樣害我？是什麼扭曲的嫉妒心或者瘋狂的政治算計嗎？去讀我早先的作品吧，你們兩個渾蛋。』」168

萊蒂斯笑出聲來，「真可憐，」她說，「大概以為你們想要殺了他。」

「對啊，」艾琳說，「凶器是梅子蛋糕。」她抬起穿了襪子的腳放在廚房桌上，「妳知道嗎，有人跟我說威爾斯到處跟人說喬治是『那個大腳的托洛斯基支持者』。」

兩人都咯咯笑了。

●

「我不應該笑的，」艾琳說，「喬治很不高興。」

友好回憶

一九四三年十一月，歐威爾離開了BBC以及國民軍的崗位，到《論壇報》（*Tribune*）擔任文學編輯，他每週只有三天需要進河岸街（Strand）上的辦公室，而新多出來的時間，他想要來寫一本書。

歐威爾有自知之明，自己並不適合這份工作。「說實話，」他寫道，「我並不擅長編輯，我討厭事先計畫，而且在心理上甚至生理上都無法回覆信件。」[169]他的心腸實在太軟或者沒有肩膀，就連最貧乏的稿件都無法拒絕。「這是某人掏心掏肺寫的，」他對一名朋友說，「我就是沒有勇氣把信退回去。」[170]

保羅・帕茲（Paul Potts）這位加拿大詩人「窮到不行、總填不飽肚子」，他對未來已經失去了希望，總在辦公室附近晃蕩。帕茲記得曾經見到歐威爾將錢塞進信封裡（有時甚至是一英鎊紙鈔），隨著他要退回的書稿寄回去。「我那段時間最深刻的記憶，」歐威爾坦承，「就是拉開這裡的抽屜、拉開那裡的抽屜，發現每個抽屜裡都塞滿了信件和書稿，都是幾週前就應該要處理的，然後再匆匆關上抽屜……」托斯可・費維爾去拜訪時，發現歐威爾坐在位子上，「傷心看著一堆等著評論的新書，就像看著一群敵人一樣」[171]。過了十六個月，歐威爾辭去了這份工作，交給費維爾，而他第一天上班便發現「非常大量的稿件，早該退稿了卻沒退」[172]，塞在書桌抽屜裡、檔案櫃裡，還堆在書桌上搖搖欲墜。

「不過，」歐威爾寫道，「我的狹小辦公室能向外眺望著後院，有和好友共度的美好回憶。我們三個人共用一間辦公室，在獅蟻漸漸逼近時一起擠在角落，而等到炸彈落下之後，又會再次響起打字機平和的喀噠喀噠聲。」[173]

還有額外好處。「於此同時，」一名傳記作者寫道，「他似乎又開始了另一段婚外情……」[174]這一次是跟他在《論壇報》的秘書莎莉・麥克伊旺（Sally McEwan），「他又一次按捺不住自己的衝動，享受著一段曖昧的交往，無疑又是拿出那套他的妻子會理解的說詞……」但是艾琳發現這段情事時，她感受到無比的失落，兩人發生了一次「殘酷的爭吵」[175]，而她威脅要離開他。

莉迪亞為了躲避倫敦的轟炸，經常待在瓦靈頓，她回憶這個時候，「在倫敦與（艾琳）一次爭吵過後，（喬治）宣布要來瓦靈頓的小木屋找我。」[176]而他抵達時，「讓我十分煩惱的是，喬治來到我的房間跟我一起躺到床上……接下來的半小時，我都在奮力掙扎著抵抗他，不讓他霸王硬上弓。」

後來，莉迪亞說，他提起那位秘書，「帶著不屑的口吻，幾乎是輕蔑了，我並不喜歡。」

儘管如此，艾琳不知怎地還是留在他的身邊。或許她很同情他，因為她知道他找了這麼多女人，卻都沒有找到自己真正想要的。而且，我猜想，她還是想要看看他能寫出什麼作品。

其他動物

歐威爾決定要寫一篇文章，抨擊史達林背叛了俄國革命，並實施了新的獨裁統治。艾琳認為這是個糟糕的主意，俄國正在幫助他們對抗德國，眼下沒有人想要破壞結盟。在他們冷冰冰的臥房裡，兩人討論著應該做什麼，「儘管兩人都過著無比艱辛的生活，」莉迪亞指出，「就在基爾伯恩這間公寓裡生出了《動物農莊》的靈感。」[177] 艾琳建議寫成小說[178]，就像她喜愛的那類動物寓言，而且一度想要自己來寫。而當他動筆之後，她「馬上就知道這本書會成功」[179]，萊蒂斯回憶道。每天晚上，歐威爾會把他這天寫完的部分念給她聽，接著兩人討論；每一天，艾琳到食品部工作，就跟朋友分享最新的故事連載，討朋友歡心，「我們在喝咖啡時，她就會引述其中幾個部分，實在令人興奮不已。」[180]

《動物農莊》在三個月內寫成，這本寓言傑作影射著俄國革命如何在史達林為首的新領導菁英底下，凝聚成威脅人民性命的獨裁政權，同時就像艾琳在托爾金的教導下所學到的，這樣的童話寓言故事本身也是相當完美的故事。一頭名叫少校（Major）的老豬（代表卡爾·馬克思〔Karl Marx〕的角色）做了個夢，夢見農莊裡的動物有一天會從剝削他們的人類手中奪回自身生命的控制權，然後過著彼此平等、和諧的生活。在少校死後，其他的豬（代表托洛斯基與史達林等角色）帶領所有動物發起革命，要從奴役中解脫。動物們透過各種口號團結起來，例如「四隻腳就是好，兩隻腳就是壞」，努力不懈建立起新社會。但是漸漸地，隨著豬群鞏固了自己的權力，便採取了他們所驅逐的人類曾用過的手段；口號變了，歷史也改寫了，豬穿上了人類的衣裝，開始用兩隻腳走路、抽菸斗。豬利用狗建立起邪惡的秘密警察幫助他們維護權力，將小狗從母親身邊帶走，訓練他們否定自己熱心善良的本性。到最後，過往的權力關係又重新建立起來，只不過從人類菁英換成了豬，因為「動物皆平等，但某些動物比其他更平等」。

《動物農莊》在歐威爾的所有作品中是個異類，有一整群角色，而不是只有一個主角做為歐威爾的替身。貓兒身形靈活而不可靠，漂亮的馬為了緞帶和糖而投靠敵方；驢子班傑明（Benjamin）看著整體大業，陰鬱中帶著溫和的放任；負責拉馬車的馬叫做拳師（Boxer），耳根子軟，就是勞工階級的化身，最後工作到把命都丟了。這番政治上的抽絲剝繭，相當精準破解了對俄羅斯人民的騙局以及史達林專制政權中的惡毒與虛偽。不過這本書的結構漂亮，敘事的語調更是與歐威爾其他作品全然不同：帶著同情地近距離觀察點出角色的缺點，同時帶著幽默與異想天開。這些動物並非愚蠢、偏執或冷酷，而只是他們自己，只不過有人看出來了。

再一次，正如在歐威爾結婚之後，他的朋友相當驚訝於他作品風格的轉變。理查・里斯無法理解歐威爾是如何發現自己體內「那根充滿了幻想、幽默和溫柔的血管」[181]，他的出版商弗雷德・沃柏格也驚呼著這本作品有多麼傑出。只是，這位「總是寫出偏灰暗小說的作家，主角總會表現出作家個人性格的某些面向，卻突然長出翅膀成為了——詩人」，到底怎麼一回事，他實在想不到，他寫道：「畢竟，在歐威爾先前的作品中並沒有什麼跡象顯示他有能力寫出這般高明的作品。」[182]兩人都找不到這次值得讚賞的成就背後的因素。

但是，托斯可．費維爾清楚看見了艾琳在背後的身影：「經常有人評論，《動物農莊》和歐威爾其他作品並不相同，是一本絕佳的諷刺小品……」這是因為，他繼續說明，歐威爾有與人討論，「在他寫作時和他的妻子討論，據說是一步接著一步，艾琳和他會在床上笑著討論……如果說《動物農莊》故事中的輕描淡寫和收放都做得如此出色（幾乎『不像歐威爾』），我想有部分的功勞是艾琳在談話中的影響力，以及她那份聰明又幽默的才華發揮了畫龍點睛之效。」[183]

不過這不僅僅是「談話中的影響力」，這本書在形式上寫成了寓言、小說、諷刺作品，都是艾琳的主意。她引導著他轉換方向，不要針對史達林和獨裁體制寫一篇批評文章。接著，城市遭受轟炸期間兩人躺在床上取暖時，便一同構思作品。在《動物農莊》中，她的心理思考深度與同情再加上他的政治見解，於是造就了傑作。

看看歐威爾多麼費力想掩蓋她的參與，或許就是最強力的證明。過了很久之後他跟一位朋友提到，艾琳甚至幫忙構想了這本書[184]，這是偷竊並抹消的一種手法：感謝某人的微小貢獻並抹消更重大的功勞。一位傳記作者刪除了「甚至」兩字也沒有加上刪節號[185]，藉此抹除了他自己刪減的痕跡，因為「甚至」二字就是謊言的「暴露關鍵」：在書面上就等同於避免眼神接觸或者搔搔耳後。

她的朋友知道真相，但是說得很謹慎，才不會減弱了他的成就，萊蒂斯就說：「有些認識艾琳的人覺得，《動物農莊》的簡潔與優雅文字或許有一部分是受了她的影響。」[186]莉迪亞則寫道：「我在某些章節中可以認出艾琳的幽默感影響，或許是她直接建議，又或許是喬治無意間學到了他妻子談話與看待事情中的機智，總之就是造成了這種關聯。我個人相當確信艾琳應該默默、間接參與了《動物農莊》的創作過程。」[187]

在「冷冰冰的二樓臥房」[188]寫作《動物農莊》對艾琳來說很有趣，但是隨著冬去春來，又進入夏天，拒絕信越堆越高，沒有出版社願意碰一本這樣批評史達林的小說，就算是寓言也不行。

●

通常，寫完一本書之後生病的人是他，這一次卻是她，她因為發燒臥床已經兩天了。

他帶著麵包板進來，似乎不知道該拿這東西怎麼辦。「來。」他說完把麵包板放在她胸口，她低頭看：半條麵包、一把刀和一些奶油。

「謝謝。」她稍稍坐起身，拇指壓著刀柄，一手扶著麵包板。他不擅長溫柔，但他還是做了。

他咧開嘴微笑，牙齒有點歪扭、有點黃，雙腳重心不時換來換去。他的雙眼很藍，如今眼周都是皺紋，一雙手不知道該往哪裡放。在某些罕見的時刻裡，他會對她敞開心扉。兩人之間似乎不必再多說。

「茶！」這時他說，「還得加蜂蜜，我把東西都拿進來。」

「一杯就好。」他離開時她朝他背後喊著，一壺茶可能會是災難一場。

他跟朋友提起這本書時都稱之為「小爆竹」，不過他們兩人都明白，《動物農莊》好到不能再好了，她知道這是一種慶祝，甚至可能是在表達一種感謝。

她坐得更高一點，靠著床頭板。兩人塑造角色、構思繞了一圈回到原點的寓言情節時，在這張床上歡笑不斷，談論著動物在人類房屋裡找到火腿後為之舉行了葬禮，以及雞群為了抗議他們勞動的成果遭竊，便振翅飛上層架下蛋，這樣下了蛋就會碎裂在地上。

他站在門口費力喘著氣，一手拿著一杯茶，另一手則拿著一罐蜂蜜，蓋子已經打開。

「喬納森開普出版社（Jonathan Cape）也拒絕了。」他把茶遞給她，將蜂蜜放在麵包板上。

「我們跟摩爾談談吧，」她說，「我同意他說的，我們應該交給沃柏格。」

「好吧。」他說。

「我相信這本書會找到家的。」她說。

●

「希望如此。」他坐在床上，「我還想跟妳說件事。」

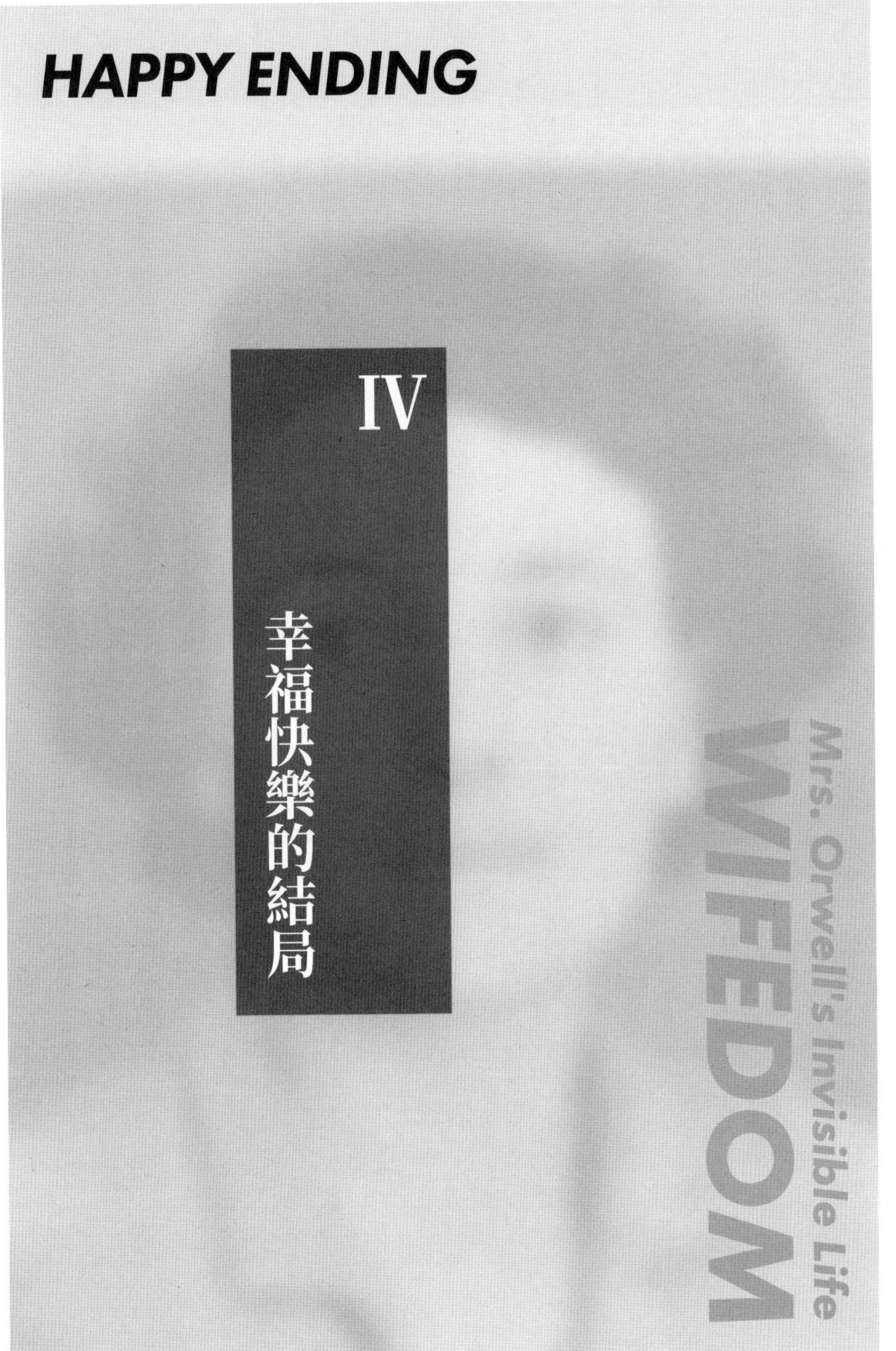

HAPPY ENDING

IV

幸福快樂的結局

Mrs. Orwell's Invisible Life
WIFEDOM

新芽

到了一九四四年年末，顯然戰爭就要獲勝了，生活又要恢復如常。

歐威爾非常熱切想要領養一個兒子，得是領養，也得是兒子。艾琳對這件事情拿不太定主意，她很緊張，對萊蒂斯說，「或許她無法對一個領養的孩子付出愛和同理心，她認為那應該留給自己的孩子……而如此對那個孩子並不公平。」[1]而且她可能會有自己的孩子，「不能生的又不是我，」她告訴萊蒂斯，「我的身體沒有問題。」[2]保羅・帕茲曾經建議說「不如讓艾琳懷別人的孩子？至少那會是艾琳的小孩」，歐威爾聽到就臉色一白，否決了這個想法。[3]

最後，艾琳同意了。葛雯在產科門診中會照顧懷著並非丈夫孩子的孕婦（父親通常是在英國的美國軍人），而她自己也領養了一個叫瑪麗的小女孩。她有一位病人叫南希・羅伯特森（Nancy Robertson），她的丈夫遠在前線時，她生了個孩子，葛雯安排由艾琳和歐威爾領養了她的兒子理查。

艾琳必須自己去醫院接這個三週大的嬰兒[4]，原因則沒有留下任何紀錄，傳記作者對艾琳接嬰兒這件事根本模糊其詞，更別提是她獨自去的。「那年夏天，」其中一人寫道，「他和艾琳……領養了一名三週大的嬰兒。」[5]另一位則是這樣寫的：「領養他的文件程序已經完成，三週大的他先是被帶到了歐肖內西家的房子……等待後續安排……」[6]

●

喬治基於某些原因不能來，她摸了摸放在棕色瓦楞紙箱裡的衣服，有一套棉質睡衣、淡藍色針織毛衣和葛雯給的軟帽，好小件，卻是如此大的事。她在上面放了兩件嬰兒毛毯，接著蓋上蓋子扣好金屬扣。她帶了個嬰兒睡籃來接他，把紙箱放在睡籃裡，手提著靠在腰臀上走下來。

她獨自一人橫越倫敦，搭著巴士、地鐵，然後又是巴士，到了醫院。她想著，若是讓他們把寶寶放進籃子裡順河而下送給她，像舊約聖經裡那樣，就會輕鬆多了。隨著地鐵接近象堡區（Elephant & Castle），她想起了維吉妮亞·吳爾芙筆下的角色茱蒂絲（Judith），她是想像中莎士比亞的妹妹，當她發現自己懷有身孕，死後就埋葬在這裡。而在回家的路上，艾琳也會帶著孩子，她感到自己的心跳躍起來，撲通不已。

在地鐵站的月台上，她看見一面黑板放在畫架上，上面用粉筆寫著算式，有學童曾經在這裡上課。她走出去時，身邊伴隨著掃掉玻璃碎渣的叮噹聲，這就是這個嬰兒要面對的世界？

有表格要簽署，但不多。她實在不敢相信他們就這樣交出一個人類，她得跑更多流程才能拿到配給。

這麼重大的一件事，等你抱到他時他卻是這麼小，睡籃突然變得太大，她得把毯子捲起來，兩邊各放一個好將他固定起來。走下地鐵月台的階梯時感覺更陡了，很嚇人。地鐵往前進時，這孩子一直睡著，藍色的小帽子底下露出一點點黑色睫毛，如今還只有一點眉毛的影子。她等著他醒來，發現自己遭劫而憤怒尖叫，但是她及時帶他回到家好餵下一餐。他是個謎，如芽苞般蜷縮起來。

她緊盯著沉睡中的他，無事發生，只有他體內傳出微弱而低沉的吼聲，開了又關、關了又開。他撐開眼皮，她看見那雙青灰色的虹膜轉動著，她從來沒有看過人類做夢的樣子，如銀蓮花花瓣的手指張開又縮起，像在練習。

他肚子餓時會左右轉動頭顱，張開了嘴找奶頭、找奶瓶，然後用力吸吮，如此緊抓著生命的力量相當驚人。她拿著奶瓶與他拉鋸時，跟著他的節奏穩穩吸進、吐出，她的心也敞開了，越敞越開，這瓢小小的生命。

喬治回家時，他的喜悅看來如此美好，坐也坐不住，只是不停打轉著。他想要買一輛藍色的嬰兒推車配上金緞帶！想讓這寶寶上伊頓公學！[7]他從廚房桌上拿起出生證明，拿到香菸菸頭前燒了[8]。這嬰兒原本名叫理查．羅伯特森（Richard Robertson），現在他是理查．荷瑞修．布萊爾（Richard Horatio Blair）。

她想要繼續在食品部工作，於是和葛雯一起住在格林威治，那裡有保母、嬰兒房、家僕。有時候她會想著女僕或廚子的工作，若是在公寓就會是她的工作，她想著人們發明了各種方法不去看見身邊的其他人，阻止自己冒險深入令人頭暈目眩的洞穴中，想像成為另一個人會是什麼樣子。然而這個寶寶發出了脆弱而固執的低吼，眼睛一睜開就在尋找她，卻完全、正是仰賴於此。

過了一星期，天空中又出現新的恐懼。巨大的V-1炸彈，每顆都配備了噴射引擎，攻擊了這座城市。其中一顆「獅蟻」在房子附近炸開時，她將理查放在地板上，用自己的身體保護他[9]，她拱起背，下巴靠在他柔軟的頭上。天崩地裂發出巨大聲響，讓人聽不出來究竟是遠是近、在這裡或在那裡、是現在或稍會，她親吻他。

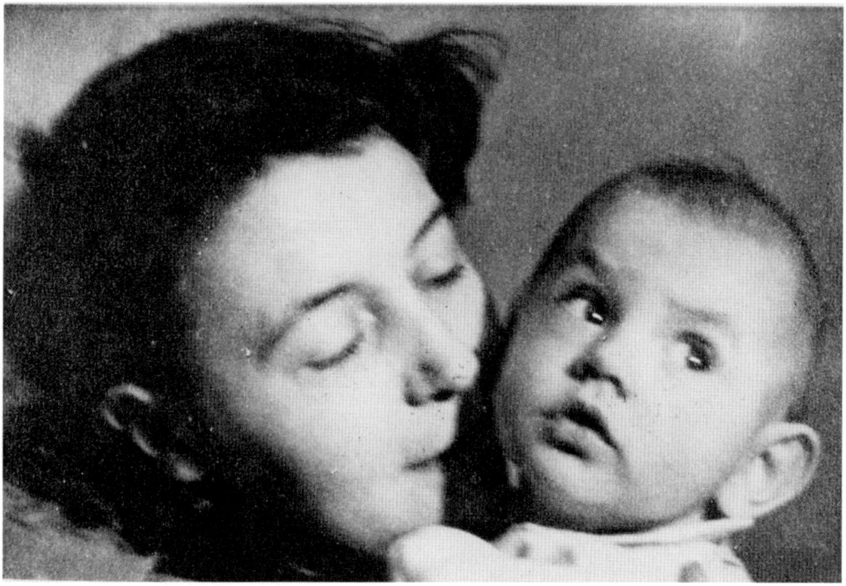

艾琳和理查，一九四四年。（圖片提供：Orwell Archive, UCL Library Services, Special Collections）

●

莉迪亞第一次去探望寶寶的時候，他們還在格林威治，她從來沒有見過歐威爾和艾琳如此心滿意足，「她才剛幫寶寶洗好澡，正拿著奶瓶在餵奶，喬治跪在她身前看著，像著了迷一樣，有些像是在耶穌誕生的畫像中滿懷崇敬的牧羊人那樣。」[10]

艾琳不再說她不在乎自己是死是活了。[11]

戰鬥或逃跑或做——

可是對歐威爾而言，這樣的親密又一次讓他想逃跑。或者只是單純出自習慣，讓他和一名女性走在公園裡時，便不願浪費這樣的機會。[12] 根據一名傳記作家的描述，那年夏天，燕卜蓀夫婦在漢普斯特德的公寓舉辦派對，歐威爾在派對上喝得酩酊大醉，遇見了他在BBC「稍微認識的」一名年輕女性，「後來他主動表示要陪她穿過荒野公園（Heath）走回家，結果在那裡試圖強迫她跟自己做愛，她為了抵抗便答應隔天會再跟他見面，結果她沒有出現，便收到了一封憤怒的譴責信，指控她犯下毀棄承諾的罪惡。」

喝醉了是藉口嗎？通常，他向女性求愛或者撲倒她們時都是清醒的，「強迫她跟自己做愛」是委婉的說詞，其實是變相在說他試圖強暴她，而他後續寫給這名年輕女性的信更讓我啞口無言，只能說這讓我想起他責備莉迪亞，罵她不肯在他想做愛時，乖乖待在家裡。男人總是有權力得到他想要的東西，即便那是妳。

我希望艾琳從不知道這些。

六月二十八日，一枚炸彈落在離他們公寓很近的地方，震垮了屋頂和天花板，他們所擁有的一切再度瀰漫在一片煤煙與灰塵之中。幸好他們仍和孩子住在格林威治，歐威爾花了一個星期來回跑了幾趟，盡量找出還能用的東西。這趟路來回有十二、十三公里，而他推著手推車行走，從廢墟中挖出《動物農莊》的打字稿，寄給了法柏出版社（Faber）的T．S．艾略特（T. S. Eliot），請他見諒書稿的「轟炸」狀況，而艾略特就和那年夏天的其他人一樣拒絕了。[13]

到了這時候，喬治．科普已經到了英國。艾琳請求葛雯幫幫他，而他很快就對葛雯同父異母的妹妹朵琳（Doreen Hunton）展開追求，兩人也結婚了。他如今是最接近艾琳的時候，算是姻親了。科普夫婦和兩人的新生兒住在卡農伯里廣場（Canonbury Square）。至於艾琳對於喬治娶了她哥哥的家人有何想法？沒有留下紀錄。喬治對艾琳有何感覺？或許他近距離觀察著她，發現她更瘦了、更蒼白了，但似乎也更堅強了，因為她與丈夫相處時會糾正他、反駁他，與他一起大笑。喬治和朵琳幫艾琳和歐威爾在他們家附近找了間公寓，一樣在卡農伯里廣場。

新住處是由五間連接在一起的閣樓房間所組成，位於一棟「像得了痲瘋病的」公寓大樓，天花板上的灰泥會「像雪片一樣」掉落，「陰暗而骯髒」。[14]門板底下的空隙很大，有個朋友認為肯定是刻意鋸掉了好製造空氣對流[15]，但艾琳很樂觀，還沒搬進去之前就寫信給莉迪亞：

我們在卡農伯里廣場找了一間小公寓，至少現在還有……除非是炸彈把房子炸到斷垣殘壁，這也滿有可能的。是一間頂樓公寓，附近已經遭遇幾次轟炸，不過廣場本身除了一、兩扇窗戶倒是沒損失什麼。我挺喜歡的，其實從某些方面來說，我確實很喜歡這裡……缺點就是要爬上數不盡的石頭階梯才能到家……也不知道轟炸到何時才結束。我煩惱該如何帶著理查，我想或許可以安裝附著鍊條的起重機，像電影裡運送大象那樣來搬動他，但喬治覺得這樣不適合。16

他們搬家之後，艾琳就從食品部辭職了，那年秋天的一天晚上，莉迪亞去拜訪他們，發現艾琳在後花園，正努力把推車推進門：

……我幫她把推車推進去，艾琳微笑著說：「我得把他抱上樓，可是這小東西最近胖了好多，我實在沒辦法……」她的話就是一個警訊，會讓人稍微注意一下，心臟一縮地疼痛，卻又會一笑置之，彷彿是沒發現這份恐懼。我們在爐火前喝茶（煤炭也得一路踩著那些階梯抬上來），理查就仰躺在沙發上，開心地咕咕叫，玩著自己的腳趾，他的養父母看起來比他們前一段時間更加平靜、更放鬆也更快樂。戰爭的終結盡在眼前，V-2炸彈依然轟炸著倫敦，但是比起前一年夏天的大肆屠戮，次數少了許多，頻率也大大降低……

艾琳的長期出血、難忍的腹痛、以及令她虛弱的貧血問題已經不能再拖著不處理，她「終於同意為自己的健康想想辦法」，莉迪亞寫道，「因為她發現自己的身體實在已經無力繼續做家務或者照顧孩子，她……接受了一連串注射，但是體力並未提升，甚至連維持都做不到。」

一天，艾琳和歐威爾走在街上時她昏倒了，纖瘦而虛弱的她必須臥床休養，歐威爾無法照顧她，甚至沒有傳記作者提起他有可能照顧她。葛雯已經將小勞倫斯從加拿大帶回來，將他和小瑪麗撤離到她娘家的房子，位於蒂斯河畔斯托克頓（Stockton-on-Tees）附近的葛雷斯通（Greystone），她和一位專科醫師說服艾琳去那裡，「她可以在那裡好好休養，還能將理查交給孩子的保母照顧。」[17]

完成理查的收養手續要經過法院聽證，安排在一九四五年二月二十一日，之後他就正式成為他們的兒子了。歐威爾留在倫敦，艾琳和理查則往北方去了。他接受了一份工作邀約，在聽證之後要去歐洲幫《觀察家報》（*The Observer*）報導戰爭結束的消息，他想要親眼見證德軍從巴黎撤退，以及同盟國軍隊進入德國。

艾琳的身體好一點了。「我每天都打扮整齊」[18]，她寫信給他這樣說，意思是她可以下床了，只是身體依然虛弱，「我幾乎沒做什麼，不過理查用餐時大部分是我餵的，還有在五點到六點陪他的社交時間」[19]。她很期待在二十一日的聽證會見到歐威爾，到那時，她說，理查會長更多顆牙。

我希望你能夠到法院來，不過當然也絕對不能搞亂了法國之行。你週五或週六晚上可以打電話給我嗎？很簡單，打到達蘭郡（County Durham）史蒂靈頓（Stillington）二十九號，當然要打長途電話，你撥打TRU（878）然後問接線員號碼，然後我們就能討論計畫。當然，除非你這個週末要過來，那就太好了，我週五下午會在葛雷斯通的家。

艾琳

沒有人知道歐威爾有沒有打電話，不過他並沒有去探望生病的妻子或者處理兒子的領養手續，而是在十五日便匆匆去了法國，留她一人單獨面對法院。他逃避聽證會是不是因為擔心這件事會令他緊張不安？或者他認為自己蒼白枯槁的外表可能搞砸這件事？或許，就像他當時在一篇專欄文章所寫的[20]，他就是很討厭洗自己的碗。

一位傳記作者如此掩飾歐威爾的逃避（強調部分是我加的）：「那年秋天，在他們收養理查六個月後，必須出席法院去認證領養程序，一切都很順利。」[21]而他這樣掩蓋住歐威爾拋下艾琳的事實：「歐威爾離開倫敦的三個禮拜後，艾琳因為子宮內的腫瘤引發劇痛和大量出血而病得十分嚴重。」這裡利用文法來閃躲假裝，醜陋地以時態遮掩，因為傳記作者想要暗示艾琳是在歐威爾離開之後才生病的，他想讓歐威爾看起來並未拋下病得十分嚴重的妻子，但是傳記作者和歐威爾都知道，他確實如此。

艾琳在不斷出血的情況下，必須忍著疼痛獨自一人拖著病體到法院去，出現在法官面前。她覺得她和歐威爾兩人都病了且「年紀大了不適合當父母」，並不是最適合擔任養父母的候選人，於是她買了一頂新的蜂蜜色帽子，好讓法官分心而不會注意到她的臉色。或許奏效了，法官批准了領養。

她的丈夫並不在場和她一起慶祝，於是，萊蒂斯回憶著，「她帶著理查來拜訪食品部，驕傲而自滿得令人皺眉，而且她人生中第一次戴著帽子。她穿著整齊漂亮的外套和裙子，通常她不會這麼認真打扮，而她還買了黃色的禮帽，這樣法官才會覺得她絕對是適合照顧理查的人選，而理查很好，非常開心的樣子。」[22]

艾琳獨自待在倫敦，還打了電話給有時很煩人的莉迪亞，莉迪亞過來找她，發現她談起理查和他的表哥、表姊時相當「平靜」。艾琳必須寫完一封信好送去郵寄，她要寫日期上去時，不知怎地突然就說：「『我討厭寫一九四五年』，還有『我應該會更討厭寫一九四六年，至於一九四七年，我根本想都不敢想……』我們兩人都笑了，」莉迪亞回憶道，「我以為那只是她說的俏皮話，即使是現在，我也不認為那是什麼不祥的預兆。」

艾琳通常不太去記得幾月幾日，如今卻認真思考著日期。這個寶寶是個開端，時間又開始走了，只是時間也讓她離親愛的哥哥越來越遠。她陪莉迪亞走到公車站牌時，「忽然就滿是感慨談起了她哥哥……」，艾琳三十九歲了，正是勞倫斯將近五年前過世的年紀，「我們親吻彼此道別，」莉迪亞寫道，「她似乎好很多了。」[23]

●

她知道自己並沒有比較好，但是現在喬治去了歐洲，領養手續也完成了，她可以安排照顧自己了。她要進行子宮切除，由她哥哥的朋友哈維．艾佛斯醫師（Dr Harvey Evers）主刀。她排好了時程，手術定在三月二十九日。她到倫敦市區看牙醫門診，然後順路去了卡農伯里廣場的公寓，她翻了翻信件，大部分似乎都是律師函，或者預示災難來臨的提醒，要她必須處理（斷電通知、未回覆的出版社詢問）。她想，這就是敘事手法上的層層堆疊，一次來一封緊急的終止信函。電話響了，是伊內茲。真奇怪，喬治也沒有告訴她自己要消失了，又或許不奇怪。[24]

她獨自一人睡在冰冷的公寓裡，隔天在塞爾福里奇百貨，她又昏倒了，出血得很嚴重，但她居然有辦法自己走去食品部找人幫忙。萊蒂斯不在，其他朋友想要叫救護車，把歐威爾從歐洲帶回來。但艾琳想到就覺得恐懼，便拒絕了。

她獨自待在倫敦一週，覺得體力恢復夠了之後才回到北方。

那天傍晚，喬治．科普在王十字車站（King's Cross）送她離開，她的臉色蒼白而虛弱，他把她的行李箱放到架子上，她則癱坐進座位裡。如果說她先前像貓一樣，現在她就像鳥兒一樣，一隻蒼白的小椋鳥，瘦得皮包骨，頭頂覆著柔軟的細毛。西班牙已經是好久以前的事了。

●

錢

過了多年，季節更迭，動物短暫的生命消逝如斯。

——喬治．歐威爾，《動物農莊》

●

她身上蓋著毯子坐在花園裡的柳條椅上，葛雯的管家布萊克伯恩太太（Mrs Blackburn）在旁邊放置了桌子，上面擺著打字機，理查和表哥表姊在屋裡。

一九四五年三月二十一日星期三

葛雷斯通

卡爾登（Carlton）

我最親愛的，今天早上收到了你的信……我原本很擔心，因為已經將近兩個星期沒收到信了……或許是送丟了。[25]

這正是她想這麼相信，或者希望他能親口說的。希望曾有那麼一封信，他問起法院的聽證會進行得如何，或者解釋為什麼他會突然離開，丟下她獨自面對一切。明知道她當時生病了。沒關係，她現在可以下床了。

我在花園裡打字，是不是很棒？……風一直把紙從打字機上吹開……但太陽照著很熱。理查坐在他的嬰兒車裡跟娃娃講話，他上半身的嬰兒裝還穿著，但之前就把剩下的脫掉了，現在他尿布以下的身體部位和天空之間沒有隔閡了。我想在陽光變強之前讓他出來透透氣，這樣就能曬得好看些……我買給他一把高腳餐椅——我唯一買得起的那種。

餐椅很貴，但她不會說——他們實在不能不買餐椅，而且她還買了其他東西得老實說。

如果有需要的話，可以從中間摺起來，把尾部往上轉就像甲蟲一樣……椅子下面有附輪子……我自己一路北上的時候覺得非常好用，可以當成行李推車。

高腳餐椅其實並不是為了取代他的協助，但是在車站她需要換車時，又找不到行李員可幫忙。她還沒告訴他自己昏倒了，或者她獨自在倫敦的公寓住了一個星期，恢復了足夠的體力後才能出發回到這裡。

最後我是晚上過來的，這樣喬治．科普可以到王十字車站來送我，這樣非常好，但是在索納比（Thornaby）或斯托克頓都完全找不到行李員，在達靈頓（Darlington）也只有一個，不過我找到他幫忙了。關於理查沒有什麼消息好說，他就是非常好，我對於要離開他一個星期感到很抱歉……我還買給他一輛卡車，價錢令人咋舌，我得趕快忘記那個價格，但是我覺得他必須要有一輛。

布萊克伯恩太太（她總會想成「黑鳥」[i]，因為她在黑色裙裝上繫著白色圍裙，還有一雙眼眶凹陷的深色眼睛）走出來說，小勞倫斯準備好社交時間了，艾琳問她能不能幫忙把打字機拿進去。（她通常不會問，布太太的手指因關節炎而有彎曲，但是她現在還無法自己拿。）

她念了個童話故事給外甥聽，勞倫斯現在六歲了，她努力想從他身上找出哥哥的影子，但是這孩子在加拿大與陌生人待了一段時間，拘謹得難以親近，實在令人心碎。

後來，她坐在書桌前。她寫到哪裡了？

……價錢令人咋舌。

對，歐威爾最想幫理查買的東西是漂亮的嬰兒推車（後來他們用的是二手的），還要讓他上伊頓公學（此時尚未決定），不過最重要的是，學會節儉。所以，不如說個他可能會喜歡的故事，布太太的丈夫是在這裡跑腿辦雜事的，今天早上跟她說了這件事：

我們已經不在花園裡了，其實理查上床睡覺已經睡了好一陣子。布萊克伯恩過來跟我說了他做其他工作時的點滴，還有他……前一個做這份工作的人怎麼開槍殺了自己的。我想或許這裡大多數人對何時開槍的標準比較低……因為這個人開槍射下一隻斑尾林鴿，鳥跟著他的槍掉入草叢中，他便想把鳥拉出來（這段過程或許可以描述得更好，但你可以猜得到），自然是草叢扣動了扳機，而在另一邊槍管中還有一發子彈，這個呆子竟然還把槍管對著肚子，或許大可以說他就是在空襲中喪生了。這件事讓我確定了心意，我並不是不准理查有槍，但是他必須從很小的時候就有，這樣才不會忘記該怎麼使用。

她已經找不到其他轉移焦點、讓他分心的方法了。她點了根菸讀過自己寫的內容，深吸一口氣。

葛雯打電話給哈維．艾佛斯，他們想要我馬上入院去動手術。這一切有點困難，手術得花非常多錢，在那種病房裡，一張病床一週就要花七幾尼，而哈維．艾佛斯的手術費用是四十幾尼[26]。在倫敦，或許醫院病房一週要付大概五幾尼，但是葛雯說手術費用會更高，荒謬的是我們太富有了，所以不適用非常便宜的費率——一年收入不到五百英鎊才適用。

i 譯註：管家的姓氏與「黑鳥」（Blackbird）拼字與讀音都相似。

她必須謹慎說明必須花錢照顧她的健康這件事，還要想想怎麼把錢賺回來。

我對此事某種程度上很是吃驚，以前你生病的時候我已經習慣不必付醫生的費用，不過當然那只是因為有艾瑞克〔勞倫斯〕在安排一切。我想你的支氣管鏡檢查也大概要花四十幾尼左右，我必須說這樣的價格也算便宜，但我擔心的是……

她停下打字等了一會兒，手指懸在字鍵上。

……我實在覺得自己不值得花這筆錢。

她的臥房門沒關緊，不過葛雯還是敲門了。她的嫂嫂性格冷淡、聰明而心善，她拿來溫好的奶瓶。儘管如此，艾琳還是感到一陣氣惱，葛雯不是她的哥哥。這樣很沒道理，她知道，也不公平。她從打字機面前轉身看著她。

「已經十點了？」

「沒有錯。」葛雯微笑著，站在那裡，彷彿能夠理解她的狀況。

「他就跟時鐘一樣，或者他的胃是如此。」

「不會一直都是如此，」葛雯把奶瓶遞給她，「很快他就能睡過夜了。」

兩人一起走到走廊另一端的育兒房。

「妳在寫信給喬治？」她問。

「對。」

葛雯深吸一口氣，「但妳知道這封信可能來不及在手術前寄到他手上，我希望妳讓《觀察家報》打電話給他。」

「謝謝妳，但不了，這樣會讓整件事好像很緊急、危及生命一樣。」

她們站在育兒房門外，理查在哭叫了，其他兩個居然沒跟著鬧起來算是個奇蹟。艾琳把奶瓶交還給葛雯。

「他不能再為了這個醒來了，他已經夠大了，可以睡過夜。我拍拍他哄一哄就好。」

葛雯點點頭，她的髮髻散落一綹頭髮掉到臉前，她似乎為了自己沒說出口的話而僵住了[27]。艾琳拍拍她的手臂。

「怎麼了？」

葛雯閉上眼睛搖搖頭。

「不然我們各退一步？等手術結束了，妳可以請他們打電話給他。」

「好吧。」葛雯說，她的眼神柔和下來泛著淚，眨了眨眼轉身離開。艾琳打開了育兒房的門。

理查又睡著之後，她回房坐在打字機前，這封信寫不完了，太難了。她寫到哪了？啊，對，說到錢。

話說出口就收不回來了，而且回頭去把紙上的字都畫叉刪掉會更糟，於是她就繼續列出各種選擇來說服他：更便宜、更快的手術；或許可以賣掉她繼承自母親的房子（不過房子還有貸款，所以值不了太多錢）；她自己想辦法賺更多錢，或許可以寫作——跟他一起寫或者她自己寫，誰知道呢？

另一方面，若是置之不理，當然這病也要花很長時間才能殺死我，而總要一直花費點金錢。唯一要想的是，我想或許有可能賣掉哈爾菲爾德（Harefield）的房子，只是我們得想想該怎麼處理。我也很希望等我身體好了可以賺點錢，當然我可以去上班，但是我指的是像這樣在家裡真正賺點錢。總之，除了採取行動趕快把這件事做好之外，我不知道我能怎麼辦。我想的是，我應該下週入院，我想他是想要盡快動手術，他認為症狀相當緊急，即使為嚴重貧血的病人動手術有壞處也沒辦法，其實他很清楚，已經沒什麼治療方法可以讓我的貧血不會每月都明顯惡化，所以我想他們大概是要同時進行輸血和手術。

血、血、血，他最討厭了，但是她必須告訴他，自己病得有多嚴重，因為這是他看不見的事情。她伸手揉了揉臉，將羊毛衫的袖子拉下蓋過手腕。該死的昏倒有可能是心理因素引起的嗎？她先前想過這一點，在她想要離開他就會出血的時候。

上個月，他為她找了一份為一個難民朋友打字的工作，多賺一點錢，而手稿必須送去《論壇報》的辦公室給他的秘書莎莉。她一直都很討厭見他的女人，無論是莎莉或伊內茲、海塔或史蒂薇、BBC的那些女人，讓她感覺受到羞辱，就好像有人從她眼皮子底下偷了東西。

我出門的時候還沒事，半路上去了銀行，然後就開始疼痛了，就像我去北部前一天那樣，只是更嚴重。我想要去塞爾福里奇喝點東西，但沒辦法，然後各種異常的狀況就發生了……

她倒在地板上，電梯操作員衝出來扶起她的頭，但是他看見她裙子上的血便呼喊著櫃檯後面的女孩，她則急忙跑去找同為女性的經理，兩人伸手從她腋下把她扶起來帶到廁所，她出來之後裙子都濕了，她們送她上了計程車。

……但是過了一會兒我自己去了食品部，我實在沒辦法再移動了……

史派洛小姐（Miss Sparrow）是艾琳以前在食品部的秘書，打電話給《論壇報》請人過來拿手稿。

《論壇報》的人……

她說不出莎莉的名字，太痛了，不過她很和善而且——

電話中的口氣實在非常客氣，表示願意過來照顧我，要幫我拿東西並通知你回家。我嚇壞了。但是昨天我想了很久，覺得要把你全部的錢都花在一次手術上實在太離譜了，我知道你不會同意，於是葛雯打電話給《論壇報》，想知道他們有沒有辦法趕快聯絡上你，讓你拿主意。他們沒辦法，但是建議她應該打電話給《觀察家報》，她便照做了，並和編輯伊沃爾．布朗（Ivor Brown）談話，他說你現在應該在科隆（Cologne），就算要送信也要等很久才會送到你手上，他提議說他們可以透過電報和電話告訴你我的消息……葛雯說他實在是個大好人。但是我不會這麼做，不太可能這樣讓你知道現實的情況，而整件事一定會聽起來很緊急，甚至危及生命。我已經跟葛雯說好了，無論如何，等手術結束了，她會請《觀察家報》送相關的消息給你。

她腦中的思緒正繞著圈圈。一是她的病，很難說得輕描淡寫，同時又要解釋手術昂貴的原因；二是他的同意，再來還有讓他回來。

一件很好的消息是，等到你回家的時候，我就在康復期了，真的是最後的休養階段，這樣你就不必經歷待在醫院的噩夢，你想必會非常不喜歡。你多少得來探望我，而到病房裡探望某人實在是噩夢一場，即使像我這樣喜歡醫院的人也一樣——尤其是如果他們病得很重，而我一開始當然會是如此。我只希望我能取得你一定程度上的同意，但我覺得這只是胡思亂想過頭了。

有了他的同意，有了錢，然後就是她的身體。

我自然不能讓這顆腫瘤就這樣長下去，或者是好幾顆快速生長的腫瘤，我總有種不安的感覺，畢竟在其他地方動手術可能會更便宜一些，不過如果你還記得的話，肯尼小姐（Miss Kenny）做燒灼術的費用是十五幾尼，而那只是小手術，所以這項手術她肯定要收至少五十幾尼。葛雯認識的人或許看在往日的交情上會願意少收點錢，但是他實在很不擅長這種手術，而且顯然會希望我提早幾個禮拜就住進醫院——於情於理我也知道，自己手術後要住院好幾個禮拜才行。哈維．艾佛斯的名聲非常好……我相信他可以和英國其他醫師一樣馬上進行我的手術，也會好好做，所以最後算起來或許也比較便宜。我比較希望能在你離開前就跟你討論。

但是他離開得太過突然，早了一週，在出庭之前就走了。

我知道我「長了東西」，但是我還是希望你能安心離開，我也不想在領養手續完成以前去找哈維．艾佛斯，以免是癌症，我覺得法官很有可能會詢問我們的健康狀況，畢竟我們這個年紀做父母算老了，再說若是兩週前就有人告訴我，我活不過六個月還什麼的，那就很難表現出理想家長的樣子。

是癌症，但可以透過手術治療。[28]她將話題轉向兩人的未來，她也在規畫著。他想要住在離蘇格蘭西部海岸相當遠的一座小島上，小島上有間廢棄的農舍，要抵達那裡要花上兩天，先是搭火車，接著搭公車、渡輪、卡車，最後一段路要走上十二、十三公里。

我現在很有自信可以在幾個月內恢復健壯，說起來也就不害怕自己要再過起原始的生活（畢竟我們剛結婚不久你生病的時候，我就把瓦靈頓的廁所整個清乾淨了，那比倒空水桶要麻煩多了），不過確實會浪費許多時間。

她看著自己剛剛寫在括號裡的文字，他大概不會懂，她說這段話底下隱含的意思是，他有可能會身體不適而必須靠她照顧，一如往常，要她來做農場上和家裡的體力活、照顧孩子、煮飯，很有可能還要處理糞坑。她需要強健起來。

喬治．科普原本答應了要幫忙把信件從他們倫敦的公寓轉給歐威爾，但他沒有，主要是因為歐威爾沒有給他轉寄地址，但她懷疑也是因為喬治非常不爽他拋下了她，讓她生著病、孤伶伶地照顧新生兒。

我覺得很苦惱，因為喬治沒有把信轉寄給你……因為他沒有收到你的消息……

她自己甚至也沒有他的確切地址，這封信或許永遠送不到他手上。

我實在不知如何是好，只能將信寄給斯克里布飯店（Hotel Scribe），希望他們能轉交。很奇怪——我們已經好幾個月無事可討論，但是你一出國就有十幾件事要說。不過，只要你這星期請假，回來時就可以解決所有事情，或至少有個決定。

但還是一樣，他可能不會來。

如果你下個月不回來，我就得再想想⋯⋯

或許，如果她按照他之前要求過的，幫他安排到附近的加里吉爾（Garrigill）釣魚，或許他就會回來。

我不知道能不能安排加里吉爾，要看你何時回來，不過最糟的情況下你還是可以過來，對嗎？如果你來了，我們應該大多時間都待在我房裡，其實我猜我回來之後，大概還是會在那裡待一段時間，而且理查可以陪你，瑪麗[29]和勞倫斯現在很常跟我待在一起，不過他們可以離開⋯⋯如果我還處在恢復期那段美好時光，你可以跟布萊克伯恩先生出去，他熟知這片鄉間每一寸土地，或者也可以跟農夫史雲班克先生（Mr Swinbank）一起找樂子⋯⋯

她必須讓他覺得有所選擇。

或者你可以週末的時候自己去加里吉爾釣魚。

她想要住在鄉下地方，只是不必那麼極端，不需要當家裡的農奴。倫敦就是個飽受轟炸的廢墟，她在那裡總得躲避髒亂和其他女人。

我覺得很重要的是你應該再寫本書了……

問題是，在哪裡寫？

……其實，如果情況雪上加霜，我想（理查）最好去瓦靈頓度過夏天，但是最好找個更寬敞的地方，因為小木屋很快就容納不下你和理查了。我不知道他妹妹該怎麼辦，而且我覺得小木屋會讓你生病——我想是濕氣和煤煙的關係。

他們討論過要再領養一個女嬰，這個想法讓她很興奮，但這封信裡要塞不下了，已經寫太久了，因為：

在寫這封信的期間，我讀了幾個故事給勞倫斯聽、陪伴醒來的理查（他最近才斷了十點鐘的奶）、安撫總是在傍晚哭泣的瑪麗，吃了晚餐又聽布萊克伯恩太太吐苦水……所以才寫了這麼久，也是因此才這麼複雜。不過我希望看到你不再只是在文學圈子裡打轉，而能夠再次開始寫作，這樣對理查也更好，所以你不必擔心兩相衝突。理查要給你的訊息是，他不覺得衝突。

……孩子到了第二年會比較辛苦，我當然不知道他是否還能保持這樣的定性，但是如果他能在鄉下生活，就比較有可能做到，而你可以過著你滿意的那種生活——也是我滿意的。

現在我要去睡覺了。你收到這封信之前，大概會先收到這次手術的消息，只要你一直……移動，很可能也會回來英國了。那可真是浪費了。

獻上我所有的愛，還有理查的。

艾

她折起信放在床邊桌上，關了燈。

●

這封信實在令人膽顫心驚[30]，其中充滿迴避與假裝，一個女人刻意淡化自己的需求，甚至到了說她不值得緊急醫療照護的程度，這樣她的丈夫才會覺得自己能自由決定要不要回來。過去幾年，她賺的錢比他還多，而且又繼承了更多財產，但是在信裡她就這樣等著，彷彿需要他的同意才能花錢，如此的謙遜在父權體制中是女性的美德，但最後卻真的讓自己顯得一文不值，看來就像犯罪。

艾琳在手術前寫信給好幾位朋友，請他們寄信到醫院，讓她睡前讀了信能安心，也會為了信而醒來。她寫給萊蒂斯的信，口氣比寫給歐威爾的更直接，也比較詳細，她知道萊蒂斯能夠看穿她這番故做輕鬆勇敢的姿態，揭開她層層的自貶，並且理解她要求她做的是什麼。

●

一九四五年三月二十三日，之類的

葛雷斯通

卡爾頓

親愛的萊蒂斯：

很抱歉我不能用紙和打字機，但因為瑪麗，這兩者都用不了了。基本上在這裡買不到紙，所以我不能浪費，而雖然打字機的問題我可以想想辦法，但是我花了二十分鐘整理色帶，又花了差不多二十分鐘換色帶之後，我實在倦了。打字機的色帶是這世界上最長的東西，在一間大房子裡會捲上每把椅子的椅腳。這是我剛剛發現的。

謝謝妳給理查的外套……他還有點害羞，但是非常討人喜歡，這比什麼才華都有用多了。而且他也不是太笨……他還不到十個月大就發現可以拉著線拖動卡車，現在正努力測試如何用一樣東西去拉動或者抬起另一樣東西的法則。他很努力。

她很遺憾在倫敦時沒見到萊蒂斯：

然後我病倒了，沒打電話給誰，最後在食品部上演了各種誇張的戲碼就想找妳，但妳不在。

她真希望萊蒂斯那天在那裡。

回北部的路上，我去見了一位紐卡索（Newcastle）的外科醫師，因為理查的領養手續已經完成，我想現在或許可以處理長出來的東西了（沒有人會反對長了東西）。我知道我長了東西。他很輕易就發現了，可能還不止一個，然後我下週要住進他的診療院去切除。我想要不要動子宮切除術，答案很明顯，因為實在不可能只切除那些腫瘤，或多或少要把其他東西都一併拿掉。所以整體說來這件事很好，到北國來一趟很值得，因為這裡的醫院在手術前不會像倫敦那樣東加西湊的。倫敦的外科醫師很喜歡幫病人做好萬全準備，像保險一樣，以免發生不可預料的結果。我想他們其實都很怕自己的手術刀——他們潛意識裡大概都希望病人在進到手術室前就死了，這樣就不會有人責怪他們。

在倫敦，他們說我要先輸血一個月之類的做好準備，才能夠動手術；而在這裡，我下週三住院，週四就要動手術。除了別的好處，這樣能夠省下很多錢，那也很棒。對了，如果妳能寫封信來就太好了。理論上我不想讓人來探望我，尤其是因為我沒辦法住單人房，但如果真的沒有人來，我可能會很氣憤，而且也沒有人可以來，因為我在紐卡索的那些朋友此時學校都放假了，他們都要出門。所以，如果妳有時間就寫封信到蕨栽園（Fernwood House）……幸好喬治不在——此時他在科隆。喬治探望病人，這場景比起世界上任何飽受病痛折磨的可憐蟲看起來更是無比悲傷。

這封信……寫了大約一週……但這段時間我們一直很感謝妳送來給理查的禮物，他和我都是。

獻上許多愛

艾蜜莉[31]

●

傳記作家通常會忽略艾琳的恐懼，以及她擔心歐威爾會因為她手術的花費而生氣。他們喜歡引述「喬治探望病人，這場景比起世界上任何飽受病痛折磨的可憐蟲看起來更是無比悲傷」，來證明她不想要他去探望。他們引述這句話時，彷彿她指的就是字面上的意思，而不認為她只是故作堅強，掩飾他拋棄了她這件事，甚至讓她擔起他拋下她的責任。一名傳記作家就寫道：「她淡化了整件事情，說『我實在覺得自己不值得花這筆錢。』」[32]一個女人為一個忽略她的男人找藉口，而他的傳記作家還聽信了，並且跟著這麼說，這件事實在駭人聽聞。

●

有時候她會好奇他是否想著她，或者他現在在做什麼。

●

娛樂自己

歐威爾在巴黎時，住在斯克里布飯店，同樣住在那裡的還有許多外國記者，包括有錢的美學家哈洛德．艾克頓。他們會出門到高級餐廳吃晚餐，這時歐威爾便會想念起緬甸女孩的「甜美」以及摩洛哥少女的「纖細腰身與堅挺的小胸部」，還有她們身上「香料的味道」與「光滑如緞的肌膚」。或許他又回到巴黎的妓院裡，他依然會寫信給他在《論壇報》的戀人莎莉。

他想要認識厄尼斯特．海明威，於是就跑到海明威在麗思飯店（Ritz）下榻的房間敲門。

「開門！」

歐威爾看見一張床上放著兩只皮箱，而那位胸肌健壯又英俊的知名作家正站在後面打包行李。

「我是艾瑞克．布萊爾。」他說。

「那你操他媽的想怎麼樣？」海明威看著這個瘦巴巴的英國人，制服披掛在身上，朝著他吼道。

「我是喬治．歐威爾。」他說，態度更膽怯了些。

「你操他媽的怎麼不早說？」海明威把箱子推到床頭，彎下腰在床底下摸索一陣，拿出一瓶蘇格蘭威士忌，「喝一杯，來雙份，直接喝或者加水，這裡沒有蘇打水。」33

歐威爾告訴海明威自己害怕被共產黨暗殺，因為「他們要抓他」，海明威認為他「相當緊張又擔心」，而且看起來「形容憔悴而且……狀況很糟」。歐威爾開口跟他借容易藏起來的武器，於是海明威拿給他一把點三二口徑的柯特手槍，他自己覺得這把槍沒多大用處，但是希望這會讓歐威爾感覺好過一點。為了某種原因，海明威要他的朋友「暗中跟著」歐威爾，他們回報說他「相當安全又開心地在巴黎『娛樂自己』」[34]。

歐威爾在巴黎待了一個月，三月底時他把槍還給海明威，去了科隆。

●

她的上一封信沒有收到回信，不過在占領勢力撤退之際，誰又知道法國的郵務是否繼續運作呢？他們需要改郵戳嗎？從代表法蘭西共和國的瑪麗安娜（Marianne）換成了納粹德國的女武神（Valkyrie），現在又要換回來嗎？她必須看看他前一封信上的郵戳，她放哪裡了？但又是一樣，問題在於她不確定他的住址。

無論如何，她就當作他收到這些信了，所以不再重複說那些手術、血、准許的事。

葛雷斯通
卡爾登
蒂斯河畔斯托克頓

最親愛的：

我想辦法要繼續寫信[35]，因為我星期三就要住進療養院了（今天是星期日），而我當然還沒準備好。孩子們都醒著的時候，根本不可能寫信或者做其他事情。我大約七點四十五分時為勞倫斯唸完故事書（今天晚上是七點五十五分），我們在八點或八點十五分用晚餐，現在必須收聽九點鐘的新聞，然後至少要到九點半才結束（過去兩天晚上的戰事報導聽來相當樂觀），接著就該裝滿熱水瓶什麼的，因為我們很早就上床睡覺了。於是我在床上寫信，而且不用打字機。我在跟勞倫斯解釋自己所知道的盜獵法條時，偶然下就寫了遺囑，是手寫的，因為手寫的遺囑幾乎都是有效的，已經簽了名也有見證。大概不太可能用到，但我提到這件事，因為我做了件奇怪的事，我沒有留任何東西給理查，如果你活得比我長，你就是唯一的繼承人（你繼承的會是哈爾菲爾德那棟房子，應該價值幾百塊錢，包括保險契約及家具）。如果沒有，財產就會更多，我把一切全權交給葛雯並附上一張字條，我希望她會運用在對理查有益的地方，卻不需要負任何法律責任，字條是要讓理查知道，我並不是剝奪他的繼承權，我這麼做是因為我不知道該怎麼讓理查自己繼承這筆錢，一個原因是我沒有收到註冊總署署長（Registrar General）的消息，我想理查的姓氏可能還是羅伯特森。

她不認為歐威爾燒掉出生證明這樣浮誇的行為能在法律上改變什麼，不過可能拖慢這個過程。

另外一個原因是他必須有受託人，而我不知道你屬意誰，也不知道他們有沒有接到詢問；再來，如果他在年幼時就繼承財產，那麼他的受託人就必須能夠在他未成年時運用他的錢，好讓他盡量擁有良好的教育。等你回家來，我們必須好好討論清楚這一切，但我想我必須顧慮到你或許有可能在接下來幾天死亡，而我可能星期四就會死在手術台上。如果在我死後你也身亡，那樣實在太糟糕了，不過至少我這份小小遺囑能夠說明我想要怎麼做。葛雯在養育孩子的成果上目前看來不是很樂觀，但戰爭結束後她就會在鄉間有一棟像樣的房子，能容下她和孩子。她很愛理查，小勞倫斯也非常喜愛他，而且所有僕人都真心喜歡他。

現在要開始討論的是他家人的問題，或者是怎麼迴避他們的問題。

我相信他在那個家裡會比跟瑪喬麗一起更快樂，不過我認為瑪喬麗也會願意照顧他。至於愛芮兒，我想她大概不會想收留他，也希望不要，我可承受不了。諾菈和夸塔斯會收留他並且將他好好養育長大，但是你從來都沒見過他們倆。

實在很難相信，這麼久了，他們居然從來沒見過面。自結婚以來，這整整幾年當中她自己也只見過諾菈幾次，她也得寫信給她，不過諾菈可能會同意倫敦醫師的說法，想要阻止這次手術，所以那封信大概要等一等。

夸塔斯在印度，所以我無法安排。就這所有情況考量下來，我想你會同意這是最好的緊急處置。

夠了！講完了。她改變了語氣，就像要轉移小孩的注意力，用閃閃發亮、吸引人的東西讓小孩忘記討厭的東西，以這封信來說，是孩子和生活本身。

理查長了六顆牙。他可以在遊戲圍欄裡撐起身體來……但不太算站，所以不要期望太高。昨天，保母和我帶三個小孩一起去看醫生，去打百日咳疫苗，醫生住在大約四、五公里遠的地方，要穿過一部分田野，我們迷了路，得穿過耕地，嬰兒推車沒辦法順利前進，瑪麗也不肯，她坐在一道犁溝裡大哭，非要人抱不可，勞倫斯也哭著要人抱……理查是最後一個打針的，他坐在我膝上玩火柴盒，醫生抓著他的手臂時他有些意外地看著醫生，然後轉頭用驚訝的眼神看著我，彷彿在說：「為什麼這個看起來很和氣的人要把針插到我身體裡？這樣對嗎？」告訴他怎麼回事後，他再次抬起頭來，相當嚴肅看著醫生，然後就笑了……

她將話題轉往出版的業務，她正等著他一篇文章的校樣好開始工作，也轉達了與沃柏格的通信內容，沃柏格已經同意要出版《動物農莊》，然後：

我想我最好去睡了。

這或許是最後一封信，或許有重要的事情要說，只是她沒想起來。但夜深了，結果她又轉回理查身上。

對了，六顆牙是上排三顆、下排三顆，看起來有點奇怪，不過我希望上排的第四顆牙很快會長出來。

獻上我與理查所有的愛

艾

星期三早上，她穿著襯裙站在鏡子前。這是一面全身鏡，架在能夠調整角度的木框上，她突然想起在這面鏡子裡，自己身後曾經突然出現一張臉，是莉迪亞，那時她們在勞倫斯與葛雯家中一起睡一間臥房。那時的她和現在不同，她也應該寫信給她。

她的行李箱開著放在床上：四件睡袍、一件晨間袍和拖鞋、換洗的內衣褲、衣服、牙刷、化妝品、吊帶。她已經不記得自己不流血是什麼時候的事了，如果可以停止，她醒來後就能過著完全不同的人生。

她伸手捂著自己的腹部，拇指放在肚臍上，這世界上永遠不會有一個屬於她的藍眼女孩，她從來沒有認真思考過她的事情，但是她現在明白，她想要的是她。她穿上一件紅棕色軟呢裙，套上外套，顫抖的手指扣緊了鈕扣，她的胸骨裡有一股空虛感。她做了個深呼吸，戴上那頂黃色帽子，真要形容的話，她看起來就像綜合口味甘草糖。然後她轉身闔上行李箱，走到育兒房。

在公車站，雨水打到黑色瀝青上，雨點便馬上往後跳躍舞動著，多麼歡欣，她忽然湧現出一股自由的感受，有她所愛的書、小男孩，還有她熟悉了解的男人，那是她接下來的人生。

她坐在公車後頭，行李箱放在身邊，從蒂斯河畔斯托克頓坐車到紐卡索，需時一小時又四十五分鐘。

●

隔天還有一點時間，剛好夠再寫一封信。

她坐在醫院床上等著被帶進手術室，手寫的字跡一開始就如往常一樣圓潤而帶著自信，但是隨著嗎啡發揮效果，字跡的線條就在紙上無力扭曲起來，先是單字，接著是字母本身都隨著她昏睡過去而拖長了。她領養了一個孩子還寫了遺囑，她送出一份書稿並處理了合約，現在她要喚出他來陪伴自己。

●

她知道今天幾月幾日！這是一切都必須完成的那一天：

蕨栽園

克萊頓路（Clayton Road）

泰恩河畔紐卡索（Newcastle-on-Tyne）

四五年三月二十九日

最親愛的：

我就要去動手術了，已經灌過腸、接受注射（右手打了嗎啡，有點麻煩），清理過，整個人用脫脂棉和繃帶包裹起來像什麼貴重物品。結束後我會註記在這封信後，然後就可以趕快送出了。從我同房的病友來看，註記會很短，他們的手術都已經結束了，真討厭——我永遠都沒機會感覺贏過他們了。

她並沒有不舒服，更像是一種龐大的棄守感，已經沒有別的事情可做。不知為何，她腦中忽然想起摩洛哥別墅中的曬衣繩，白色衣物掛在上頭迎風拍動，就像在金黃世界中鮮活起來。但恐懼蹲伏下來，就像隻蟾蜍潛在她肋骨下。

護理師進來了，戴著修女般的頭巾、雙下巴，身上掛著鍊錶。她拿起床尾的帶夾寫字板，然後問她為什麼住院。

艾琳微笑了：「上面沒寫嗎？」

「這裡沒有，沒寫，空白的。」護理師開始在上面寫字，似乎要挽救什麼。

「那這樣我是不是可以選？」

護理師無動於衷，「不行，夫人，艾佛斯醫師會做他認為最好的處置，他很快就會來了。」

「對，當然了，」她說，「修女，我確實還有一個問題，上面有沒有寫關於輸血的事情？」

「沒有，這裡沒寫。」護理師第一次正眼看著她，臉上的表情變了，接著她輕鬆地拍拍床尾的毯子，把寫字板掛回去。「好姑娘。」她說完就走了，離開時輕輕把門關上。

她費了點勁才扭開筆蓋。

我來到這裡後還沒看見哈維．艾佛斯，顯然葛雯沒跟他談過，沒有人知道我要動什麼手術！

她讓自己坐直了一些，把自己用來墊在下面寫信的寫字板擺平，她的大腿一直要倒不倒的。

他們不相信哈維．艾佛斯真的讓我自己決定——他一定「會做他認為最好的處置」！他當然會。但我必須說我覺得很生氣，雖然我一直在當個模範病人，他們覺得我很棒，說我很平靜又開心，我確實如此，只要我可以把自己交給別人來處理。

但是她仍希望醫師可以在她麻醉昏迷之前過來看她，她希望自己在他面前是個人，而不是冷冰冰的病例。草坪上的影子拉得很長了。

她想不到其他事情，一切都說了也做了之後，還有什麼要說的？那她就跟他分享一下這個地方、這一刻。

房間很棒，在一樓，所以可以看見花園，不過除了水仙花之外的花草不多，我想還有南

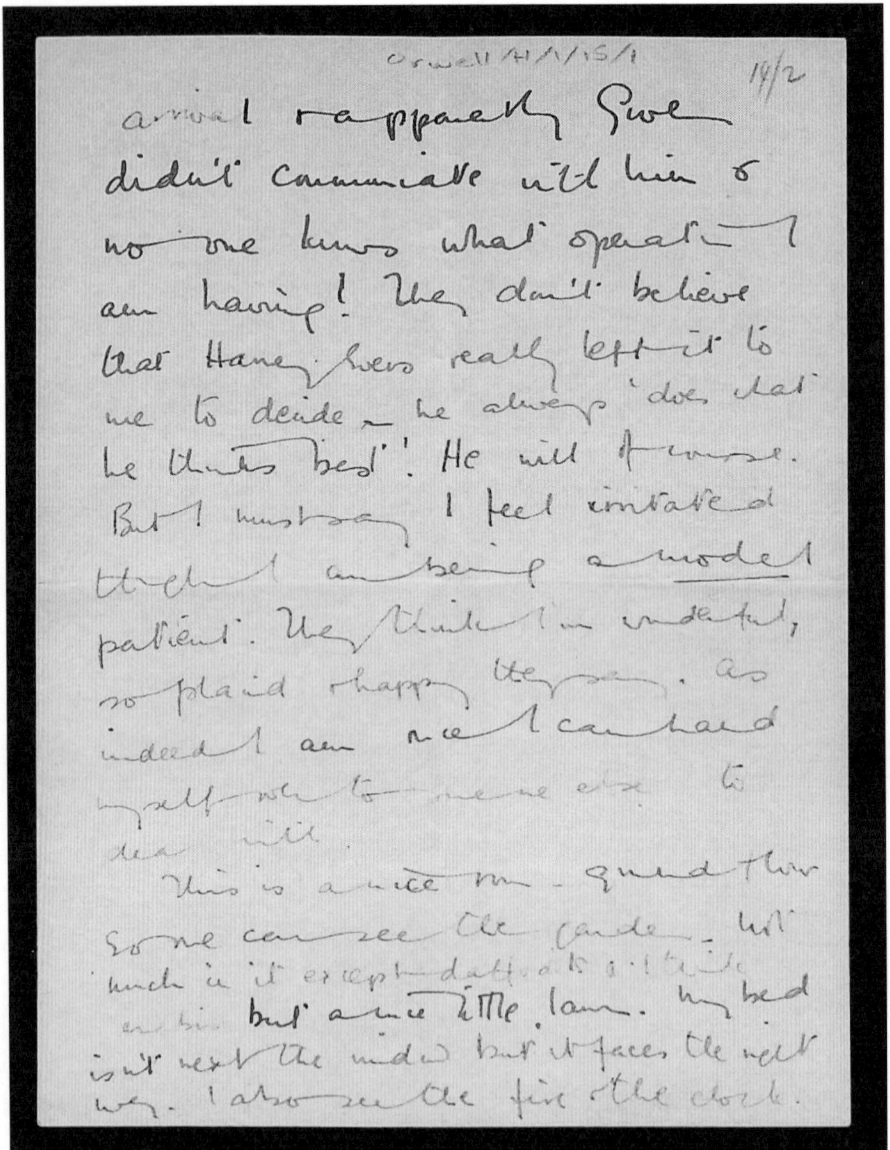
Orwell H/1/15/1

14/2

arrival & apparently Gwen didn't communicate with him so no one knows what operation I am having! They don't believe that Harvey Evers really left it to me to decide – he always 'does what he thinks best'. He will of course. But I must say I feel irritated that I am being a model patient. They think I'm wonderful, so placid & happy they say. As indeed I am once I can hand myself over to someone else to deal with.

This is a nice room – ground floor so one can see the garden. Not much in it except daffodils & I think arabis but a nice little lawn. My bed isn't next the window but it faces the right way. I also see the fire & the clock.

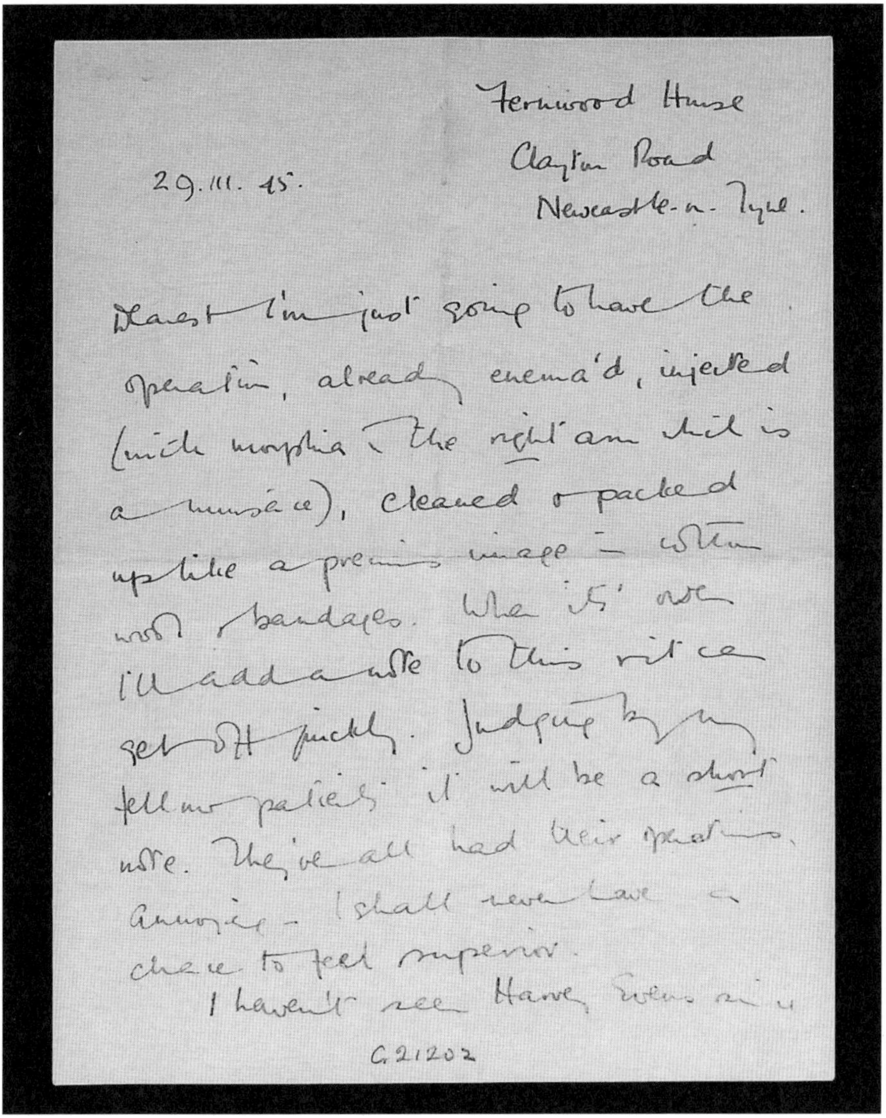
Fernwood House
Clayton Road
Newcastle-on-Tyne.

29.III.45.

Dearest I'm just going to have the operation, already enema'd, injected (with morphia in the right arm which is a nuisance), cleaned & packed up like a precious image in cotton wool & bandages. When it's over I'll add a note to this & it can get off quickly. Judging by my fellow patients it will be a short note. They've all had their operations. Annoying — I shall never have a chance to feel superior.

I haven't seen Harvey Evers since

G.21202

艾琳死前的信。（圖片提供：Orwell Archive, UCL Library Services, Special Collections）

芥，但這片小草地確實不錯。我的床不在窗邊，不過就正對著窗戶，我也能看見壁爐和時鐘。

●

後來，這封信在她床邊被發現，就和她的東西一起打包。

預感

凱瑟琳．歐肖內西（Catherine O'Shaughnessy）是葛雯的女兒，就是當時被叫做瑪麗的小女孩，曾經把打字機的色帶纏在屋裡每把椅子上。二〇二一年時，她和表親昆汀．科普與希薇亞．托普談話時，講到這件事，聲音裡還帶著傷痛：「我一直不明白為什麼媽咪會同意讓艾琳去紐卡索，她明明知道她病得有多重，也有預感她撐不過去，所以……」她的聲音漸漸變弱。

葛雯必定對這第二次的預感十分害怕，因為第一次關於勞倫斯的預感就不幸地應驗了。或許永遠不會有人知道，為什麼葛雯沒有勸阻，或者無法勸阻艾琳，不要在倫敦的醫師都反對時，為了便宜就去動手術；也不會有人知道為什麼艾琳獨自一人搭公車去醫院。

昆汀是喬治．科普與朵琳．科普的兒子，努力安慰著凱瑟琳，「真的很不像葛雯的作風，對吧？」[36]他說。

AFTERLIFE

V

死後

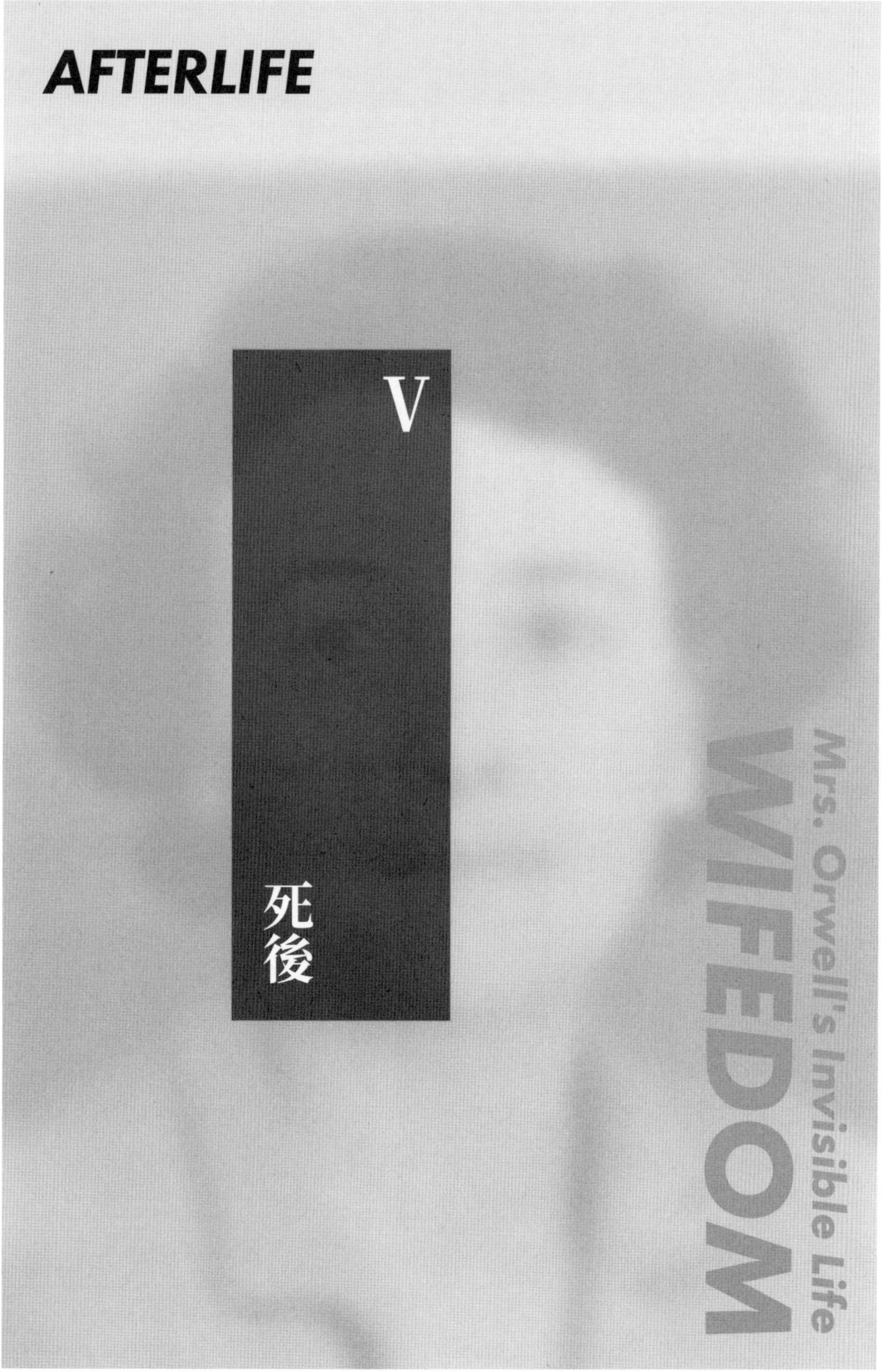

在歐威爾的傳記中，很容易找到艾琳死後他做了什麼，比較不容易看到的是他到底如何哀痛欲絕。但是現在我已經訓練自己要讀出被動語態和略而不談背後的訊息，我可以看出他實際上做了什麼。在他餘生中他都在尋找，多少有些急切，要找一個人（甚至是一群人）來取代她。

現在我們已經看見她了，問題是，他看見了嗎？

電報

在歐洲的玩樂已經結束，他收到葛雯的電報時正待在科隆的軍醫院裡，他們想讓他待在這裡——他肺部的情況很糟，雖然他堅持是支氣管炎，卻沒人相信他。他沒有告訴他們為什麼自己需要離開，只對一位朋友說：「喔，我家裡有事情要做，我應該會離開兩個禮拜，到時候見。」後來，這位朋友知道發生了什麼事、知道他沒說出口的話，大吃一驚。[1]歐威爾吃了八顆止痛藥，自己辦了出院，想辦法搭上了飛往倫敦的軍機。

他先去了伊內茲家，她在自己四月五日的日記寫道：

門鈴響了，喬治．歐威爾站在門外。我一開始沒認出他，他披著一件像是近衛團士兵的長外套，穿著戰地記者的制服，他是隊長。他吃了八顆M&B藥片，離開醫院就飛過來了。一開始我還以為他不知道，但其實他已經收到電報了，他覺得這對艾琳來說特別悲哀，因為情況已經有了好轉——戰爭要結束了，他們收養了理查，而且她相信自己的健康狀況在手術後就會沒事了。喬治傷心極了。[2]

他和伊內茲待在一起，伊內茲帶他到火車站，搭到北上前往蒂斯河畔斯托克頓的火車。

●葛雯遞給他從醫院床邊桌拿回來的信。他在艾琳的房間裡，坐在床上讀信。他的手在發抖，菸灰掉落在地板上。

最親愛的……

他的眼前一片模糊。

……沒有人知道我要動什麼手術！……我必須說我覺得很生氣……

無法相信，不敢置信。

他們覺得我很棒，說我很平靜又開心，我確實如此，只要我可以把自己交給別人來處理。

有如奧林匹克天神的優雅。他張開嘴，發不出聲音來。在她最後幾封信中，最讓他感到不安的部分、在他腦海中揮之不去的，是這個：

……讓我擔心的是，我實在覺得自己不值得花這筆錢。

如果你不在乎某個人，他們是不是也比較不在乎自己？他記得牧師漏掉了她結婚誓詞中的「順從」時，他有多吃驚，「我不太可能請你允許我不要『順從』吧！」她這樣笑著說。

● 他做了什麼？

幾天後舉行了艾琳的葬禮。沒有紀錄顯示誰出席了葬禮，莉迪亞和萊蒂斯從未提起過，或許她們去不了，或者她們去了但不知該如何描述。我猜想歐威爾和葛雯都在，可能還有「家裡的僕人」：布萊克伯恩夫婦以及保母喬伊思．波拉德（Joyce Pollard），以及心力交瘁又憤怒的喬治．科普。我想像著艾琳寫信去的那些朋友都有來，她要求在自己昏迷之前把信寄給那些朋友，卻又沒有，如某人所說，艾琳「想要在接受手術之後能收到信件與電報」[3]，但她在信上寫道，自己想要在之前就有信件陪伴，她想要知道有人將她放在心上。我想像著諾菈也在那裡，但是無從得知。

歐威爾對喪妻一事表現得十分隱忍而緘默，他幾乎沒有跟誰談過她，也幾乎沒提起她，即使在戰爭當中那段強調「英勇面容」與「武裝自己」的日子裡，看起來也是冷漠無情的樣子。詩人史蒂芬．史班德向歐威爾表達自己的遺憾時，他回答：「是啊，她是個老好人。」[4]史班德聽到這像在模仿勞工階級的詭異土話感到很震驚，這是一種疏離的做法——遠離她、遠離自己對她的感情。

不過他必定是哀痛逾恆，維繫著他的世界的女人已經離開了。

他跟自己的阿姨吐露心聲（這時的奈莉已經六十幾歲，個性古怪而大方，完全展現出社會主義者的真我本色，和自己的房東爭論不休，因為她堅持要付更多房租），然後她寫信給他姊姊瑪喬麗（她也深受腎病所苦）說：「艾瑞克寫了封相當長的信給我，詳述了艾琳的死，在我看來他非常哀痛。」這句話不只讓我們知道他的哀悼，而且在這個家族裡，這樣的事情是需要說出口的。歐威爾也向詩人保羅．帕茲訴苦，帕茲現在已經落魄到倫敦蘇活區（Soho）的酒吧裡賣手寫詩來換酒喝，「就像兜售著偷來的肉一樣拿著自己的詩詞來回盤旋」[5]，歐威爾告訴帕茲，「上一次他見到她時，他想要告訴她，現在他們有了理查，他更愛她了，而他沒有說出口，為此後悔不已。」[6]

艾琳的朋友都極為震驚。萊蒂斯滿心悔恨，她沒有在手術前收到艾琳的信，「若是我早知道她要動這麼重要的手術，知道她要自己搭公車去紐卡索，沒有人陪著她，我就會北上去找她，但等我聽到時已經太遲了。」[7]有些人責怪歐威爾沒有妥善照顧她，例如愛德娜．巴賽，艾琳過去曾經想要指導這位聰明的辦公室女孩申請就讀大學，她便直言不諱，正如她的愛那般尖銳：「我從來都不喜歡他這個人，我或許錯得離譜，但是我一直覺得他對她的照顧不夠周到，她實在不應該死於那樣簡單的手術，或是如此英年早逝。」她又說，歐威爾「能夠成為如此成功的作家，虧欠艾琳的實在太多了……他是認識了她才變那麼出名的……而這個世界只會知道她是他『第一任妻子』，真是太過可惜。她是這麼優秀的人，我很肯定她一定對他付出了所有，幫助他成功」。萊蒂斯也認為他沒有照顧好她，但話說回來，「他連自己也照顧不好」[8]。

十五年後，一九六一年，莉迪亞寫道：

她極盡一切所能所知地照顧他的健康，而她所能所知的相當多。她一心一意、未曾改變的目的就是要幫助他完成使命，那就是寫作，以他想要的方式發聲……他的疾病讓她整個人盯著他不敢放，將此視為最迫切的危機，但卻是她先倒下了。「人的愛心沒有比這個大的」[i]，艾琳總喜歡把生活中最普通不過的事情誇大，藉此取樂，卻從未誇大自己的功勞，若是有人曾經這樣形容她，她只會一笑置之，但這句話仍然真實無誤。[9]

後來在一次訪談中，莉迪亞不再將艾琳比喻為犧牲奉獻的妻子，而是回頭從艾琳的角度來思考，她憤怒抨擊著說：「我一直對艾琳與喬治結婚感到耿耿於懷，我很懷疑她到底算不算與他相愛，我想一定是因為他的坦率言詞，他的思考方式吸引著她，引起她的興趣，因為他這人並不平凡。」[10]她並未繼續評論下去，而從我這個事後諸葛的觀點看來，他們的關係似乎就像是共同走向自我毀滅的軍備競賽：她的無私對上他遁入貪婪的雙重人生，那是屬於藝術家的自我與創作兩種生活。

●

他不知道接下來該何去何從。

他不能去瓦靈頓。

她的衣服仍掛在卡農伯里廣場公寓裡的衣櫃，有如懸念。

i 譯註：約翰福音十五章十三節：「人為朋友捨命，人的愛心沒有比這個大的。」

大家都以為他會放棄那個孩子，一個單身男子如何照顧一個十二個月大的嬰孩？但是歐威爾很愛理查，他拿到艾琳的信件和她的遺囑，信上表示她希望讓理查留在葛雯的家中，有表親、保母和喜愛他的其他僕人陪伴；她說他可以求助諾菈和她的丈夫，但拜託別去找他的姊妹，尤其不要愛芮兒。

葬禮一結束，歐威爾做了件奇怪的事，他帶著理查搭火車回到倫敦[11]，將他安置在喬治與朵琳．科普夫婦家裡，而他們還有個自己的嬰兒要照顧。接著他回到歐洲待了兩個月。人在哀痛中會做奇怪的事情，但這在我看來似乎不只是奇怪了，先是讓嬰孩離開家中，然後再拋棄他，就好像歐威爾想要在倫敦種下生命的種子，讓自己有回家的動力，即使他並非照顧種子的人。

●

法國軍隊早他一天進占了滿目瘡痍的德國，街道上堆著死者的屍體，一隊隊的納粹德軍士兵遭到俘虜。他在奧地利一處集中營解放後不久造訪該地，若是一人死亡之後，就會摧毀一個世界，他在這裡看見的是什麼？他走過發生屠殺的各個場景，無法理解怎麼回事，只是相當吻合自己內心那片哀悼景色。

●

他在歐洲所做的報導無關緊要，而且他也不需要為了《觀察家報》回到那裡，但是他確實需要兩件事。一是時間，他寫信向一位朋友說，艾琳的死「實在讓我心煩意亂，我暫時無法靜下心做任何事……我想要回去多做幾篇報導，或許搭著吉普車到處顛簸著過幾個禮拜之類的，我就會覺得比較好了。」[12]二是他需要躲開驗屍。

葬禮之前待在蒂斯河畔斯托克頓的那幾天，歐威爾並沒有去見動手術的哈維．艾佛斯醫師，問問出了什麼狀況，沒有去問艾琳死前過得如何，也沒有問她究竟是怎麼死的。令人髮指的是，艾佛斯並沒有出現在驗屍現場，而之後歐威爾甚至提不起勇氣去讀驗屍官的報告，為什麼呢？

他在歐洲的時候，有意無意地編織出一套他能夠接受的敘事，在這段故事中，艾琳並不害怕，而且他也沒有明知（或者不在乎）她生了重病仍拋下她。他告訴伊內茲「情況正在好轉……而且她相信自己的健康狀況在這次手術後就沒問題了」[13]。葬禮前三天，他寫信給莉迪亞：「唯一令人欣慰的是，我想她並沒有受苦，因為她去動手術的時候，顯然並不認為會出狀況，而且一直沒有恢復意識。」[14]這是一次小手術，他這樣告訴自己和其他人，但是他知道她有幾顆生長快速的腫瘤，也為了自己可能死去而做了準備；萬一真的發生了，她寫了遺囑並盡自己所能安排了他的和理查的生活。他在離開前夕就親眼目睹了一次血淋淋的昏倒，也知道她有多虛弱、多瘦弱。

她死後三週，他是這樣向安東尼．鮑威爾描述的：

艾琳死了，她在三月二十九日動了一次應該不是很重大的手術，卻很突然而意外死去了。我人不在那裡，也沒有想到會出什麼問題，其實似乎沒有人覺得會出問題。我沒有看到驗屍的最後結論，確實也不想看，因為那樣也不能讓她回來，但是我想應該是麻醉的問題……唯一的好事是，我想她應該沒有受苦也沒有憂慮，她其實還很期待這次手術能治好她的毛病，我在她的文件中發現一封信，一定是她死前大約一小時才寫的，還打算等她醒過來後再把信寫完。15

雖然他知道，她人生最後五年因為健康不佳又過勞而過得非常悲慘，他卻說自己不會因為沒有認真看待這次手術而愧疚。他為自己擺脫了照顧妻子的責任。他想要把責任歸咎在麻醉上，但他若讀了驗屍報告，就會明白並非如此。

確實，如他所說，讀了報告也不能讓她回來，但是驗屍的目的並不是要讓死者復生，而是要為他們伸張某種正義——能夠以真相伸張的正義。

我非常努力想要理解歐威爾為何如此不情願知道艾琳是怎麼死的。我自己的經驗是，與我親近的人要花費很長時間走向死亡時（例如我母親，以及在我寫作本書時家族中有個孩子也是），在醫療過程中的每一步，我們都會陪著他們度過每個痛苦的症狀，包括每一次有希望或者無望的檢驗、掃描、結果和預後，這些在艱困無情的維亞多勒羅沙苦路上都是暫時駐足之地，我們絕對不會放他們一個人——即使他們此時正是最孤寂的時候，我們會緊緊抓住血液檢查、細胞數和維生數據，就像將溺死之人緊緊抓住救生圈一樣，就算並非攸關我們的壽命。

雖然我可以理解閱讀驗屍官的報告，看見所愛之人臨死時每一分鐘所發生的情況紀錄，想必令人十分不安，但實在很難想像一個人會不想要陪著所愛之人走過死後的這最後一步。而歐威爾做不到，或許是知道驗屍報告中會詳述艾琳接受手術時受到忽視的健康狀況，「極權主義必須要做到，」

他寫道，「不斷竄改過去，而長久下來或許需要人們不再相信客觀事實真正存在。」[16]如果他不讀驗屍報告，他就能用故事竄改過去。

雖然哈維．艾佛斯並沒有出現在驗屍現場，麻醉醫師桃樂絲．霍普金森（Dorothy Hopkinson）卻去了。霍普金森醫師表示，她使用的混合藥劑包括「大約五十九毫升的醚、一．五打蘭（drachm，相當於約三千八百八十七毫升）氯仿，還有氧氣……以開放式滴注方法給予」[17]，也就是滴在一塊放在艾琳口鼻上的布巾，「同時她監測著她的脈搏與呼吸」。

艾琳並非馬上死去，她的「腹部打開，子宮也拿了起來準備移除」，但是就在下刀之前，她的「血色改變，呼吸變得非常淺」，一分鐘之後，她的心臟停止跳動。為艾琳作傳的希薇亞．托普寫道，有四十分鐘，「他們為艾琳進行心臟按摩也試過人工呼吸，同時施打了可拉明（Coramine，一種循環系統興奮劑，如今已禁用）以及洛貝林（Lobeline，一種呼吸興奮劑），全都沒有用。」驗屍官在報告上的用字遣詞很謹慎，說艾琳死於「心臟衰竭，當時為了進行移除子宮的手術而以醚與氯仿進行麻醉，麻醉方式熟練並恰當」，沒有人做錯了任何事。

在報告下方有人以手寫字加上：「死者處於深度麻醉的狀態。」

正如艾琳所害怕的，她的身體已經虛弱到無法承受手術，哈維．艾維斯的醫療建議判斷可以動刀（沒有輸血、沒有讓她增重），這個醫囑是錯誤的，或許是疏忽所導致。

歐威爾並沒有要求伸張任何正義，而是不斷說著安慰人心的虛構故事。他害怕的或許不是發現醫師犯了錯，而是自己犯的錯。

事求人：藍鬍子

●

五月時他從歐洲回來，他還是無法去瓦靈頓，於是住在倫敦的公寓。那裡有股奇怪的味道、沒有東西吃，他提不起勇氣打開她的衣櫃。

他把她最後幾封信收在床邊桌的抽屜裡。

他獨自一人，越來越害怕成為共產黨暗殺計畫的目標，一位朋友賣給他一把德國的魯格手槍，他就放在手邊。他的偏執將自己放在了這個惡意宇宙的中心，這比遭之拋棄要好多了。

●

理查被帶回了葛雯在北部的家，因為朵琳和喬治實在沒辦法在自己的公寓裡照顧兩個嬰孩。我想像著喬治帶他搭上火車，哀悼著艾琳並且對歐威爾更加憤怒，但是歐威爾想要帶理查回來好繼續工作，為此他需要一個女人能夠照顧他們兩人並打理家務。

二十七歲的蘇珊．華森（Susan Watson）和一位劍橋大學的哲學家兼數學家離婚，有一位正就讀寄宿學校的六歲女兒。她聽說歐威爾或許能提供一份工作，便安排去見他。他沒有告訴她公寓的入口在屋後，所以她在卡農伯里廣場的一座電話亭裡打電話給他，而他從窗戶看著她，然後走下樓去接她。

蘇珊看見這位瘦巴巴、抽菸抽個不停的鰥夫，留著「雜亂的髮型」，她「看一眼就喜歡他，而且他看起來非常孤單」。[18]他帶她在破敗的公寓內四處轉了轉，她看見了他木工作坊中的車床，或許她也看見那把魯格手槍，又或許他有想到該把槍收起來。她很意外歐威爾並沒有問她關於她自己的事情，只問了她會不會煮飯，她告訴他：「不是很擅長。」因為她先前結婚時有雇廚子。「沒關係，」他語氣輕快地說，「我們吃炸魚薯條就能過活。」[19]蘇珊的母親從事出版業，所以她很習慣跟作家打交道，認為他們越是才華洋溢就越是特立獨行。他們到格林威治去見那個深色眼眸的可愛寶寶，歐威爾向她示範自己如何幫理查洗澡，並說：「妳會讓他玩自己的小啾啾吧，對嗎？」[20]這句話似乎不太像是討論如何照顧一個十四個月大的嬰孩，而是測試蘇珊對於他說些腥羶色的反應。她通過了，「會啊，」她的態度平靜，「當然。」

然後他帶她出去吃晚餐，去了一間「貝克街上的豪華餐廳，餐廳內有鍍金裝飾的大理石柱以及中年服務生」[21]，他們坐下後，他說他得離開一會兒，請她點兩杯酒。「然後，」她回憶著，「他走去站在一根柱子後面。」服務生送酒過來時他才出現。後來他告訴她，「他認為服務生非常擅長判斷一個人的個性，所以服務生很快就送酒來，表示我贏得了他們的認可。在我看來，」她說，「這樣決定要不要聘僱保母，似乎很不尋常。」

蘇珊搬了進去開始工作，包吃包住以外的工資是一週七英鎊[22]。她學到了該如何滿足歐威爾的家務需求，也就是要依據他的工作習慣來安排，煮好的早餐配上醃魚，吃完之後他便會進書房，整個早上都在工作，接著出門吃午餐，然後再回來繼續工作，再來是他一天中最重要的時刻：下午茶，她也學會了該準備什麼：抹上鯷魚醬或牛津果醬、巧克力蛋糕，以及非常濃的茶。吃完之後他會回到房間重重敲著打字機，一直工作到凌晨一、兩點。

蘇珊負責採買、拿菸草、出門跑腿幫他買其他一切需要的東西。有一次是「藍領階級用的吊帶」，是他為了去麗思飯店吃晚餐要表現出挑釁意味而買的。她應他的要求，將他的軍服大衣染成黑色好沖淡軍事風格（沒有用），她也把國民軍的羊毛貝雷帽染色，結果不小心讓帽子縮水了，不過他不在乎，仍然戴在頭上，看起來就像頂著燒焦的鬆餅，然後抓起掛在牆上的緬甸長劍，還做了個「像是華爾滋」[23]的動作。有一次她去告訴他下午茶準備好時，發現他在房間裡想要用木炭和硝酸鉀製作火藥，大概是要做彈藥，因為敵軍的魯格手槍在倫敦很少見。[24]他似乎沒有撲倒她，對她也相當和善，從未談論起她因為腦性麻痺而出現的跛行，只是如果她想要他幫忙抱著理查走上六層樓的階梯，他並未答應過。

這段權宜之下的安排中也有不言而喻的親密。他會做惡夢，她便教理查去搔他的腳把他叫醒，就像他以前在緬甸的僕人也這麼做。一天，他將打字機留在飯廳桌上，知道她必須挪開打字機才能空出位置準備下午茶，她覺得這樣做「很惡質」，不過眼睛仍忍不住飄向他打好的字句，「我有位可愛的小管家」[25]，這是他留在那裡給她看的，他想讓她知道卻不敢說出口的話。

「或許是我觀察不夠敏銳，」多年後蘇珊說，「但是我沒有注意到他有任何哀悼的樣子，完全沒有，但是後來我有時候會覺得他感覺十分孤獨。」[26]寥寥幾句對話漸漸消失，成了尷尬的沉默，他告訴她自己想要什麼、需要什麼的時候，他會想起艾琳，她以前做了這一切，還做得更多。「他有一次說起艾琳，『這段婚姻並不美好，我想我有時對她並不是很好。』我只說了我很遺憾。」

蘇珊打開衣櫃，看見艾琳的衣服還掛在裡面，於是她客氣問說是否應該打包收起來或者捐贈給慈善單位。「不用，蘇珊，妳可以拿走。」他說。他很悲傷、很慷慨，只是仍撐著，在那段難熬的日子裡，有人聽見他把好幾個女人都叫成「艾琳」。[27]

蘇珊非常喜愛理查，但是關於他的照顧，若有意見相左的時候她會依歐威爾的話。他從自己的作坊中拿了一支櫥頭給理查，當成睡覺時的安撫玩具，而她表示要買一隻泰迪熊給孩子時，歐威爾卻不理解為什麼；天氣實在寒冷時，她看見他把理查的幾個木頭玩具扔到爐子裡燒，她覺得這樣「有點像虐待」[28]。他沒有告訴她自己有肺結核。

●

他已經睡下。蘇珊用托盤拿著下午茶進來，還有信差送來的用繩子綁緊的包裹。她離開之後，他在床上打開包裹。終於到了，經過多次拒絕，如今包著灰綠相間的高雅書衣：《動物農莊：一段童話故事》。艾琳很喜歡童話，能夠理解其中深層的寓言結構、語言中的輕描淡寫、故事含括的黑暗恐懼。他隨意翻開一頁：

……豬群每天都要耗費大量勞力來處理叫做「檔案」、「報告」、「紀錄」和「備忘錄」等神秘的東西，這些是大面積的紙張，必須密密麻麻覆蓋上書寫字跡，一等到整張寫滿以後就要丟進火爐裡燒掉。

她的精神如此耀眼。她曾經仰頭大笑，露出光滑潔白的脖頸。她在資訊部的工作完全就是如此：將事情整理歸檔到看不見的地方、修改公開紀錄。他坐起身，頭撞到了木製床頭板，他們就在這張床上一起工作。

他伸手打開床邊桌的抽屜，此刻她應該在這裡。他漸漸習慣在需要的時候讀她最後留下的信件，今日：

我覺得很重要的是你應該再寫本書了……

他翻過一封又一封信，最後一封信讓他沉迷不已，讀了一次又一次，讀到了最後。

我也能看見壁爐和時鐘。

他聽見蘇珊和理查離開要去公園的聲音，這一天的天氣晴朗而寒冷，門關上之後他很快穿好衣服，走進他的書房。他拉開她勉強拼湊起來當成窗簾的綠布，敲下第一行字：「四月的某一天，天氣晴朗寒冷，時鐘敲了十三下。」

他坐在泛綠的光線中，他們如今超脫於時間之外。

一直以來，從她還在的時候就一直討論著這本書，討論了好幾年，兩人認識之前她就寫了〈一九八四〉這首詩，在詩中預測了一個反烏托邦的未來，但是她在資訊部工作的那段時間讓這個概念變得更加清晰，那時她就坐在議會大樓中刪除新聞。

●

我又在寫書了！他告訴她，如今兩人的溝通盡在不言中。

夏天結束之時他寫了十二頁，他去了泰恩河畔紐卡索到她的墓前見她，並且在上面種了一株薔薇。但是關於她的事情，他發現自己什麼都寫不出來，在任何私人筆記、信件或日記上都沒有隻字片語。「嗚呼哀哉，」他在十一月的一篇文章裡寫道，「常常都是在發生某件具體事情之後，人才會發現自己真實的感受。」[29]而屆時，當然已經太遲了。

愛情與工作

目前我們只知道，想像力就如同某些野生動物一樣，無法在圈禁中繁殖。

——喬治・歐威爾，〈文學的預防〉（The Prevention of Literature），一九四六年

歐威爾的朋友希瑞爾・康納利最出名的就是他妙語如珠：「美好的藝術最沉重的敵人，莫過於廳堂中的嬰兒推車。」[30]這個顯然放諸四海皆準的宣言就和其他宣言一樣，事實上僅僅針對男性讀者。康納利並非在警告女性藝術家不要生小孩，或者同情我們必須在工作和孩子之間分身乏術；他向男性藝術家說這句話，也不是要表達他或許糾結於該投入工作或者照顧他的孩子，一大清早在睡不飽的情況下面對著空白的紙張或畫布。康納利要說的是，家庭生活會限制男人四處留情或隨意探索其他可能性的自由，於是扼殺了他的創意。

這種家庭生活中的壓抑窒息感，部分來自這樣的「邏輯」：男人必須賺錢好留住妻子。然而如果沒有了婚姻，她所提供的服務，包括性愛、母職、清潔、煮飯、編輯、心理支持及生活管理等等，都是讓人負擔不起的，更不用說有多難安排。歐威爾如今靠著《動物農莊》終於有錢了[31]，這本書已經賣到了美國，他要再找一名妻子，來為自己的產出創造必要的條件，若非如此，他無法工作。

蘇珊提供了他所需要的家務部分，現在必須找人填補妻子角色的其他任務。一九四五至四六年的接下來幾個月中，歐威爾至少撲倒了四名女性並向她們求婚，他根本不太認識她們，但是他有書要寫，於是就有了職缺。在他頻頻遭到拒絕後，他發現要描述一下這個職位：有何職責、獎賞、起始日以及可能的結束日期，要提供越來越私密的細節。這件事很難，因為列出他的需求之後，他發現自己描述的是艾琳為他所做的事情，是他過去未曾發覺的事情。他向這些女人求婚時會突然冒出她的名字，有時出現在他所寫過最為私密的信件中。他必須同時面對（或者抹去）的並非一件、而是兩件壓垮人心的事實：前一位在任者死於過勞和忽視；而他自己，時日或許也不多了。

索妮雅・布朗奈爾如今二十多歲，比歐威爾小了十五歲，已經實際上接掌了《地平線》的營運，而其編輯希瑞爾・康納利既不受到廳堂中的嬰兒推車束縛，顯然也不必承擔白日工作的職責，就「在別處遊蕩」[32]。索妮雅十分擅長挖掘才華出眾的人，也有編輯上的天賦，洞察深刻而果斷，同時她熱愛法國文化又見多識廣，「聰明又愛喝酒，迷人又危險」[33]。索妮雅選擇的戀人都很有意思，其中包括畫家威廉・科德史傳姆（William Coldstream）以及年輕的藝術家盧西安・佛洛伊德（Lucian Freud）。

有幾個男人跟她提起歐威爾的心情低落，問她能不能一起去，讓他開心一點。[34]過去歐威爾經常在《地平線》的辦公室閒晃時，她就認識他了，也記得戰時在康納利家的晚宴上見過他，滔滔不絕說著什麼絕對不要寫勞工階級不懂的東西，也不要用形容詞，還抱怨著「食物裡的異國玩意兒」[35]。她一直無動於衷，不過還是同意去探望他。

一九四九年十月，索妮雅・布朗奈爾（左）在《地平線》辦公室的最後一日。（圖片提供：Orwell Archive, UCL Library Services, Special Collections）

歐威爾很是興奮，家裡沒有酒，於是他派蘇珊出門買一瓶雪利酒。一位傳記作家寫道：「濃茶不太能夠達到他期盼的效果，索妮雅的性格大方，容易墜入情網，她覺得他很可憐，便不抗拒他的求愛，只是她對朋友說：『那沒什麼。』」[36]事實上，她告訴盧西安．佛洛伊德，她在他「開始求愛」的時候「感到厭惡」[37]，跟另一位朋友說那件事是「災難一場」，因為他「笨手笨腳」，而且「很快就和她做完愛，也沒有表現出太多熱情，『他似乎很滿意，』她說，『但是我覺得他沒發覺到我一點都沒感到愉悅。』」[38]

接著，任務結束，他向她求婚。時機實在太早，完全沒有感情，而為人妻子的本質頓時暴露無遺：這就是一份職缺。索妮雅拒絕了他，她為何要搬進這間瀰漫著香菸煙霧的破敗公寓，屋裡有劍、有車床還有魯格手槍，牆上掛著怒目瞪視的祖先肖像，來滿足這位不停咳嗽的鰥夫和他孩子的需求？沒有人知道她如何拒絕他，但想必語氣溫和，因為她偶爾會在蘇珊放假時前來照顧理查，好讓歐威爾工作。「喔，喔，都是甘藍菜和尿布沒洗的味道。」[39]她說。索妮雅打了個冷顫，慶幸這不是她的人生。不久後她便出發前往法國，和哲學家莫里斯．梅洛－龐蒂（Maurice Merleau-Ponty）陷入熱戀。

在此之後，歐威爾似乎明白了，自己必須想辦法提供除了糟糕性愛之外的更多東西，才能換來他要求一名妻子要做的工作。

該年年底，他帶著理查到威爾斯（Wales）和作家亞瑟．庫斯勒（Arthur Koestler）及其妻子瑪梅因（Mamaine Koestler）共度聖誕節。在火車站月台上，他遇見了瑪梅因的雙胞胎姊妹西莉雅．科萬（Celia Kirwan），她要與他們一同前去。西莉雅也是一名年輕的編輯助理，任職於《好辯》（*Polemic*）

雜誌，她和蘇珊一樣是二十七歲，才剛離婚。西莉雅對這名「有點多毛的高個子」很好奇，「他的頭髮直立就像刷子，一手抱著這個嬰孩、另一手提著行李箱」，「喬治並沒有那種明顯的性吸引力，」她回憶道，「不過他有一種引人注意的絕佳特質。」[40]她很愛小孩，歐威爾看著她和現在二十一個月大的理查在火車座位上玩耍。

他們抵達時，庫斯勒發現歐威爾很悲傷，便熱心地讓西莉雅「稍微鼓舞他一番」。[41]庫斯勒認為「他的妻妹或許正是適合他朋友歐威爾的女人」，於是「極力勸說她，讓她相信他朋友會是個好丈夫」。[42]歐威爾很急，很快就求婚了，「他想要她嫁給他，他解釋道，但若是不行，或許兩人可以交往？」[43]西莉雅和索妮雅一樣看得很清楚，「他想要有人照顧理查，因為他沒有妻子，你懂的。」[44]

西莉雅的心情很矛盾。他們回到倫敦後，她去他的公寓喝下午茶，接著歐威爾便要蘇珊及理查躲到廚房裡迴避，他坐在沙發上開始與她協商，一邊吐露實情、一邊含糊敷衍，他告訴西莉雅自己有「支氣管擴張症」，「有時候，」她記下他這麼說，「他會有嚴重出血，而且很容易發燒，他生病時若要控制病情，只能吃麵包……他說醫生說他的出血其實並不危險。」看起來他相當開誠布公，並自嘲地透露自己的狀況。「例如，」西莉雅說，「他說『我比妳大了十五歲，若是我在十年內死亡，妳就會是三十七歲，這個年紀守寡可不是好時機』，之類的話。」歐威爾在這裡進行著兩場協商，一場是希望女人提供服務，另一場則是向命運要求時間：他想要再活十年。[45]

五天後，她回邀他共進午餐，「他……又問了我一次願不願意考慮嫁給他，或者至少跟他交往，我實在很擔心最後這點，」她對她的姊妹說，「因為他讓人幾乎難以開口拒絕。」[46]接著歐威爾寫給她一封十分露骨的信，「她無法拿給別人看或甚至談起這封信」，但是她實在不想嫁給他，「於是我回信給喬治，信上說得比較隱晦一些，總之問題解決了。」她也成功拒絕了他，同時繼續做朋友。

安妮．奧利維耶．帕普漢（Anne Olivier Popham）住在和歐威爾同一個街區的公寓裡，二十九歲的她在歐洲工作，如今休假返家。她是三百名「尋寶家」（Monuments Men）中唯一的女性，這是一群由英國文物管理員、藝術史學家等專家組成的團隊，尋回被納粹掠奪搶走的藝術珍寶。年邁的安妮回憶起自己與歐威爾的相遇：

「我曾經見過他帶著他的小兒子走在路上。」她回想著，有一天，歐威爾捎來紙條邀請她去家裡喝茶，「在他的公寓裡……有一張桌子、小嬰孩和保母，我們喝了濃烈的印度茶，配著黑麵包和糖蜜。用完茶後，歐威爾請保母將孩子帶走，然後他說：『過來床上坐。』於是我過去坐在床的角落，他走過來坐在我旁邊。」

她笑了笑，不敢相信自己的回憶，「他馬上伸手攬住我，開始親吻我。」

「『妳很迷人，』他說，『妳覺得妳會喜歡我嗎？』」[47]

「我很吃驚，我說：『你想怎麼樣？』接著把他推開。我覺得這一切都很難為情，因為實在太突然了、如此明顯的算計。我想辦法脫身了……後來，我想著這肯定就是那群伊頓公學的傢伙哄騙女孩的手法，好像沒有人能拒絕他們似的。他說：『對不起。』然後問起我的工作，我說：『我負責管德國。』」

他的小說進度十分緩慢，他再也不需要拿出她的信件了，幾乎都能默背起來。「我覺得很重要的是你應該再寫本書了……」是啊，沒錯，妳說起來倒容易。

他翻了翻那二十多頁的手稿，這是他所能寫出的全部了。他把不許自己擁有的情感給予了他筆下的角色溫斯頓（Winston），溫斯頓沉思道：

他突然又想到，他這日記是要寫給誰看？給未來還沒出世的孩子看？他看著書頁上那個不確定的日期，心裡盤算一會兒，然後猛然就出現新語中所謂的雙重思考。他第一次發覺這個行動非常重要。

他給打字機餵了張新紙，可憐的溫斯頓正在參與兩分鐘憎恨時間，要在電屏面前進行瘋狂的強制性政治暴怒，用意是團結人們對抗敵人——無論是真實的或想像的。溫斯頓必須想些別的，才能讓自己不去想這件事。歐威爾也需要想些別的，才能讓自己不想她，不去想自己縮短了的、沒有妻子的未來。

他開始打字：

他成功將自己的憎恨從電屏上的那張臉轉移到後面那個深色頭髮女孩身上，他腦海中閃過許多生動美麗的幻想畫面，他要用橡膠棍棒鞭打她，直到她死為止；把她全身赤裸地綁在木樁上，像敵人對付聖巴斯弟盎一樣將她亂箭射死；他要盡情蹂躪她，然後在達到高潮的時候割斷她的喉嚨。而且這次比之前的情況更好，他明白自己為什麼恨她，他恨她年輕漂亮又貞潔，他想跟她上床卻永遠沒機會，因為她擁有甜美柔軟的腰，看上去似乎是要你伸手環抱著，但那裡卻綁著噁心的猩紅色腰帶，炫耀著她守貞的象徵。

憎恨時間達到高潮。

- 他往後坐，點了根菸。親愛的，妳會在這一段的後面寫下什麼修改建議？

這件事發生在安妮來喝下午茶後不久。

蘇珊聽見她房間外面的走廊上有騷動，歐威爾正沿路敲著牆，努力不把血吐得一地都是。

「我可以幫忙嗎？」她問。

「可以，可以，去拿一壺冰水來，還有一塊冰，包起來放在我頭上。」

「你回去床上，現在，馬上！」她大叫著。

「謝謝。」

於是她「從製冰盒裡拿出冰塊包起來放在他頭上，坐在他身邊握著他的手，直到出血停止」。[48]

他不讓她叫醫生，但她還是叫了，拿起客廳裡的電話假裝是為了理查。醫生抵達後，她讓他進了歐威爾的房間，但他的回答相當簡潔又迂迴，醫生最後診斷是「胃炎」。蘇珊覺得以自己的身分，不應該糾正雇主的謊言。

她並不氣他並未坦承自己的疾病，即使這樣可能會令她置身險境。「你知道，」她後來說，「這件事奇怪的地方在於，他從來沒有告訴我他有結核病……他很注重隱私，總是遮遮掩掩。」[49]

蘇珊對於他遭受的折磨有相當敏銳的觀察：「那次出血後，我認為他感覺到自己的壽命縮短了，我想他很煩惱，於是開始向女孩們求婚，卻也沒有把握她們會接受。他向她們求婚，因為他覺得自己寂寞得不得了，而且失去方向。他的事業相當成功，孩子也非常好，但身為一個人，他的需求並沒有得到滿足。我想他會很希望有個妻子。」[50]

他的身體復原得差不多之後，他馬上又聯絡了安妮，而她已經回到德國。現在，情況變得緊迫了。

他原本想早些寫信的，他說，「但是我這一週都病著，得了什麼胃炎的。」他加油添醋，好像要讓謊言更加可信，「我覺得這樣的字詞能讓人相當了解到醫療這種專業，如果你肚子痛，那就叫做胃炎；若是頭痛，我猜就會叫做腦炎什麼的。總之，得了這種病一點也不輕鬆……」他花了很長一段描述自己的寫作任務，然後他寫下某種不像道歉的道歉，勉強認同了她有生氣的權利。

不知道妳是不是在生氣或者覺得意外，因為那天晚上妳離開之前，我算是占了妳的便宜。妳不需要回應，我的意思是，如果妳沒有回應，我也不會生氣……我覺得妳看起來很寂寞又不快樂，然後又覺得妳或許會對我有興趣……只是我有時候覺得孤單得要命，我有幾百個朋友，卻沒有女人對我有興趣，可以鼓勵我……當然，像我這樣的人會想要跟妳這個年紀的人做愛實在荒謬，我確實想要，但是，若妳能理解的話，妳就是直接說不，我也不會覺得沒面子或甚至受傷。[51]

接著他表示要寄給她幾本小說，這些小說都因為牽涉到性愛猥褻的內容而遭禁，但是他想辦法透過非法管道弄到手了。

安妮回信問他為什麼一開始會喜歡上自己，他回答說「妳非常美麗，想必妳也很清楚，但還不僅於此。」但是她的問題並不是要問她迷不迷人，而是要測試看看他是否能夠理解她這個人。他不能，他只將她看成一個能夠滿足他需求的人。「我確實很想要有人一同與我分享剩餘的人生，以及我的工作，這關係到的不太是要跟誰上床的問題，不過當然我也想要那個，偶爾想要。」[52]

「妳說妳不可能會愛我」，他寫信給她這樣說。她想要知道愛對他有多重要。他的回答？可有可無。但是現在，他必須面對自己真正需要什麼，實在太難了。

我真正要問妳的是，妳願不願意成為一個文人的寡婦。如果事情大致上維持現狀，自然有相當的樂趣，像是妳可能會有王室貴族來訪，而且妳或許會覺得編輯未出版的東西什麼的很有趣。當然，也不知道我還能活多久，但是我應該會過著「難過的人生」，我有一種叫做支氣管擴張症的病，總是一不小心就發展成肺炎，同時一邊肺部還有「非進行性的」結核病變這種陳年痼疾，過去有幾次我差點就要死了，但我總是頑固地活下來了……

他將自己剛剛遭受的結核病出血偽裝成胃炎，並將自己現在的病況弱化成了過去，是陳年而非進行性的病變。對他來說，工作優先。他曾經有個妻子與他一起工作，現在他想要再娶一個，好在他離開之後處理這些作品。

我想我還不孕，無論如何，我從來沒有自己的孩子，只是我也沒有去做過檢查，因為那樣太噁心了。另一方面，如果妳想要跟別人有自己的孩子，我也不在意，因為我很少真正感到嫉妒。

他知道這是謊話，因為他和艾琳曾經談過找別人讓她懷孕的可能性，他當時驚駭地不再討論這個話題。這讓他想起了她。

我不是很在乎誰跟誰上床，我覺得重要的應該是在情感上、智識上保持忠誠。我以前有時也會對艾琳不忠，也對她非常不好，我想她有時候對我也很不好，但這段婚姻是真實的，畢竟我們曾經一起度過可怕的難關，而且她能理解我所有的作品等等。

我們無從知曉他覺得艾琳是哪方面對他不好，或許是為了他幾次的不忠而和他「吵架時惡言相向」。我們讀到她寫給他的最後幾封信時，看見她滿懷慈愛和使盡溝通手腕來說出自己的緊急需求，總是提起他可能得到的歡愉——釣魚、美景、手槍、避開醫院、避開不是他的孩子，所以很難想像他說的不好是什麼。無庸置疑的是，安妮相當清楚他並沒有理解他人觀點的才能。他的信件繼續寫道：

妳很年輕又健康，值得比我更好的人。話說回來，如果妳沒有找到這樣的人，如果妳覺得自己基本上也跟守寡差不多了，那麼妳或許可以選擇比較差的——也就是說，假如妳其實並不討厭我的話。如果我能再多活十年，我想我還能再寫三本值得出版的書，另外還有許多零零星星的文章，但是我想要平和而安靜的生活、有個喜歡我的人。還有理查，我不知道妳覺得他如何，妳或許已經想過這一切……

然後他邀請她一起去朱拉島，這是在蘇格蘭海岸遠處的一座偏遠小島，他今年夏天打算待在這裡：「我不是要請妳來當我的情婦，只是過來住，」他信末落款寫道：「別覺得我會不顧妳的意願跟妳做愛，妳知道我是有教養的人。送上愛，喬治。」

想必安妮在回信中更堅定拒絕了他，她實在不想要成為一名病人的妻子，還希望她「分擔」他的工作，然後在他死後為他管理文學資產。這個人還得在信件中寫下自己不會強暴她。在他的第三封、也是最後一封寫給她的信中，他明白了這個訊息：「我看著妳的信思考了許多次，我想妳是對的，妳還年輕，可能找到適合妳的人。總之，這件事就別再提了。」[53]他的署名是「妳的喬治」。

安妮確實找到了適合她的人，是維吉妮亞・吳爾芙的外甥昆汀・貝爾（Quentin Bell）。她很長壽也有許多成就，其中一項就是負責吳爾芙日記的編纂。

至少還有一次提議，同樣是燕卜蓀夫婦在漢普斯特德舉辦的派對上，酒酣耳熱之際，歐威爾試著對奧黛莉・瓊斯（Audrey Jones）使用他那套「追妻絕招」。兩人第二次見面時，他便向她求婚，「但是她覺得這大概是在開玩笑，於是笑著沒有理會他和他的求婚」。[54]

傳記作家很難看著筆下的主角遭遇訕笑與拒絕，其中一人馬上為了歐威爾反擊，寫下一段拾人牙慧、偽科學的厭女論調：「如此不屈不撓追求年輕漂亮的女人，反映出他與作家吉辛（George Gissing）共同的觀點：『聰明的女人是相當稀有的動物，若是有人想要娶一個聰明而且漂亮的女人，那麼依據一條人人熟知的算術規則，選擇就更加有限了。』」[55]

●

她死後已經過了一年多，他第一次回到瓦靈頓。如今是莉迪亞和一個朋友住在那裡，但小木屋裡處處是艾琳的身影，馬克思抓壞的那張椅子、架子上的瓶瓶罐罐、依然堆放在門後的玻璃罐，不過當然現在裡面已經空了。這一切令人難以承受。[56]在他書桌底下的抽屜裡，他發現她從最一開始寫的信件，內容敞開了心胸，充滿著對另一種未來的憧憬。

莉迪亞看見他在花園裡燒信，心裡急得狠狠抽痛了一下，那不是他可以燒的東西！但是，他當然可以。

● 誰能夠述說這段故事？

他不能待在瓦靈頓，但是一回到卡農伯里廣場後，他也不想待在那裡。他必須離開倫敦這個瓦礫堆。他一直告訴那些女人自己還能寫三本書，所以需要十年，如果反過來能得到相同的答案，那必定是真的，就像數學一樣：十年＝三本書。在朱拉島上，他可以遠離醫生、遠離X光、拍擊胸膛以及痰液檢查，這樣他就能維持這個假象。終點或許就要來了，但是無論有沒有妻子，他都能跑完，而且也可以寫完。

● 現在轟炸已經停止了，但屋頂隨時可能塌陷、水管可能爆開，於是他將她最後幾封信從床邊桌拿出來，放進側背包的內夾層裡隨身帶著。他不知道這麼薄的紙品質如何。他坐在餐桌前，拿出一封長信，他總會想著她舔信封封口的樣子，但是現在他不讓自己這麼做。

艾琳也會想要離開倫敦。

我想你不明白倫敦的生活對我來說是多可怕的噩夢，我知道對你是如此，但你經常說得好像我很喜歡似的……我受不了走到哪裡都有人，每一餐都讓我想吐，因為每種食物都經過二十隻髒手處理，若是沒有煮沸清潔過，我實在什麼都不敢吃。我呼吸不了這裡的空氣……而且我無法讀詩，我從來就沒辦法。我結婚前住在倫敦的時候，每個月都一定會離開一次，帶著滿滿一箱子的詩集，如此能夠慰藉我，直到下一次出走——或者我以前會到牛津去，到博德立圖書館閱讀，如果是夏天，就撐著船沿著查韋爾河（Cherwell）而上；若是冬天，就到港口綠地（Port Meadow）散步，或走到戈德斯托（Godstow）。但這些年來，我一直覺得自己好像待在比較溫和版本的集中營裡……

她那最後一行，意思是——自從她結婚之後嗎？他的手上仍拿著信，垂到了腿上。他不願再多想，但是他知道這是真的，她並不常離開。

他開始咳嗽，咳了一陣又一陣，很痛，但後來就停了。感謝上帝。

他讀了下去。她想要他離開倫敦，這樣才不會把才華和時間浪費在寫評論及專欄上，可以再寫一本小說。想來這是她想要跟他一起做的事，或者也許她想自己做。

她在哪裡說的？他從側背包裡拿出其他信件，抽出信封，他拂開桌上的灰塵碎屑，將信件全都攤開來。喔對了，這裡，跟錢有關。

我也很希望等我身體好了可以賺點錢，當然我可以去上班，但是我指的是像這樣在家裡真正賺點錢。

當然她可以寫作，或許她會，但是她一直如此忙碌。曾有一次在瓦靈頓的花園裡，她讀出了維吉妮亞．吳爾芙講課文稿中的幾行[57]，有關於衡量沮喪對藝術家心智的影響，就像牛奶公司在老鼠身上衡量一般牛奶與A級牛奶的影響。

「我討厭老鼠。」他這樣說。

「我知道。」她笑了。

如今他願意不惜一切代價，再看一次那抹沾染了尼古丁的微笑。

他的雙眼掃過攤開在桌上的信紙。

……他認為症狀相當緊急，即使為嚴重貧血的病人動手術有壞處也沒辦法……所以我想他們大概是要同時進行輸血和手術。

他們肯定輸血了吧？

或者沒有——為了省錢？他甩開這個念頭。

他的視線掠過一封又一封信，有些是手寫、有些是打字，他一次又一次閱讀著她的文字，彷彿這樣能夠揭開新的意義，解讀出她給的新訊息。

在這裡，她確實想要去鄉下，也是為了理查。

孩子到了第二年會比較辛苦，我當然不知道他是否還能保持這樣的定性，但是如果他能在鄉下生活，就比較有可能做到，而你可以過著你滿意的那種生活——也是我滿意的。

● 好，那就到鄉間去吧。

平靜生活，帶把刀

他遍尋不著一位妻子。不過他的妹妹愛芮兒已經解除了徵召身分，不必待在工廠裡工作，便同意過來朱拉島幫他打理家務。幾週後，蘇珊會帶理查過來，她會住在這裡的樓上並照顧孩子。現在只能這樣將就過活。

歐威爾在離開前去拜訪了安東尼．鮑威爾，他也有個襁褓中的孩子。兩人在育兒房中欣賞著小男孩，「待在窗邊的嬰兒床上靜靜躺著，卻沒睡著」，然後鮑威爾快步走出門去拿一本他們在討論的書。他回來時歐威爾站在房間另一邊，「認真研究著一幅畫」，寶寶動了動，鮑威爾便伸手拉了拉嬰兒床上的毯子，這時他的手敲到了某種硬物，他拉開被子發現「很大的折疊刀」，就是用來將小鹿開膛剖肚的那種，他震驚不已。

「喔，我拿給他玩的，」歐威爾說，「忘記留在那裡了。」至於為什麼歐威爾會帶著這樣一把刀？而他到底藏在哪裡了——襪子裡嗎？這是一個謎。[58]

沒有人提到這把刀是打開或折起來的。有一位傳記作家認為，這驚悚的一幕只不過是歐威爾「在和孩子玩」，而不想被發現，儘管正如鮑威爾所言，他「必須要被發現，這件事才會顯得如此生動突出」——誰知道這什麼意思。這位傳記作家認為這讓歐威爾看起來「反而沒那麼奇怪，更像是受到內在的心理動力所驅使」，然後這段的結尾又沒頭沒腦地談論起歐威爾在其他人身上尋找

「正直與友善」[59]的特質，彷彿是要模糊這場難以言喻的、意圖挑起暴力的詭異事件。

我不知道該如何解釋把刀子放進寶寶的嬰兒床中的行為。要不武裝，要不就受傷——這是歐威爾眼中的選擇嗎？但這並非單一事件，歐威爾如今過的日子，死亡的氣息吹拂在他頸畔，奇怪的事件逐漸累積，其他人身陷危險當中，就好像他要與別人分享隨時喪命的風險，尤其是那些仍有大好人生的人：孩童。

小島，生活

工作就是活著而不死去。[60]

——萊納・瑪利亞・里爾克（Rainer Maria Rilke）

朱拉島是一座光禿無樹的小島，位於英國的最西邊，陸地散開形成小島，就像磨損鬆開的繫帶。當時和現在差不多，大約有兩百名居民以及六千頭鹿左右，我花了一天從倫敦前往這座小島：搭火車到格拉斯哥（Glasgow），然後開車穿過山脈，並沿著壯麗的銀白湖泊到海岸，人車一同登上渡輪抵達艾雷島（Islay），接著坐上載客的渡輪到朱拉島。在歐威爾的時代，要花四十八小時才能到達他租下的房屋巴恩希爾（Barnhill），最後將近十三公里的路程只能步行。他曾經邀請索妮雅來訪，信上的交通說明長達十九行[61]，包括火車、公車、小船和飛機，還請她帶麵粉及茶葉來。如果這是要測試她是否從根本上有受虐傾向，她通過了——她從未前往。

在渡輪上，天空是一片柔和如羊毛般的淺灰，我想起歐威爾渡過這片深色水域，生著病又獨自一人，「帶著僅僅不過一只行李箱、一個水壺、一個平底鍋和一台打字機」[62]，他想要這片平靜、新鮮的空氣與溫和的微氣候。渡輪靠岸時，我走過碼頭邊上，經過一排纏著藍色繩子的捕龍蝦籠，前往這裡唯一的城鎮克雷格豪斯（Craighouse），這裡只有零星幾棟石板屋頂的白色建築，完全是必要設施：酒吧、雜貨店、郵局，然後在後面通常應該是教堂的地方，佇立著一座威士忌酒廠。

歐威爾抵達時是一九四六年初夏。他搭著便車，坐著從克雷格豪斯出發的郵務車，開了二十七公里到了阿爾德盧沙（Ardlussa）的莊園房宅。他向瑪格麗特・弗萊契（Margaret Fletcher）承租了巴恩希爾，這兩棟房子都是她的。她的丈夫羅賓（Robin Fletcher）是當地的領主[63]，也是伊頓公學的畢業生，比歐威爾年長幾歲。巴恩希爾要再往北邊走將近十三公里，沿著一條如沼澤地一般又坑坑巴巴的泥土路往前走，無論是郵務車或者島上唯一一輛計程車都不會冒險前往。

瑪格麗特・弗萊契要照顧年幼的孩子還有經歷過戰爭的退伍丈夫，她一見到歐威爾便相當驚訝，「他的臉看來多麼悲傷……他的個子很高，皮膚黝黑而形容枯槁……看起來病得很重」。她讓他在這裡過夜，隔天早上開車送他走這最後十三公里路，開著卡車「走在顛簸的路上」。她後來回憶道，「爬上最後一座山丘頂部，俯瞰著巴恩希爾，那裡就是一片開闊的荒野，真正是開闊在山丘間的荒野，沒幾棵樹木，很少，有……幾頭鹿和幾頭野生山羊……」

她很擔心他，「人們總說著孤立無援，但是要到了這個地方，他們才會明白那是什麼樣子」。瑪格麗特已經整理過房子：修理屋頂、重新粉刷牆壁、修好了時常故障的發電機。什麼情況都有可能發生，這個地方適合吃苦耐勞的小農夫，而不適合生了病又孤獨的知識分子。「我記得自己十分擔心要讓他一個人待在巴恩希爾……要走好幾公里才能找到電話。」她說道。他拒絕她主動提出的協助時，她有點受傷。再過一、兩個禮拜，愛芮兒就會來了。

瑪格麗特・弗萊契的女兒凱特（Kate）開著她老舊的休旅車，載我走過同樣一條坑坑巴巴的十三公里路程，凱特至少有一百八十三公分高，是個心地極好的中年女子，不會浪費時間在閒聊上，幫了我這個陌生人一個大忙。車輛在路上歪歪斜斜又上下顛簸，對機件耗損極大，然後在一座山丘上莫名其妙就停了下來。眺望著一片開闊的荒野，那裡必定就是巴恩希爾了。她拉起手煞車。

「等一下。」她下了車拿走鑰匙，就在此時我的視線越過引擎蓋，看見兩根柱子間懸掛著金屬鍊條，中間還垂著一個看起來像是中世紀時期的大鎖頭，柱子兩旁並沒有圍籬。在一片開闊的地景中有一條上了鎖的小路，就像夢中的一個警告。凱特用一把鐵鑰匙開了鎖然後回到車上，彷彿不需要解釋什麼。

我忍不住開口：「為什麼不開車繞過去就好？」

「我們不會。」她說，就是如此。

我們進入了某個地方（過去？終點？），穿過一道沒有必要的老舊大門。後來我才知道，在荒野之中掛著帶鎖的鏈條是小島上的古怪習俗，為了尊重已經沒有人記得的傳統。沒關係，跟我同行的女人有鑰匙。我眺望著大海，那是一片深灰色，就像新生兒眼睛的顏色。

巴恩希爾是一棟白色的大農舍，有石板鋪成的屋頂，坐落在山丘間的凹陷處，一路延伸到大海。歐威爾的臥房位於頂樓的一側，就在廚房上方，面對老虎窗的位置放著一張床，望出窗外可以看見漸漸傾斜入海的草地。在某個時間點，瑪格麗特．弗萊契給了他一叢鮮黃色的杜鵑花，他就種在窗外正面的草地，這樣他就能看見。就要開花了。

當歐威爾抵達時，房子裡沒有電、沒有熱水，與外界唯一的溝通方式是一台用電池的收音機；

巴恩希爾，還有正盛開的杜鵑花叢，二〇一七年。（圖片提供：Andrew & Claire Fletcher）

有一口瓦斯爐和煤油燈可以照明，廚房對面雜物間裡的發電機覆著一層黑色油垢，而且不聽使喚。附近沒有樹木，所以沒有柴薪，而挖泥炭的季節也結束了。最近的醫生離這裡五十六公里遠，頭十三公里路要沿著原路回到阿爾德盧沙，接著搭便車或者計程車到克雷格豪斯，再搭船到下一座小島。喬治・科普當時在格拉斯哥郊外種田，他賣給他一輛卡車，或許可以走那十三公里路，但是當卡車運抵碼頭時，就解體散架了，彷彿一場惡作劇，又像是報復一般；於是歐威爾買了一輛廂型車，那輛車也壞了，再來他買了一輛老舊的摩托車，當地的人一開始都嚇到了，不過他們漸漸習慣了這個披著防水油布的深色身影會從山丘另一頭冒出來，身後還能看出長柄鐮刀的輪廓（他說他可能需要用來割雜草）。不過摩托車也一樣「經常故障」，瑪格麗特回憶道，「他會坐在路邊，身旁散落著摩托車零件，他就這樣坐在陽光裡，雙手忙碌著大約一小時，然後他會找到火星塞或者什麼還不能運作的部分，於是放棄摩托車走到我們在阿爾德盧沙的房子，看看他是否能找到人來幫忙……他對引擎不太擅長，」她又說，「不過我想他大概覺得自己是懂的。」[64]

歐威爾處在已知世界的邊緣，逃離了醫生、書評、哀悼和時間。在這一年以及接下來兩年的夏天，他努力要拼湊出一個家庭世界，能夠支撐他的人生以及小說創作。同時他避開了溺死在自己的肺中。

●

他將自己的書桌安置在老虎窗下，這樣他就能眺望大海。他轉動旋鈕，拿出打好字的一頁，放在右手邊已經堆起一小疊的紙頁上。他收集到一塊閃著銀白光的頁岩，用來當作紙鎮。這是他最緩慢的一次寫作。

●

七月初，蘇珊帶著理查來了。歐威爾沒有告訴蘇珊他的妹妹會來，因為如果他說了，她便不會來，但是他知道自己既需要管家也需要保母，而且之後他還需要有人做農活，或者編輯與打字。蘇珊一直是很和善的人，也覺得愛芮兒「很是尖酸刻薄」[65]，而且她在一次受訪時曾經偷偷告訴對方，愛芮兒「很蠢」，她說：「他或許有告訴過我她已經來了，畢竟一路到朱拉島要花四十八小時。」[66]

如今算是半個遊民的保羅．帕茲來了。帕茲自有迷人之處，其中便包括自知之明，他曾經說：「我和偉大詩人之間的差異就是，我不是。」不過，他顯然也是個「自我中心、說話苛刻的酒鬼」

[67]，而他的存在似乎讓其他人都不願意去了。除了索妮雅，歐威爾還邀請了布蘭達、伊內茲和莎莉——但沒有人去。

愛芮兒對蘇珊很惡劣，她把這裡當成自己的地盤，態度惡毒。當她看見理查這個小男孩在穿睡衣的時候搞得一團亂，便罵蘇珊沒有打他；她聽見蘇珊稱呼她哥哥為「喬治」時嚴厲斥責，說他正式的名字是「艾瑞克」[68]；而且她嘲笑蘇珊的身體不便，因為腦性麻痺讓她的手發抖，輕蔑地說：「還說自己是保母呢，連縫補襪子都做不到！」[69]愛芮兒對帕茲也沒有比較友善，帕茲說話會結巴、常常眨眼，而且大多時候都沒什麼用，她稱他需要被馴服[70]。

歐威爾一直待在樓上，一邊抽菸一邊打字，而在樓下的三個人則彼此怒罵。帕茲壯起膽子出門去找木柴，結果砍倒了這裡唯一的一棵樹，那是一棵長得很好的榛果樹；蘇珊在驚慌失措下，誤拿了一張帕茲破爛的手稿來點火。那天晚上他離開了，「乘著月色潛逃」[71]，在黑暗中走了十三公里的路回到阿爾德盧沙。

蘇珊的男朋友大衛．霍布魯克（David Holbrook）是二十三歲的劍橋大學畢業生，他懷著興奮之情前來拜訪，因為他非常崇拜歐威爾，他第一眼見到自己的文學偶像，是看見歐威爾在庭院裡近距離直接射殺了一頭鵝——接下來愛芮兒烤了這頭鵝，送上了餐桌。大衛一直很期待見到這位「充滿活力又風趣的才子」，結果卻發現他是個「陰鬱又充滿敵意的老糊塗」[72]。

晚餐時，歐威爾和愛芮兒「這個非常陰沉的女人」[73]並不理會他，兄妹倆交談良久，「句子中間有許多停頓空白，是非常沉悶的那種……我是說，我只是坐在角落，聽著這段緩慢又陰鬱的對話，談論著他什麼時候會去拯救摩托車，或許可以找唐諾（Donald）或者誰過來修船。就好像在語句間的空隙中，他們都在想著如何把下一句講得更陰鬱。」[74]

或許歐威爾對大衛懷抱敵意，是因為他不想要蘇珊有性生活，或者因為大衛是共產黨的成員。即使在此時此地，歐威爾依然疑神疑鬼，覺得自己上了暗殺名單。他開始習慣隨時將魯格手槍上膛，並且在屋裡神出鬼沒[75]。

有時候，這對年輕的戀人會偷溜進歐威爾的房間，閱讀他書桌上的手稿，大衛認為內容「相當令人憂鬱」，還有「糟糕的性愛場景」[76]。兩人在自己的房間也有發生性愛場景，有趣的是，倒挺像實現了手稿上溫斯頓與茱莉亞在獨裁政權中把做愛當成反叛的行為。

有一次，領主羅賓．弗萊契在打獵途中過來拜訪喝杯茶，歐威爾突然變得「非常像個『緬甸警察』，很會裝模作樣」[77]，蘇珊和大衛「被趕到樓下」，跟那些幫忙趕出獵物的隨從一起喝茶。大衛覺得這件事很有趣，但也十分古怪。

到最後，蘇珊和大衛也逃跑了，他們走了十三公里路到阿爾德盧沙，這對有腦性麻痺的她來說很不容易，而且兩人都還拖著行李。如今已經三歲的理查傷心不已，蘇珊離開他也覺得煩憂。瑪格麗特．弗萊契收留他們兩人過夜，她收留的難民越來越多，都是逃離山丘另一頭那個失能的家族政權，不過沒有留下紀錄能讓我們知道她做何感想。

歐威爾在自己的日記中並沒有提到爭吵或者逃離，他的肺部硬化越來越嚴重了，他只是不斷抽菸、不斷打字。他想要休息時，會走進他和愛芮兒一起栽種的菜園，或者繼續建造雞舍的工作，又或者搭著小船去釣魚。有時候勞動會讓他發熱，於是他就發著抖、冒著冷汗，上樓睡覺。

天堂裡若沒有蛇，就不算完整了。這裡到處有蝰蛇，他們必須時時注意，尤其是在理查四周。

有一次歐威爾發現一條，他用腳踩住，其他人都以為他會趕快壓爆蛇頭，但他卻拿出折疊刀，活生生將其從喉嚨剖開到尾巴，接著他「挖出內臟、切成肉片」[78]，他們就這樣一臉震驚看著。

到了九月底，他寫了五十頁。

●

進度還是比平常緩慢許多。

他試圖想像出她的臉，但想不出來。他可以看見她的手搭在打字機上，或者拿著酒杯，看見她指頭上的關節。他可以看見她的身體，嬌小而蒼白，看見她臀部、胸部的突起、鎖骨的線條以及底下的陰影。但是她的臉部仍一片空白。他感到一陣慌亂站了起來，走到樓梯口就停下了腳步。有什麼重擊的聲音，是愛芮兒在廚房敲打著做糕點的麵團，打到好、打到死透。他忍住咳嗽聲，走下樓梯到飯廳，從壁爐架上拿起照片，再爬回樓上。他一手扶著書桌穩住身子，用力喘著氣，接著他拉出相框背後的小架子將照片擺正，那是一張像貓一樣的臉、溫柔的臉，她在照片中沒有微笑，但是她明明如此風趣，內心總是一直在笑。

突然間，他湧起怒氣。

他坐下來打字，就像他的角色溫斯頓：

就好像是故意往墳墓裡跳一樣。溫斯頓坐在床邊等待的時候又想起仁愛部的地窖，人的認知真的很奇妙，明明知道最後有怎樣恐怖的下場，還是抱著希望，其實結局就在眼前的未來，接下來就是死亡，就像九十九接下來就是一百是一樣的真理。人都不免一死，但是或許可以想辦法延長壽命，不過有時候就是有人因為一個刻意的任性行為，縮短了自己的人生，讓死亡提前到來。[79]

●

他咳得很厲害時會檢查手帕上有沒有血，他不能冒險在冬天留在這裡。

他回到了卡農伯里廣場，一九四六年至四七年的冬天十分寒冷，他將兩人的床頭板扔進爐火裡[80]。

愛芮兒叫歐威爾趕走蘇珊後，蘇珊便離開了朱拉島。歐威爾給她六十英鎊算是資遣費，附帶一項「試驗」：「妳可以想辦法解決或者……」他沒有把話說完，暗示說如果她拿了錢，便不值得這些錢。「他確實會對別人做些令人很不愉快的試驗。」蘇珊說道。她只告訴他自己必須搭下一班船離開，她不想要愛芮兒「大聲嘲弄」她[81]，因為事情已經如她所願。

在倫敦，歐威爾邀請蘇珊吃午餐，好讓她來拿裝了自己東西的行李箱。他抱著理查來開門，歐威爾看起來「比之前更糟，糟糕許多」，理查「很開心，咯咯笑著」，伸手要她抱。然後愛芮兒出現在他們身後。

「喔，」她示意著孩子說，「他已經忘記妳了。」

蘇珊進門跟理查玩，他還記得兩人玩的躲貓貓遊戲，然後她走進房間拿自己的行李箱。歐威爾跟著她進去，站在那裡。

「蘇珊，我病得很重。」他說。他過去似乎沒有跟別人說過這件事，從來沒有。蘇珊「看著他，他的臉看來很憔悴還泛著青色，我想著我現在還能做什麼？」

「喬治，我很抱歉，」她說，「但是我覺得我沒辦法留下吃午餐了。」[82]

接著她去見了負責清潔的哈里森太太（Mrs Harrison），讓她知道歐威爾會需要多加照顧。

艾琳，一九四一年。（圖片提供：Orwell Archive, UCL Library Services, Special Collections）

槳

活著很糟，但死了更糟。[83]

——喬治·歐威爾，最後的筆記

隔年夏天他回到朱拉島。這一次，沒有妻子的家事安排有了不同的解決方式。比爾·鄧恩（Bill Dunn）是從戰場上返家的軍人，有一隻木腳和酗酒問題，他來到了島上且對工作躍躍欲試。理查·里斯也來了，就像他一直扮演著拯救單身漢的守護天使一樣，里斯已經決定，要把歐威爾（以及這本書）作為自己接下來的計畫。里斯投資了一千英鎊買設備，讓比爾用在農務上，這個臨時拼湊出來的家就圍繞著歐威爾成了形：管家、農場工人、帳房、編輯兼打氣筒。

愛芮兒的肩膀脫臼了，歐威爾急得團團轉卻無能為力，他向里斯喊著：「你做過急救對吧？……你可以接回來嗎？只要猛然用力往上扭，對不對？」[84]里斯沒辦法「瞬間發出足夠的力量」，不過如他所說，「歐威爾則沒打算自己出力」，於是他們跋山涉水走了五十六公里的路程去找醫生。後來理查的頭部受傷，造成又深又長、需要縫合的傷口，於是他們又跑了一趟。再來是小孩得了痲疹。從一個角度看，生活還能湊合著過；從另一個角度看，這個家隨時會崩潰瓦解。

到了五月底，這本書已經寫完了三分之一，最終將會成為《一九八四》。

他買一副舷外引擎，自己裝到了小船尾部。

歐威爾和愛芮兒的姊姊瑪喬麗最近過世了，享年四十八歲，她長年飽受腎病所苦。她失恃的孩子們來到了朱拉島：從軍的亨利正在休假，而珍恩參與女子地面軍（Women's Land Army）六年後也退伍了，還有他們十幾歲的妹妹露西（Lucy）。在露西看來，歐威爾「看起來很糟糕，但話說回來，他一直都看起來很糟糕」。在家人之間，事情就好辦多了。而愛芮兒也放鬆下來，她和歐威爾、理查以及三個年輕人將東西搬到小船上，駛到小島另一面去露營。要抵達目的地，他們必須穿越科里夫雷肯（Corryvreckan），這是世界上最險惡的其中一處漩渦。[85]比爾問了歐威爾一次又一次，確認他看過潮汐表的結果，「非常危險，科里夫雷肯，」他告訴他，「非常危險。」露西覺得歐威爾回答得很「輕快」，「沒錯，沒錯，我都查過了。」

過了兩天愉快的露營生活後，這群人準備要回家了，愛芮兒和珍恩決定穿過小島走回去，歐威爾、理查、亨利和露西則搭船按原路回去。當然，歐威爾誤判了潮汐、誤讀了潮汐表或者看錯了時間，漩渦處的海浪十分凶猛，小船很小，他們只能緊抓著邊緣、緊抓著孩子，那裡不只是一個漩渦，而是一連串的漩渦，每一個都想掀起樓房那麼高的海浪，將他們吸入海洋中心的怪獸口中。

歐威爾坐在舵柄處，這時「他們聽見碎裂聲，引擎就這樣直接從安裝處掉落，消失在海中」，亨利這樣記得，「然後艾瑞克說：『亨利，我想你最好拿出槳來。』然後他拍拍自己的胸膛，似乎說了，『當然了，小亨，我幫不了你。』」[86]亨利以為他們要完蛋了，他知道歐威爾也明白這一點，當前有個少女、三歲男孩、無能為力之人以及年輕男子，要面對險惡的大海。亨利拿起槳瘋狂划著船，但「什麼事也沒發生」，他們被拋上面對懸崖的水面又掉了下來。這時一頭海豹探出頭來，「海豹這種生物很有趣，」歐威爾說，「十分好奇。」露西心想：「我實在不認為這是討論海豹的時候。」[87]

亨利費了好大一番力氣才將船划向一塊露出海面的石頭，他跳上去要將小船拉近時，一波海浪猛力襲來打翻了小船，將其他人都困在底下。

露西先游出水面，接著是歐威爾，一邊氣急敗壞叫嚷著，一邊抱著理查。

到了陸地上，歐威爾冷靜下來，其他人發著抖，都嚇壞了。他肯定知道他們獲救的機會很渺茫，這時候幾乎不會有船靠近，因為實在太危險了。歐威爾從口袋拿出西班牙帶回來的打火機——東西還在，而且奇蹟似地還能用，於是他們聚在一起點火，燃起火堆。他們把唯一還有的食物餵給理查，那是一顆馬鈴薯，接著歐威爾去找有什麼能殺來吃的東西。他空手而歸，卻帶著更多觀察自然的結果回來，「真是了不起的鳥類，這些海鸚，」他說，「居然會挖洞築巢。」他找到了幾隻海鸚幼雛，但不忍心殺掉。他在露西和理查聽不到的時候對亨利說，在船上「他以為我們死定了」。[88]歐威爾就要死了，而他心中似乎有某塊地方，想要大家都跟著他一起完蛋。

最詭異的是，想也想不到的事情發生了：一艘載著遊客的龍蝦船經過，漁夫見到火堆，接著這群全身溼透的人揮著手，便將他們接上了船。

這件事深深烙印在理查．布萊爾內心。他年老之後曾說，希望死後把他的棺木放在他的船上點燃[89]，然後在日落時隨著潮汐送出海進入科里夫雷肯，以他自己的方式回歸到那股先前未帶走他的力量。

阿爾德盧沙的房子。（圖片提供：Andrew & Claire Fletcher）

到了一九四七年十二月初，這本書的初稿終於完成，歐威爾總算願意去做身體檢查。胸腔專科醫師從格拉斯哥來到朱拉島，大概是在里斯的堅持下，也由他出錢，醫師同意來到阿爾德盧沙的大房子，但不願意走最後十三公里的泥濘小路，於是里斯開著農用卡車載歐威爾過來。醫師發現他染了肺結核，「病得很嚴重」[90]，他說歐威爾絕對不能再坐車沿著原路回到巴恩希爾，因為隨便一個坑洞都可能引發出血。但是歐威爾不想留在阿爾德盧沙，他說他不想要感染那裡的人，包括弗萊契家的孩子。瑪格麗特・弗萊契很堅持，說他們會用沸水煮過他所有餐具，也會毀棄他用過的寢具。晚上，羅賓・弗萊契去和他談話，出了房間後他告訴瑪格麗特：「他知道。」[91]意思是說，歐威爾知道自己要死了。

不管怎麼說他都不願意留下，他不想在別人家中當個廢人。家是你創造人生的地方，若是他在自己的家中，就仍在自己的人生裡。里斯開著那台破爛卡車載他回家時，害怕到全身僵硬。

● 她現在會說什麼？他看著自己的筆記本，上面按照字母順序列出要寫在小說裡的點子，在f點他寫著：「筆者的寂寞、他認為自己是最後一人的感受。」[92]他在這幾個字底下畫線，想著要叫這本書《歐洲的最後一人》（*The Last Man in Europe*）。
●

兩週後，他住進了格拉斯哥附近的醫院，他們用鉗子夾住一邊肺部使其不能運作，接著用一個像是腳踏車幫浦的可怕東西在他的橫膈膜灌滿空氣，然後他們為他施打叫做鏈黴素的抗生素，這是很新穎的藥物，沒有人知道正確的劑量該給多少——他開始掉頭髮，指甲也壞死而掉落，嘴唇出血，看起來相當可怕，但他不在乎。這一切都沒關係，他只想要多一點時間寫書，他需要有人幫他讀草稿，但她已經不在了。

即使是最健康的作家，也能感受到趕著要完成一本書的恐懼。知道必須讓書面世，就像看著你內在的人生沒了你也能繼續下去。書將破土而出，徒留你這個像蟬蛻一樣的空殼，任風吹走。

他在醫院待了六個月之後身體好了一些，令人吃驚的是他決定回到朱拉島，更令人吃驚的是沒有人阻止他。

如今家中的狀況似乎終於解決了，愛芮兒和比爾開始交往，她負責照顧理查、家務以及三餐，理查．里斯與比爾則負責管理那塊小田地相關的事情。里斯現在長期住在這裡，可以與他交談、協助編輯、讀稿、開車、挹注資金、照護，也是他的朋友。即使現在有人願意嫁給歐威爾，他或許已經不需要性愛了，但是艾琳還做過一件事是如今無人接手的：打字。他完成這份初稿後，他會在上面寫滿自己的修改，然後會需要有人從頭到尾重新打字，而他會在一旁解讀自己潦草的字跡。他說這是「糟糕到令人難以置信的手稿」[93]，他的經紀人和出版商都努力要找一位女性願意去朱拉島做這份工作。

這一年有許多訪客，多到他們要搭起帳篷好讓他們住下。他的老朋友布蘭達來了，穿著一身灰色衣服看來瀟灑而中性。莎莉也來了，伊內茲住了好幾個禮拜，還帶著她的貓——愛芮兒不知為何對此非常憤怒，愛芮兒決定不再往食物裡加鹽。[94]

●

他站在自己房間窗前，看著他們在外面的草地搭起帆布帳篷。今天晚上會有派對，不過在如此極北之地，晚上十點過後也仍光亮，所以會是一場日光夜宴。一張折疊桌上擺著蛋糕，沒有人看管的理查正走過去，對他來說，派對就從現在開始。

以幸福快樂的程度來說，他會說自己在這裡一直很快樂，告別的感覺就像要告別他所愛的一切——土地、大海、龍蝦、雞、船，還有曾試圖殺了他的科里夫雷肯，甚至那台該死的發電機。不過他如今看出來了，這台骯髒笨重又油膩膩的危險物品，從來都不希望他生病。靠近海水那一面的山坡上，雲朵快速移動著，中間偶然出現的空隙閃現一道陽光，照耀著瑪格麗特．弗萊契給他的黃色杜鵑花，雖然很美麗，卻也讓他感覺到其中的煽情而打了個冷顫。他還沒死。

他已經改了書名，現在會是《一九八四》，就像她的詩。

●

一九四八年九月，這時的他就連拔根雜草、撿顆雞蛋都會發燒。

到了十月，他已經將手稿修訂成另一份草稿，但是沒有女性願意過來打字整理成漂亮的稿件。於是在十一月，他開始自己從事打字這份「可怕的工作」[95]。他已經沒辦法舒舒服服坐著，一秒也不能，所以他在床上工作，將打字機安穩擺在他骨瘦如柴的雙腿上，一天敲出五千字。房間裡煙霧瀰漫，來自煤油燈以及香菸的煙霧，他床邊的菸灰缸已經滿溢。他只有去廁所時，才會下床走到走廊另一頭，愛芮兒幫他端茶和吐司來。

他在十二月七日寄出稿件，這時他已經非常虛弱。他終於願意接受去療養院待一段時間——葛雯已經幫他在科茲窩（Cotswolds）安排好一間。

比爾和愛芮兒開車載他前往阿爾德盧沙的大房子，帶著如今五歲半的理查。他們開著比爾的奧斯汀十二型車，途中車子就陷入泥地，比爾和愛芮兒只能往回走六公里多的路，開農用卡車過來將車子拖出來。

理查還記得和他父親坐在車子裡等，「我們就坐在一起說話，外面在下雨，很冷，我記得很清楚，我父親拿著煮過的甜食給我。他已經病得很重，但是跟我在一起的時候表現得相當愉快，努力假裝一切都很好。等到愛芮兒和比爾開著貨車回來時，天色已晚。」[96]

理查記得的是愛，卻也近乎傷害，因為他和他父親坐在密閉的車子裡，呼吸著他的病氣。

拔毛

我離開朱拉島之前到處走遍了，光禿禿的山丘看來有一股魔力，上面的小路四散著發出銀白光芒的頁岩，就像鱗片一般。走到小島的一端有三座較高的小山叫做乳頭山，因為山陵看起來像是乳房一樣，土地如今熟睡著散發溫暖，隨時都可能在你腳下翻動。在我一次散步途中，不知從哪裡冒出來一隻長腿的獵犬，後面跟著一位高個子男人，他是音樂家休．卡爾斯沃（Hugh Carswell），他告訴我他的妻子珍恩（Jane Carswell）在二〇一三年訪談過朱拉島上的居民，其中有些人認識歐威爾。

珍恩．卡爾斯沃跟我分享了她的錄音，其中一段是跟兩位老婦人的對話，分別是芙蘿拉．麥可唐諾（Flora McDonald）和她的朋友南希．麥可林（Nancy MacLean）。芙蘿拉十幾歲的時候在克雷格豪斯的酒吧工作，有一次歐威爾出現在那裡，遞出一隻死鳥。

「我記得他來到我當時工作的那間旅店，」芙蘿拉說，「他帶著一隻雞進來。」[97]她忍不住呵呵笑著，「然後他說：『妳可以幫我拔毛嗎？』」兩位老太太爆出哄堂大笑，她們現在想起來覺得很荒謬，一個男人就這樣走進來，請求他找到的第一位女性拔雞毛。不過即使她當時只是少女也看得出來，這件事在那個年代也一樣荒謬，雖然你可能會想要叫他自己拔，卻不可能說出口。

「我想我得照做吧……」芙蘿拉說。這個世界確實有古怪之處，卻把現實也變得古怪，讓人無

朱拉島，面對乳頭山的風景。（圖片提供：Anna Funder）

法擺脫，她所能做的就只有重述這件好笑的事情。「我一直記得他進來對我說：『妳可以幫我拔毛嗎？』唉，我也不知道啦。」她的笑聲漸漸淡去。

科茲窩療養院：克蘭漢姆，一九四九年

待在療養院裡的歐威爾在床底下放了幾瓶蘭姆酒，一有訪客就會拿出來分享。如今他的書寫好了，他要跟宇宙重新談條件。他告訴他的出版商沃柏格：「我猜大家會嚇到，但撇開其他不談，我真的覺得如果我結婚了，會活得更久一點。」[98]沃柏格已經嚇壞了，因為他看過了書稿，他認為這是他讀過最恐怖的書之一[99]，讓他震驚的是歐威爾已經「完全放縱了自己的虐待狂傾向以及隨之而來的受虐傾向」，而在溫斯頓哀求著將他所愛的女人扔進老鼠堆、而非自己時，達到了高潮。「我祈禱在接下來的幾年可以不必再讀到像這樣的作品。」[100]沃柏格心想。往好處想，他相信這本書會很暢銷。

索妮雅從法國回來了，跟哲學家結束戀情仍讓她深受打擊。[101]她去探望歐威爾時，他們在他房間裡喝著蘭姆酒、抽菸，她一頭金髮，皮膚發著光，就像雷諾瓦（Pierre-Auguste Renoir）畫作中的女孩[102]，她實在太美了，讓人無法靜下心思考，她是如此聰明、無所畏懼、有幹勁又大方。

待在克蘭漢姆這裡的某一日，歐威爾懷著恐懼和自我厭惡，提筆寫下長篇大論，論述著女人無可救藥的骯髒，以及妻子能將人吞噬的可怕性慾會讓她厭惡丈夫缺乏男子氣概。他沒有記下日期，所以無法知道他寫下這些文字時的怒氣是否針對所有女性（因為他沒有女人），或者是擔心自己在新一段婚姻中必須提供「男人需給女人的服務」，才能得到他真正想要的其他服務。

歐威爾二度向索妮雅求婚——或許是在病床上，又或者如果他的身體狀況夠好，可能是在森林中散步的時候。她答應後，他緊接著說：「妳必須學著做餃子。」[103]她笑著跟一位朋友說這件事，大概很難想像還有比她更不可能會做餃子的女人了。

索妮雅對這件事的理解就像一份新工作一樣。希瑞爾·康納利正準備結束她在經營的這本雜誌，「等《地平線》收攤，」她跟一位朋友說，「我就會嫁給喬治。」[104]他們還有條件要協商，歐威爾向西莉雅和安妮列舉了他對妻子的要求有什麼，大概又對索妮雅說了一次，有性愛（也不見得，畢竟他病得很重）、有慰藉，以及「能夠鼓勵我的人」。還有要了解他的作品，或許他重複了對安妮說過的話，雖然令人心碎卻也很實際：他真正要求的是索妮雅能以寡婦的身分管理他的文學資產。不過他或許也沒提這點，因為他希望她陪他一起幻想著自己不會死。索妮雅願意做這一切，因為她覺得這些事也很有趣。至於理查，索妮雅不認為自己能夠承擔為人妻子這部分的責任，想要將這一項條件刪除。

於是理查和愛芮兒同住，他和她一起快快樂樂長大，而且正如艾琳曾經預見過的，他找到了一份跟拖拉機有關的工作，成為農業工程師。

歐威爾待在療養院的數個月中，他年少時的戀人潔辛塔寫信給他。兩人已經很長時間沒有聯繫了，在他口中，是因為「妳拋棄了我去緬甸，不留一絲念想」，而在她的口中，是他「企圖在我還沒準備好的時候就做到最後一步」。那一天兩人去「散步」，結果她穿著扯壞的衣服回家，接下來的三天都足不出戶。在那之後過了二十多年，潔辛塔才發現，寫了她非常喜愛的《動物農莊》作者喬治・歐威爾，就是她的老朋友艾瑞克。一九四九年二月，他回了兩封信，一封很正式，另一封則比較溫暖，「自從我收到妳的信，就不斷回想著過往……我實在太想見到妳了。等我離開這個地方，我們一定要見面。」[105]

潔辛塔十分激動，吃不下東西，而且連續好幾個晚上都睡不太著。在他們結束七年的友誼之後，她的人生中發生了非婚懷孕、遭到拋棄，以及放棄孩子的本能悲痛。跟這些事情比起來，歐威爾試圖強暴她似乎只是小事，而且她對他仍懷有感情，因此更微不足道，那種感情像是愛，彷彿能夠回到在這一切發生之前的她自己。但是他想要從她身上得到的並不是她，而是妻子一職；他從醫院裡打電話給她時這樣說，在信上也這樣寫。多年後，潔辛塔受訪時將其中一封信念給對方聽：「他的最後一段，聽聽，開頭這樣寫：『妳喜歡孩子嗎？』[106]我看了是挺不安的，因為如果他有一個失恃的孩子，而想要為他找個新母親，唉，我覺得這不適合我，我不想要鼓勵他有這種念頭。」

於是潔辛塔跟他保持距離，成了她終生的遺憾，她實在不知道該如何在為人妻子這件工作中，從不討喜的部分找出討喜的地方。她心中很苦惱，好像做了什麼不可饒恕的事情，讓自己的私利阻撓了或許（對他）有好處的事情，「我好像從來沒有好好待過艾瑞克。」[107]她哽咽著說。

索妮雅經常來探望，並且開始處理歐威爾的通信與打字，也為他找尋書籍。他坐在床上，「咳嗽的聲音有一種特殊的柔軟，像貓的呼嚕聲，而皮膚則是幾近神秘的透明感——就像薄薄一片纖維玻璃，另一邊是火勢猛烈的爐火」[108]。索妮雅年少時曾在瑞士的湖上發生過可怕的船隻意外，一個男孩緊抓著她不放，但是她想辦法脫身游走了，任他溺斃。這一個她不會離開了。

有一天，索妮雅發現歐威爾在讀約瑟夫・康拉德（Joseph Conrad）的傳記，是他的妻子執筆的。

他怒不可遏，將那本書扔到房間另一頭。

「絕對不要這樣對我。」[109]他咬著牙忿忿地說。

索妮雅覺得很困惑。

他不許有人為他作傳。

金屬

秋天，他搬到了倫敦大學學院醫院（University College Hospital），住進一間「很小的房間，就像小隔間一樣」[110]。他穿著駝色羊毛衫坐在床上，他的朋友大衛．阿斯特（David Astor）是《觀察家報》的編輯，經常下班回家就順道來探望。

「他總會談論著接下來要做的事情，」阿斯特回憶道，「他輕鬆地跟我說：『你覺得，如果有人腦裡有一本想要寫出來的書，那個人會死嗎？』我嚇到了，我想不出該怎麼回答，他幫我回答了，說：『我問過這裡的醫生了，他照顧過其他寫作的人，他說：『會的，就算你腦中有本書，但還是會死。』可是我覺得不是這樣。」阿斯特說：「他努力要給自己希望。」[111]

醫生之間的意見分歧。資深的專科醫師莫蘭（Dr Andrew Morland）想要提振歐威爾的精神，要送他去瑞士的療養院享受新鮮空氣；比較年輕的醫生則認為這樣的計畫不切實際，只是要送他離開，好「死得舒服一點，待在他們習慣處理這種事情的地方」[112]。

索妮雅安排好一切，她租了一架飛機，而她年輕的藝術家朋友盧西安．佛洛伊德會過來幫忙抬動、搬運及照顧病人。

她的計畫是結婚之後，帶歐威爾飛去瑞士釣魚，然後康復。歐威爾開始在他的房間裡擺著釣魚竿，好像他隨時都能跑出去。在他的夢中，他看見河裡滿滿是魚，而他拋繩垂釣。這些夢安慰了他，只是他知道這樣的夢境「既是春夢也是死亡噩夢」[113]，釣竿靜靜等在角落，有時候訪客會發現釣竿橫擺在他的床尾上。

醫院的牧師會主持婚禮，醫師也會到場做賓客，就像歐威爾的第一段婚姻一樣，他實在不敢相信自己如此幸運。「我大受鼓舞，」他告訴阿斯特，「儘管我生了這種病，我的親朋好友似乎都沒有人反對我再婚。我總有一種討厭的感覺，以為『他們』會從四面八方湧來阻止我，但沒有。」[114]他要得逞了，再一次。

歐威爾沒法離開病床，但是穿著羊毛衫結婚實在不好看，於是他請安東尼・鮑威爾幫他買一件合適的外套，鮑威爾記得那是一件緋紅色的燈芯絨外套，馬爾坎・蒙格瑞奇則記得是紫紅色的天鵝絨外套，他們的印象很模糊，可能是因為最後是索妮雅買了外套[115]。不管怎麼樣，他很喜歡。

那一天，索妮雅的朋友珍娜塔哭了。歐威爾實在太瘦了，他開玩笑說護士努力了很久，差點找不到肉夠多的地方可以插入注射針頭。大家都想起了舒伯特的「死神與少女」（Death and the Maiden）[ii]，所有人都應邀來參加這起無望的希望之舉。但是歐威爾滿心喜悅。你可以終其一生都努力要坦承真相，結果卻需要不斷羅織一段又一段虛構故事來支撐，而其他人也參與其中。也許，沒有虛構就沒有幸福快樂的結局，或者就看你的故事結束在哪裡：為了快樂而早早結束，或者為了無可避免的另一種結局而繼續下去。他看著角落的釣魚竿，會有一架飛機、有山、有溪，他會垂下釣竿釣起所有的魚。

典禮之後，他們喝了一杯香檳。沒有人拍照。索妮雅親吻他的額頭，然後其他人離開到麗思飯店吃婚禮午宴。他躺了回去。

歐威爾很開心，他的健康暫時好轉，擁有了自己想要的，和美夢結婚了，讓索妮雅成為他的文學資產管理人。但是新年過後，他的情況惡化了。

跟著歐威爾和艾琳搭火車逃離史達林的男孩史代佛．考特曼打電話來，問什麼時候方便來探望？

「我很可怕，」歐威爾說，「我看起來就像骷髏。」[116]

但考特曼覺得他的聲音很有力——他之後就會見到他。

接近一月底時，歐威爾告訴保羅．帕茲，他擔心他們在瑞士沒有他喜歡的錫蘭茶葉，只有「那種噁心的中國貨」[117]。茶葉如今仍是靠配給，帕茲還是像先前一樣口袋空空，但是他出去找了些來。歐威爾的老朋友西莉雅打電話來，問她是否可以來探望。他說，「這個，我下週三就要跟索妮雅去瑞士了。」

「喔，這真是太好了，喬治，」她說，「他們一定是覺得你會好起來。」

「可能吧，或者他們不想要手上沾上人命。」[118]

那天稍晚，帕茲帶著茶葉過來，「門上有扇窗讓人可以看到房裡，我看見他在睡覺，我知道他

ii 譯註：指的是舒伯特創作的室內樂D小調第十四號弦樂四重奏，這是他病重痊癒後的作品，作曲家將自己感受到的死亡陰影加入在樂曲中。

要睡著非常不容易，所以沒有吵醒他，就把茶葉放在門口。」[119]

● 她會說什麼？他看見門上的小窗戶有一團黑髮，或許她來了，或者是護士。他閉上眼，不知為何，他想到了茶葉。

釣竿就在房間的角落，雖然他會帶著釣竿一起去，他知道那只是個誘餌，一個閃閃發光的承諾，嘗起來是金屬的味道。

●

週五，索妮雅陪伴在他床邊，她的朋友安妮・鄧恩（Anne Dunn）和盧西安・佛洛伊德帶她到附近吃晚餐。剛過午夜時分，她打電話到醫院確認他的情況，他們告知她，他過世了，死於大量出血。她急忙趕到，他的床還未整理，血浸濕了床單。[120]她哀痛逾恆。

西莉雅隔天早上接到電話。

其他人聽到BBC發布的消息。

後來，帕茲說：「我老想著是誰拿走了茶葉。」[121]

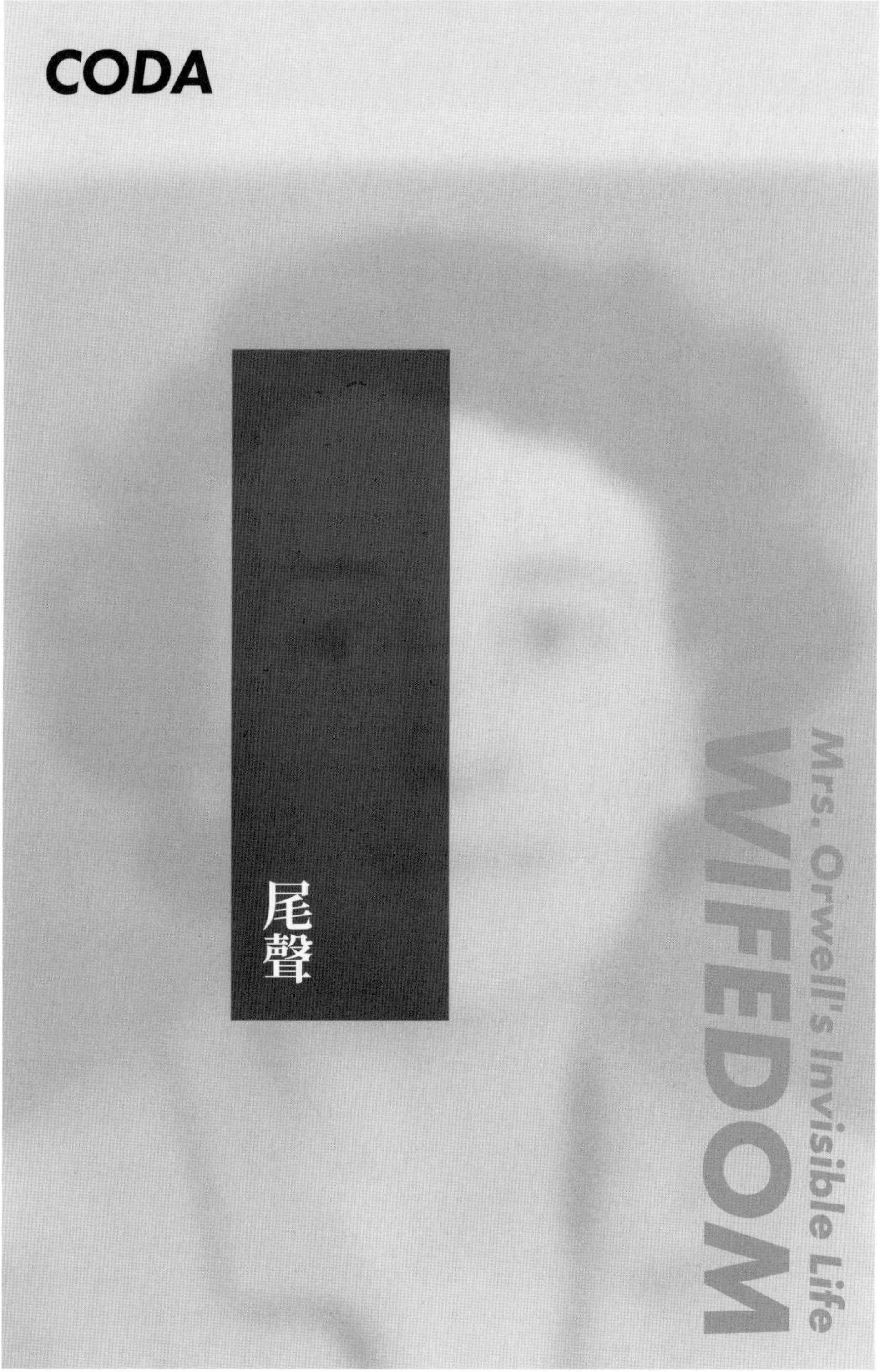

CODA

尾聲

復生

寫一本書是恐怖而耗費心神的苦差事，就像染上某種令人痛苦的疾病，發病發了許久。若不是著了什麼魔，令人無法抗拒也無法理解，永遠也不會做這樣的事。

——喬治．歐威爾，〈我為何寫作〉，一九四六年

我身邊堆滿了紙張、影印文件、貼滿便利貼而鼓起的書本、攤平的書、筆記本、列印出的文稿。我的工作室就像遭遇了一場劫掠——某人殺死了天使要尋找答案。在我右腳邊，我看見跟奈莉阿姨相關的資料[1]，最後還是沒有收錄進去。可憐又破產的奈莉，在歐威爾過世的幾個月後試圖結束自己的生命。

我看向屋外，建築工地的一個男人戴著安全帽、穿著鮮亮的安全背心，待在我家的凸窗邊躲雨，手上抓著一個外帶杯。他頭頂上的黃蜂早就不見了，留下的蜂窩現在就像我屋簷下的一株黑角珊瑚。這名工人喚醒了我腦海中的某件事，設定我們的編碼中有漏洞、空隙和故障，能夠容下真正的生活與愛，還有展現承繼力量的時刻。

我的丈夫是名建築師，最近在一次晚餐中，他告訴賓客一段我們剛開始交往時的故事，在他開始講之前我都不記得這件事了。我們去拜訪一位同事的建築工地，那是一處地勢陡峭的海灘區域，

到處都是穿著鮮黃背心的工人和卡車。其他人都待在山丘上，我則是穿過草叢走下去，到了四周搭起鷹架的建築物前，走到淺灘處時我聽見一陣叫喊，轉過身去就看見一團深色毛髮和尖牙飛快撲了下來，是一隻羅威那犬。我站在原地不動，那隻狗靠近時我舉起一隻手，大聲喊出指令，那聲音既是我的也不是我的，「**坐下。**」那隻狗照做了，似乎跟我一樣意外。

這個故事裡，克雷格喜歡的是他看見了我的鎮定自若，或是我的力量，但是我當時並沒有感覺到這些。他說起這段故事，彷彿那天讓他看見的場景既是引人崇拜又嚇人，他就這樣牢記了三十年，是他私密的愛情故事中的一刻，而且與凶猛有關。我聽著他描述時，回想起那個場面，我用的是我母親的聲音。

寫這本書時，我在幾個部分當中用了另一個人的聲音，是艾琳的，因為我失去了我自己的。我從地獄惡犬塞伯拉斯身後找回了艾琳，讓她脫離那股充滿漠視、貶低和被動的配音；我將她從她的自我抹除、她的積極聆聽中找了回來。我找到她時，我才發現這樣的力量對我做了什麼，而我，則是同謀。

在這項任務中，歐威爾的作品不可或缺。重溫歐威爾論及「以盜竊為目標」的獨裁暴政體制，以及「欺瞞心智的龐大系統」（即雙重思考），是一種樂趣。他的（以及鮑德溫的）深刻洞見讓我能夠看清，男性如何在一套裨益他們的體制中想像自己是無辜的，讓其他人付出代價。我可以看見歐威爾的英勇作為，還有艾琳的；我在心中可以同時看見事情的兩面：盲目的暴君和他的真知灼見、妻子和她的丈夫、我自己的工作和我的生活，以及當中的每一個人。

克雷格來喊我去吃晚餐，我看著地板和書架上的東西，決定先讓它們留在那裡，留在我能夠看見的地方。廚房裡，我的小女兒正在寫一篇論文，奇妙的巧合是，她所寫的是聖經中羅得（Lot）的妻子，她因冒險回頭看了所多瑪城（Sodom）一眼，結果變成了鹽柱。我女兒注意到這位沒有名字的妻子因自己的死亡而受到責備，只因為她不聽話地看了一眼。我女兒說，聖經中就是這樣想像這名妻子值得這樣的下場，而沒有男人、體制或神要負起責任。我感到相當佩服，十七歲的她就能直覺理解到這件事，而我卻似乎花了畢生的努力才想清楚。這位年輕的女人會走到哪裡？她的起點是我才剛剛抵達的地方。

諾菈：布里斯托，一九六一年七月

●

昨天她在鎮上跟瑪麗一起吃午餐，這是她們從牛津時期就認識的朋友。瑪麗這一輩子大多數時間都靠著買賣股票養活自己，艾琳說這麼做「實在非常聰明」[2]，諾菈知道她這話是什麼意思，似乎總有些靠著欺騙的意思。小豬說話也可以很刻薄。

接著她走路回家時看見了，史丹佛書店的櫥窗裡擺著理查．里斯的書：《喬治．歐威爾：逃離勝利營》（*George Orwell: Fugitive from the Camp of Victory*）。還有幾天，到處都會聽到有人在討論艾琳。

她嫁給歐威爾之後，諾菈就幾乎沒見過她了。兩人的親密感情轉化到了書信上，所以很容易沉溺於想像，以為她如今不在並不是因為死亡，而只是距離。

諾菈有時候會看見她，看見某人駝著背走路，或是一頭不整齊的深色鬈髮——不過當然現在應該是灰髮了，又或者在火車上無意間聽到的笑聲。一份愛失去了對象該怎麼辦？愛會一直繼續下去，失落著、尋找著。

現在已經是下午稍晚了，諾菈坐在花園裡，白天就要結束，這本書也要結束了。她對歐威爾很感興趣，喜歡他的作品，尤其是《動物農莊》。但是她細細思考自己為什麼越讀越焦急時，她發現自己讀里斯的書是為了見到艾琳。她還剩下兩頁。

裡面有提到一次艾琳——她翻回去找，找到了，里斯到西班牙去她工作的地方拜訪她，艾琳「對我說著其中的風險」，他寫道，此時的她正飽受「政治恐怖」[3]的壓迫。諾菈覺得心裡突然湧上些什麼，是冷的、熱的她說不清，不對，是熱的，不過此時的天氣已經不熱了，夸塔斯也說她的更年期應該過了。她抬頭看見他在移動，在廚房窗戶後頭一抹令人安心的模糊身影。

她翻到最後一頁。

里斯的結尾寫到歐威爾「過度的榮譽感」，他說，這點「可以解釋他對自己的冷酷無情，或許也能解釋他偶爾對他人的不留情面，但是要想想有多少人遭受過他這番殘酷對待並不容易，除了他的妻子……」[4]

她屏住呼吸，會是這裡嗎？

「……還有其他人，努力想要挽回他對自身健康及安全的滿不在乎……」

沒有，艾琳不在那裡。

然後，最後是這一段：「然而生命中的一切都有代價，有時……與一名無比大公無私而勇敢的人扯上關係，要付出的代價很高……可以想見，一個擁有高尚品格的人經歷了人生之後，比起普通人的庸碌一生，會留下更為令人不安的餘波蕩漾。」

她翻頁，只剩下空白的底頁。

死亡，當然會讓我們所有人都消失，所以對我們這些被留下來的人來說，才會看來是如此討厭的技倆。她多希望有文字可以翻轉這件事。

然後她想起來她有一些，就在屋裡，在書桌上層抽屜裡。她走進屋，拿鑰匙打開。

我很早以前就寫好了住址，然後開始跟三隻貓玩、捲了根菸（我現在會捲菸了，但不是徒手捲的）、撥過了火，還快把艾瑞克逼瘋了（就是喬治），這一切都是因為我實在不太知道要說什麼。在我剛結婚的那幾週，我沒辦法保持定期通信的習慣，因為我們老是爭執不休，而且吵得很凶，所以我想乾脆省點工夫，等到我們動手殺了對方或者分開了，只要寫一封信給大家就結了……

不，諾菈想著，她拿著信的手垂下來，落在大腿上。不，她完結的竟是生命。

●

然後呢？

參考書目

本書引用的喬治・歐威爾作品

Animal Farm, Penguin Books, Harmondsworth, 1980 [originally published in 1945].

Burmese Days, Oxford University Press, Oxford, 2021 [1934].

The Collected Essays, Journalism and Letters of George Orwell, vols 1–4, Sonia Orwell & Ian Angus (eds), Penguin Books, Harmondsworth, 1970.

The Complete Works of George Orwell, Peter Davison (ed.), Secker & Warburg, London, 1998.

Down and Out in Paris and London [1933], in *The Penguin Complete Longer Non-Fiction of George Orwell*, Penguin Books, Harmondsworth, 1983, pp. 7–153.

Essays, Penguin Modern Classics, Penguin Books, London, 2000.

Homage to Catalonia, Penguin Books, London, 2000 [1938].

Nineteen Eighty-Four, Penguin Books, Harmondsworth, 1984 [1949].

Politics and the English Language and Other Essays, Benediction Classics, Oxford, 2010.

The Road to Wigan Pier [1937], in *The Penguin Complete Longer Non-Fiction of George Orwell*, Penguin Books, Harmondsworth, 1983, pp. 155–299.

書籍

Acton, Harold, *More Memoirs of an Aesthete*, Hamish Hamilton, London, 1986 [1970].

Baldwin, James, 'My Dungeon Shook: Letter to My Nephew on the One Hundredth Anniversary of the Emancipation' [1963], in Toni Morrison (ed.), *James Baldwin: Collected Essays*, Library of America edition, New York, 1998.

Bowker, Gordon, *George Orwell*, Abacus, London, 2004.

Buddicom Jacintha, *Eric & Us*, Finlay Publisher, Chichester, 2006 [1974].

Connolly, Cyril, *Enemies of Promise*, University of Chicago Press, Chicago, 2008 [1938].

Cooper, Lettice, *Black Bethlehem*, Cedric Chivers Ltd, London, 1971 [1947].

Çoppard, Audrey & Bernard Crick (eds), *Orwell Remembered*, Ariel Books, London, 1984.

Crick, Bernard, *George Orwell: A Life*, Secker & Warburg, London, 1980.

Davison, Peter (ed.), *George Orwell: A Life in Letters*, Liveright Publishing Corporation, New York, 2013 [2010].

—— *The Lost Orwell*, Timewell Press, London, 2006.

De Beauvoir, Simone, *The Second Sex*, Penguin Random House, New York, 2011 [1949].

Engels, Friedrich, *The Origin of the Family, Private Property and the State*, Penguin Books, London, 2010 [1884].

Fen, Elisaveta, *A Russian's England: Reminiscences of Years 1926–1940*, Paul Gordon Books, Warwick, UK, 1976.

Fyvel, T. R., *George Orwell: A Personal Memoir*, Weidenfeld & Nicolson, London, 1982.

Gross, Miriam (ed.), *The World of George Orwell*, Weidenfeld & Nicolson, London, 1971.

Lerner, Gerda, *The Creation of Patriarchy*, Oxford University Press, New York, 1987.

Meyers, Jeffrey, *Orwell: Wintry Conscience of a Generation*, W. W. Norton, New York, 2000.

Orr, Lois, *Letters from Barcelona: An American Woman in Revolution and Civil War*, Gerd-Rainer Horn (ed.), Palgrave Macmillan, London, 2009.

Powell, Anthony, *Infants of the Spring*, Heinemann, London, 1976.

Rees, Richard, *George Orwell: Fugitive from the Camp of Victory*, Southern Illinois University Press, Carbondale, 1961.

—— *A Theory of My Time: An Essay in Didactic Reminiscence*, Secker & Warburg, London, 1963.

Rilke, Rainer Maria, *Letters of Rainer Maria Rilke, 1892–1910* (trans. Jane B. Greene and M. D. Herter Norton), W. W. Norton, New York, 1969.

Rose, Phyllis, *Parallel Lives: Five Victorian Marriages*, Penguin Books, Harmondsworth, 1983.

Shelden, Michael, *Orwell: The Authorized Biography*, HarperCollins, New York, 1991.

Spurling, Hilary, *The Girl from the Fiction Department: A Portrait of Sonia Orwell*, Hamish Hamilton, London, 2002.

Stansky, Peter & William Abrahams, *The Unknown Orwell* (1972) and *Orwell: The Transformation* (1979), published in one volume by Stanford University Press, Stanford, 1994.

Taylor, D. J., *Orwell: The Life*, Vintage, London, 2003.

Topp, Sylvia, *Eileen: The Making of George Orwell*, Unbound, London, 2020.

Volodarsky, Boris, *Stalin's Agent: The Life and Death of Alexander Orlov*, Oxford University Press, Oxford, 2014.

Wadhams, Stephen, *Remembering Orwell*, Penguin Books, Ontario, 1984.

Warburg, Fredric, *All Authors Are Equal: The Publishing Life of Fredric Warburg 1936–1971*, Plunkett Lake Press, Lexington, 2019 [1973].

Wildemeersch, Marc, *George Orwell's Commander in Spain: The Enigma of Georges Kopp*, Thames River Press, London, 2013.

Woolf, Virginia, *A Room of One's Own*, Penguin Books, London, 2000 [1929].

—— *A Room of One's Own* [1929] *and Three Guineas* [1938], Penguin Books, London, 2019.

Wordsworth, William, *The Prelude*, Penguin Books, London, 1996 [1798, 1799, 1805, 1850].

期刊

Cooper, Lettice, 'Eileen Blair', *The PEN: Broadsheet of the English Centre of International PEN*, no. 16, Spring 1984, pp. 19–20.

Crimp, Jason, 'A Man of Much Voice and No Song', *Orwell Society Journal*, no. 14, Spring 2019, pp. 15–18.

Fen, Elisaveta, 'George Orwell's First Wife', *The Twentieth Century*, vol. 168, August 1960, pp. 115–26.

Hatton, T. J. & R. E. Bailey, 'Female Labour Force Participation in Interwar Britain', *Oxford Economic Papers*, vol. 40, no. 4, December 1988, pp. 695–718.

Orwell, George, 'As I Please', *Tribune*, 9 February 1945. *Collected Essays, Journalism and Letters*, vol. 3, pp. 375–78. Accessible at telelib.com/authors/O/OrwellGeorge/essay/tribune/AsIPlease19450209.html.

—— 'Benefit of Clergy: Some Notes on Salvador Dali' [1944], in *The Collected Essays, Journalism and Letters of George Orwell*, Sonia Orwell & Ian Angus (eds), Secker & Warburg, London, 1970, [1968], vol. 3, pp. 156–65. Accessible at orwell.ru/library/reviews/dali/english/e_dali.

—— 'Charles Dickens' [1940], in *Essays*, Penguin Books, London, 2000.

—— 'The Lion and the Unicorn: Socialism and the English Genius' [1941], in *Why I Write* (Penguin Great Ideas), Penguin Books, New York, 2005, pp. 11–94.

—— 'The Prevention of Literature', *Polemic*, no. 2, January 1946, in Sonia Orwell & Ian Angus (eds), *The Collected Essays, Journalism and Letters of George Orwell*, Secker & Warburg, London, 1970, [1968], vol. 4, pp. 59–72. Accessible at orwellfoundation.com/

the-orwell-foundation/orwell/essays-and-other-works/the-prevention-ofliterature/.

—— 'Reflections on Gandhi', *Partisan Review*, January 1949, in *The Collected Essays, Journalism and Letters of George Orwell*, Sonia Orwell & Ian Angus (eds), Secker & Warburg, London, 1970 [1968], vol. 4, pp. 463–70. Accessible at orwell.ru/library/reviews/gandhi/english/e_gandhi.

—— 'Revenge is Sour', *Tribune*, 9 November 1945, in *The Collected Essays, Journalism and Letters of George Orwell*, Sonia Orwell & Ian Angus (eds), Secker & Warburg, London, 1968, vol. 4, pp. 3–6. Accessible at orwell.ru/library/articles/revenge/english/e_revso.

—— 'Why I Write' [1946] (Penguin Great Ideas), Penguin Books, New York, 2005, pp. 1–10.

Stradling, Rob, 'The Spies Who Loved Them: The Blairs in Barcelona, 1937', *Intelligence and National Security*, vol. 25, no. 5, pp. 638–55.

Woolf, Virginia, 'Professions for Women', a paper read to the National Society for Women's Service, London branch, 21 January 1931.

網路

Bowker, Gordon, 'Orwell's London', The Orwell Foundation, 2008 [2006], orwellfoundation.com/the-orwell-foundation/orwell/articles/gordon-bowkerorwells-london/.

McCrum, Robert, 'H. G. Wells, Keynes, Orwell . . . my years at the heart of the Bloomsbury Set', *The Guardian*, 12 June 2016, theguardian.com/books/2016/jun/11/anne-olivier-bell-last-survivor-bloomsbury-set.

McNair, John, 'Spanish Diary', pamphlet produced by the Greater Manchester Independent Labour Publications, 1979, independentlabour.org.uk/wp-content/uploads/2015/11/John-McNair-Spanish-Diary.pdf.

Moore, Darcy, 'Orwell in Paris: Aunt Nellie', 21 January 2020, darcymoore.net/2020/01/21/orwell-paris-aunt-nellie/.

The Orwell Archive, University College London, ucl.ac.uk/library/digital-collections/collections/orwell.

'Richard Rees', Spartacus Educational website, September 1997 (updated January 2020), spartacus-educational.com/SPreesR.htm.

Topp, Sylvia, 'George Talks', The Orwell Society, interview with Sylvia Topp, 21 March 2021, orwellsociety.com/about-the-society/george-talks/page/3/.

Tortorici, Dayna (ed.), 'Reading While Female: How to Deal with Misogynists and Male Masturbation', *No Regrets: Three Discussions*, n+1 Small Book Series #5, *The Cut*, 3 December 2013, thecut.com/2013/12/reading-while-female-misogynistsmasturbation.html.

UN Women, 'Equal Pay for Work of Equal Value', n.d., unwomen.org/en/news/in-focus/csw61/equal-pay#:~:text=This%20stubborn%20inequality%20in%20the,in%20different%20jobs%20than%20men.

'Under Siege: The Kitchen Front', website about *The Kitchen Front* radio program produced by Ministry of Food & BBC Radio, 2023, bbc.com/historyofthebbc/research/kitchen-front/.

音訊

Carswell, Jane, *Jura Lives* [audio interviews], Jura Development Trust Project. More information at isleofjura.scot/jura-lives-project/ and https://discovery.nationalarchives.gov.uk/details/a/A14084701.

Wadhams, Stephen (presenter), 'The Orwell Tapes', parts 1–3, Canadian Broadcasting Corporation, originally aired April 2016, cbc.ca/radio/ideas/the-orwell-tapespart-1-1.3513191.

致謝

感謝AM Heath文學經紀公司的Bill Hamilton讓我使用艾琳的書信，以及倫敦大學學院的Orwell Archive，尤其是Dan Mitchell，協助我取得其他重要的參考資料來源。同時要謝謝倫敦大學Birkbeck圖書館的Crick Archive，以及伯納德・克里克教授的文學資產管理人，非常慷慨地允許我使用他們收藏的資料，也謝謝Sarah Hall的協助。

從我的文字中清楚可見，我要深深感謝為歐威爾作傳的多位作者：彼得・史坦斯基和威廉・亞伯拉罕斯、伯納德・克里克、麥可・薛爾登、傑佛瑞・梅爾斯、葛登・鮑克以及D・J・泰勒。我誠摯希望他們能夠理解這本書想要傳達的精神：我們都陷入了這段受性別影響的虛構敘事中，不是我們自己造成的。我也從希薇亞・托普的作品中獲益良多：《艾琳：喬治・歐威爾的養成》，是我在其他地方都學習不到的。

感謝昆汀・科普，他十分慷慨地撥出時間跟我分享他家族的故事，提供了重要的協助，找出許多照片和資料，並且安排了追隨歐威爾的腳步踏遍加泰隆尼亞的精采之旅。我也要感謝歐威爾協會及其贊助人理查・布萊爾，尤其是讓我引述他和父親待在車子裡的故事，以及他自己對科里夫雷肯的計畫。還要滿心多謝Catherine Moncure，提供小狗馬克思和瓦靈頓花園的漂亮照片。

謝謝瑪夏・卡普跟我分享大衛・威克斯在西班牙寫給艾琳的信，以及達西・摩爾與我的精采談話，尤其是關於奈莉阿姨。

在朱拉島上，我要謝謝Kate Johnson、Rob和Sofie Fletcher，以及為了阿爾德盧沙房屋的照片，要謝謝Andrew及Claire Fletcher。珍恩與休．卡爾斯沃提供了很多協助，我要感謝珍恩訪問了還記得歐威爾的朱拉島居民，製作精彩的錄音。在倫敦我要謝謝我親愛的朋友Jane Johnson、Brian Murphy、Megan Davis與Tom Grayson，還有我開始探索倫敦大學學院資料庫時，Michael Blakemore的盛情款待，以及Claire Tomalin和Michael Frayn，尤其是為我生動解釋了二十世紀早期的俚俗語（「選邊站」）。

我要謝謝Wolfson College的Oxford Centre for Life-Writing，尤其是Dame Hermione Lee教授以及Charles Pidgeon接待了我，讓我四處尋覓艾琳在牛津大學留下的蹤影。深深感謝University of Technology Sydney的慷慨及出色的研究機構，謝謝校長Attila Brungs和Andrew Parfitt，以及我在那裡的朋友與同事，這麼多年來和我有過許多珍貴的交談對話，尤其是Delia Falconer、Anna Clark與Roy Green。

我最深、最真心的感謝要獻給我的經紀人Sarah Chalfant，她是最與眾不同的讀者及朋友，勸誘著我將這本書寫出來。Sarah的傑出心智和善良讓我的寫作生涯更加穩固。

《喬治．歐威爾之妻的隱形人生》是橫跨三大洲的出版任務，我懷著無比感恩的心，要真心告訴澳洲企鵝藍燈書屋的Nikki Christer，她具有無比的編輯才華、出版慧眼和個人的善良。編輯是一門不留痕跡的藝術，但Rachel Scully是箇中翹楚，而她豐富的知識見解與謹慎考量讓《喬治．歐威爾之妻的隱形人生》變得更出色。我也要謝謝Catherine Hill，謝謝她先讀過內容之後的重要意見；Katie Purvis的優秀編輯工作；Angela Meyer的校訂；Adam Laszczuk的設計；Benjamin Fairclough的製作，以及Rebekah Chereshsky和Jessica Malpass在行銷公關的努力。在英國的Viking出版，我要感謝由Isabel Wall、Mary Mount、Venetia Butterfield、Mary Chamberlain、Chloe Davies、Julia Murday、Annie Mount所組成的傑出團隊，也感謝Karishma Jobanputra努力在世界各地追尋圖片的來源。在美國的Knopf，我要謝謝Reagan Arther、Lexy Bloom以及Morgan Hamilton的熱誠幫助，多虧了他們重要的編輯台談話和出版判斷，也謝謝Ellen Whitaker和Amy Hagedorn負責行銷及宣傳。

我非常感謝我的朋友Sara Holloway和Mary Spongberg，她們讀過書稿後，大方提供了非常寶貴的嚴格回饋意見。在成書的重要階段，我十分有幸與Meredith Rose合作，她是出色又有才華的編輯，多虧有她。我也要謝謝Kris Olsson的專業讀者回饋，還有Wylie經紀公司的Jessica Bullock的多方協助，包括西班牙文翻譯。然後我要感謝在新冠肺炎期間陪我出門的朋友、一起激發創意的夥伴：Drusilla Modjeska、Suzie Miller、Lenore Taylor、Stephanie Smee和Diana Leach，還有與我進行重要對話交流的朋友：Nick Drake、John Colle、Sally Murray及Anne Marie Swan。多謝Susan Rawling、Hélène Devynck、Fleur Wood以及Nick Bryant、Alex Bune、John Chalmers、Hilary Charlesworth與Charles Guest，還有Sam Mostyn與Simeon Beckett一直與我維持著友誼，對我如此大方。我要謝謝Hugh Funder及John Funder在我寫這本書的這些年來的所有支持。

感謝我的孩子和《喬治·歐威爾之妻的隱形人生》一起生活這麼久，也願意讓我寫到他們。最重要的是，感謝我的丈夫克雷格·阿爾欽，總是開玩笑說，若沒有他這本書永遠寫不出來。但他說得對，多虧了他天馬行空的見解和開闊的心胸，讓這場冒險就像我們人生中的許多其他冒險一般，成為可能。

安娜・方德是雪梨科技大學傑出校友。感謝雪梨科技大學藝術與社會科學學院傳播學系的支持（澳洲新南威爾斯州歐提默，二〇〇七年）。

110 Wadhams, *Remembering Orwell*, p. 10

111 Ibid., pp. 209–10.

112 Dr James Nicholson, in Wadhams, 'The Orwell Tapes', Part 3.

113 Last literary notebook, 1949, University College London Folios 5 and 6.

114 Orwell to David Astor, 5 September 1949; Crick, pp. 399–400.

115 Crick, p. 403.

116 Wadhams, *Remembering Orwell*, p. 215.

117 Crick, p. 404.

118 Taylor, p. 418.

119 Wadhams, *Remembering Orwell*, p. 216.

120 Bowker, p. 414.

121 Wadhams, *Remembering Orwell*, p. 216. 至於安東尼・鮑威爾，他想到的則是那件緋紅色燈芯絨外套，寫道：「我經常想著，他下葬時是不是穿著那件外套。」Coppard and Crick, p. 247.

尾聲

1 奈莉一直沒能拿到那筆她認為該拿到的退休金，在歐威爾過世幾個月後就精神崩潰，一九五〇年夏天被送入史普林菲爾德（Springfield）的精神病院，她在那裡「試圖割腕自殺」，然後在六月二十二日死於腦出血。參見Darcy Moore, 'Orwell's Aunt Nellie,' *George Orwell Studies*, vol. 4, No. 2 (2020), pp. 30–44, at p. 42.

2 Eileen to Norah, New Year's Day, 1938; Davison (ed.), *A Life in Letters*, p. 97.

3 Rees, *Fugitive*, p. 139.

4 Rees, *Fugitive*, p. 146.

97 此段及其他引言皆出自Jane Carswell interview in *Jura Lives*. 南希・麥可林生於一九二七年，芙蘿拉・麥可唐諾則生於一九三一年。

98 Warburg, p. 119.

99 Ibid., p. 103.

100 Ibid., p. 106. 史坦斯基和亞伯拉罕斯認為，假如艾琳還在，應該能夠改善《一九八四》中「憤恨不已的苦澀」。*The Transformation*, p.184. 布蘭妲來探望他時，發現「他有施虐狂的一面，即使只是些小事……他告訴我他不應該再和訪客面對面接觸，但接著又說現在吻我，我說不行，我不會吻你，然後他又想要我跟他共用一個玻璃杯喝水，但我拒絕了」。Crick Archive.

101 索妮雅的戀人莫里斯・梅洛─龐蒂對她說：「我愛妳，我想是吧。」這句話或許多少能看出這段關係中的哲學與浪漫的阻礙。Shelden, p. 348.

102 Diana Witherby in Wadhams, *Remembering Orwell*, p. 212.

103 Taylor, p. 413. Also see Hilary Spurling, *The Girl from the Fiction Department: A Portrait of Sonia Orwell*, Hamish Hamilton, 2002, p. 96.

104 Sonia to Diana Witherby, in Wadhams, *Remembering Orwell*, p. 212.

105 Orwell to Jacintha Buddicom, 15 February 1949, in Davison (ed.), *A Life in Letters*, pp. 444–5.

106 Wadhams, *Remembering Orwell*, p. 205.

107 Wadhams, 'The Orwell Tapes', part 1.

108 Muggeridge, 'A Knight of the Woeful Countenance', in Gross (ed.), p. 173.

109 Spurling, pp. 149–50. 索妮雅聽從他的話，多年來都阻止他人為他作傳，同時以精湛的技巧和細心編輯並宣傳他的作品，包括與資訊研究局（Information Research Department，隸屬於英國外交部的政治宣傳部門）合作，將《動物農莊》翻譯成多種語言，並與美國中情局合作將書本改編成電影（最後她覺得影片的呈現很拙劣，便拒絕在學校中播映）。她與伊恩・安格斯（Ian Angus）共同編纂具權威性的《喬治・歐威爾散文、報導及書信選集》，一九六八年由企鵝圖書出版。索妮雅為了維護理查的利益，悉心管理歐威爾的資產，卻遭一名會計師蒙騙而貧困至死，生前還幫助過其他許多作家。

76 Wadhams, *Remembering Orwell*, p. 180.

77 Ibid.

78 Bill Dunn, ibid., p. 184.

79 *Nineteen Eighty-Four*, p. 115.

80 Shelden, p. 418.

81 Susan Watson, Crick Archive at Birkbeck Library Archives and Special Collections, University of London, GB1832 CRK6/1/52.

82 Ibid.

83 Orwell Archive, University College London Folio 15. 原文便有粗體字。

84 Rees, *Fugitive*, p. 144.

85 Wadhams, *Remembering Orwell*, p. 189.

86 傳記作家在這裡用被動語態暗示了亨利必須划槳，而非歐威爾：「不過，槳動了起來也沒有明顯效果。」泰勒寫道。（頁三八七）然後接下來，「靠著划槳，將他們帶到了離朱拉島岸邊一．六公里處的突出岩石。」這是在傳記中少見的例子，運用被動語態來掩飾男人的行動（而非女人），藉此不去削弱主角的光環。

87 Ibid., pp. 190–1.

88 Wadhams, *Remembering Orwell*, p. 192.

89 珍恩．卡爾斯沃的錄音《朱拉島生活》（Jura Lives）是朱拉島發展信託計畫的一部分，該計畫由Argyll and the Islands Leader資助。更多資訊可見isleofjura.scot/jura-livesproject/和discovery.nationalarchives.gov.uk/details/a/A14084701。

90 Taylor, p. 389.

91 Wadhams, *Remembering Orwell*, p. 195.

92 See Crick, Appendix A, p. 408.

93 Orwell, letter to Warburg, 22 October 1948, in Warburg, p. 102.

94 Crick, p. 356.

95 Orwell, letter to David Astor from Barnhill, 19 November 1948, in Davison (ed.), *A Life in Letters*, p. 422.

96 Wadhams, *Remembering Orwell*, p. 202.

時，讓莉迪亞很不舒服。

57 「當然，我們如今應該來評估沮喪對藝術家心智的影響，就像我看過一家乳品公司評估過一般牛奶和A級牛奶對老鼠身體的影響，他們將兩隻老鼠關在籠子裡並列，一隻是動作畏縮、膽怯而嬌小，另一隻則毛髮光滑、大膽又強壯。」Virginia Woolf, *A Room of One's Own*, Penguin Books, 2000 [1929], p. 55.

58 Powell, *Infants of the Spring*, p. 140.

59 Taylor, p. 366.

60 Rainer Maria Rilke, *Letters of Rainer Maria Rilke, 1892–1910*, (trans. Jane B. Greene and M. D. Herter Norton), W. W. Norton, 1969, p. 77.

61 Orwell to Sonia, 12 April 1947, in Davison (ed.), *A Life in Letters*, p. 351.

62 Bowker, p. 353. 關於弗萊契太太在這幾段中的引言，參見 Wadhams, 'The Orwell Tapes', part 3 and Wadhams, *Remembering Orwell*, pp. 170–4.

63 在蘇格蘭將擁有大片土地的地主稱為領主（laird）。

64 Wadhams, *Remembering Orwell*, p. 173.

65 Ibid., p. 160.

66 Ibid., p. 176.

67 Crimp, p. 15.

68 Coppard and Crick, p. 223.

69 Wadhams, *Remembering Orwell*, p. 177.

70 愛芮兒寫信給她的姊夫亨弗瑞・達金（Humphrey Dakin）說：「保羅・帕茲把我所有脫口而出的譏諷妙語都當真了，動不動就發脾氣，不過我想我是在敲打他，讓他更像個人樣。」Avril Blair to Humphrey Dakin, 1 July 1946, in Davison, (ed.) *A Life in Letters*, p. 315.

71 Taylor, p. 375.

72 Wadhams, *Remembering Orwell*, p. 180

73 Ibid.

74 Ibid. pp. 179–80.

75 Bowker, p. 356.

Orwell . . . My Years at the Heart of the Bloomsbury Set', *The Guardian*, 12 June 2016.

48 Wadhams, p. 161.

49 Ibid.

50 Ibid., p. 102.

51 Orwell to Anne Popham, 15 March 1946, in Davison (ed.), *A Life in Letters*, p. 293. 鮑克扭轉了這個場面的尷尬，寫道：「他顯然讓她難堪了，於是寫信去安撫一二。在他似乎有些神經大條的作風中，似乎很驚訝自己會遭到拒絕……」（頁346）

52 Orwell to Anne Popham, 18 April 1946, in Davison (ed.), *A Life in Letters*, p. 307. Anne can be heard reading this letter in Wadhams, 'The Orwell Tapes', part 3.

53 Orwell to Anne Popham, 7 August 1946, in Davison (ed.), *A Life in Letters*, p. 321.

54 Bowker, p. 346.

55 Ibid. 喬治・吉辛（一八五七—一九〇三）是歐威爾很仰慕的英國小說家，這句話引自歐威爾的文章：'George Gissing', in [1948], *Collected Essays, Journalism and Letters*, vol. 4, p. 488. 歐威爾寫道：

吉辛在他所有的著作中，都暗指聰明的女人是相當稀有的動物，若是有人想要娶一個聰明而且漂亮的女人，那麼依據一條人人熟知的算術規則，選擇就更加有限了。就好像你只能夠從白化症患者中選擇，還要選當中的左撇子。然而，從吉辛筆下討厭的女主角，以及他交往過的幾個女性，可以看出，那個時代的女性要具備高貴、優雅、甚至是聰明等特質，則幾乎不免都來自更優越的社會階級以及高貴的生活環境，而作家會想要娶的那種女人，也是那種住進閣樓就會萎縮的女人。吉辛寫作《新格魯布街》（*New Grub Street*）時或許真的是如此，而我想，也可以合理宣稱，在今日就不真了。

56 Bowker, p. 342, has this as Orwell to Dorothy Plowman, 18 February 1946. 大衛森認為，這封信的日期應該是一九四六年二月十九日，歐威爾寫說自己必須找時間去小木屋，「整理家具和書籍，但是我一直拖延著，因為上一次我去那裡有艾琳陪我，我想到要去那裡就心煩意亂」。Davison (ed.) *A Life in Letters*, p. 290. 有人看見歐威爾在瓦靈頓燒信，如今已無從得知那些是誰的信——艾琳寫的？或者諾菈或科普寫給她的？艾琳並未留下許多信，但是這一幕發生在她死後他第一次來訪

斯勒。薩耶斯是歐威爾的前室友（在肯迪什鎮那間全是男人的公寓），兩人見面吃了一頓長長的午餐，薩耶斯發現歐威爾「病得很重且心情十分鬱悶」，同時談起「艾琳的死就百感交集」。薩耶斯在《地平線》的一場派對上遇見索妮雅·布朗奈爾便提及此事，建議她一起去探望，而且用傳記作者的話來說，「讓他開心一點」。索妮雅先前曾與庫斯勒上床（顯然後來還因此墮過胎），鮑克寫出庫斯勒針對她的一段性誹謗，同時暗示庫斯勒講的是她和歐威爾有上床。Bowker, p. 340. See also Taylor, p. 364.

35 Taylor, p. 364.

36 Bowker, p. 340. 鮑克接著馬上質疑他們是否有上床：「不知道他有沒有撲倒她，或者只是求愛。」但是翻了兩頁，他對讀者敘述的口吻已經假設他們有：「看起來，索妮雅已經準備好跟他上床……」（頁三四二）這也是傳記作者在敘事手法上分開因和果、或者事件的例子，如此才不會讓因果有所關聯，而讓人必須承擔責任。

37 Taylor, p. 365.

38 Shelden, p. 409.

39 Bowker, p. 341.

40 Wadhams, *Remembering Orwell*, p. 163.

41 Taylor, p. 362.

42 Shelden, p. 405. 克里克在他一九七五年五月三日訪問西莉雅的筆記中寫道：「看起來他們確實曾是戀人。」西莉雅「後來否認了」，他寫著，因為她「顯然已經決定，不希望自己有什麼太特定的事件可能會傷害到她——我懷疑——的孩子（指在傳記中）」。Birkbeck Library Archives and Special Collections, University of London, Ref: GB 1832 CRCK6/1/20 (1975–1979).

43 Taylor, p. 362.

44 Wadhams, *Remembering Orwell*, p. 163.

45 此段中的相關引言皆出自Bowker, p. 342.

46 Bowker, p. 343, n. 72; Wadhams, *Remembering Orwell*, p. 174.

47 Wadhams, *Remembering Orwell*, p. 167. The rest is from Robert McCrum, 'HG Wells, Keynes,

「死於一場小手術」：Gross (ed.), p. 114.

15 Orwell to Powell, 13 April 1945, in *Collected Essays, Journalism and Letters*, vol. 3, p. 408.

16 Orwell, 'The Prevention of Literature', *Polemic*, January 1946.

17 感謝希薇亞・托普提供驗屍報告的內容，頁403-4。

18 Wadhams, *Remembering Orwell*, p. 156-7.

19 Ibid., p. 157. 蘇珊並不欣賞這種做法，於是買了本食譜自學烹飪。

20 Coppard and Crick, p. 217.

21 Ibid., p. 218. 沒有傳記作者引述這段軼事。

22 Taylor p. 349. 蘇珊認為這份薪水相當優渥。

23 Susan Watson in Taylor, p. 360.

24 薛爾登描述歐威爾自己做彈藥時，讓他多了點偏執的味道，寫道他「大概是在磨練技巧，以免哪一天子彈不好取得或者變成非法」。（頁三八七）

25 Taylor, p. 360. 泰勒說得很好聽，認為歐威爾是「無意間」留在書房裡的，但根據蘇珊自己的描述，打字機就放在他們經常吃飯的桌子上，她認為這是他不開口遞送訊息給她的方式。Wadhams, *Remembering Orwell*, p. 158.

26 Wadhams, *Remembering Orwell*, p. 157.

27 Orwell said this to Paul Potts, who told Wadhams, ibid., p. 145.

28 Crick Archive.

29 'Revenge Is Sour,' *Tribune*, November 1945.

30 Cyril Connolly, *Enemies of Promise*, University of Chicago Press, 2008 [1938], pp. 115-16.

31 《動物農莊》寫於一九四三年十一月至一九四四年二月，一九四五年八月在英國出版，首刷四千五百本在六週內銷售一空，接著追加印量，同時還賣出了翻譯版權。第一筆巨款隨著美國版在一九四六年八月問世送到歐威爾手上，在他有生之年，從這本書賺到的錢累積到一萬兩千英鎊（在寫作本書時，相當於將近六十萬英鎊）。

32 Taylor, p. 364.

33 Michael Meyer, in Wadhams, *Remembering Orwell*, p. 133.

34 這時有兩名男性想要包攬「派索妮雅去」的功勞：麥可・薩耶斯以及亞瑟・庫

32 Bowker, p. 326.

33 Crick, p. 325, n. 54 from Paul Potts, *And Dante Called You Beatrice*, p. 82.

34 Bowker, p. 325, n. 9. Ernest Hemingway to Harvey Breit, 16 April–1 May 1952, University of Tulsa Special Collections.

35 這封信雖然沒有標上日期，不過應該是一九四五年三月二十五日寫的。*CW*, vol. 17, pp. 107–9.

36 Orwell Society, 'George Talks' Sylvia Topp 21 March 2021', YouTube.

V 死後

1 A. J. Ayer, interview with Stephen Wadhams, Canadian Broadcasting Corporation (1983), in Bowker, p. 327.

2 Inez Holden diary, 5 April 1945, in Bowker, pp. 327–8.

3 Inez Holden, quoted in Topp, p. 402, n. 116; Inez Holden diary, Crick Archive.

4 Spender quoted in Wadhams, *Remembering Orwell*, p. 145.

5 Jason Crimp, 'A Man of Much Voice and No Song,' *Orwell Society Journal*, no. 14, Spring 2019, pp. 15–18, at p. 15.

6 Potts in Wadhams, *Remembering Orwell*, p. 145.

7 Topp, p. 402, n. 118 citing Lettice Cooper, Crick Archive.

8 Wadhams, 'The Orwell Tapes', part 3.

9 Fen, 'George Orwell's First Wife', p. 125.

10 Wadhams, 'The Orwell Tapes', part 2.

11 這麼做實在很奇怪。一位傳記作者想解釋他的行為，便寫道艾琳想要科普夫婦撫養理查，但沒有證據證明這點。Bowker, p. 329.

12 Orwell to Dwight Macdonald, in Shelden, p. 384, n. 19.

13 Shelden, p. 382.

14 Orwell to Lydia, 1 April 1945, in Davison (ed.), *A Life in Letters*, p. 261. 艾琳知道這件工作相當重要，因為她在死前三天仍寫信給歐威爾的經紀人李奧納德・摩爾。Eileen to Moore, 22 March 1945, in *CW*, vol. 17, p. 104 [2639]. 例如，費維爾仍然認為艾琳

琳陪伴勞倫斯、理查和瑪麗的時間似乎比一般習慣的社交時間還長。

19 「社交時間」是指大部分時間由保母照顧的小孩，慣例要與母親相處的時間。

20 那個月，歐威爾在他的專欄〈隨心所欲〉（As I Please）開頭寫著：「每次我在清洗一堆陶瓷碗盤時，總驚嘆著人類的毫無想像力，人類可以潛進海底漫遊、可以在雲端飛翔，卻還不知道該如何從日常生活中消除這件骯髒又浪費時間的苦差事。」他說這件事的「本質就是毫無創意而浪費生命的工作」，必須外包出去，就像洗衣服那樣，除非一個人「認為，就像我們的祖先所認為的一樣，在這世界上的生命本來就是悲慘的，普通女性在三十歲就會變成頹敗無力的苦工，這完全是自然而然……」*Tribune*, 9 February 1945, in *Collected Essays, Journalism and Letters*, vol. 3, p. 375.

21 Bowker, pp. 320 and 326. 同時參見克里克：「嬰兒在五月十四日出生，他們在六月領養他後，為他取名理查・荷瑞修・布萊爾。」（頁三一九）

22 Cooper, 'Eileen Blair', p. 19.

23 Fen, 'George Orwell's First Wife', p. 125.

24 Topp, p. 395, citing Inez Holden's private diary, 30 March 1945, Crick Archive.

25 此處以及接下來引述自這封信的內容皆引自Davison (ed.),A Life in Letters, pp. 247–54.

26 七幾尼在寫作當時約為四百零五英鎊，四十幾尼則大約是兩千三百英鎊。

27 梅爾斯寫道：「葛雯・歐肖內西有預感艾琳撐不過去，要求她的藥劑師，那通電話打來時要馬上通知她。消息傳來時，正值診所內人滿為患。」（頁二三七）

28 「艾琳和她幾位朋友懷疑是癌症。」Meyers, p. 235.

29 「瑪麗」是葛雯的養女，現在的名字叫做凱瑟琳（Catherine）。

30 不過有些傳記作家並不這麼認為。例如薛爾登便美化了說，艾琳「（相當反常地）更加擔心手術的『誇張』費用，而不是自己的健康與存活與否……」而且她有一種「『神經質的』的渴望想讓他開心」。Meyers, p. 235.

31 Davidson (ed.), A Life in Letters, pp. 256–8. 艾琳在食品部用的名字是艾蜜莉，可能是借用了她寫的一個廣播劇角色，或許還幫其配音：「艾蜜莉・巴金斯（Emily Buggins）。」

186 Wadhams, *Remembering Orwell*, p. 131.

187 Fen, 'George Orwell's First Wife', p. 123.

188 Ibid.

IV 幸福快樂的結局

1 Cooper, 'Eileen Blair', p. 19.

2 Wadhams, 'The Orwell Tapes', part 3.

3 Shelden, p. 263.

4 感謝托普提供這些細節：「艾琳帶著一只小行李箱到了醫院，裡頭裝著要給寶寶穿戴的睡衣和包巾，然後她要想辦法帶他回到莫提墨爾新月區，顯然不會有歐威爾的幫忙。」（頁三七七）

5 Bowker, p. 316.

6 Taylor, p. 338.

7 Cooper, 'Eileen Blair', p. 19.

8 Bowker, p. 318.

9 Lettice Cooper, Crick Archive, in Topp, p. 379, n. 25. Also Wadhams, 'The Orwell Tapes', part 3.

10 Fen, 'George Orwell's First Wife', p. 124.

11 Topp, p. 386.

12 這是鮑克的委婉說法，描述他「偏好田園中的誘惑」，頁三一六。

13 Orwell to T. S. Eliot, 28 June 1944, in Crick, p. 314. 艾略特似乎不了解《動物農莊》在討論的是權力的腐敗，告訴歐威爾這本書所需要的是「更具公眾精神的豬」。T. S. Eliot to Orwell, 13 July 1944, in Crick, p. 315.

14 Bowker, p. 317.

15 Mary Fyvel in Wadhams, 'The Orwell Tapes', part 3.

16 Davison (ed.), *A Life in Letters*, p. 239.

17 Fen, 'George Orwell's First Wife', p. 125.

18 Eileen to Orwell, 21 March 1945, in Davison (ed.), *A Life in Letters*, pp. 247–54, at p. 254. 艾

175 Shelden, p. 383, citing an interview with Celia Paget Goodman, June 1989.

176 Topp, p. 349. 歐威爾的傳記沒有一本提到這件事。

177 Fen, 'George Orwell's First Wife', p. 123.

178 Topp, p. 368. 托普提到昆汀・科普的母親朵琳告訴他，艾琳建議將這本書重新改寫成寓言故事，因為史達林的議題讓歐威爾的出版商很難以原本的形式出版。

179 Cooper, in Coppard and Crick, p. 165.

180 Cooper, in Wadhams, *Remembering Orwell*, p. 131.

181 Rees, *Fugitive*, p. 84.

182 Warburg, p. 56. 沃柏格「從未懷疑過，這就是一本傑作」（頁48），而且就像多數評論者一樣，認為《動物農莊》是歐威爾「最出色的作品」（頁56）。歐威爾也覺得這是他最好的作品，克里克寫道：「除了《動物農莊》，他的其他著作都沒有達到他最大的期望」（note on p. 384）。

183 Fyvel, *George Orwell: A Personal Memoir*, pp. 137–8.

184 Orwell to Dorothy Plowman, 19 February 1946, in Davison (ed.), *A Life in Letters*, pp. 289–90. 不過，歐威爾發展出一套不同的起源故事，他寫說這本書的靈感來自於他「有一天（我當時住在小村子裡），我看見一個小男孩，大約十歲，駕著一輛大馬車走在一條窄路上，每次馬兒想轉彎就揮鞭打牠。我突然想到，如果這樣的動物知道自己的力量有多大，我們就再也無法控制牠們，而人類剝削動物就相當類似於富人剝削無產階級一般。我繼續從動物的觀點分析馬克思的理論⋯⋯」但「從動物的觀點分析馬克思理論」並非是《動物農莊》能夠解答的問題（畢竟，馬克思理論已經是從動物，也就是勞工階級的觀點出發）。有可能歐威爾見到這樣的場景，不過這樣的比喻聽起來實在太湊巧，就像是歐威爾承認他在〈絞刑〉一文中捏造出那名遭定罪的人刻意閃避水窪（Mabel Fierz's account, in Wadhams, *Remembering Orwell*, p. 45; see also Stansky and Abrahams, *The Unknown Orwell*, p. 269），或者是編造出「留著側邊鬢角的義大利作曲家」來取代在巴黎洗劫他的「娼婦」。也有可能，因為他第一次說出這段故事是在一九四七年烏克蘭版本的《動物農莊》序言，他需要一個避免提及史達林的起源故事，因當時烏克蘭受他控制。

185 Bowker, p. 308.

152 Wadhams, 'The Orwell Tapes', part 3.

153 Cooper, *Black Bethlehem*, p. 247.

154 Ibid. p. 209.

155 Taylor, p. 313.

156 Review of *The Rock Pool* by Cyril Connolly and *Almayer's Folly* by Joseph Conrad, in *Collected Essays, Journalism and Letters*, vol. 1, p. 255.

157 Bowker, p. 276.

158 *The Listener*, 'Wells, Hitler and the World State', in *Collected Essays, Journalism and Letters* 1970, vol. 2 [originally published in *Horizon*, August 1941], pp. 172, 171.

159 Wadhams, *Remembering Orwell*, p. 135.

160 Jane Morgan, in Coppard and Crick, p. 87.

161 Topp, p. 328.

162 Ibid., p. 309.

163 Bowker, p. 296.

164 Ruth Pitter in Coppard and Crick, pp. 74–5.

165 Michael Meyer's account, in Wadhams, *Remembering Orwell*, p. 135.

166 Ibid, p. 136.

167 Michael Meyer in Gross (ed.), pp. 128–9. 梅爾成為了知名譯者，翻譯易卜生和史特林堡的作品。

168 Taylor, p. 305. 托普（頁三三三）則表示，這消息來自艾琳告訴伊內茲的故事。

169 Bowker, p. 305, citing Orwell's column 'As I Pleased' [sic] of 31 January 1947, in *Collected Essays, Journalism and Letters*, vol. 4, p. 278.

170 Tosco Fyvel in Wadhams, *Remembering Orwell*, p. 149.

171 Tosco Fyvel, 'The Years at Tribune', in Gross (ed.), p. 112.

172 Ibid., p. 115.

173 Bowker, p. 305, citing Orwell's column 'As I Pleased' [sic], 31 January 1947. See *Collected Essays, Journalism and Letters*, vol. 4, p. 322.

174 Bowker, p. 316.

126 Ibid., p. 284.

127 Crick, p. 289.

128 Ibid.

129 Ibid.

130 Bowker, p. 284.

131 Ibid., p. 285

132 Ibid.

133 Cooper, 'Eileen Blair', p. 191.

134 她指的是一九八〇年代熱門的電視劇《部長大人》。

135 BBC 100, 'Under Siege: The Kitchen Front', BBC website, bbc.com/historyofthebbc/research/ kitchen-front/

136 Topp, p. 318. See also Wadhams, *Remembering Orwell*, p. 130.

137 Topp, p. 318.

138 Coppard and Crick, p. 163.

139 萊蒂斯寫道：「我嘗試在《黑色伯利恆》中描繪出她的樣貌⋯⋯」Crick Archive.

140 Cooper, *Black Bethlehem*, p. 177.

141 Ibid., p. 181.

142 Ibid., p. 176.

143 Ibid., p. 154.

144 Coppard and Crick, p. 163.

145 Crick Archive, Birkbeck Library Archives and Special Collections, University of London. See also Topp, p. 349.

146 Wadhams, *Remembering Orwell*, p. 132.

147 Coppard and Crick, p. 164.

148 Crick Archive.

149 Crick Archive.

150 Cooper, in Coppard and Crick, p. 163.

151 Crick, p. 295.

時起，「至少在他心中」這段婚姻「似乎已經正式成為開放式，而他可以自由隨心所欲去尋找其他目標」。這又是一個例子，證明傳記作者很熱切要讓他得到允許，想像出艾琳的同意，因為這樣一來他就不是背叛婚姻的丈夫。

109 Bowker, p. 277.

110 Ibid., p. 316.

111 Orwell's War Diary in *CW*, vol. 12, pp. 495–6. See also Topp, p. 310.

112 Wadhams, *Remembering Orwell*, p. 132

113 Topp, p. 310, citing Lettice Cooper, letter held in Crick Archive.

114 Fen, *A Russian's England*, p. 449.

115 Bowker, p. 278.

116 Letter to Dorothy Plowman, 20 June 1941, Davison (ed.), *A Life in Letters*, p. 192. 托普這麼解釋（頁311-12）：「『艾琳在審查局工作了一年多，但是我勸她暫時離開。』歐威爾當時告訴一位朋友，有些低估了她做這份討厭的工作已經將近兩年。」他將她的工作時間縮短到將近減半，藉此貶低其重要性，也不說是她在賺錢養家，粉飾說詞之後看起來就像是拯救了她，「勸」她別做了——但真正的原因是，她能夠辭職是因為他終於找到有薪水的工作。

117 Bowker, p. 299; Taylor, p. 324.

118 Crick, p. 284. 歐威爾的聲音並未留下錄音檔。

119 戴斯蒙・艾佛瑞（Desmond Avery）是研究歐威爾在BBC任職期間的專家，他「經常很困惑」，歐威爾在這段時間的寫作「似乎都經過澈底的學術研究」，他注意到「在婚後，（歐威爾的）批判性知識深切了許多，知識也更寬廣」，於是「很肯定艾琳絕對幫助他製作了其中幾個節目」。Topp, p. 313.

120 Bowker, p. 301.

121 Crick, p. 284.

122 Bowker, p. 283.

123 Crick, p. 287.

124 Bowker, p. 284.

125 Ibid., p. 283.

然後叫（艾琳）去開門。他的計畫？「如果是不受歡迎的訪客，可能馬上就會被開槍打死！」唐諾修也指出：「他有做炸彈，你知道嗎，大概是汽油彈。」

92 Taylor, p. 296.

93 Crick, p. 295.

94 Meyers, p. 19, quoting Orwell's War Diary from 20 March 1941, *CW*, vol. 12, p. 452.

95 Davison (ed.), *A Life in Letters*, p. 183. 這封信沒有日期，同時也沒有問候語，大衛森認為這是一九四〇年十二月五日寫的。

96 又稱布氏桿菌病，這種細菌感染通常是山羊先得病再傳播給人類，症狀包括發燒、關節疼痛與體重減輕。

97 根據萊蒂斯的說法，艾琳「不斷」接受結核病的檢驗，但奇蹟是結果一直是陰性。Coppard and Crick, pp. 164–5.

98 Topp, p. 364, n. 51, citing Lydia to Crick, 27 November 1974, Crick Archive.

99 Davison (ed.), *A Life in Letters*, pp. 187–8.

100 Fen, *A Russian's England*, p. 346.

101 Anthony Powell, in Bowker, p. 277.

102 Bowker, p. 278.

103 Arthur Koestler – Ian Angus interview, 30 April 1964, Ibid., p. 82.

104 Ibid., p. 278.

105 Ibid., p. 278.

106 鮑克寫道：「歐威爾在一九四一年初開始經常和她見面，帶她去吃午餐，然後趁著艾琳在上班時帶她回到公寓。」（頁278）另一位傳記作者完全略過這段，說到伊內茲・荷頓時只說他們「成為親近的朋友」。（Crick, footnote on p. 264）

107 Bowker, p. 278.

108 這對夫婦從西班牙回來後不久，歐威爾透過書信和一位書迷打情罵俏，書迷叫做艾美・查爾斯沃斯（Amy Charlesworth），她寫信給他並提議兩人應該見面（Bowker, p. 230）。艾美已經三十三歲，是帶著兩個小孩的單親媽媽，「會離開她丈夫是因為他太常打她」，艾琳知道這件事時顯然「很開心」（Topp, p. 203），這些條件會讓歐威爾對這個女人失去興趣。鮑克美化了這段韻事，並認為從這

76 Taylor, p. 315.

77 Bowker, p. 268.

78 沃柏格將這話告訴蒙格瑞奇，參見他的敘述Gross (ed.), p. 170. 但是沃柏格確實很關心歐威爾，形容他是一位「悲觀的天才……我漸漸認識他、崇拜他，此人的作品令我著迷，是我努力想幫助、珍惜的人，而我未能讓他順利活下去。」Warburg, p. 11.

79 Bowker, p. 268. 鮑克並沒有提到那個男人住院了：「他試著想摸熟操作複雜的迫擊砲，但卻用了錯誤的彈藥，差點殺掉一位同袍。」克里克用被動語態描述，好模糊歐威爾的作為：「壕溝迫擊砲的使用訓練發生了錯誤……」（頁272）在場的沃柏格則講述，是發出了（錯誤）炸彈的迫擊砲後座力所致：「小兵史密斯前面的牙齒上下排基本上都沒了，小兵瓊斯則昏迷了至少二十四小時。」歐威爾告訴沃柏格，他得出席調查法庭，而小兵史密斯的假牙費用（由政府支付）超過了一百英鎊，「歐威爾似乎覺得這個總價實在太高了」。Warburg, p. 38.

80 Bowker, p. 268, n. 57.

81 Taylor, p. 286.

82 Stansky and Abrahams, p. 208.

83 Crick, p. 14.

84 Kopp to Eileen, 8 September 1940, in Orwell Archive, University College London.

85 Cooper, 'Eileen Blair', p. 19.

86 Fen, *A Russian's England*, p. 346. Also Lettice Cooper in Wadhams, *Remembering Orwell*, p. 130.

87 Fen, 'George Orwell's First Wife', p. 122.

88 Taylor, p. 288.

89 Ibid.

90 Ibid., p. 289.

91 Wadhams, 'The Orwell Tapes', part 3, extracted in Wadhams, *Remembering Orwell*, pp. 117–19. 派翠西亞・唐諾修（Patricia Donoghue）是一名記者也是莉迪亞的朋友，敘述了她們抵達小木屋的故事：「喬治馬上拿起他的槍站在門後準備好，全身緊繃。」

53 Meyers, p. 194.

54 Crick, p. 263.

55 Bowker, p. 265.

56 Fen, 'George Orwell's First Wife', pp. 121–2.

57 Cooper, 'Eileen Blair', p. 19.

58 Empson in Gross (ed.), p. 94.

59 Bowker, pp. 264–5.

60 Taylor, p. 283.

61 Cooper, 'Eileen Blair'.

62 Bowker, p. 269.

63 此段中所有引述皆來自Taylor, p. 277.

64 Topp, pp. 307–8, quoting *CW*, vol. 12, p. 479.

65 Fen, 'George Orwell's First Wife', p. 122.

66 特別感謝托普提供這段敘述，頁二九一。

67 Fen, 'George Orwell's First Wife', p. 122.

68 Taylor, p. 273.

69 'The Lion and the Unicorn: Socialism and the English Genius', in *Why I Write* (Penguin Great Ideas), Penguin Books, 2005 [1946], pp. 11–94.

70 Fyvel, *George Orwell: A Personal Memoir*, p. 105.

71 此段內的引述皆出自Margaret Branch in ibid., pp. 135–6.

72 有幾位傳記作家完全略過這件事，不過鮑克則是在這裡寫出，既表現出正直也表達震驚，頁二六六。

73 例如Bowker, p. 266. 鮑克的心思動得很快，同時用這封歐威爾在一九四〇年寫給布蘭達的信指稱艾琳的「允許」，回頭合理化歐威爾在一九三九年對布蘭達的性騷擾：「他嘗試提出婚外情的想法，親暱表示說他和艾琳都同意開放式婚姻，而且彼此完全不會嫉妒也沒有佔有慾。」

74 Coppard and Crick, p. 68.

75 Bowker, p. 269.

95.

36 歐威爾告訴安妮・帕普漢他從來沒有接受過生育能力的檢查，因為「太噁心了」，參見本書「愛情與工作」一節。歐威爾也告訴凱伊自己沒有生育能力，「我們確實有一、兩次討論過孩子，我問他是否想要小孩，不是說我想要跟他一起生，但是⋯⋯」她說到這裡笑了，「只是普通的談話，懂吧，然後他說：『喔，我想我應該沒辦法。』然後我說：『你為什麼這麼說？』接著他想了想，又說：『喔，我從來沒有過啊，妳知道。』所以我就想——我當時沒說出口——但我就想說，你怎麼知道呢？或許有，但她們沒有告訴你。」Wadhams, 'The Orwell Tapes', part 1. 鮑克提到有謠傳說歐威爾在緬甸有個小孩，但這些都沒有證據（p.xiv），如果他有，而後來又如他所認為的那樣不孕，可能是因為他感染了透過性愛傳播的疾病。

37 萊蒂斯記得艾琳告訴過她，問題並不在她身上，因為「我的身體沒有問題」。'The Orwell Tapes', part 3.

38 Orwell to Richard Rees, in Bowker, p. 249.

39 Ibid.

40 Orwell to Dorothy Plowman, 20 June 1941, in Davison, *A Life in Letters*, p. 192.

41 Crick, p. 266, quoting a diary entry from 9 August 1940.

42 Topp, p. 277, n. 66, from *CW*, vol. 11, p. 399.

43 Gwen told Joyce Pollard; in Topp, p. 290.

44 Orwell to Geoffrey Gorer, 10 January 1940, in Davison (ed.), *A Life in Letters*, p. 174.

45 Taylor, p. 275.

46 Fen, 'George Orwell's First Wife', p. 121.

47 Fen, *A Russian's England*, p. 449.

48 Fen, 'George Orwell's First Wife', p. 121. 原文即有強調。

49 Eileen to Norah, in Davison (ed.), *A Life in Letters*, pp. 187–8, at p. 188.

50 Topp, p. 280, citing *CW*, vol. 11, p. 402.

51 Bowker, p. 270; Crick, p. 263.

52 Topp, p. 285, citing *CW*, vol. 11, p. 320.

19 Crick, p. 91.

20 Stansky and Abrahams, *The Unknown Orwell*, pp. 190–1.

21 Taylor, p. 279.

22 Fen, *A Russian's England*, pp. 430–1.

23 Ibid., p. 431. 原文就有刪節號。

24 Topp, p. 273.

25 *Nineteen Eighty-Four*, p. 183.

26 'Benefit of Clergy: Some Notes on Salvador Dalí' [1944], in *Collected Essays, Journalism and Letters*, vol. 3, pp. 185–95. Accessible at orwell.ru/ library/reviews/dali/english/e_dali. 達利自述的文筆帶著自覺的幽默感及誇大，但歐威爾並不欣賞。

27 'Charles Dickens' [1940], in *Collected Essays, Journalism and Letters*, vol. 1, pp. 454–504. Orwell is discussing Carl Eric Bechhofer Roberts' novel *This Side Idolatry*, Bobbs-Merrill, 1928.

28 Virginia Woolf, *A Room of One's Own*, Penguin Books, 2000 [1929], p. 6.

29 Ibid., p. 60.

30 Orwell, 'Benefit of Clergy: Some Notes on Salvador Dalí', *Collected Essays, Journalism and Letters*, vol. 3, pp. 185–95, at p. 194.

31 艾琳在一九三九年寫信給歐威爾的姊姊瑪喬麗：「無論怎麼看，艾瑞克對政治的認知簡單到不可思議，他想要聽聽他所謂人民的聲音，他認為這樣或許能阻止戰爭，但是我很確定那個聲音只會說他們不想要戰爭，但當然，如果政府宣戰了，還是得參戰。」Davison (ed.), *A Life in Letters*, pp. 120–1.

32 William Wordsworth, *The Prelude*, Book 1 (1805), ll. 608–9.

33 Wordsworth, *The Prelude*.「同時間我盼望著或許能擷取／前些年那令人振奮的思想，／或許能恢復我心中搖搖欲墜的平衡⋯⋯」Book 1 (1805), ll. 648–50.

34 Crick, p. 325, n. 54 from Paul Potts, *And Dante Called You Beatrice*, p. 82.

35 梅寶說歐威爾「曾經說過，在他遇見他妻子之前所認識的所有女孩當中，他最愛的就是他在巴黎一家咖啡館認識的小娼婦，她很美麗，外型就像個男孩，留著伊頓公學學生那樣的短髮，無論怎麼看都很引人垂涎」。Coppard and Crick, p.

5 Quotes by Lydia in this section are from Fen, *A Russian's England*, pp. 418–19.

6 艾琳告訴一位朋友，其中包括一本小說，「其文法就和情節一樣前所未見，而標點符號可能也是獨一無二。」Topp, pp. 218–19.

7 在寫作此時，大約等同兩萬英鎊。

8 Eileen to Geoffrey Gorer, 4 October 1938, in Davison (ed.), *A Life in Letters*, p. 128.

9 Eileen to Ida Blair, in Davison (ed.), *A Life in Letters*, pp. 117–19.

10 This letter is in Davison (ed.), *A Life in Letters*, pp. 146–8. 艾琳寫著「他們將他留在普萊斯頓府，堅持而不斷重複診斷出結核病，就這樣過了兩個月，然後他們才發現他沒有結核病，而我最後才發現，根據最一開始做的X光看來，就算暫時診斷為結核病都沒有必要。」（頁146）歐威爾一生都受肺部問題所苦，有時候會染上結核病。肺結核是由細菌所引起，藉由咳嗽、打噴嚏或唾液傳播，有可能潛伏或表現出症狀，開放性肺結核其中一個比較嚴重的症狀就是大量出血，其他則包括咳嗽、胸痛、體重減輕、虛弱無力、發燒和夜間盜汗。一直到了一九五〇年代晚期才出現能夠廣泛使用的藥物來治療肺結核，即使能夠透過使用多種抗生素的六個月療程治療（除非細菌菌株已有抗藥性），在開發中國家依然有許多人因此死亡。艾琳的肺部顯然沒有感染這種病，肺結核可能感染子宮，但無法得知這是否導致她的出血及疼痛。

11 Eileen to Geoffrey Gorer, in Davison (ed.), *A Life in Letters*, pp. 128–9.

12 Bowker, p. 244.

13 Eileen to Orwell's sister Marjorie, 27 September 1938, in Davison (ed.), *A Life in Letters*, pp. 120–2, at p. 121.

14 Eileen to Mary Common, ibid., p. 143.

15 這個詞的意思其實是鳥。

16 Letter from Marjorie Dakin, 3 October 1938, copy in Orwell Archive, University College London; see Crick, p. 252.

17 T. R. Fyvel, *George Orwell: A Personal Memoir*, Weidenfeld & Nicolson, 1982, p. 109.

18 Stansky and Abrahams, *The Unknown Orwell*, footnote on p. 190. 這段註解長達兩頁。同時參見Harold Acton, *More Memoirs of an Aesthete*, Hamish Hamilton, 1986 [1970].

75 SIM全名是Servicio de Información Militar，意思是軍事情報服務處，也就是共和派的政治警察。

76 Orr, p. 184.

77 Ibid., p. 193.

78 Ibid., p. 190.

79 GPU是蘇聯秘密警察組織，是OGPU、NKVD和KGB的前身。

80 Orr, p. 195.

81 *Homage*, pp. 187–8. 原版即有楷體。

82 Ibid., pp. 165–6.

83 Ibid., p. 174.

84 Taylor, p. 231. 另一位傳記作者完全忽略了艾琳去警察總局這件事，用被動語態帶過了她去領事館，同時暗示他們是各自去進行的：「他們各自從英國領事館拿到了合適的旅行文件⋯⋯」Shelden, p. 275.

85 *Homage*, pp. 181–2.

86 *Homage*, p. 191.

87 McNair, p. 26.

88 *Homage*, p. 192.

89 Ibid., p. 174.

90 托普也認為是艾琳在西班牙救了歐威爾的性命，連同麥克奈爾及考特曼的，「無庸置疑的是，多虧了艾琳救了他們所有人的性命。」（頁288）

91 Bowker, p. 227.

III 看不見的勞工

1 Davison (ed.), *A Life in Letters*, pp. 94–7.

2 艾琳在這裡可能是指這種情節會出現在艾瑟・M・戴爾（Ethel M. Dell，一八八一－一九三九）所寫的流行羅曼史小說裡。

3 Eileen to Jack Common, 14–15 March 1938, in Davison (ed.), *A Life in Letters*, pp. 103–4.

4 Ibid.

然後他抱怨同僚之間的對話大約有五成都在罵髒話，最後署名時寫著「全心奉獻」給她。（我的翻譯。）

68 查爾斯．奧爾寫道：「最有趣的共產黨代理人就是喬治歐．提歐利，他逃離了法西斯的義大利。」提歐利「深陷在史達林份子的組織中」，但是他「確實還有人性，而且無法接受自己必須著手的殘酷行徑」。「他假裝成記者，為人友善，在許多方面都幫助我們……歐威爾推測著為什麼他的妻子沒有和我們一起遭到逮捕（歐威爾認為她是被留在那裡當成引他入甕的餌），但是他沒有質疑為什麼提歐利沒有被抓。我相信在一九三七年六月，提歐利已經接到任務，可能是調查歐威爾和艾琳，或者更有可能的是只要從健談但不是那麼政治狂熱的艾琳身上搜集消息。一九三七年六月，我在共產黨監獄裡待了十天後獲釋，我在巴塞隆納的街上遇見了艾琳，同行的還有喬治歐．提歐利，他們跟我說了這段奇怪的故事：在旅館裡，這兩人的房間剛好鄰近，艾琳允許喬治歐將一卷有可能讓他獲罪的地圖藏在她的陽台，喬治歐注意到警察來搜索艾琳的房間時，他便從他的陽台爬過來把地圖拿走，等到警察離開她的房間正要去搜索他的，他再將地圖送回艾琳的陽台。這些地圖是否是為了陷艾琳與POUM入罪？那麼，喬治歐是想要保護艾琳嗎？或者這只是……又是一場戲，演這一齣試圖掩飾喬治歐身為黨內間諜的角色？但是喬治歐跟其他共產黨代理人不同，有時他會給我古怪難解的秘訣，若是我能搞懂的話，就能讓我和其他人省下許多麻煩。」就查爾斯所知，提歐利在西班牙消失了，查爾斯懷疑他可能遭到「他的共產黨主子」殺害，「為了殺雞儆猴或者掩蓋蹤跡」。Charles Orr, in Orr, pp. 181–2.

69 *Homage*, p. 163.

70 奧洛夫下達命令給歐特嘉上校（Colonel Antonio Ortega），他是巴塞隆納保安的總指揮。參見 Boris Volodarsky, *Stalin's Agent: The Life and Death of Alexander Orlov*, Oxford University Press, 2014, pp. 280–2.

71 See, for Lois's account of this conversation, 'The May Days and My Arrest' in Orr, p. 189.

72 McNair, p. 24.

73 Orr, p. 182.

74 McNair, p. 25.

53 突擊警衛隊（Assault Guards）是西班牙共和軍在一九三一年成立的特殊警力兼準軍事部隊，用來因應市區及政治方面的暴力行動，此時已經落入史達林黨羽的控制。

54 這是歐威爾為手冊取的標題，正式名稱是《政黨工作的缺陷以及如何清算托洛斯基黨羽及其他兩面討好者》，取自史達林在一九三七年三月三日發表的演說。

55 這段來自*Homage*, p. 121. 歐威爾的敘述最有可能是艾琳告訴他的，她就在旅館內。OGPU是蘇聯的秘密警察組織，也是NKVD及KGB的前身。

56 *Homage*, p. 113.

57 Ibid., p. 114.

58 這部分的引述都來自*Homage*, pp. 114–16.

59 Ibid., p. 135.

60 Crick, p. 223, quoting eyewitness Frank Frankford.

61 Harry Milton, *Fighting Back*, radio program, cited in Topp, p. 180.

62 *Homage*, p. 145.

63 Bowker, p. 221.

64 *Homage*, p. 146. 歐威爾沒有談過這個故事，或許是因為他們誤將傷者抬到了一處由法西斯控制的村落，只得回頭。參見McNair's account of this, p. 250, also Stansky and Abrahams, *The Transformation*, pp. 249–50.

65 Crick, p. 224.

66 Bowker, p. 221.

67 感謝瑪夏・卡普（Masha Karp）將大衛・威克斯於一九三七年六月五日寫給艾琳的信寄了一份給我。這封信由第三國際翻譯成德文，威克斯當時已經逃離了巴塞隆納的「五月事變」（May Days），前往共產黨在阿爾巴塞特（Albacete）的總部。他在信中開頭就說自己「相當驚訝」，覺得艾琳居然和「那位美國紳士」（可能是查爾斯・奧爾）比較親近，而不是跟自己，同時為了她，「我笨拙地想建立起更親近的友誼也沒有被拒絕」，「完全搞不懂妳對我是何想法，到底妳對我有沒有一丁點好感。我希望妳有，因為我喜歡妳、如此愛慕妳」。他說他無法報告自己的行動，但已經完成了他的計畫，「也不會自我幻想成是柔弱的年輕人」。

30 Charles Orr, in Orr, pp. 179–81.

31 Topp, p. 175, n. 41, citing Charles Orr, 'Homage to Orwell, as I Knew Him in Catalonia', unpublished pamphlet, 1984, p. 5.

32 Orr, p. 195.

33 Bowker, p. 219 and n. 68, citing KGB File, David Crook Report, Alba Collection.

34 Rees, *A Theory of My Time*, p. 106.

35 Lois Orr, in Orr, p. 151

36 Ibid., p. 199.

37 Eileen to her mother, 22 March 1937, in Davison (ed.), *A Life in Letters*, p. 71.

38 Letter to Leonard Moore, Orwell's agent, 12 April 1937, in *CW*, vol. 11, p. 17.

39 Bowker, p. 211.

40 Davison (ed.), *A Life in Letters*, p. 72.

41 John McNair, *Spanish Diary*, pamphlet produced by the Greater Manchester ILP branch, n.d., p. 18. Available at independentlabour.org.uk/publications/.

42 Eileen to her mother, 22 March 1937, in Davison (ed.), *A Life in Letters*, pp. 71–3.

43 Rees, *A Theory of My Time*, p. 95.

44 Rees, *Fugitive*, p. 139.

45 Bowker, p. 214.

46 *Homage*, p. 99.

47 Bowker, p. 216. 鮑克寫道「布萊爾夫婦」是間諜的目標，英國共產黨的間諜已經回報說艾瑞克・布萊爾「對政治理解甚少」，而且「對政黨政治不感興趣」，同時他大多數時間都待在壕溝裡，似乎可以合理假設在ILP總部工作的艾琳掌握比較多資訊，因此是更有價值的目標。

48 Bowker, p. 213

49 Ibid., p. 219, as cited above at page 122.

50 Eileen to her brother, 1 May 1937, in Davison (ed.), *A Life in Letters*, pp. 76–7.

51 *Homage*, p. 106.

52 Ibid., p. 108.

16 Powell, Infants of the Spring, p. 36.

17 Davison (ed.), *A Life in Letters*, pp. 69–70.

18 *Homage*, p. 76.

19 Taylor, p. 210.

20 Ibid., p. 213.

21 Stansky and Abrahams, *The Transformation*, p. 247.

22 Davison (ed.), *A Life in Letters*, p. 72. 一九三七年的五百披索大約是今日的一千歐元。

23 鮑克提到艾琳是在「幫忙」或者「甚至花自己的錢」，彷彿她的工作不是工作，而是個人展現的善心。

24 Orr, p. 139. 洛薏絲年老時才說出自己的故事，帶著「拖長的南方口音」，錄音帶還能聽見背景有高球調酒杯中的冰塊碰撞聲。Orr, p. 202.

25 Charles Orr, in Orr, p. 179.

26 約翰．金奇（John Kimche）曾與歐威爾一起在漢普斯特德的韋斯特洛普夫婦書店共事，為歐威爾作傳的作者都沒有用過這份資料。Crick Archive, as cited by Topp, p. 170, n. 26. Kimche spelt it 'Continentale'; it is corrected here.

27 Bowker, p. 220.

28 Charles Orr, in Orr, p. 180.

29 奧爾敘述了一個例子。知名的美國作家約翰．多斯．帕索斯（John Dos Passos）來到巴塞隆納的時候，安排他拜訪的任務落到了艾琳身上。歐威爾非常崇拜他，熱切地想見他。「他大可以直接問我，」查爾斯回憶道，因為「他每天都會順道過來我們辦公室。但沒有，艾琳向我轉達了他的要求：『我可以找個藉口或什麼方法讓艾瑞克見到JDP嗎？』」查爾斯同意了，艾琳便著手安排，在多斯．帕索斯要去和共和派領袖寧見面之前，讓歐威爾剛好站在走廊上，他便有機會跟多斯．帕索斯聊了幾分鐘。能夠與如此傑出之人短暫相會讓他大喜過望，但是他也沒有自己來表達感謝。幾天後，查爾斯寫道，「艾琳帶了話給我：『艾瑞克要我來跟你表達他打從心底感激你。』接著，為了替歐威爾的社交障礙表達隱晦的歉意，她又說：『他要我來代他表達謝意，因為他知道自己不會說話。』」

覺得他的作品「很好笑」，而露絲感到有趣是因為詩中穿插了拼字錯誤的猥褻文字——「她想大概是他在伊頓受教育的問題」。鮑克（頁101）嚴詞抨擊，稱這話「是兩名陶匠不懂賞識他的作品」（露絲和凱特在一家陶藝公司工作），不過露絲在當時已經是有出版作品的詩人，後來更是功成名就。

4 George Orwell, 'Looking Back on the Spanish War', *Collected Essays, Journalism and Letters*, vol. 2, pp. 286–306, at p. 306. 雖然有好幾位傳記作者在書中重刊這首詩的部分內文，但沒有納入這段反女性的段落。

5 *Homage*, p. 200.

6 加泰隆尼亞語寫成Partit Obrer d'Unificació Marxista，POUM是反史達林黨羽的共產黨。

7 *Pravda*, 16 December 1936, as cited in Crick, p. 219.

8 Bowker, p. 213, n. 46, PRO/ HW 17/127 Public Record Office, Kew. 在我寫作時，出現了奇怪的既視感，史達林的繼承者普欽（Vladimir Putin）便指控他在烏克蘭想要殺死的人是「法西斯」，這不太像是歷史的重蹈覆轍，而是想要重寫歷史的暴君缺乏想像力所致。

9 *Homage*, p. 17.

10 Ibid., p. 22.

11 Ibid., p. 34.

12 Ibid., p. 32.

13 Wadhams, *Remembering Orwell*, p. 79. 不過，歐威爾確實告訴過艾琳他們在壕溝裡蓋過一處掩蔽，但是垮了，她後來描述說：「並不是遭遇了什麼轟炸，而只是重力導致。」不過這段故事也沒有寫入《向加泰隆尼亞致敬》。*CW*, vol. 1, p. 205.

14 *Homage*, p. 44.

15 「反人」（L'Anti）的意思是「反對體制之人」，是歐仁．亞當（1879-1947）的假名，他提倡世界語，同時也是激進的社會主義者，奈莉．利穆贊和他同居多年，最後在她六十多歲時兩人結婚，接著他在一九三六年說去「環遊世界」就失蹤了，再也沒有回到她身邊。反人在一九四七年於墨西哥自殺。參見Moore, 'Orwell in Paris: Aunt Nellie'.

戀或者正常男性』交往，對那些男性來說，只有羅迪蒂是例外」。摩爾是唯一一位指出歐威爾與羅迪蒂多年親密關係的學者，寫道：「羅迪蒂和布萊爾在一九三一年經常在一起，漫遊倫敦各處，與街上的人們談話，在東區吃著便宜的中國菜，然後走到匹黎可（Pimlico）的埃伯里街（Ebury Street），這是羅迪蒂的住處。兩人經常光顧在蘇活區惡名昭彰、整晚營業的藍色咖啡館（Café Bleu）……」Darcy Moore, 'The True Artist: Poverty, Networking and Literary Artifice', *George Orwell Studies* (2021) vol. 6, no. 1, pp. 7-31. See also darcymoore.net/2021/12/12/the-beat-of-the-tambour/.

162 Bowker, p. 83, citing Orwell's last literary notebook, in *CW*, vol. 20, p. 206 [3725].

163「不知道那個猶太人是不是對於自己發揮的這股新力量真正感到興奮，我認為他並非真的喜歡，僅僅是——就像男人進了妓院，或者男孩抽第一根雪茄，或者旅人在畫廊中閒晃——告訴自己他很喜歡，在他感到無助的日子裡還表現出一副他一直都打算這麼做的樣子。」'Revenge is Sour', Tribune, 9 November 1945, in *Collected Essays, Journalism and Letters*, vol. 4, pp. 19–22.

164 Crick Archive.

165 Fen, *A Russian's England*, p. 417. 本頁所有引述皆來自於此。

166 在寫作當時大約等同於二十五英鎊。

167 Anthony Powell, *Infants of the Spring*, Heinemann, 1976, p. 136.

168 Fen, *A Russian's England*, p. 417.

II 看不見的戰士

1 *Homage to Catalonia*, Penguin Books, 2000 [1938] (hereafter *Homage*), p. 197. 所有《向加泰隆尼亞致敬》的引述皆出自這個版本。二〇〇〇年版的文字整合了歐威爾想要的修改，在他生前出版的早先版本中並未反映出這些，主要是將第五章和第十一章變成了附錄。完整內文同樣可以在gutenberg.net.au/ ebooks02/0201111.txt找到，古騰堡計畫根據的是原始版本。

2 *Homage*, pp. 1–2, 4.

3 The poet Ruth Pitter's view, Coppard and Crick, p. 69. 鮑克指出，露絲和她的朋友凱特

no. 4, 1934, p. 537.

154 Review of *The Rock Pool* by Cyril Connolly and *Almayer's Folly* by Joseph Conrad, in *Collected Essays, Journalism and Letters*, vol. 1, p. 256. 楷體是歐威爾所加。

155 Stansky and Abrahams, *The Transformation*, p. 37.

156 連同此段其他引述皆出自Empson in Gross (ed.), p. 97.

157 Malcolm Muggeridge recounts Connolly telling him this in Gross (ed.), p. 169.

158 根據這封信的部分內容，少年歐威爾寫道「我怕自己實在太喜歡伊斯伍德了（艾瑞克不乖）」，重現於Bowker, p. 65.

159 Bowker, p. 177.

160 Ibid., p. 175. 史坦斯基與亞伯拉罕斯弱化了梅寶的觀察與能力（「梅寶從來不怕誇大事實」〔頁133〕），寫道，她「如此急切要編造出一連串事件，揭露出令人意外的秘密，說艾瑞克壓抑著對他（赫本史托）的同性情感，或者她是這麼推論的，只因為他提過自己很欣賞雷納的頭髮。無論詳細情形為何，時間會扭曲事實也不無可能……」（頁136）在Wadhams的訪問錄音中，梅寶表現出來的樣子是一位嚴肅而聰明的女性，她非常了解歐威爾，而她對「愛而不得的同性情感」並非在說頭髮，而是歐威爾對赫本史托使用的暴力。那天歐威爾出門和艾琳散步約會，回家後滿身酒氣，結果拿起手杖重擊赫本史托。

161 Topp, p. 145, referencing the Crick Archive. 托普用括號插入了傑克．考蒙的話，「（此話不帶性暗示）」，但並未說明她怎麼知道的。她推測：「或許，考蒙夫婦遵循比較傳統的婚姻形式，並不贊同艾琳和歐威爾在後來採取比較開放式的婚姻。」但是，「並不是真的」婚姻和「不應該」，或許並非暗指歐威爾的同性戀傾向。傑克．考蒙在《亞德斐》擔任理查．里斯的助手，他是對用字遣詞相當謹慎的作家，形容自己是「教育程度不高、出身貧寒、說著方言的勞工階級」，而歐威爾是「漸漸衰敗的驚世之才」。Coppard and Crick, p. 140. 澳洲學者達西．摩爾（Darcy Moore）提到歐威爾另一位同志朋友愛德華．羅迪蒂（Édouard Roditi），他是「受過良好教育、會說多種語言的美國詩人兼劇作家」，歐威爾透過傑克．考蒙而認識他，羅迪蒂也和里斯及《亞德斐》有關係。摩爾寫道，雖然羅迪蒂是同性戀，他「並不受到『明顯的同性戀』吸引，而且大多都是『和雙性

135 Rees, *Fugitive*, p. 37.

136 Rees, in Coppard and Crick, p. 124.

137 Stansky and Abrahams, *The Transformation*, p. 184. 鮑克這樣認為：「有可能，歐威爾的作品自《通往維根碼頭之路》之後就出現了轉變，很大一部分要歸功於他的婚姻帶給他的知識激勵。」克里克寫道：「無論是巧合或影響，（歐威爾的）寫作在認識艾琳之後大有進步，成為穩定、簡潔而一致的風格⋯⋯」

138 Fen, *A Russian's England*, 1976, p. 377.

139 Stansky and Abrahams, *The Transformation*, p. 208

140 Ibid., p. 207.

141 Fen, *A Russian's England*, p. 378.

142 Ibid.

143 Bowker, p. 193.

144 Davidson (ed.), *A Life in Letters*, pp. 66–7.

145 Fredric Warburg, *All Authors Are Equal: The Publishing Life of Fredric Warburg 1936–1971*, Plunkett Lake Press, 2015 [1973], p. 97.

146 Stansky and Abrahams, *The Transformation*, p. 76. 這句話顯示出傳記作者忽略了歐威爾在緬甸和巴黎的性經驗，彷彿娼妓和緬甸少女似乎不算是跟他發生性關係的「女性」。

147 Bowker, p. 193.

148 Meyers, p. 127.

149 Malcom Muggeridge, in Gross (ed.), p. 167.

150 Crick, p. 14. 克里克形容艾達擁有「獨立女性那種無拘無束的過度實際，或許一直都相當希望可以成為崇尚自由解放的女性」，不過不清楚他指的是政治上的自由解放或是性愛上的。

151 Ibid, p. 13.

152 Moore, 'Orwell's Aunt Nellie', p. 40; Adrienne Sahuqué, *Les Dogmes Sexuels*, Félix Alcan, Paris, 1932.

153 from Robert Marjolin's review of *Les Dogmes Sexuels*, *American Journal of Sociology*, vol. 39,

強暴案的審判中，遭到指控的男性享有無罪推定，即使過去有攻擊紀錄也無妨，而且他可以保持沉默，而女性站上證人席時，她的描述內容與誠信都會遭人質疑。

117 Stansky and Abrahams, *The Transformation*, p. 96. 雖然傳記作者承認珍娜必須聽著那群老鼠晚上在歐威爾房間裡到處亂竄，但她說這樣「很骯髒」時，這樣的批評卻成了一種人格缺陷——她的缺陷：「珍娜過去是學校女學生主席，討論到乾淨和整齊時總是比較吹毛求疵……」

118 Taylor, p. 160.

119 Crick, pp. 176–7. Also Stansky and Abrahams, *The Transformation*, p. 73.

120 Wadhams, 'The Orwell Tapes', part 1. See also Taylor, p. 153.

121 *Collected Essays, Journalism and Letters*, 1968, vol. 1, p. 222.

122 Ibid. p. 224.

123 Taylor, p. 159.

124 Geoffrey Gorer in Stansky and Abrahams, *The Transformation*, p. 176.

125 Stansky and Abrahams, *The Transformation*, pp. 203–4.

126 Orwell's last literary notebook, in *Collected Essays, Journalism and Letters*, vol. 4, p. 573.

127 Jeffrey Meyers, *Orwell: Wintry Conscience of a Generation*, p. 124. 只有梅爾斯這位傳記作者直接指出是誰負責這項工作：「歐威爾相當喜歡這樣艱苦的環境，但是包辦大多數家事的艾琳，卻吃了許多苦頭。」（頁124）

128 Lettice Cooper in Wadhams, p. 116.

129 Eileen said this to Patricia Donoghue, as reported in Wadhams, *Remembering Orwell*, p. 118. See also Stansky and Abrahams, *The Transformation*, p. 205.

130 Eileen's letter to Norah, November 1936 in Davison (ed.) *A Life in Letters*, p. 66.

131 Fen, 'George Orwell's First Wife', p. 122. See also Wadhams, *Remembering Orwell*, p. 68.

132 Virginia Woolf, 'Professions for Women', a paper read to the Women's Service League in 1931. See wheelersburg.net/Downloads/Woolf.pdf.

133 Fen, *A Russian's England*, 1976, p. 349. 此一部分中後續註解也來自此書。

134 Rees, in Coppard and Crick, p. 124.

112《巴黎倫敦落魄記》（一九三三）就是圍繞著歐威爾如何在巴黎陷入貧窮，他的虛構如下，這是為了隱瞞和蘇珊發生的事：

有一天，旅館來了一位年輕的義大利人，自稱是排字工。他這個人令人摸不太透，因為他留著兩邊鬢角，顯示他可能是地痞流氓，也可能是知識份子，沒有人知道該將他歸類於哪個階級。F夫人不喜歡他的樣子，要他預付一個禮拜的房錢。義大利人付了房錢，在旅館待了六個晚上。這段時間，他想辦法複製了幾把鑰匙，最後一天晚上就偷了十幾間房間，包括我的。幸運的是，他沒有找到放在我口袋裡的錢，所以我也不算一貧如洗。我只剩下四十七法郎，也就是七英鎊加十便士。

見*The Penguin Complete Longer Non-Fiction of George Orwell*, Penguin Books, 1983, pp. 16–17.

113 奈莉提供給歐威爾的餐食有可能就像露絲·皮特記憶中她在倫敦準備的一樣：「相當可怕的菜色，如果你是出生在巴黎的本地人，窮得不得了的話，就會在巴黎吃到這種東西。」Coppard and Crick, p. 70.

114 可以參見Stansky and Abrahams' discussion of Orwell's account of 'Moroccan girls' in *The Unknown Orwell*, pp. 190–1.

115 Bowker, p. 266.

116 綜觀歷史，在婚姻黑箱子關上的門後，男性對女性所做的事情都是他自己的事情，甚至連法律都無法保護她。在澳洲、英國及美國，一九八〇與九〇年代之前，女性遭到婚內強暴是合法的，因為根據法律，她從結婚那一刻起便永遠同意丈夫對她身體的控制權，她屬於丈夫，而法律的存在是為了保護他的產權，而不是賦（人）權給予那份資產（例如，參見英國：Regina Respondent and R. Appellant [House of Lords] [1992] 1 AC 599。在澳洲，婚內強暴並無法令規定為違法，一直到二〇〇三年的性侵害法〔*Sexual Offences Act*〕。在美國，一直到了一九九三年，全國五十州才全數通過處罰婚內強暴。）法律修改了，但是女性並未因此就有理所當然的保護而不會被強暴（起訴很少，定罪就更是少得可笑），還有謀殺。例如今日的澳洲，平均每週就有一位女性遭到男性伴侶殺害，但是這些謀殺會被弱化成「家務事」，好像死亡還有比較溫和的方式。在

empowerment in the changing world of work: Report of the Secretary-General, E/CN. 6/2017/3, December 2016. 關於女性勞動的全球總值估計約為十・八兆美元，可參 見 Gus Wezerek and Kristen R. Ghodsee, 'Women's Unpaid Labor is Worth $10,900,000,000,000', *New York Times*, 5 March 2020 and Kadie Ward, 'Time to Care: Recognising the Truth Behind the Economy of Unpaid Care', OECD Forum Network, 10 September 2022.

107 關於奈莉的生平，參見Darcy Moore, 'Orwell's Aunt Nellie', *George Orwell Studies*, vol. 4, no. 2, 2020, pp. 30–44 and 'Orwell in Paris: Aunt Nellie', Darcy Moore website, 21 January 2020, darcymoore.net/2020/ 01/21/orwell-paris-aunt-nellie/

108 泰勒認為這是奈莉阿姨「利用她丈夫在世界語社群中的關係」，p. 142。但這是奈莉自己在ILP的人脈——經營書店的韋斯特洛普夫婦（the Westropes）是她的好友，也同是黨員。

109 Orwell to Jacintha Buddicom, 15 February 1949, in Davison (ed.), *A Life in Letters*, p. 445.

110 Dione Venables, 'Postscript' to Buddicom, p. 182. 潔辛塔自己並未在對歐威爾的緬懷文章（一九七四年發表）中提到這件性侵，之所以變得廣為人知，是她的姪女迪歐妮・凡納伯爾（Dione Venables）二〇〇六年在潔辛塔著作的後記中揭露的。關於身高的說明：凡納伯爾說歐威爾有一百九十三公分，不過歐威爾說自己是一百八十九公分。

111 Mabel Fierz in Coppard and Crick, p. 95. 泰勒（頁97-8）試圖質疑梅寶的故事，將這場爭吵寫成是發生在歐威爾和蘇珊的男友之間（或者可能是皮條客），而非歐威爾被一個女人詐騙。「根據梅寶・菲爾茲的說法，歐威爾當時還不認識她，但是後來向她吐露了許多還算親密的細節，罪魁禍首是個叫做蘇珊的『小娼婦』，在一家咖啡廳認識的，他正迷戀著她。在菲爾茲的描述中，蘇珊有位阿拉伯男友，歐威爾跟他起了些爭執，無論這番解釋的真相是什麼，就像跟那些緬甸少女和其他後來發生的事情一樣，總讓人感覺你不太能夠了解歐威爾，他的私生活中有很大一部分都遁入了無法穿透的黑暗裡。」楷體是我標的，要指出這段文字如何引發懷疑與瑣碎化，最終讓人遁入「無法穿透的黑暗裡」，提到了女性總會如此。

現：

在世界各地毫無例外，女性要負責四分之三無償的照護工作，相當於超過百分之七十五的總工作時數。女性平均比男性奉獻多出三．二倍的時間在無償的照護工作上。沒有哪個國家中的女性和男性平均分攤無償的照護工作。因此，女性經常時間不足，限制了她們在勞動市場上的參與。

同時參見，例如Gaëlle Ferrant, Luca Maria Pesando and Keiko Nowacka, 'Unpaid Care Work: The Missing Link in the Analysis of Gender Gaps in Labour Outcomes', OECD Development Centre, December 2014, available at atoecd.org/dev/development-gender/Unpaid_care_work.pdf. 這份OECD報告中發現：

在世界各地，女性花在無償照護工作的時間是男性的二至十倍……無償的照護工作既是經濟活動的重要面向，也是促進個人、家庭與社會福祉不可或缺的因素……每一天，有人花時間在煮飯、清潔，以及照顧小孩、病人及長輩，雖然無償的照護工作對福祉相當重要，卻經常被排除在政策討論之外……忽略了無償照護工作，會讓我們在討論個人福祉及時間價值的層次與改變時，做出錯誤的推論，進而削弱政策在各個社經領域中的推行效果，尤其是職場及其他賦能領域中的性別不平等。

女性通常花費遠多於男性的時間來從事無償照護工作。由於性別化的社會規範將無償照護工作視為女性的責任，因此各個不同地區、社經階級與文化環境中的女性，會將一天中的重要時段運用在達到家務及繁衍角色的期待。除此之外，她們還有有償的活動，因此女性就有了「雙重負擔」的工作量……無償照護工作的性別不平等分配，不僅侵犯了女性的權利……同時也阻擋了她們的經濟賦能。

106 聯合國婦女報告指出：「女性的無償工作補足了照護成本，能夠用來供養家庭、支持經濟，且通常填補了社會服務的不足。但是，很少有人認為這是『工作』。無償的照護及家務工作價值估計約占國內生產毛額的百分之十至三十九，而且比起製造業、商業或運輸業，對經濟的貢獻更大。隨著氣候變遷襲來，女性在農耕、採集水資源和燃油方面的無償工作負擔甚至變得更大。」參見 'Redistribute Unpaid Work', UN Women website, citing Women's economic

體親密；……例如我就習慣讓我的緬甸家僕幫我更衣……我對一個緬甸人有了感情，幾乎就像我對女人的感情一般。」

97 布萊特・卡瓦諾（Brett Kavanaugh）被提名成為美國最高法院的大法官，克莉絲汀・布萊賽・福特（Christine Blasey Ford）出面指控他犯下性侵，但並未影響他的提名通過。

98 在*The Creation of Patriarchy*, Oxford University Press, 1986一書中，歷史學家葛爾妲・勒納追溯其發展，可推回史前三千五百至六百年的美索不達米亞；也有其他人認為更早。

99 Simone de Beauvoir, *The Second Sex*, Random House, 2011 [1949], p. 76.

100 Ibid., p. 73.

101 Frederick (Friedrich) Engels, *The Origin of the Family, Private Property and the State*, ed. Eleanor Leacock, International Publishers Co., 1972 [1884], pp. 220–1.

102 Lerner. 尤其參見〈女性奴隸〉一章，她在其中描述，為何「生理及文化因素，讓男性很容易在尚未學習如何奴役男性之前就開始奴役女性」，在她的分析中，「女性被置於男性之下，成為了系統性創造奴隸制度的概念模型，於是父權家庭就成為了架構模型」。（頁89）勒納統整歷史並且注意到種族差異，描繪出奴隸制度的發展，點出其中關鍵，例如「美國在十八、十九世紀的種族關係中，也經常可以看到任何白人男性對黑人女性進行性剝削，不過廢奴後這件事依然存在，而且直到二十世紀，依然是種族與階級壓迫的特色之一」。（頁88）

103 Virginia Woolf, *A Room of One's Own and Three Guineas*, Penguin Books, 2019. Searchable at gutenberg.net.au/ebooks02/ 0200931h.html.

104 例如，請參見Emily Gould and others in *The Cut*, 3 December 2013, 'Reading While Female: How to Deal with Misogynists and Male Masturbation'的討論。

105 關於這點有許多證據，例如參見Jacques Charmes, 'The Unpaid Care Work and the Labour Market: An Analysis of Time Use Data Based on the Latest World Compilation of Time-use Surveys', Gender, Equality and Diversity & ILOAIDS Branch, International Labour Organization, Geneva, 2019, available at ilo.org/wcmsp5/groups/public/---dgreports/---gender/documents/publication/ wcms_732791.pdf. 這份ILO報告中發

電話銷售之道及西班牙文
正如在西方所認證的一般；
心智的焚化將能驅逐
古物、哲學與寒冷——
總想著晚點說的十歲孩子。

鳳凰

世界俱消亡而可生
或可再次長出最美的鳥羽
或許唱出最清亮的歌聲
歡迎各種隨機而生的天氣。
培根的同僚叫做愛因斯坦，
赫胥黎分享著柏拉圖的美食，
紫光就只是陽光
沐浴在現代的洗禮中，
若無處可去就在此屋中
過去與未來或可共處，
各個都是她自己，各個也是他人
形成有趣的和諧，
兩者皆有所處
落入絲袍的懷中。

91 Eileen to Orwell, 21 March 1945, in Davison (ed.), *A Life in Letters*, p. 251.

92 *Wigan*, p. 157.

93 Lettice Cooper in Coppard and Crick, p. 162.

94 Jock Branthwaite in Wadhams, *Remembering Orwell*, p. 99.

95 Kay Ekevall tells this story in Wadhams, *Remembering Orwell*, pp. 56–7.

96 參見他的描述在*Wigan*, p. 243：「最重要的就是那些『土著』，總之就是緬甸人，他們的外表並不會讓人反感。有人會輕視這些『土著』，但又很願意跟他們有肉

〈世紀之末，一九八四〉

死

虛假的風吹走了
物質的塵，然此一房間
斥責了未曾暫歇的紫光
不帶塵埃留下滿是塵埃的沉悶。
毀棄於不合時宜的過往
陳列著諾斯與希拉德、維吉爾、賀拉斯
莎士比亞的骨骸終歸平靜，
如同葉慈或威廉·摩瑞斯般死寂。
囚犯剩餘的刑期尚未獲得赦免嗎？
他們繞了一百圈
抱怨著這老套的征途
接著，無可避免的每一天
毫無邏輯，努力拿著
一顆球要放進空地裡。

生

每一失如今都是得
因每一次機會必定帶來原由。
水晶宮殿遇到了雨水
在選中的季節裡落下。
書本也擾亂不了清晰的字句
曬得古銅的學者調整了自己的思緒
對準心電感應第九站
從中他們知道了自己應該知道的：
實用科學，還有如何熟練

75 Fen, *A Russian's England*, pp. 343–4.

76 Edna Bussey quoted in Topp, p. 80.

77 Fen, 'George Orwell's First Wife', p. 115.

78 Fen, *A Russian's England*, p. 346.

79 Topp, p. 69.

80 艾琳當時的同學約翰・柯恩（John Cohen）和她搭檔一起做實驗，回憶說她這個人「很聰明，有點嚴苛，有時很好辯又『意欲挑釁』」。Stansky and Abrahams, *The Transformation*, p. 118. 但是，艾琳覺得柯恩很有趣。莉迪亞記得他常常「愛表現」，「用理論中的旁枝末節引得講師在小細節上爭辯不休」，但是艾琳「覺得他的機智與堅持很有趣」。*A Russian's England*, p. 341.

81 此時大約有百分之四十的英國女性都受雇於家事服務。T. J. Hatton and R. E. Bailey, *Oxford Economic Papers*, 40(4), 1988, pp. 695–718.

82 Fen, 'George Orwell's First Wife', p. 115.

83 Stansky and Abrahams, *The Transformation*, p. 115. 托普反而認為她應該是在這個委員會中擔任速記員，這個職位要負責調查「性愛這個重要主題，及其對所有人類關係的影響」。Topp, p. 76.

84 Fen, 'George Orwell's First Wife', p. 115.

85 Topp, p. 81.

86 Ibid., p. 87.

87 Stansky and Abrahams, *The Transformation*, p. 117. 莉迪亞形容艾琳是個「優秀的學生」，伯特「大力鼓勵」她繼續研究。'George Orwell's First Wife', p. 118.

88 Topp, p. 93. 莉迪亞觀察到，「他相當緊張提防她的心理學知識⋯⋯」Fen, 'George Orwell's First Wife', p. 119.

89 湖畔詩人是在十九世紀初生活在英國湖區（Lake District）的一群詩人，風格偏向浪漫主義，代表詩人包括華茲沃斯、柯立芝（Samuel Taylor Coleridge）與騷塞（Robert Southey）等等。

90 艾琳在一九三四年寫下這首詩，是為了她的母校桑德蘭女子高中（Sunderland High School for Girls）的五十週年校慶所寫。歐威爾最後一本小說《一九八四》的書名可能就是致敬這首詩。

56 Mabel Fierz in Coppard and Crick, p. 94.

57 Kay told this to Bowker, Bowker, p. 164.

58 例如，歐威爾向梅寶坦承，他的報導〈絞刑〉是虛構的，他從來沒去看過。同時參見註解一一四。

59 Stephen Wadhams, 'The Orwell Tapes', parts 1 and 2. 梅寶出生在一八九〇年，認識歐威爾時是四十歲，而他二十七歲；她接受CBC製作人訪問時是九十三歲。

60 Gordon Bowker, 'Orwell's London', The Orwell Foundation, 2008 [2006].

61 Crick, p. 131.

62 Richard Rees, *A Theory of My Time: An Essay in Didactic Reminiscence*, Secker & Warburg, 1963, p. 31 (hereafter A Theory).

63 Richard Rees, *George Orwell: Fugitive from the Camp of Victory*, Southern Illinois University Press, 1961 (hereafter *Fugitive*).

64 Rees, *Fugitive*, p. 65.

65 Lettice Cooper, *Black Bethlehem*, Cedric Chivers Ltd, 1971 [1947], p. 180. 庫柏是小說家也是艾琳的好友，在她一九四七年的小說《黑色伯利恆》中，安妮一角便是以艾琳為原型。「安妮」是「她盡全力描述她的朋友艾琳，因為她真心愛慕艾琳」，Topp, p. 357, citing Lettice Cooper, Crick Archive.

66 Fen, 'George Orwell's First Wife', p. 115.

67 Muggeridge in Gross (ed.), p. 168. 「他穿著無產階級會穿的體面衣服，一件老舊而破爛的運動夾克配上燈芯絨長褲，不像老漫畫畫的那樣真的要繫繩固定，而是過去在勞動階級居住區和漁夫居住的海濱小鎮還買得到的那種。」

68 Lettice Cooper in Coppard and Crick, p. 163.

69 Henry Dakin in Wadhams, *Remembering Orwell*, p. 129.

70 Lettice Cooper in Coppard and Crick, p. 163.

71 Cooper, 'Eileen Blair', p. 19.

72 Cooper, *Black Bethlehem*, p. 154.

73 Fen, *A Russian's England*, pp. 343–4.

74 Crick Archive.

牙齒如象牙；
我說：「二十塊銀幣，
姑娘，和我同寢。」
她看著我，如此純淨而悲傷，
活在這世上最可愛的東西，
她的少女聲調口齒不清，
喊價喊到二十五。

克里克認為這首詩應該是歐威爾在一九二七年七月離開緬甸前後不久所作，因為這首詩「很不恰當地」寫在緬甸政府公文紙上（Crick, p. 93）。歐威爾在緬甸、巴黎和倫敦都有嫖妓行為，參見Bowker, p. xiv。不過有時，歐威爾也會擺脫盲目，看見女人的辛勞。在《通往維根碼頭之路》中有美妙的一刻，歐威爾注意到一名大約三十歲的女人，因家務勞動而筋疲力竭，伸手進入一個髒汙的排水管裡：

她的圓臉上氣色蒼白，貧民窟中的女孩經常會看見這樣疲累的臉，才二十五歲看起來卻像四十，都是因為流產和辛勞；在我看見她的那一刻，她臉上出現了我所見過最絕望、最無助的表情。此時讓我驚覺，我們總說「這件事對他們的影響和對我們的影響不同」，認為生長在貧民窟的人無法想像貧民窟以外的事，但我們錯了，因為我在她臉上看見的並非動物的無知受苦，她非常清楚自己身上發生了什麼——她和我一樣明白，待在貧民窟的後院中，迎著刺骨寒冷跪在濕黏的石頭上，拿著棍子往上戳進骯髒的排水管，這樣的命運有多悽慘。（*Wigan*, p. 165）

不過他並未因為這樣的見解而改變與艾琳一起生活的方式，即使家事都是艾琳在做。

51 According to her daughter. Taylor, p. 125.

52 Taylor, pp. 136–7.

53 Stansky and Abrahams, *The Unknown Orwell*, p. 280.

54 Stansky and Abrahams, *The Transformation*, p. 38.

55 Stansky and Abrahams, *The Unknown Orwell*, p. 299.

39 Jacintha Buddicom, *Eric & Us: The First-Hand Account of George Orwell's Formative Years*, Finlay Publisher, 2006 [1974], p. 38. 潔辛塔寫道：「當然，艾瑞克一直都想寫作，不只是當個作者，而一直都是粗體字寫著的知名作家。」

40 Ruth Pitter quoted in Coppard and Crick (eds), p. 71.

41 Ruth Pitter quoted in Coppard and Crick (eds), p. 71.

42 Orwell's tutor Andrew Gow quoted in Crick, p. 51.

43 雖然安德魯·高沃（Andrew Gow）很喜歡歐威爾，卻說若推薦歐威爾去上大學，會「讓學院蒙羞」，Crick, p. 73.

44 George Orwell, *Burmese Days*, Oxford University Press, 2021 [1934], p. 56.

45 Orwell, *The Road to Wigan Pier* [1937], (hereafter *Wigan*) in *The Penguin Complete Longer Non-Fiction of George Orwell*, Penguin Books, 1983, p. 245

46 一位不具名的「緬甸老員工」向伯納德·克里克重述這段故事，引用「粗鄙的」美國石油商人的話，這些商人寫了一封未簽署的信件給總督府。Crick, p. 89.

47 Crick, p. 91.

48 *Nineteen Eighty-Four*, Penguin Books, 1984 [1949], p. 184.

49 James Baldwin, 'My Dungeon Shook: Letter to My Nephew on the One Hundredth Anniversary of the Emancipation', in Toni Morrison (ed.), *James Baldwin: Collected Essays*, Library of America edition, 1998, p. 292.

50 有些傳記作者想要質疑歐威爾是否曾經造訪摩棉海邊的妓院，例如史坦斯基與亞伯拉罕斯將他跟其他人講述這些事情的紀錄當成「聽聞」，或者「出於驕傲和為了製造效果的」杜撰，*The Unknown Orwell*, p. 190. 但他確實去過（Shelden, p. 63），而且永遠留存在詩詞中，例如歐威爾寫的〈關於娼妓的諷刺之詩〉（Ironic Poem About Prosititution）：

我年少而不懂事時
在遙遠的曼德勒
我的心迷失給了一位緬甸少女
有如白日那般可愛。
她的皮膚金黃，頭髮烏黑，

22 Elisaveta Fen, *A Russian's England: Reminiscences of Years 1926–1940*, Paul Gordon Books, 1976, p. 340 (hereafter *A Russian's England*). 莉迪亞出生時的姓名是莉迪亞・薇塔勒維娜・吉布托維奇，結婚後從夫姓為傑克森，寫作時的筆名則是艾莉莎薇塔・芬恩（Elisaveta Fen）。

23 Ibid. p. 345.

24 Ibid. p. 345.

25 Kay Ekevall quoted in Wadhams, *Remembering Orwell*, Penguin Books, 1984. p. 58.

26 Stansky and Abrahams, *Orwell: The Transformation* (hereafter *The Transformation*), p. 108. 羅莎琳在寫給伯納德・克里克的信中也有提到類似說法：「看看，那就是我想要娶的女孩！」引述自Crick, p. 172.

27 Cooper, 'Eileen Blair', p. 19.

28 Rosalind to Bernard Crick, in Crick, p. 172.

29 : Fen, *A Russian's England*, p. 345.

30 The essay is Elisaveta Fen, 'George Orwell's First Wife', *The Twentieth Century*, August 1961, pp. 115–26 (hereafter *George Orwell's First Wife*).

31 Stephen Wadhams (presenter), 'The Orwell Tapes', part 2 [radio program], *Ideas*, 23 August 2017 (originally aired on 11 April 2016), Canadian Broadcasting Corporation (hereafter 'The Orwell Tapes'). 這些訪談的節錄版可見於Wadhams, *Remembering Orwell*.

32 Taylor, p. 152.

33 Malcolm Muggeridge in Miriam Gross (ed.), *The World of George Orwell*, Weidenfeld & Nicolson, 1971, p. 170.

34 Susan Watson in Wadhams, *Remembering Orwell*, p. 157

35 希瑞爾・康納利：「漂亮而歡欣的富家女……都想要認識他，開始跟他說話，她們身上的皮草外套因愉悅而顫抖。」In Bowker, p. 194, quoting from Melvyn Bragg (director), *George Orwell: The Road to the Left* [documentary film], BBC Bristol, 1971.

36 Muggeridge, 'A Knight of the Woeful Countenance', in Gross (ed.), p. 169.

37 Adrien Fierz (Mabel's son) in Wadhams, *Remembering Orwell*, p. 47.

38 Geoffrey Gorer, in Bowker, p. 173, quoting from Bragg.

Sylvia Topp, *Eileen: The Making of George Orwell*, Unbound, 2020, p. 364.

17 這些書信由諾菈的外甥吉姆・杜蘭特（Jim Durant）發現，都發表在Davison (ed.), *A Life in Letters*.

18 Davison (ed.), *A Life in Letters*, p. xv.

19 Esther Power quoted in Topp, p. 42.

20 希薇亞・托普所著的《艾琳：喬治・歐威爾的養成》是關於艾琳生平資料的重要來源。托普在這本書的獻詞中表達了清楚的觀點：「獻給世界上其他許許多多的艾琳，他們是功成名就之人背後的妻子、丈夫和伴侶，心甘情願獻出自己的人生來協助才華洋溢的伴侶，滿足他們各種需求，一路走來都很清楚他們不會受到太多感激，也經常被忽略，但從未因此減少自己的奉獻，也不吝於讓自身的才華埋沒於伴侶的成功中。」（頁四五五）或許是想像他們會歡喜接受自己遭到忽視或埋沒，所以托普對歐威爾、艾琳以及莉迪亞描述的解讀與我的不同。例如，托普認為艾琳提到「殺人或分居」的信件是「有趣的逗樂子」；艾琳告訴諾菈每次她想要離開，歐威爾就會出血或者「什麼毛病」，托普寫道，「或許她很感動，覺得歐威爾有時會利用自己的疾病來留住她待在家裡陪他」。（頁一五一）寫到歐威爾在最後的筆記本中提到女性欲求不滿以及「無可救藥的骯髒及雜亂」，托普則說，「他並未明確提起艾琳，不過他確實娶了一個不懂打理的女人。」（頁一一七）除了艾琳的雜亂無章，托普也認為她的性欲造成了歐威爾的古怪抱怨：「歐威爾顯然相當傳統，認為做愛要等到男人有意思時才做，而不該由女人主動或者時不時就期待著。」（頁一五六）托普寫說「艾琳明白歐威爾並未承諾要忠誠」，但是在他開始不忠之前，並無證據能證明這個說法。同時，作家兼心理學家莉迪亞・傑克森是夫婦倆的好友，描述過她和歐威爾的關係，托普卻抨擊她的說法。托普對艾琳的觀點很微妙也很透澈，她的結論和我相同：艾琳救了歐威爾的性命。她對艾琳的描述基本上就是天才的配偶，「和歐威爾同樣對於婚姻有比較傳統的理解」（頁一一七），其中需要「將她自己轉化成為他夢想的一部分」。（頁一二三）我關注的重點在於檢視，究竟要付出什麼代價才能成就這段婚姻、這個夢想。

21 Meyers, p. 120, citing Gwen's daughter, Catherine Moncure.

在床上吃早餐，一人坐在床頭、一人坐在床尾，喝伯爵茶、吃吐司配上Patum Peperium（鯷魚醬）。那隻臘腸狗經常坐在床上，既逗得我們歡笑不斷，又常惹我們生氣」。Jane Morgan (née Dakin) in Audrey Coppard and Bernard Crick (eds), *Orwell Remembered*, Ariel Books, 1984, p. 85.

4 'Shooting an Elephant', *The Collected Essays, Journalism and Letters of George Orwell*, Sonia Orwell and Ian Angus (eds), Secker & Warburg, 1968 [1970] (hereafter *Collected Essays, Journalism and Letters*), vol. 1, p. 265. 摩棉是當時的名稱，即今日的毛淡棉。

5 George Orwell, 'Charles Dickens', in *Collected Essays, Journalism and Letters*, vol. 1, p. 504. See also *The Complete Works of George Orwell*, 20 vols, Peter Davison (ed.), Secker & Warburg, 1998 (hereafter CW), vol. 12, p. 56 [597].

6 這幾本傳記分別是：Peter Stansky and William Abrahams, *The Unknown Orwell* (1972) and *Orwell: The Transformation* (1979), published in one volume in 1994 by Stanford University Press; Bernard Crick, *George Orwell: A Life*, Secker & Warburg, 1980; Michael Shelden, *Orwell: The Authorized Biography*, HarperCollins, 1991; Jeffrey Meyers, *Orwell: Wintry Conscience of a Generation*, W. W. Norton, 2001; D. J. Taylor, *Orwell: The Life*, Vintage, 2003; and Gordon Bowker, *George Orwell*, Abacus, 2004. 這些作品惠我良多。

7 Bowker, p. xi.

8 Taylor, p. 2.

9 Bowker, p. 194.

10 Crick, p. 400.

11 Meyers, p. 127.

12 Charles Orr, in Lois Orr, *Letters from Barcelona: An American Woman in Revolution and Civil War*, Gerd-Rainer Horn (ed.), Palgrave Macmillan, 2009, p. 179.

13 Lettice Cooper, 'Eileen Blair', *The PEN: Broadsheet of the English Centre of International PEN*, no. 16, Spring 1984, p. 19.

14 Eileen to Marjorie Dakin, 27 September 1938, in Davison (ed.), *A Life in Letters*, p. 121.

15 Crick, p. 251.

16 Eileen's friend Lydia Jackson to Bernard Crick, 27 November, 1974, Crick Archive, cited in

註釋

開頭引文

1 George Orwell, 'Reflections on Gandhi', *Partisan Review*, 1949.

2 Phyllis Rose, *Parallel Lives: Five Victorian Marriages*, Penguin Books, 1985, p. 136.

3 Vivian Gornick, 'Why Do These Men Hate Women?', in *Taking a Long Look: Essays on Culture, Literature, and Feminism in Our Time*, Verso, 2022, p. 256.

I 為人妻子，反虛構故事

1 Peter Davison (ed.), *George Orwell: A Life in Letters*, Liveright Publishing Corporation, 2013 (hereafter A Life in Letters), pp. 66–7. 書中引述的艾琳信件全都來自此處。關於姓名的說明：喬治．歐威爾出生時的姓名是艾瑞克．布萊爾，艾琳叫他喬治，我叫他歐威爾，以此將他和故事中其他喬治分別開來（科普及提歐利）。另外，我以名字勞倫斯稱呼艾琳的哥哥，而不是艾瑞克，有時候會有人這樣叫他，這樣才不會跟艾瑞克．布萊爾搞混。文章中其他姓名若有重複，我會用姓氏或名字來區分，例如里斯和理查．布萊爾、查爾斯和洛薏絲．奧爾、威克斯和克魯克（兩人都叫「大衛」）。

2 Jane Morgan (Orwell's niece) to Gordon Bowker, in Bowker, *George Orwell*, Abacus, 2004, p. 39.

3 Henry Dakin, Ida's grandson, in Stephen Wadhams, *Remembering Orwell*, Penguin Books, 1984, p. 30. 亨利的姊妹珍恩對於拜訪她外祖父母那棟「小小但相當有異國情調的」房子，充滿了歡樂的回憶，那裡到處是「五顏六色的絲綢窗簾、許多刺繡裝飾的凳子、袋子、抱枕和針墊，都是我外祖母做的，還有奇特的桃花心木或象牙盒子，裝滿了亮片、珠子、袖珍玩意兒……家裡大多數家務都是我外祖母包辦，還有一位身材嬌小的薩福克郡婦女提供得力的協助，外祖母和愛芮兒阿姨

國家圖書館出版品預行編目(CIP)資料

喬治.歐威爾之妻的隱形人生/安娜.方德著；徐立妍譯. -- 初版. -- [新北市]：黑體文化出版：遠足文化事業股份有限公司發行，2025.08
面；　公分. --（黑盒子；45）
ISBN 978-626-7705-31-5（平裝）

1. CST：布萊爾(Blair, Eileen)　2. CST：傳記　3. CST：英國

784.18　114009101

特別聲明：
有關本書中的言論內容，不代表本公司／出版集團的立場及意見，由作者自行承擔文責。

黑體文化　讀者回函

黑盒子45

喬治・歐威爾之妻的隱形人生

Wifedom: Mrs. Orwell's Invisible Life

作者・安娜・方德（Anna Funder）｜譯者・徐立妍｜責任編輯・張智琦｜封面設計・林宜賢｜出版・黑體文化／左岸文化事業有限公司｜總編輯・龍傑娣｜發行・遠足文化事業股份有限公司（讀書共和國出版集團）｜電話：02-2218-1417｜傳真・02-2218-8057｜客服專線・0800-221-029｜讀書共和國客服信箱service@bookrep.com.tw｜官方網站・http://www.bookrep.com.tw｜法律顧問・華洋法律事務所・蘇文生律師｜印刷・中原造像股份有限公司｜排版・菩薩蠻數位文化有限公司｜初版・2025年8月｜定價・650｜ISBN・9786267705315｜EISBN・9786267705339（PDF）・9786267705322（EPUB）｜書號・2WBB0045